Koprivnica
ORDELIJKE
WESTEN
-KROATIË
Sisak
SLAVONIË EN
BARANJA
Osijek
Đakovo
Slavonski Brod
Midden-Kroatië
Blz. 172–183
Slavonië en Baranja
Blz. 184–201
De Noordelijke
Gewesten
Blz. 202–219
Split
Dubrovnik
0 kilometer 50

CAPITOOL REISGIDSEN

KROATIË

CAPITOOL REISGIDSEN

KROATIË

Uitgeverij Unieboek | Het Spectrum bv
Houten

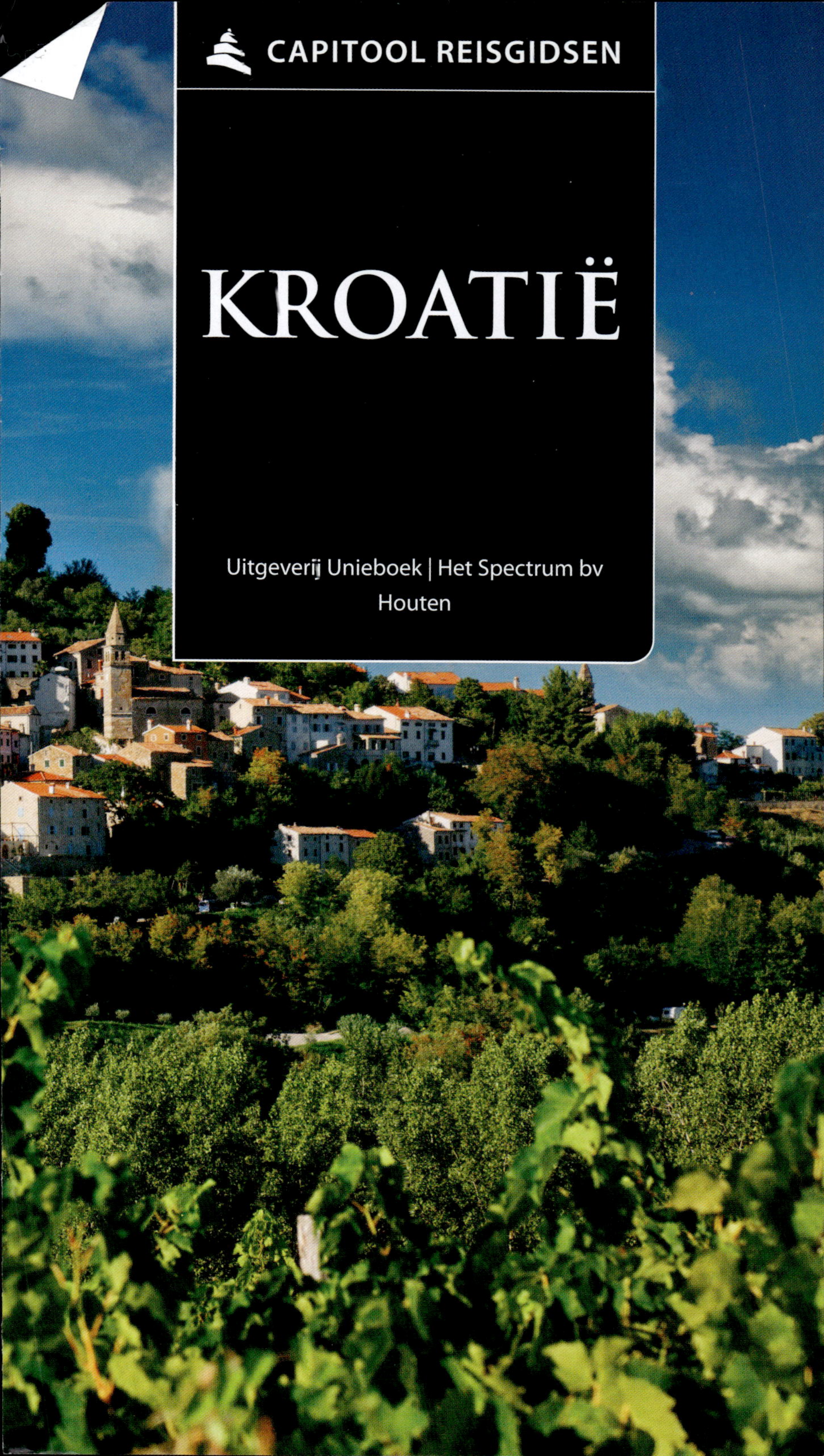

DK | Penguin Random House

A Dorling Kindersley book

www.dk.com

Oorspronkelijke titel: Eyewitness Travel Guides – Croatia

www.capitool.nl

www.unieboekspectrum.nl

Capitool maakt deel uit van Uitgeverij Unieboek | Het Spectrum bv., Postbus 97, 3990 DB Houten

15de druk 2018

Auteurs: Leandro Zoppé, Gian Enrico Venturini

Vertaling: Deüs van der Schaaf, Ron de Heer en Dominique van der Lingen

Aanvullende vertaling: Gon Hokke, Corry Lagewaard, Timon Meynen

Bewerking: Punt. vertaling & redactie, Gon Hokke en Corry Lagewaard

Omslag: Zilverster Media, Annelies Dollekamp

ISBN 978 90 003 4187 0

NUR 512

Omslag grote foto: de Oude Stad Dubrovnik, Dalmatië

◀ **Motovun, een van de versterkte bergsteden van Istrië**

Skradinskiwaterval, Krka National Park, Dalmatië

Inhoud

Naïef schilderij van de School van Hlebine, Koprivnica Gallery

Kroatië van streek tot streek

Beeld van Contieri, Andreaskerke, Mošćenice

Tips voor de reiziger

Buzara, een gerecht uit Dalmatië, schaaldieren in tomatensaus

Wegwijs in Kroatië

De gezellige haven van Makarska

De Donatuskerk in Zadar

HOE GEBRUIKT U DEZE GIDS

Deze reisgids helpt u om uw verblijf in Kroatië nog aangenamer te maken. *Inleiding op Kroatië* brengt het land in kaart en plaatst het in zijn historische en culturele context. In zes hoofdstukken, een ervan gewijd aan Zagreb, worden de belangrijkste bezienswaardigheden beschreven en getoond aan de hand van kaarten, foto's en illustraties. In Istrië, Kvarner en een deel van Dalmatië worden twee talen gesproken (Kroatisch en Italiaans) en soms verwijzen twee plaatsnamen naar dezelfde plaats. Zijn beide namen officieel erkend, dan wordt eerst de Kroatische naam gegeven en daarna de Italiaanse tussen haakjes. Gegevens over restaurants en hotels vindt u in *Tips voor de reiziger*, evenals informatie over winkelen en amusement. Het deel *Wegwijs in Kroatië* bevat allerlei andere praktische informatie.

Kroatië van streek tot streek

Kroatië is in zes gebieden verdeeld, elk met een eigen kleurcode. Vóór in het boek (binnenkant omslag) toont een kaart van Kroatië deze gebieden in hun eigen kleur. De interessantste plaatsen staan aangegeven op een *geïllustreerde kaart* in elk hoofdstuk.

Elke streek is gemakkelijk te vinden door de speciale kleurcode.

1 Inleiding
In dit stukje worden het karakter en de geschiedenis van de streek geschetst. U ziet hoe het gebied door de eeuwen heen is veranderd en wat het u nu te bieden heeft.

2 Geïllustreerde kaart
Deze kaart geeft een geïllustreerd overzicht van de hele regio en de wegen. De interessantste plaatsen zijn met nummers aangegeven. Hier staan ook nuttige tips over vervoer in de regio per auto of openbaar vervoer.

3 Informatie over elke bezienswaardigheid
De belangrijkste plaatsen en andere bezienswaardigheden worden afzonderlijk beschreven, in de numerieke volgorde die is aangegeven op de *geïllustreerde kaart*. Er wordt gedetailleerde informatie gegeven over de voornaamste bezienswaardigheden.

Tips voor de toerist bevat praktische informatie ter voorbereiding van uw bezoek. Kijk voor de meest actuele informatie op de desbetreffende website.

4 Informatie over bezienswaardigheden

Alle bezienswaardigheden worden apart beschreven. Een kaart toont de belangrijkste locaties op de grotere eilanden.

5 Grotere steden

Bij alle grotere steden worden de musea, monumenten en andere bezienswaardigheden in afzonderlijke paragrafen beschreven. De bezienswaardigheden staan aangegeven op de stadsplattegrond.

De stadsplattegrond toont de belangrijkste straten, stations, parkeermogelijkheden en toeristenbureaus.

6 Onder de loep

Deze kaart geeft een gedetailleerd overzicht van een stadswijk van grote toeristische waarde, met foto's en korte beschrijvingen.

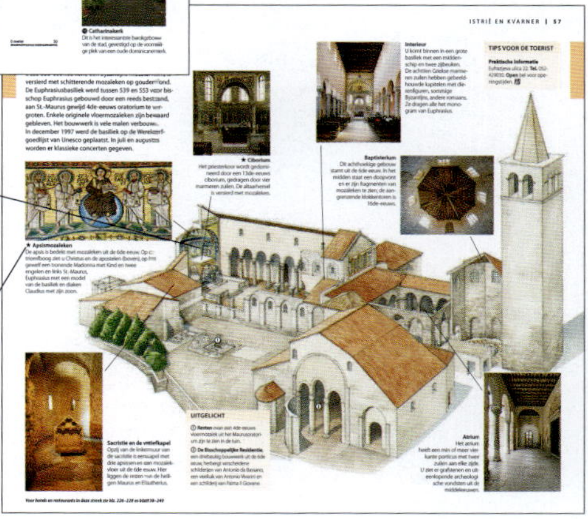

7 De belangrijkste attracties

Deze bezienswaardigheden worden beschreven over twee bladzijden. Opengewerkte tekeningen illustreren bijzondere historische gebouwen, kaarten van nationale parken tonen wandelpaden en faciliteiten, bij musea vindt u een plattegrond.

Sterren duiden op bezienswaardigheden die u niet mag missen.

INLEIDING OP KROATIË

KROATIË ONTDEKKEN

De routebeschrijvingen op de volgende bladzijden zijn zo ontworpen dat u zoveel mogelijk hoogtepunten van Kroatië te zien krijgt zonder dat u ver hoeft te reizen. Allereerst zijn er twee tweedaagse routes: een door Dubrovnik, de romantische stad vol historische monumenten aan de Adriatische Zee, en een die u meeneemt naar de hoofdstad Zagreb met zijn vele musea en culturele bezienswaardigheden. De routes zijn ideaal voor een korte vakantie, of u kunt ze laten aansluiten bij een van onze langere routebeschrijvingen, zoals tien dagen eilandhoppen langs de Dalmatische kust. Onze tweeweekse route langs alle Kroatische hoogtepunten omvat tal van historische en natuurlijke trekpleisters. Kies of combineer uw favoriete route, of doe gewoon inspiratie op.

De plaats Hvar is de hoofdstad van het eiland Hvar
Serene baaien, een mild klimaat en glooiende lavendelvelden karakteriseren de eilanden voor de Dalmatische kust.

Twee weken in Kroatië

- Ga een dagje naar **Zagreb**, de bruisende hoofdstad van het land.
- Slenter door de keistenen straatjes van het chique **Rovinj**, het leuke kustplaatsje van Istrië.
- Bewonder Romeinse ruïnes in **Pula**, de onofficiële hoofdstad van het schiereiland Istrië.
- Verken het schitterende merengebied van Kroatië, het **Nationaal park Plitvicemeren**.
- Struin door het centrum van **Zadar**, befaamd om de middeleeuwse en moderne architectuur.
- Wandel door de smalle steegjes van het middeleeuwse **Šibenik** op weg naar de prachtige kathedraal.
- Zoek verkoeling onder de watervallen in **Nationaal Park Krka**.
- Geniet van het renaissancistische **Trogir**, een van de meest pittoreske plaasen aan de Adriatische kust.
- Doe energie op in **Split**, de bruisende en grootste haven van Dalmatië.
- Verken het historische eiland **Hvar**, vol met mooi bewaard gebleven plaatsjes en een modern nachtleven.
- Combineer strand met middeleeuwse geschiedenis op het groene eiland **Korčula**.
- Neem voldoende tijd aan het eind van de route voor het fascinerende, ommuurde **Dubrovnik**.

Korčula
Op dit eiland, dat vroeger flink bevochten werd in zeeslagen, eindigen de beboste berghellingen aan mooie zandstranden.

◀ *Podne u Koločepu*, Jerome Miše (1931)

Zuid-Kroatische kust
Veel plaatsjes aan de Kroatische kust zijn nog niet zo toeristisch als andere vakantie-bestemmingen.

Tien dagen op de Dalmatische eilanden

- Verken de drukke havenstad **Split** en bezoek daarna het rustige, ongerepte **Šolta**.
- Ga naar de spectaculaire stranden van **Brač**, de grootste en meest ontwikkelde van de Dalmatische eilanden.
- Bezoek **Hvar** met zijn fraaie dorpjes en baaien en geniet van de sfeervolle restaurants en het bruisende nachtleven in de stad Hvar.
- Proef de unieke, serene sfeer van **Vis**, uitvalsbasis voor een excursie naar de Blauwe Grot van **Biševo**.
- Geniet van de middeleeuwse stadjes, kiezelstranden en het heerlijke eten op het groene **Korčula**.
- Ga wandelen of fietsen op Mljet, met de meren en bossen van het **Nationaal Park Mljet**.
- Ontspan u aan het eind van deze route tijdens een bootreisje naar het fascinerende ommuurde **Dubrovnik**.

Twee dagen in Dubrovnik

Deze perfect bewaard gebleven ommuurde stad is compact en gemakkelijk te bewandelen.

- **Aankomst** De luchthaven van Dubrovnik ligt 22 km ten oosten van de stad bij Čilipi. Elke 90–120 minuten rijdt er een bus naar de oude stad.
- **Verder reizen** Vanaf het busstation en de veerboothaven, 3 km ten westen van de oude stad bij Gruž, gaan diensten naar de kust en de eilanden.

Dag 1

Ochtend Begin met een wandeling over de **stadsmuren** *(blz. 148)*, een populaire plek die later op de dag behoorlijk druk kan worden. Slenter daarna over de **Stradun** *(blz. 150)*, de hoofdstraat van de oude stad met tal van cafés. Aan de oostkant van de Stradun vindt u de **Blasiuskerk** *(blz. 151)*, een eerbetoon aan de beschermheilige van de stad. Bezoek het nabijgelegen **dominicanenklooster** *(blz. 152)* met serene kloostergangen en renaissancistische schilderijen.

Middag Het **Rectorspaleis** *(blz. 151)* huisvest een interessant museum. Vlakbij staat de **kathedraal** *(blz. 151)*, met in de schatkamer tal van relikwieën. Achter de kathedraal lopen sfeervolle steegjes waar u heerlijk doorheen kunt wandelen.

Sfeervolle grot in het Trsteno Arboretum, net buiten Dubrovnik

Dag 2

Ochtend Vaar 10 minuten met de boot vanuit de oude haven naar het eiland **Lokrum** *(blz. 152)*, met een kloosterruïne, botanische tuinen en talloze baaien voor een duik. Bekijk terug op het vasteland de middeleeuwse quarantainegebouwen van de **Lazareti** *(blz. 148)* en ga daarna lunchen.

Middag Zoek verkoeling buiten de stad in de weelderige tuinen van **Trsteno** *(blz. 152)*, langs de kust. Maak aan het begin van de avond een ritje met de **kabelbaan** *(blz. 152)* naar de berg Srđ en geniet van het panoramische uitzicht.

Tijd over...
Ga een dagje naar de ongerepte **Elafieteneilanden** *(blz. 152)* net voor de kust. Ze zijn bereikbaar met de plaatselijke veerboot.

Vanuit de kabelbaan in Dubrovnik hebt u een prachtig uitzicht op de ommuurde stad

Twee dagen in Zagreb

Kunst, cultuur en levendige cafés kenmerken deze relaxte Midden-Europese metropool. De Kroatische hoofdstad lijkt qua stijl meer op Wenen en Boedapest dan op de mediterrane steden langs de Adriatische kust.

- **Aankomst** Luchthaven Zagreb ligt 15 km ten zuiden van de stad. Elke 30–60 minuten rijden er bussen naar het centrum.
- **Bereikbaarheid** Het tramnetwerk van Zagreb is uitgebreid en efficiënt. Kaartjes zijn te koop in de tram en bij elke krantenkiosk.

Dag 1

Ochtend Begin uw eerste dag op Trg bana Jelačića, het grote plein van de stad, waar het altijd druk is met mensen en trams. Van hier is het een korte wandeling naar de neogotische **kathedraal** *(blz. 158)* en vervolgens naar de **Dolacmarkt** *(blz. 159)*, een kleurrijk geheel met fruit- en groentekramen. Loop over de Radićeva naar de **Bovenstad** *(blz. 160–161)*, een mooie barokke wijk, waar de **Marcuskerk** een opvallend punt vormt.

Middag Het **Zagreb Stadsmuseum** *(blz. 162)* informeert u over de roerige geschiedenis van Zagreb, en de nabijgelegen **Toren van Lotrščak** *(blz. 165)* biedt een indrukwekkend uitzicht op de stad. Ga vervolgens naar de winkelstraat Ilica en het **Kroatisch Nationaal Theater** *(blz. 166)* op het plein. Loop terug naar het plein via Cvjetni trg of 'Bloemenplein', met tal van levendige cafés.

Dag 2

Ochtend Loop zuidwaarts vanaf het plein naar het **Archeologisch Museum** *(blz. 168)*, sterk in prehistorie en Egyptologie. De nabijgelegen **Galerie van de Oude Meesters** *(blz. 170–171)* huisvest een prachtige collectie

Europese schilderijen. Noordwestelijk vindt u in de straten Teslina en Masarykova tal van lunchmogelijkheden.

Middag Kies voor het spectaculaire **Museum van Hedendaagse Kunst** *(blz. 169)*, met de tram naar het zuiden van de rivier de Sava, of het groene **Maksimirpark** *(blz. 169)*, een kort tramritje oostwaarts. Als u naar het park gaat, keer dan terug naar het centrum via de **Mirogojbegraafplaats** *(blz. 169)*, met tal van beelden.

Museum van Hedendaagse Kunst, Zagreb

Tien dagen op de Dalmatische eilanden

- **Luchthavens** Aankomst in Split en vertrek vanuit Dubrovnik, maar u kunt de route ook omgekeerd maken.
- **Vervoer** Split is de belangrijkste veerboothaven van de Dalmatische eilanden, terwijl Dubrovnik verbindingen heeft met enkele zuidelijke eilanden van de archipel. In het hoogseizoen worden de eilanden aangedaan door passagiersboten.

Dag 1: Split
Split *(blz. 120–125)* is de belangrijkste veerboothaven van de Kroatische Adriatische Zee. Tijdens het eilandhoppen zult u de stad waarschijnlijk meerdere keren aandoen, maar het is zeker de moeite waard er een dagje door te brengen. De Romeinse resten die het hart vormen van het moderne Split fascineren altijd.

Dag 2: Šolta
Het dichtstbijzijnde eiland vanuit Split is **Šolta** *(blz. 126)*. Het is er weinig toeristisch en heeft daarom zijn charme behouden. Oude dorpjes karakteriseren het vruchtbare binnenland en bij de relaxte vissersdorpjes Stomorska en Maslinica kunt u lekker zwemmen en ontspannen.

Dag 3: Brač
Keer terug naar Split voor de veerboot naar **Brač** *(blz. 126)*, het grootste van de Dalmatische eilanden en een bekende strandbestemming. Supetar, aan de noordkust, biedt brede kiezelstranden, terwijl u bij Bol in het zuiden het spectaculaire Zlatni Rat vindt, een van de mooiste stranden aan de Adriatische kust.

Dag 4 en 5: Hvar
Een catamaran vaart tussen Bol en Jelsa op **Hvar** *(blz. 130–133)*, een eiland waar u zeker een dag of twee moet blijven. De grootste plaats, Hvar-stad, is befaamd om de hippe bars, trendy clubs en vele jachten. Vlakbij liggen de betrekkelijk rustige voormalige vissersdorpen Jelsa en Stari Grad, voor een relaxte en op gezinnen gerichte vakantie.

Dag 6 en 7: Vis
Vaar van Hvar naar **Vis** *(blz. 128–129)*, een van de sfeervolste eilanden in de Adriatische Zee. Vis richt zich vooral op de individuele toerist en biedt geen grote hotels; daarom hangt er een relaxte sfeer. De havenplaatsen Vis-stad en Komiža zijn nog prachtig onaangedaan en er zijn enkele prachtige baaien waar u kunt zwemmen. Vanuit Komiža kunt u per boot naar het kleine **Biševo**, beroemd om de Blauwe Grot, waar het licht wordt gefilterd door het water.

Dag 8 en 9: Korčula
Ten oosten van Vis ligt **Korčula** *(blz. 138–139)*, een van de gevarieerdste eilanden van de archipel, met het chique, trendy Korčula, maar ook met rustieke dorpjes en beschutte stranden. Vanuit Korčula vormt Mljet een leuk dagje uit, een spaarzaam bewoond, bosrijk eiland dat grotendeels in beslag wordt genomen door het **Mljet Nationaal Park** *(blz. 142–143)*. In het park vindt u zoutwatermeren, wandelroutes en tal van plekken om fietsen te huren.

Dag 10: Dubrovnik
De vaartocht van Korčula naar **Dubrovnik** *(blz. 146–153)* voert langs vele kleine eilandjes en biedt een prachtig zicht op de zuidelijke Dalmatische kust, heerlijk om de route te eindigen.

Kleine bootjes liggen voor anker bij Maslinica op het eiland Šolta

Nationaal Park Plitvicemeren is perfect voor een wandeling

Twee weken in Kroatië

- **Luchthavens** Aankomst in Zagreb en vertrek van Dubrovnik.
- **Vervoer** Het vasteland van Kroatië heeft een snel en efficiënt busnetwerk. De eilanden zijn bereikbaar per veerboot: Split is dé haven voor Hvar en Korčula.

Dag 1: Zagreb

De relaxte Kroatische hoofdstad **Zagreb** *(blz. 154–171)* is ideaal om te ontspannen na een reis door de binnenlanden. Een wandeling door de historische Bovenstad werpt licht op de roerige geschiedenis van het land, terwijl de voetgangersstraten rond het plein, met zijn vele cafés, druk bevolkt worden door vertier zoekende mensen. Als u tijd hebt voor maar één bezienswaardigheid, ga dan naar het fraaie Museum voor Hedendaagse Kunst, decor voor een dynamische en toekomstgerichte cultuur.

Dag 2: Rovinj

Dankzij recente verbeteringen aan de infrastructuur ligt Zagreb maar enkele uren rijden van de noordkust, waar het hartvormige schiereiland Istrië uitsteekt in de Adriatische Zee. U vindt er talloze Venetiaansaandoende kustplaatsjes, waarvan **Rovinj** *(blz. 59)* de leukste is. Met het mooie middeleeuwse centrum, de bijzondere galeries en enkele van de beste restaurants van Kroatië is Rovinj de ontmoetingsplaats van de elite.

Dag 3: Pula

Op de zuidpunt van het Istrische schiereiland ligt de havenstad **Pula** *(blz. 62–65)*, die wordt gedomineerd door de 1ste-eeuwse Romeinse arena in het centrum, een van de grootste nog overgebleven amfitheaters ter wereld. Net buiten de stad liggen stranden met imposante rotspartijen. Pula's restaurants zijn befaamd vanwege de heerlijke regionale gerechten, rijk aan vis, schaaldieren en truffels.

Dag 4: Rab

In de noordelijke Adriatische Zee liggen diverse uitnodigende eilanden, maar geen ervan is zo idyllisch als **Rab** *(blz 84–85)*. De historische hoofdstad Rab is beroemd om de middeleeuwse kerken en hun hoge klokkentorens, en de nabijgelegen dorpen Lopar en Kampor bezitten spectaculaire zandstranden en ondiepe baaien. Proef ook zeker de streekdelicatesse Rapska torta, een heerlijke combinatie van luchtig bladerdeeg en marsepein.

Dag 5: Nationaal Park Plitvicemeren

Op de terugweg naar het vasteland rijdt u over schilderachtige kronkelwegen door het Velebitgebergte, aan de kust een onvoorstelbaar droog en rotsachtig gebied, en verder oostwaarts steeds groener en bosrijker. Aan de rand van het gebergte bevindt zich het schitterende **Nationaal Park Plitvicemeren** *(blz. 88–89)*, met een wirwar aan schuimende watervallen, meren en rivieren. Langs de oevers liggen wandelpaden, maar er lopen ook routes in het ruigere, bosrijke gedeelte van het park richting de bergen.

Fraai geschilderde huizen vormen de scheiding tussen lucht en water, Rovinj

Voor praktische informatie over reizen door Kroatië zie blz. 274–281

Rab-stad, hoofdstad van het eiland Rab, heeft kenmerkende klokkentorens

Dag 6: Zadar
Op een korte autorit ten zuidwesten van Plitvice ligt **Zadar** *(blz. 94–99)*, de belangrijkste zeehaven van de noordelijke Dalmatische eilanden. Het toerisme is er in opkomst, met opvallende openbare kunstwerken als *Sea Organ* en *Greeting to the Sun* van architect Nikola Bašić, die de kust van deze bruisende kustplaats een unieke moderne uitstraling geven. Er zijn tal van Romeinse en middeleeuwse monumenten te bezichtigen, en de voedselmarkt is een van de drukste aan de kust. Een avondwandeling over de promenade is een must: de zonsondergang is spectaculair.

Dag 7: Šibenik
De belangrijkste stad van Midden-Dalmatië is **Šibenik** *(blz. 108–111)*, vol historie en met tal van pittoreske steegjes langs de voet van een serie indrukwekkende forten. Restaurants serveren heerlijk vers zeebanket en fantastische streekwijnen, vooral de rode Babić uit het nabijgelegen Primošten.

Dag 8: Nationaal Park Krka
Šibenik is een ideale uitvalsbasis voor een bezoek aan het spectaculaire **Nationaal Park Krka** *(blz. 106–107)*, een groot natuurgebied waar u prima een dag kunt vertoeven. Het leuke plaatsje Skradin vormt de toegang tot Skradinski buk, waar u kunt zwemmen bij een waterval en oude watermolens kunt bezoeken. Bootexcursies voeren u dieper het park in, over meren en door kloven.

Dag 9: Trogir
Tussen Šibenik en Split ligt **Trogir** *(blz. 114–117)*, een van de leukste plaatsjes aan de Kroatische Adriatische Zee, niet in het minst vanwege de middeleeuwse kathedraal die hoog uittorent boven de oude stad. Trogirs perfect bewaard gebleven doolhof aan smalle straatjes is ideaal voor een lange avondwandeling; de vele cafés langs de haven helpen u ontspannen.

Dag 10: Split
De onofficiële hoofdstad aan de Adriatische kust en de belangrijkste passagiershaven is **Split** *(blz. 120–125)*, een van die mediterrane steden die gewoon overloopt van charme. De plaats werd gesticht als onderkomen voor de Romeinse keizer Diocletianus, en de resten van zijn paleis vormen nog steeds de basis van de oude stad. Het drukke centrum met cafés en bars is zowel overdag als 's nachts druk, en weerspiegelt het maritieme Kroatië op zijn levendigst.

Dag 11: Hvar
Een klein stukje met de veerboot vanuit Split ligt **Hvar** *(blz. 130–133)*, dat goed laat zien waarom het moderne Kroatië zo populair is bij toeristen. Cocktailbars en jachthavens voegen een modern tintje toe aan het renaissancisme van Hvar-stad, terwijl elders op het eiland slaperige dorpjes en kiezelstranden en baaien rust uitstralen en volop ontspanning bieden.

Palmen en parasols voor de Dominicanenkerk en -klooster, Trogir

Dag 12: Korčula
De middeleeuwse plaats **Korčula** *(blz. 138–139)* is een parel aan de kust, met stenen oude huizen en smalle straatjes met trappen. Enkele van de mooiste stranden van Kroatië liggen net buiten de stad, bij Lumbarda. Korčula staat bekend om de heerlijke wijnen en het zeebanket, hoewel veel dorpsrestaurants in het binnenland ook fantastisch geroosterd vlees serveren. Proef ook cukarin, een lekker koekje met sinaasappelsmaak.

Dag 13 en 14: Dubrovnik
Na een korte rit met de veerboot vanuit Korčula op weg naar **Dubrovnik** rijdt u over het schiereiland Pelješac, befaamd om de rode wijnen en oesters – stop in Ston *(blz. 137)* om te proeven. In Dubrovnik hebt u zeker anderhalve dag nodig om de stad te verkennen: volg de routebeschrijving op blz. 12.

Het Romeinse amfitheater van Pula, nu het decor van concerten en andere evenementen

Kroatië in kaart gebracht

Kroatië heeft een oppervlakte van 56.594 km² en ongeveer 4.285.000 inwoners, wat neerkomt op een gemiddelde van 76 inwoners per vierkante kilometer. Sinds het uiteenvallen van voormalig Joegoslavië en de Kroatische onafhankelijkheid wordt het land begrensd door Slovenië, Hongarije, de Unie van Servië en Montenegro, en Bosnië-Herzegovina. Het is niet zo'n groot land, maar wel zeer gevarieerd, zowel in landschappelijk als in cultureel opzicht. Topografisch gezien omvat Kroatië drie soorten terrein. Het is voor een groot deel bergachtig, met bergen tot een hoogte van 2000 m, voornamelijk bedekt met bos en weidegrond. Tussen de rivieren de Drava, de Sava en de Donau strekt zich de Pannonische Laagvlakte uit. De Kroatische kust is bijna 600 km lang, maar meer dan 2000 km lang wanneer ook de inkepingen van de kustlijn worden meegerekend, en nog eens twee keer zo lang wanneer ook de honderden eilanden meetellen.

Europa
NOORWEGEN
ZWEDEN
Noord-zee
DENEMARKEN
VERENIGD KONINKRIJK
IER-LAND
NEDERLAND
POLEN
WIT-RUSLAND
BELGIË
DUITSLAND
TSJECHIË
OEKRAÏNE
SLOWAKIJE
Atlantische Oceaan
FRANKRIJK
ZWITS.
OOSTENRIJK
HONGARIJE
ROEMENIË
SLOV.
KROATIË
BOSNIË HERZ.
SERVIË
ITALIË
MONTEN.
KOS.
BULGARIJE
PORTUGAL
SPANJE
ALBANIË
MAC.
GRIEKENLAND
MAROKKO
ALGERIJE
TUNESIË
Middellandse Zee
HONGARIJE
KROATIË
BOSNIË-HERZEGOVINA
SERVIË
MONTENEGRO
Hartberg
Szombathely
Veszprém
Zalaegerszeg
Balaton-meer
Nagybajom
Čakovec
Varaždin
Nagyatád
Koprivnica
Đurđevac
Szigetvár
Bjelovar
Virovitica
Čazma
Ivanić Grad
Daruvar
Sisak
Kutina
Lipik
Velika
Našice
Osijek
Erdut
Novska
Požega
Vinkovci
Đakovo
Ilok
Novi Sad
Kostajnica
Stara Gradiška
Slavonski Brod
Vrpolje
Županja
Sremska Mitrovica
Bosanski Novi
Banja Luka
Doboj
Bijeljina
Belgrado
Šabac
Teslić
Bosanski Petrovac
Tuzla
Mrkonjić Grad
Zavidovići
Otrič
Jajce
Travnik
Zenica
Vlasenica
Valjevo
Knin
Bugojno
Sarajevo
Sokolac
Uzice
Drniš
Livno
Višegrad
Sinj
Gorazde
Konjic
Trogir
Split
Foča
Imotski
Šolta
Brač
Makarska
Mostar
Šehovina
Hvar
Čapljina
Vis
Ploče
Metković
Korčula
Badija
Neum
Bileća
Jasenovo Polije
Lastovo
Mljet
Dubrovnik
Herceg Novi
Sava
A1
A2
A3
A4
A5
M5
M7
M16
M17
M18
M19
M20
0 kilometer 75
Griekenland, Egypte
Bari
Symbolen
Snelweg
Snelweg in aanleg
Hoofdweg
Secundaire weg
Spoorweg
Landsgrens
Veerroute
Verklaring van de symbolen zie achterflap

EEN SCHETS VAN KROATIË

In Kroatië komen het Middellandse Zeegebied en Centraal-Europa, maar ook de Alpen en de Pannonische Laagvlakte samen. Het land is verbluffend mooi en biedt op een relatief klein oppervlak een groot aantal verschillende landschappen. Het heeft zich hersteld van de moeilijke jaren van strijd en zich ontwikkeld tot een populaire vakantiebestemming.

Kroatië scheidde zich in 1990 af van de Federale Socialistische Republiek Joegoslavië, na de eerste vrije verkiezingen sinds de Tweede Wereldoorlog. Het spoedig daarop volgende conflict had echter rampzalige gevolgen voor de economie en leidde tot de verwoesting van historische monumenten en vele kunstschatten. De VN voerde tot 1995 het bewind over de betwiste gebieden, en de laatste regio, Oost-Slavonië, kwam in januari 1998 weer onder Kroatisch bestuur.

De oplossing van het conflict leidde tot de wedergeboorte van een land dat zijn onafhankelijkheid lang geleden was kwijtgeraakt, in 1102, toen Kroatische edellieden koning Koloman op de troon zetten. Onder Koloman werd Kroatië ingelijfd bij Hongarije. Die situatie duurde 900 jaar voort, tot 1918. Aan het eind van de Eerste Wereldoorlog riep Kroatië de onafhankelijkheid uit, maar onder druk van de grootmachten stemde het ermee in deel te gaan uitmaken van het koninkrijk Joegoslavië. Uit de ruïnes van het Habsburgse Rijk verrees Joegoslavië: een nieuwe staat van Serviërs, Kroaten en Slovenen.

Er wonen maar weinig mensen in de berggebieden, zodat de bossen daar ongerept zijn. De kust en de grotere eilanden zijn dichter bevolkt en de inkomsten uit het toerisme zijn voor velen belangrijk. Door de politieke omwentelingen in de jaren negentig heeft er een verschuiving in de bevolking plaatsgevonden en zijn veel Serviërs weggetrokken.

Vallei van de Zrmanjarivier in het Velebitgebergte, Dalmatië

◀ Mooi haventje op het eiland Krk

Een visser boet zijn netten in de haven van Fažana

Bevolking

Volgens een volkstelling die in 2011 is uitgevoerd heeft Kroatië 4.284.889 inwoners. Ten opzichte van de telling van 2001 is het aantal inwoners met bijna 155.000 gedaald. Deze cijfers weerspiegelen de beroering van de jaren negentig en betekenen een terugkeer naar het bevolkingsniveau van 1968.

Twee factoren zijn verantwoordelijk voor deze veranderingen. Op de eerste plaats het vertrek van duizenden Serviërs (deels gecompenseerd door de terugkeer van Kroaten uit andere delen van voormalig Joegoslavië); op de tweede plaats de emigratie van werkzoekende jonge mensen naar andere landen in Europa, Amerika en Australië.

Door de tragische gebeurtenissen van de jaren negentig, de jaren van oorlog, is ook de spreiding van de bevolking anders geworden. Hele dorpen zijn verlaten en de concentratie in stedelijke gebieden is toegenomen. Een nauwkeurige analyse wordt extra bemoeilijkt door het feit dat veel steden ook in omvang zijn toegenomen doordat de stadsgrenzen zijn verlegd, zoals onder andere gebeurde in de steden Zagreb, Rijeka, Split, Osijek en Zadar.

Vrouw in de typische dracht van Konavle

Economie

De verwerkende industrie is geconcentreerd in de grotere steden en biedt werk aan zo'n 20 procent van de bevolking.

De dienstverlenende sector is flink opgeschud, met name in de toeristenbranche, die zich na tien jaar recessie en veronachtzaming heeft hersteld: 7 procent van de bevolking is nu in het toerisme werkzaam.

De vraag naar verse vis in de toeristenoorden heeft de visserij een nieuwe impuls gegeven, terwijl ook de mosselteelt bloeit, vooral in de Limskizeearm en in de omgeving van Ston. Door de privatisering van landbouwgrond en de introductie van moderne machines en technieken is de werkgelegenheid in de landbouw gedaald. De productie van fruit en wijndruiven is echter nieuw leven ingeblazen en de algehele kwaliteit wordt zichtbaar beter.

De noodzaak tot het herstellen van openbare en particuliere gebouwen die in de oorlog aan het einde van de 20ste eeuw zijn beschadigd, en de vraag naar toeristenfaciliteiten zorgen voor volop werkgelegenheid in de bouwsector: zo'n 7 procent van de beroepsbevolking vindt hier emplooi. Toch is er nog veel werkloosheid, ook al is de levensstandaard voor het merendeel van de bevolking verbeterd. Kroatië hoopt het werkgelegenheidsprobleem te kunnen oplossen nu het land is toegetreden tot de Europese Unie en land, energie en arbeid aanbiedt tegen concurrerende prijzen. Daarnaast zullen de aanleg van een modern wegennet met nieuwe snelwegen en de modernisering van de spoorwegen en de havens helpen het hoge werkloosheidscijfer omlaag te brengen.

Tradities en gebruiken

Sinds er weer sprake is van een Kroatische staat hebben allerlei oude feesten opnieuw de kop opgestoken. Deze feesten, ceremoniën of spelen herdenken historische, religieuze en militaire gebeurtenissen. Sommige feesten gaan terug op oude religies en combineren het christelijke geloof met heidense riten, andere zijn verbonden met de christelijke kalender. Bij deze gelegenheden draagt men traditionele kledij en sieraden, die zijn bewaard door oudere generaties. Soms is het materiaal nieuw, maar het ontwerp blijft traditioneel.

Andere uitingen van volkscultuur zijn vaak verbonden met het werken op het land – oogsten, kudden van de bergweiden naar beneden brengen, bomen omhakken. Het feest van de H. Blasius, de beschermheilige van Dubrovnik, is magnifiek. Mensen van lokale en naburige parochies komen samen, gekleed in schitterende kostuums en zwaaiend met oude banieren ter ere van de heilige. Zelfs de communisten zijn er niet in geslaagd deze traditie uit te bannen. Een ander spectaculair evenement is de Olympiade van Oude Sporten in Brođanci, met een optocht van jonge mensen in kostuums met goudborduursels gevolgd door groepen muzikanten. Ook het Bumbarifestival in Vodnjan, met zijn ezelrace, het Folklorefestival in Đakovo en het naar veldslagen tegen de Turken

Een van de vele religieuze evenementen in Split

verwijzende Moreška- en Kumpanijafeest in Korčula zijn de moeite waard.

Taal

Meer dan honderd jaar lang heeft men geprobeerd de Kroatische en Servische taal te laten samensmelten, maar in 1991 werd de officiële taal van Kroatië het Kroatisch. Dit is ook in de grondwet opgenomen. Zelfs onder vreemde overheersing heeft de taal altijd mede de Kroatische identiteit bepaald. Er worden drie hoofddialecten gebruikt, het Štokavski in het zuiden en oosten, het Čakavski in Istrië en delen van Dalmatië, en het Kajkavski in Zagreb en het noorden. Langs de kust spreekt men een dialect dat op Venetiaans lijkt.

Religie

Godsdienst werd onder de communisten naar het tweede plan verwezen, maar nu zijn de grote heiligdommen weer centra van spiritualiteit geworden. Bij de volkstelling van 2011 liet 90 procent weten christelijk te zijn (86 procent katholiek en 4 procent orthodox), naast een islamitische minderheid van voornamelijk Bosniërs en een protestantse minderheid van overwegend Hongaren. De orthodoxe gemeenschap is geslonken door het vertrek van grote aantallen Serviërs.

Toeristen bewonderen de historische gebouwen in het oude deel van Split

Landschappen en fauna van Kroatië

Het Kroatische landschap is zeer gevarieerd, van woeste, onbewoonde, verweerde kloven en steile rivierdalen tot de schitterende, gekartelde kustlijn langs de met ontelbare eilandjes bezaaide Adriatische Zee. Van het Istrische schiereiland strekt zich een plateau uit richting Gorski kotar, dat overgaat in de heuvelachtige wijnstreek Zagorje. Karstverschijnselen – geologische formaties in poreus kalksteenterrein – doen zich voor in Gorski kotar en in het nabijgelegen Istrië en het Velebitgebergte, waar de combinatie van wind, regen en rotsen vreemde vormen heeft opgeleverd die *kukovi* worden genoemd. De folklore is rijk aan bijnamen en legenden die verband houden met deze rotsformaties, en met de duizenden rotsachtige eilandjes voor de kust, overblijfselen van een oeroude bergketen.

Een zeemeeuw zit op een rots bij het eiland Pag

Bergen

Kroatië bestaat voor 40 procent uit bergen, die een hoogte bereiken van bijna 2000 m. De hogere hellingen fungeren als weidegrond voor schapen en koeien. De bossen zijn gemengd, met dennen, sparren, kastanjes en beuken, afhankelijk van de hoogte en het microklimaat. De rijke fauna omvat beren, wolven, wilde zwijnen, lynxen, dassen, vossen, reeën en gemzen. Ontbossing wordt van overheidswege aan banden gelegd.

De bossen zijn een belangrijke natuurlijke hulpbron. Een dichte vegetatie bedekt meer dan 30 procent van het land.

De gems leek uit Kroatië te zijn verdwenen, maar er leeft nu een kleine populatie van een tiental dieren afkomstig uit Slovenië.

De laagvlakte

De laagvlakte wordt begrensd door brede rivieren, die tevens voor een groot deel de grenzen van Kroatië markeren. De uitgestrekte Pannonische Laagvlakte is de graanschuur van Kroatië. Maïs, tarwe, sojabonen en tabak worden hier verbouwd en aan de randen liggen heuvels met wijngaarden. Dit was ooit bosgebied, gedomineerd door de Slavonische eik, waarvan het hout zeer gewild was. Hier en daar zijn nog resten van deze wouden te zien.

Eiken uit Slavonië, al sinds de oudheid een begrip, leverden het hout voor de meeste schepen van Venetië en Dubrovnik. Dit type eikenhout is uitzonderlijk sterk.

Op de Kroatische laagvlakte een van de vruchtbaarste gebieden van Europa, wordt landbouw bedreven.

Nationale Parken

Nationaal Park Risnjak met zijn dichte sparren- en beukenbossen

Het eerste gebied in Kroatië dat om zijn rijke fauna een beschermde status kreeg, is het in 1949 in het leven geroepen Nationaal Park Plitvicemeren, op het Likaplateau. Een paar jaar later werd ten noorden van Rijeka het Nationaal Park Risnjak opgericht, in 1985 gevolgd door het Nationaal Park Krka, ten noorden van Šibenik. Het Nationaal Park Paklenica, in het hart van het Velebitgebergte, stamt uit 1949. Het werd in 1978 door Unesco uitgeroepen tot biosfeerreservaat en later op de Werelderfgoedlijst geplaatst. Er komen meer dan 2400 plantensoorten voor. Er zijn vier nationale parken langs de Adriatische kust: Mljet (1960), Kornati (1980), Brijuni (1983) en het Sjeverni (Noord-)Velebit (1999). Er zijn ook natuurreservaten, biotopen (gebieden met specifieke natuurlijke omstandigheden) en twee moerassen: Kopački rit en Lonjsko polje. De beschermde natuurgebieden van Kroatië behoren tot de grootste toeristische attracties van het land. In 2008 werd de vlakte Stari Grad op het eiland Hvar door Unesco op de Werelderfgoedlijst geplaatst.

De kust

Het aanzien van de kust wordt bepaald door de mate waarin hij blootstaat aan de harde, noordoostelijke bora. Op beschutte plekken bloeit een mediterrane flora, met olijf- en citroenbomen en wijngaarden. Laaggroeiende wijnranken, tegen de wind beschut door stenen muurtjes, vindt u langs het centrale deel van de kust en op sommige eilanden. Aan de kust en op de eilanden komen lavendel, vooral op Hvar, en brem in overvloed voor.

Het zeeleven in de Kroatische wateren is zeer gevarieerd. Er komen onder andere zeepaardjes voor.

Brem biedt in Kroatië een vertrouwde aanblik. In het voorjaar draagt deze plant felgele bloemen.

Meren en rivieren

De meren van Kroatië zijn niet zo groot, maar kunnen spectaculair zijn, zoals die van Plitvice en de meren gevormd door de rivier de Krka. De rivieren zijn een waardevolle natuurlijke hulpbron. De Donau, Drava, Sava en Kupa zijn alle bevaarbaar en vormen internationale transportroutes (hoewel het verkeer nu voor een deel plat ligt). De rivieren zijn rijk aan vis en oefenen een grote aantrekkingskracht uit op sportvissers.

Waterlelies bloeien aan het einde van de lente. U kunt ze met name bewonderen in Lonjsko polje en Kopački rit.

Ooievaars leven bij de rivieren en in de beschermde natuurgebieden van Kroatië. De wetlands zijn een ideale habitat voor de zeldzame zwarte ooievaar.

Kunst en kunstenaars in Kroatië

De Kroatische kunst heeft eeuwenlang elementen uit Oost- en West-Europa gecombineerd. De kust heeft 400 jaar onder Venetiaanse heerschappij gestaan en in de periode tussen de middeleeuwen en de 17de eeuw onderhield Kroatië nauwe banden met de andere kant van de Adriatische Zee. Italiaanse kunstenaars werkten op de eilanden en Dalmatiërs die de zee overstaken brachten de romaanse, gotische en renaissancestijl mee terug. Nadat de Turken aan het eind van de 17de eeuw waren verdreven, werden veel kerken in barokstijl herbouwd, met een rijke ornamentatie. In de 20ste eeuw werd de naïeve schilderkunst een belangrijke trend. De beeldhouwer Ivan Meštrović was Kroatiës belangrijkste moderne kunstenaar *(blz. 163)*.

Maria Banac, een beeld van Ivan Meštrović

Beeldhouwkunst

De beeldhouwkunst in Kroatië kent een zeer lange traditie en komt wellicht deels voort uit de aanwezigheid van het lokale gesteente, waarmee de romaanse monumenten van Pula en Split zijn gebouwd, die een voorbeeld werden voor latere generaties Adriatische beeldhouwers.

De beeldhouwkunst, in hout en steen, bereikte zijn hoogtepunt in de romaanse periode. Uit deze tijd stammen de portalen van de kathedralen van Trogir en Split, de roosvensters van Zadar en Rab, de kapitelen van de kruisgangen in Dubrovnik en Zadar, en veel kerkbeelden. Technische hoogstandjes uit de renaissance – van Juraj Dalmatinac, Nikola Firentinac en Andrija Aleši – zijn te zien in de kathedraal van Šibenik.

Ook de meestermetselaars verdienen lof, vooral die van Korčula, die tientallen jaren aan de kathedraal van Korčula werkten. Hun metselwerk keert in honderden andere plaatsen in Kroatië terug. In de 20ste eeuw bereikte de beeldhouwkunst opnieuw een hoogtepunt met Ivan Meštrović, voorman van een groep kunstenaars waartoe ook Antun Augustinčić behoorde.

Andrija Buvina

Over deze beeldhouwer is niets anders bekend dan dat hij in Split is geboren en in de

Houten paneel van Andrija Buvina, kathedraal van Split

13de eeuw leefde. De grote deur van de kathedraal in zijn geboortestad getuigt van zijn kunnen. Dit meesterwerk uit 1214 bestaat uit 28 houten panelen met taferelen uit de de Evangeliën. Het paart eenvoudige lijnen met een rijkdom aan details.

Meester Radovan

De beeldhouwer Meester Radovan kwam uit Dalmatië en

Portaal van de kathedraal van Trogir door Meester Radovan

leefde in de 13de eeuw. Zijn naam staat op het portaal van de kathedraal in Trogir, waaraan hij omstreeks 1240 begon en die door andere kunstenaars is voltooid. Het is een complex meesterwerk, met zuilen, bogen, reliëffiguren en rijke decoraties. Naast taferelen gewijd aan Christus, zoals de annunciatie, de vlucht naar Egypte en de kruisdood op Golgotha, zijn ook de werken van de maanden van het jaar afgebeeld. Met name de beelden van Adam en Eva tonen de expressieve kracht van de kunstenaar.

Juraj Dalmatinac

Juraj Dalmatinac, ook bekend als Giorgio Orsini, was een ambassadeur van de Dalmatische kunst, die sterk is beïnvloed door Venetië. De kunstenaar werd rond 1400 in Zadar geboren en stierf in 1475. Hij werkte in Dalmatië en Italië als beeldhouwer en architect.

De Jacobuskathedraal in Šibenik *(blz. 110–111)*, waaraan hij heeft bijgedragen, is een hoogtepunt van de Kroatische renaissance. Dalmatinac maakte de koppen op het onderste deel van de apsissen en de beelden van Adam en Eva aan weerszijden van de Leeuwendeur.

Kop door Dalmatinac in de kathedraal van Šibenik

Schilders

De schilderkunst in Kroatië kent niet zo'n lange traditie als de beeldhouwkunst en kwam pas later, onder invloed van de Venetiaanse school, op in Istrië en Dalmatië. Er werden Venetiaanse meesters aangetrokken om altaarstukken te maken voor de kloosterkerken en kathedralen. Deze werken dienden als voorbeeld voor de grote schilders uit Dubrovnik. Aan het eind van de 17de en in de 18de eeuw bepaalde de barok het gezicht van de architectuur en de kunst in het binnenland. De stijl was afkomstig uit de Duitstalige gebieden en de Oostenrijker Ivan Ranger *(blz. 210)* speelde een sleutelrol. De belangstelling voor religieuze schilderijen nam af en in de 19de eeuw streefde men naar een pan-Europese cultuur. In de jaren dertig en veertig van de 20ste eeuw kwam de naïeve kunst tot ontwikkeling.

Dans van de Dood door Vincent od Kastva

Vincent od Kastva

Een van de meest expressieve frescocycli in Istrië is van de hand van de Istrische schilder Vincent od Kastva (Vincenzo da Castua), die in de 15de eeuw leefde. De cyclus siert de wanden van de kleine Mariakerk (Sv. Marija na Škriljinah) in Beram. De kleurige fresco's op de zijwanden en aan de binnenkant van de gevel zijn rond 1471 geschilderd met de hulp van leerlingen. Ze kenmerken zich door een primitieve maar krachtige stijl. In het *Leven van Christus en Maria* figureren ook heiligen. Het bekendste tafereel is *Dans van de Dood,* waarop de Dood, die een zeis vasthoudt, zondaars straft, hier voorgesteld als de machtigste mensen op aarde (van de paus tot kasteelheren).

Lovro Dobričević

Slechts weinig is bekend over Lovro Marinov Dobričević (Lorenzo de Boninis), een leerling van Paolo Veneziano, die in de 15de eeuw leefde en als een van de belangrijkste exponenten van de school van Dubrovnik wordt gezien. Twee werken van hem zijn in Dubrovnik te zien: *De doop van Christus* (ca. 1448), in het Dominicaans Museum, en het veelluik *Maria, Christus en de heiligen Julianus en Nicolaas* (1465), in de kerk van Maria van Danče (Sv. Marije na Dančama).

Detail van het veelluik van Lovro Dobričević in de kerk van Maria van Danče

Julije Klović

Julije Klović (Giulio Clovio) was een van de bekendste miniatuurschilders van de renaissance. Deze Kroaat (hij werd in 1498 in Grižane geboren) maakte zijn meeste werk in het buitenland. Hij leerde het vak in Venetië en werkte in Rome, Mantua, Perugia en in een groot aantal kloosters. Hij stierf in Rome in 1578.

Miniatuur van Klović

De School van Hlebine

Krsto Hegedušić (1901–1975), een expressionistisch en later naïef schilder, richtte een kunstenaarsgroep op die zich Zemlja (Aarde) noemde. Hij raakte in de ban van het werk van twee amateurschilders uit het dorp Hlebine, bij Koprivnica: Ivan Generalić en Franjo Mraz. Zij schilderden de wereld zoals zij die kenden in een levendige stijl op glas en linnen en richtten samen met Mirko Virius de School van Hlebine op, die floreerde van 1930 tot het begin van de Tweede Wereldoorlog. Tal van andere schilders, zoals Ivan Večenaj, Dragan Gaži, Franjo Filipović en Josip Generalić, volgden hen na en verbeeldden het leven van verschoppelingen, armen en arbeiders. De School van Hlebine werd wereldberoemd door de Biënnale van Venetië van 1952 en exposities in Brazilië en Brussel. Naïef werk vindt u in het Hlebinemuseum in Koprivnica en het Museum van Naïeve Kunst in Zagreb.

Houthakkers van Generalić, Museum van Naïeve Kunst

Architectuur in Kroatië

Net als de kunst van Kroatië is ook de architectuur sterk beïnvloed door de ligging van het land in Europa. In de wereldlijke en religieuze gebouwen komen stilistische elementen uit Italië en Duitsland en uit de Byzantijnse en Slavische wereld samen. Die vermenging van invloeden deed zich al voor in de Romeinse tijd en is altijd karakteristiek gebleven. Sommige stijlen waren dominant, zo getuigen bijvoorbeeld de kathedralen van de Adriatische kust van eeuwen van Venetiaanse heerschappij. In het binnenland overheerst de barokke architectuur, gekenmerkt door weelderige decoratie en dynamische vormen.

De Byzantijnse Euphrasiusbasiliek in Poreč

Preromaans en romaans

De eerste echt Kroatische architectuur was preromaans en dateert uit de tijd van hertog Branimir (879–892), die de eerste Kroatische staat schiep. De religieuze bouwwerken in Istrië en Dalmatië vertoonden Byzantijnse invloeden, maar in sommige decoratieve elementen begon de romaanse stijl zich al te doen gelden. Er verschenen kleine kerkjes met een onregelmatige plattegrond in gebieden die door Kroatische stammen werden bewoond. Met de stichting van Šibenik (1066) introduceerden de cisterciënzers de eerste romaanse bouwwerken. De stijl bleef populair tot het eind van de 16de eeuw en leverde driebeukige kathedralen met apsissen op, kloosters met kruisgangen, stadhuizen en loggia's.

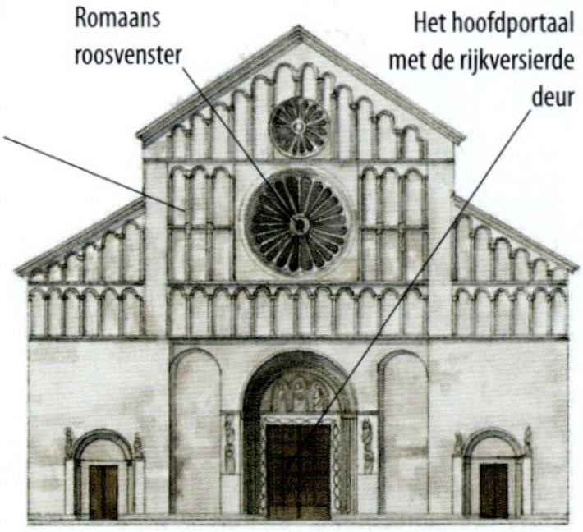

De gevel vertoont een samenspel van horizontale en verticale lijnen. Het bovenste deel is versierd met blinde bogen en roosvensters.

De Anastasiakathedraal in Zadar *(blz. 96)*, gesticht in de 9de eeuw maar herbouwd in de 12de–13de eeuw, verraadt Italiaans-romaanse invloeden, met name de gevel, die doet denken aan kerken in de Italiaanse steden Pisa en Lucca.

De Heilig-Kruiskerk in Nin *(blz. 102)*, een van de mooiste voorbeelden van preromaanse architectuur, stamt uit de 9de eeuw. Deze kleinste kathedraal ter wereld heeft een plattegrond in de vorm van een Grieks kruis met drie apsissen. De oriëntatie is zodanig dat aan de binnenvallende zonnestralen de tijd is af te lezen.

Gotiek

Meer dan enige andere stijl in Kroatië herinnert de gotiek aan de langdurige Venetiaanse heerschappij langs de Istrische en Dalmatische kust. De bouwstijl kwam tot ontwikkeling na de Venetiaanse verovering van de Adriatische kust (1420) en getuigt van de dominante rol van de Venetianen. De Venetiaanse gotiek drukte niet alleen een stempel op de kerken van Dalmatië en Istrië, maar ook op herenhuizen in Pula, Rab, Pag, Zadar, Šibenik en Split.

De gevel van het stadhuis in Split

Het portaal met een spitsboog is verfraaid met dunne spiraalvormige zuilen en heeft twee leeuwen op de kraagsteen.

De Marcuskathedraal in Korčula *(blz. 138)* is van oorsprong romaans, zoals aan de klokkentoren nog te zien is. De gevel vertoont overeenkomsten met die van kerken in Puglia in Zuid-Italië. Een gotisch element zijn de spitsbogen boven de hoofddeur, een werk van Bonino van Milaan.

Renaissance

De renaissancestijl kon zich alleen in die delen van het land ontwikkelen die niet door de Turken bezet waren. De belangrijkste architecten en kunstenaars uit deze periode waren Juraj Dalmatinac *(blz. 24)*, Nikola Firentinac en Andrija Aleši, die voornamelijk aan de Adriatische kust werkten. Ze waren alledrie betrokken bij de bouw van kerken en openbare gebouwen. De Jacobuskathedraal in Šibenik *(blz. 110–111)* zou model staan voor de Stefanuskerk in Hvar, de Mariakerk in Zadar en de Kerk van de Verlosser in Dubrovnik. Ook in het noorden van Kroatië verrezen renaissancebouwwerken, in de vorm van herenhuizen (Varaždin en Čakovec) en kastelen (Trakošćan en Veliki Tabor).

De tweede verdieping, met in het midden een beeld van de beschermheilige van de stad, St.-Blasius, is later gebouwd.

De vensters in Venetiaans-gotische stijl herinneren aan de banden tussen Dubrovnik en Venetië.

Het Sponzapaleis in Dubrovnik *(blz. 150)* heeft zowel gotische als renaissance-elementen. De bouw ervan begon in 1312. Uit die periode stammen de prachtige gotische vensters op de eerste verdieping. In 1516–1522 werd bij een verbouwing de bogengalerij in renaissancestijl op de begane grond toegevoegd.

Barok

Deze stijl stond symbool voor de legitimering van het christendom nadat de Turken aan het eind van de 17de eeuw waren verdreven. Alle tekenen van de Osmaanse heerschappij werden weggevaagd en in plaats daarvan bouwden veelal Duitse architecten openbare en particuliere gebouwen met een ornamentatie die niet onderdeed voor die van kerken, kastelen en heiligdommen. De mooiste voorbeelden van de barok zijn te vinden in Varaždin, Požega, Osijek, Križevci, Ludbreg en Krapina.

Het Vojković-Oršić-Kulmer-Rauchpaleis, nu het Kroatisch Historisch Museum *(blz. 164)*, is een van de vele fraaie barokke gebouwen in Zagreb. De gevel en het interieur dragen de rijke decoraties die kenmerkend zijn voor die tijd, met sierlijke zuilen en raamlijsten en een bewerkt timpaan.

Modernisme

In de 19de eeuw was Zagreb het centrum van het politieke en culturele leven in Kroatië geworden. Het kreeg dus vanzelf ook op het gebied van de architectuur een prominente rol toebedeeld. In de 20ste eeuw werd er in de stad volop geëxperimenteerd. Aanvankelijk zette de Weense secession de toon, later het modernisme. De Blasiuskerk en Villa Krauss zijn interessante voorbeelden van die laatste stijl.

Het neorenaissancistische Mimaramuseum in Zagreb

Dit sierlijke bouwwerk is functioneel en symmetrisch

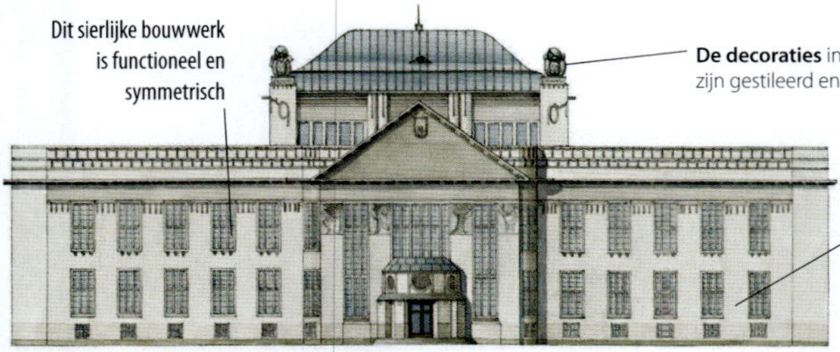

De decoraties in secessionstijl zijn gestileerd en niet figuratief.

De gevel is versierd met sculpturen en basreliëfs van de Kroatische kunstenaars Robert Frangeš-Mihanović en Rudolf Valdec.

De voormalige Nationale en Universiteitsbibliotheek midden op het Marulićplein in Zagreb is ontworpen door de lokale architect Rudolf Lubinsky. Het wordt beschouwd als het belangrijkste secessiongebouw in Kroatië.

AGENDA VAN KROATIË

De dramatische jaren negentig van de 20ste eeuw zijn uiteraard verre van stimulerend geweest voor de culturele kalender van Kroatië. Inmiddels zijn de concerten, theaterprogramma's en sportevenementen echter grotendeels weer hervat, samen met de religieuze feesten en folkloristische evenementen. De hoogtepunten van het agrarische jaar, zoals de druivenoogst, de dorsmaand, het begin van het vis- en jachtseizoen, krijgen ook weer aandacht. Bovendien viert elke stad zijn eigen heiligendag en de 'stadsdag', die verband houdt met historische gebeurtenissen.
Zagreb biedt het hele jaar door culturele evenementen, terwijl de feesten in de stadjes en dorpen langs de kust voornamelijk in het zomerseizoen plaatsvinden.

Lente

Het begin van de lente wordt in Kroatië gemarkeerd door enkele belangrijke data op de religieuze kalender.
Met de komst van het warmere weer gaat er een reeks feesten en evenementen van start die doorloopt tot het eind van de zomer.
De katholieke kerken worden rond Pasen extra druk bezocht.

Processie tijdens de Goede Week op het eiland Korčula

Maart

Goede Week *(Pasen)*.
Op Korčula wordt Pasen gevierd met processies van broederschappen, die ook mysteriespelen opvoeren en zingen.
Dora Pejačević-herdenking, Našice *(maart)*. Muziekfestival ter herinnering aan de Kroatische componiste, met concerten en concoursen.

April

Muziek Biënnale van Zagreb *(april)*. Festival van moderne muziek.
St.-Jorisdag, Senj *(23 april)*.
St.-Vincencadag, Korčula *(28 april)*. De Kumpanjijadans wordt ter ere van een oude veldslag gedanst. Met meisjes in klederdracht in een kring.
Regatta Rovinj–Pesaro–Rovinj, Rovinj *(eind april/begin mei)*. Zeilrace naar Italië en terug, en allerlei evenementen.

Mei

Kroatische-wijntentoonstelling, Kutjevo *(mei)*. Presentatie van Kroatische wijnen met folklore en muzikale omlijsting.
Theaterdagen, Hvar *(mei)*. Jaarlijks festival rond literatuur en theater uit Kroatië, naast wetenschappelijke presentaties van wetenschappers uit andere landen.
Festival van St.-Marcus, Zagreb *(mei)*. Religieuze muziek.
Toernooi van Rab *(9 mei)*. Optocht van gekostumeerde ruiters met kruisbogen.
Internationaal Festival van het Kleine Theater, Rijeka *(eerste helft mei)*. Met gezelschappen uit heel Europa.
Herdenking van Josip Štolcer Slavenski, Čakovec *(eerste helft van mei)*. Muziekfestival gewijd aan de grote 20ste-eeuwse Kroatische componist.
Festival van Kroatische Tamboermuziek, Osijek *(half mei)*. Festival van oude muziek met historische instrumenten, waaronder de tamboer.
Festival van de Kroatische één-minuut-film, Požega *(eind mei)*. Korte amateurfilms.

Zomer

Omdat in de zomer de meeste toeristen naar Kroatië komen, vooral naar Istrië en Dalmatië, vinden er in deze periode ook de meeste evenementen plaats. Naast muziek-, theater- en dansfestivals zijn er ook veel traditionele feesten. Met name de folkloristische feesten zijn kleurrijke evenementen.

Juni

Dansweek, Zagreb *(mei/ juni)*. Internationaal festival van dans, beweging en mime, georganiseerd in samenwerking met diverse Europese verenigingen.
Muziek, Pula *(hele zomer)*. Diverse evenementen in het Romeinse amfitheater
Festival van de Satire, Zagreb *(juni)*. Internationaal festival gewijd aan de satire.
Brodsko kolo, Slavonski Brod *(half juni)*. Volksdansen in klederdracht, shows en presentatie van regionale producten.

Het Brodsko Kolofeest, Slavonski Brod

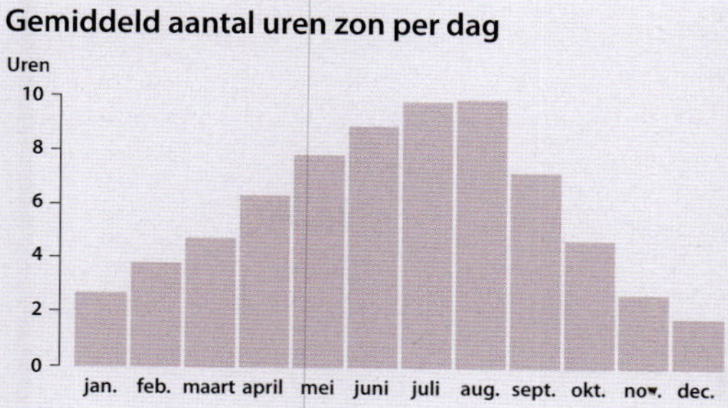

Zon
De Dalmatische kust is een van de zonnigste gebieden van Europa en het eiland Hvar is recordhouder, met 2700 zonuren per jaar. Aan de kust zijn de zomers warm en droog. In het binnenland heerst een landklimaat, dat wordt gekenmerkt door hete zomers en koude winters.

Đakovački Vezovi, een folkloristisch en borduurfestival in Đakovo

Đakovački vezovi, Đakovo *(half juni–begin juli)*. Volkskunst en lokaal borduurwerk.
Zomer van Margherita, Bakar *(juni/juli)*. Concerten en voorstellingen in het Čakavskidialect.
Internationaal Kinderfestival, Šibenik *(eind juni–begin juli)*. Festival in het teken van de creativiteit van kinderen. Muziek, dans, toneel en film.

Juli

Zomerfestival, Hvar *(juli)*. Leuk festival met muziek, theater, folklore en dans.
Festival klapa, Omiš *(juli)*. Traditionele liederen uit Dalmatië, uitgevoerd door groepen van vijf tot tien man.
Rapska fjera, Rab *(juli)*. Het oude Rab wordt gedurende drie dagen omgetoverd in een middeleeuwse stad, met demonstraties van oude ambachten, gezamenlijke bereiding van traditionele gerechten en een kruisboogtoernooi.
Internationaal jazzfestival Grožnjan *(juli)*. Internationale jazzmusici spelen op dit bruisende festival in het pittoreske stadje Grožnjan in Istrië.
Zomercarnaval, Novi Vinodolski *(juli)*.
Internationaal Theaterfestival, Pula *(juli)*. Multimediafestival met gezelschappen uit heel Europa.
Dag van St.-Theodorus, Korčula *(29 juli)*. Feest dat gevierd wordt met de Moreška, een dans die een veldslag tussen christenen en moslims verbeeldt.
Internationaal Tennistoernooi, Umag *(eind juli)*.
Internationaal Folklorefestival, Zagreb *(eind juli)*. Festival met Kroatische muziek en dans met internationale gasten.
Carnaval van Pag, Pag *(eind juli)*. Traditionele dansen, *kolo* en diverse voorstellingen met de lokale bevolking in traditionele klederdracht.
Kunstrepubliek Labin, Labin *(juli–aug.)*. Klassieke concerten en volksmuziek.
Muziekavonden in de Donatuskerk, Zadar *(half juli–begin aug.)*. Kerk-, theater- en instrumentale muziek.
Muziekfestival Osor, Osor *(half juli–half aug.)*. Kamermuziek.
Zomer van Split *(half juli– half aug.)*. Opera, concerten, dans, theater en de eerste toneelstukken in het Kroatisch.
Zomerfestival van Dubrovnik, Dubrovnik *(half juli–eind aug.)*. Het oudste internationale festival van Kroatië: muziek, toneel, folklore en ballet, met artiesten uit vele landen.
Zomerevenementen van Krk, Krk *(juli–aug.)*. Muziek en proza, concerten, ballet, voorstellingen van jonge artiesten en folklore.
Concerten in de Euphrasiusbasiliek, Poreč *(juli–half sept.)*. Kerkelijke en wereldlijke muziek door musici uit Kroatië en de rest van Europa.

De Moreškadans, Dag van St.-Theodorus, Korčula

Gemiddelde neerslag per maand

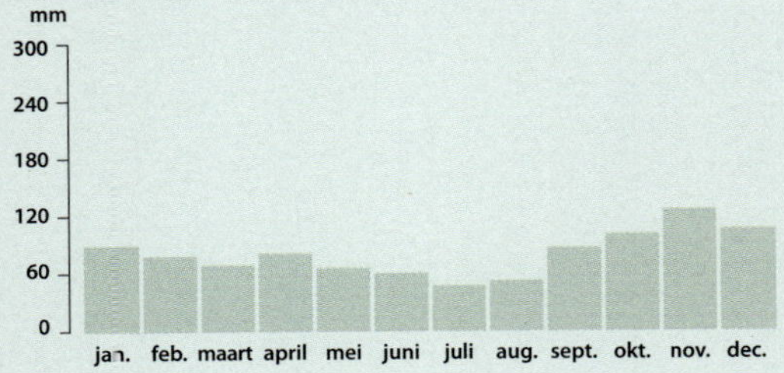

Neerslag
Aan de kust valt weinig regen, met name in de zomer, wanneer er vaak sprake is van droogte. In de bergen daarentegen valt meer dan genoeg regen en sneeuw. In het noordoosten van het land komen 's zomers onweersbuien voor. In de winter valt er sneeuw.

Deelnemers aan een steekspel tijdens het Folklorefestival in Sinj

Augustus

Kunstfestival Pag, Pag *(aug.)*. De wereldberoemde pianist van dit eilandje, Lovro Pogorelić, organiseert een twee weken durend programma met klassieke concerten en andere kunstzinnige evenementen, met internationale artiesten.
Sinjska alka, Sinj *(begin aug.)*. Folklorefestival in het teken van de overwinning op de Turken, met steekspelen voor ruiters, optochten, dansen, volksmuziek en een tentoonstelling van regionale producten.
Baljanska noć, Bale *(eerste zo in aug.)*. Stadsfeest.
Festival van de Bumbari, Vodnjan *(2de za in aug.)*. 'Bumbari' is de naam van de plaatselijke bewoners. Folklorefestival met een ezelrace. Ook worden er *kroštule (crostoli)*, koeken van Venetiaanse origine, bereid.
St.-Rochusdag, Žrnovo en Postrana (op Korčula) *(16 aug.)*. Tot de feestelijkheden behoort de Mostra, een traditionele zwaarddans. Vroeger eindigde het feest met het offeren van een os.
Trka na prstenac, Barban *(3de weekend in aug.)*. Steekspel dat teruggaat tot 1696.
Olympiade van Oude Sporten, Brođanci *(laatste zo in aug.)*. Folklorefestival met traditionele spellen, klederdracht en straatmuzikanten.

Festival van Vinkovačke Jeseni, Vinkovci

Herfst

In deze tijd van het jaar is het beduidend minder druk in Kroatië, zelfs aan de populaire Adriatische kust. Toch is er ook in het najaar een onverwacht rijk en gevarieerd aanbod van evenementen. Vele ervan hebben een cultureel karakter, maar er zijn ook wijn- en oogstfeesten – een ideale manier om kennis te maken met de producten van het land.

September

Festival van de Gouden Snaren van Slavonië, Požega *(sept.)*. Festival van volks- en moderne muziek, waarbij gebruik wordt gemaakt van het traditionele Slavonische instrument de *tamburica*.
Kanttentoonstelling, Lepoglava *(sept.)*. Tentoonstelling van traditioneel kant, dat nog steeds volgens oude technieken wordt gemaakt.
Week van de Kajkavische cultuur, Krapina *(sept.)*. Festival met Kajkavische poëzie, traditionele muziek en schilderkunst.
Internationaal Poppenfestival, Zagreb *(sept.)*.
Vinkovačke jeseni, Vinkovci *(sept.)*. Festival van traditionele muziek en folklore. Optochten in klederdracht.
Druivenfestival, Buje *(3de weekend in sept.)*.
Barokavonden in Varaždin, Varaždin *(tweede helft sept.– eerste helft okt.)*. Festival van barokmuziek, met bekende Kroatische en Europese musici.

Gemiddelde temperatuur per maand

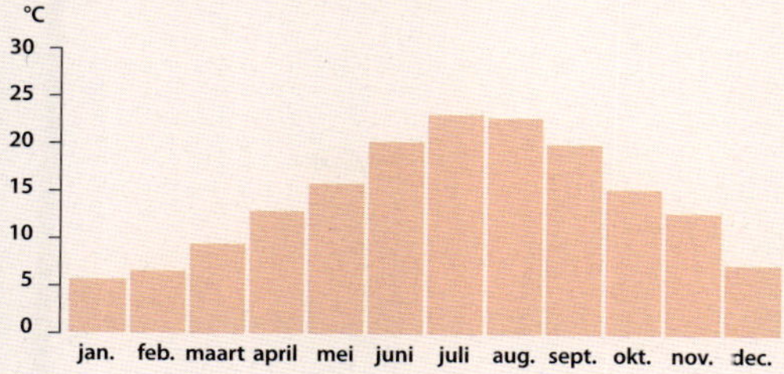

Temperatuur
Het klimaat aan de Kroatische kust is typisch mediterraan, met milde winters en warme, droge zomers. In het binnenland heerst een landklimaat, met warme zomers en koude winters. In de bergachtige gebieden heerst een alpien klimaat.

Oktober

Bela nedeja, Kastav *(eerste zo in okt.)*. Wijnfeest.
Marunada, Lovran *(half okt.)*. Kastanjefeest.
Olijvendagen, Punat *(okt.)*. Mooie gelegenheid om mee te doen aan de festiviteiten rondom de olijvenoogst op het eiland Krk. Toeristen kunnen olijven plukken bij de klanken van *sopile*-muziek (fluit) en daarna genieten van een olijvenmaaltijd, die wordt bereid door topkoks uit heel Kroatië.
Stadsdag, Lipik *(4 okt.)*. Traditioneel festival dat wordt gevierd ter ere van de stad.

November

St.-Martinusdag, Dugo Selo, Samobor, Sv. Ivan Zelina, Velika Gorica, provincie Zagreb *(nov.)*. Wijnfestival ter ere van de periode dat de most wijn wordt.

Winter

De kou doet zich 's winters in heel Kroatië voelen. In Zagreb en Slavonië daalt de temperatuur tot ver beneden het vriespunt, terwijl Istrië en Dalmatië worden geteisterd door de koude borawind. Niettemin mogen de Kroaten ook in deze periode graag een cultureel evenement bijwonen.

December

Dag van de Stad, Osijek *(2 dec.)*. De belangrijkste feestdag van Osijek, met muziek en dans.
Advent in Zagreb *(dec.)*. Rondom kerst worden er artisitieke en gastronomische evenementen georganiseerd op de pleinen in de stad.

Kostuum op het carnaval van Lastovo

Januari

St.-Vincentiusdag, Međimurje *(eind jan.)*. Toost met de lokale telers op de beschermheilige van de wijn, met diverse wijnen, hapjes en muziek.

Februari

Feest van St.-Blasius, Dubrovnik *3 feb.)*. Processies voor de beschermheilige van de stad.
Shrovetide sezona, Kraljevica. Gemaskerd bal.
Carnaval van Rijeka, Rijeka. Optocht met fraaie kostuums.
Carnaval van de Riviera, Opatija.
Internationaal vioolconcours (Vaclav Huml), Zagreb *(eerste helft feb.)*. Voor violisten onder de 30 jaar.
Carnaval, Lastovo.

Een barokensemble speelt in de kathedraal van Varaždin

Feestdagen

Nieuwjaarsdag 1 jan.
Driekoningen 6 jan.
Eerste en Tweede Paasdag maart of april
Dag van de Arbeid 1 mei
Sacramentsdag mei of juni
Antifascistische Dag van de Overwinning 22 juni
Stichting van de Staat 25 juni
Dag van de Overwinning en Nationale Dankdag 5 aug.
Maria-Hemelvaart 15 aug.
Onafhankelijkheidsdag 8 okt.
Allerheiligen 1 nov.
Eerste en Tweede Kerstdag 25 en 26 dec.

GESCHIEDENIS VAN KROATIË

Kroatië ligt tussen Oost- en West-Europa en is eeuwenlang een doorgangsland geweest, maar ook een gebied waar verschillende werelden en culturen elkaar ontmoetten. Diverse culturele invloeden hebben bijgedragen aan de geschiedenis van het land. Kroatië hecht vooral aan zijn banden met het Westen: meer dan honderd jaar hebben delen van het land strijd geleverd om zich van de Turkse overheersing te bevrijden. De geschiedenis van Kroatië gaat bijna zo ver terug als die van de mensheid zelf.

Prehistorie

Aan het begin van de 19de eeuw werden zeer oude menselijke resten gevonden in Krapina, in het noorden van Kroatië. De Krapinamens leefde in de neanderthalperiode, in het midden-paleolithicum. Er zijn ook andere sporen van prehistorische culturen in Kroatië gevonden. De rijkste vindplaats is waarschijnlijk Vučedol, bij Vukovar, waar de neolithische 'Vučedolduif' *(blz. 192)* werd gevonden.

De Illyriërs

Rond 1200 v.C. vestigden stammen van Indo-Europese oorsprong zich op de Pannonische Laagvlakte, de grotere eilanden en langs de kust. Hun naam varieerde (Istriërs, Liburniërs, Dalmatiërs, Japoden) al naar gelang de vestigingsplaats, maar het gebied als geheel werd Illyrië genoemd. Ze verhandelden barnsteen en hadden contact met andere mediterrane volken en Noord-Europese handelaars. Resten van muren op heuveltoppen getuigen van hun aanwezigheid.

De Kelten

In de 4de eeuw v.C. gingen de Kelten op zoek naar nieuw woongebied toen Gallië overbevolkt raakte. Sommige stammen volgden de Donau tot het huidige Bohemen, andere trokken naar de grens van Griekenland. In diezelfde periode stichtten de Grieken kolonies op enkele Dalmatische eilanden, waaronder Vis en Hvar, en in de streek rond Trogir en Salona. Sommige historici menen dat de Kelten in 335 v.C. op de zuidelijke oever van de Donau tegen Alexander de Grote vochten. Honderd jaar later vielen ze Delphi aan en streken op de terugweg neer in de Paludes Volcae, een gebied tussen de rivieren Sava, Drava en Donau. Ze staan bekend als de Scordisci en vermengden zich met de Illyriërs. De Kelten en Illyriërs werden in de 2de eeuw v.C. verslagen door de Romeinen. Er vonden opstanden plaats en er werden groepen verbannen, maar de overblijvers namen de gebruiken van hun overwinnaars over en werden echte Romeinen.

50.000–30.000 v.C. *Homo sapiens neanderthalensis* leeft in Krapina

De Krapinamens, uit het midden-paleolithicum

1200 v.C. Illyriërs vestigen zich op de Balkan

279 v.C. De Kelten, inmiddels naar de Balkan getrokken, verslaan de Grieken

6500 v.C. | **3500 v.C.** | **500 v.C.**

6000–2500 v.C. Neolithicum: vindplaatsen Danilo, Hvar en Butmir

2200–1800 v.C. Aeneolithicum: vindplaatsen Lasinje en Vučedol

Bronzen hoofddeksel, 7de–6de eeuw v.C.

390 v.C. Dionysius de Oudere van Syracuse maakt het eiland Vis tot een buitenpost

◀ De apostel Paulus en St.-Blasius, beschermheilige van Dubrovnik, op een drieluik van Nikola Božidarević

De Romeinse verovering

De Romeinen veroverden Kroatië op verschillende momenten en op verschillende manieren. Ze wilden allereerst een eind maken aan de aanvallen op hun handelsschepen door de Liburniërs en Dalmatiërs, dus stuurden ze hun legioenen overzee om het kustgebied te onderwerpen. De eerste veldslag vond plaats in 229 v.C., nadat koningin Teuta van de Illyriërs een Romeinse ambassadeur, die er bij haar op had aangedrongen de piraterij op te geven, ter dood had laten brengen. De Romeinen veroverden hierop de steden Epidaurum, Lissa en Pharos, die werden gedwongen belasting te betalen aan Rome. Ondanks eerder gedane beloften gingen de piratenaanvallen gewoon door en de Romeinen stuurden ditmaal hun legioenen uit Aquileia, een versterkte plaats ten oosten van Venetië, gesticht in 181 v.C. Ze slaagden erin Istrië te onderwerpen, een proces dat in 177 v.C. was voltooid. Twintig jaar later bracht Publius Scipio Nasica de Dalmatiërs bij Delminium de eerste nederlaag toe en vervolgens versloeg hij de Dalmatiërs en de Japoden die langs de delta van de Neretva woonden. In 107 v.C. versloegen de Romeinen de Scordisci en Illyriërs en veroverden de plaats Segestica (Sisak). In 87 v.C. brak er opnieuw een oorlog uit tussen de Romeinen en de Illyriërs die na drie jaar door de Romeinen werd gewonnen. In 48 v.C. kozen de Illyriërs partij voor Pompejus in de strijd tegen Caesar en leverden schepen en manschappen. Het leek erop dat met Pompejus ook de Illyriërs definitief werden verslagen, maar velen van hen, nog steeds vastbesloten te vechten, vluchtten het beboste binnenland in, dat nog niet door de Romeinen was bezet. Enkele tientallen jaren later, in 6 n.C., vond onder aanvoering van Batone de grootste Illyrische opstand tot dan toe plaats. De Illyriërs wonnen de eerste veldslagen en rukten op richting Italië, maar na drie jaar oorlog moest Batones uitgeputte en uitgehongerde leger het afleggen tegen de superieure militaire organisatie van de Romeinen. De jaren daarna lijfde Augustus de Balkan in bij het Romeinse Rijk. Een militaire campagne onder leiding van Tiberius, voltooid in 12 n.C., leidde tot de ontmanteling van de Illyrische verdedigingswerken. Er werden steden gesticht, verbonden door brede heirbanen. De bewoners werden Romeinse burgers en mochten bestuurlijke functies vervullen. Zo waren diverse keizers van Illyrische origine, onder wie Septimius Severus, Aurelianus, Claudius II, Probus, Valens, Valentinianus en, wellicht de beroemdste, Diocletianus.

Symbool van het Romeinse Rijk, Sisak

Romeinse wegen

De eerste grote openbare werken van de Romeinen waren de wegen, die nodig waren om de legioenen snel te kunnen ver-

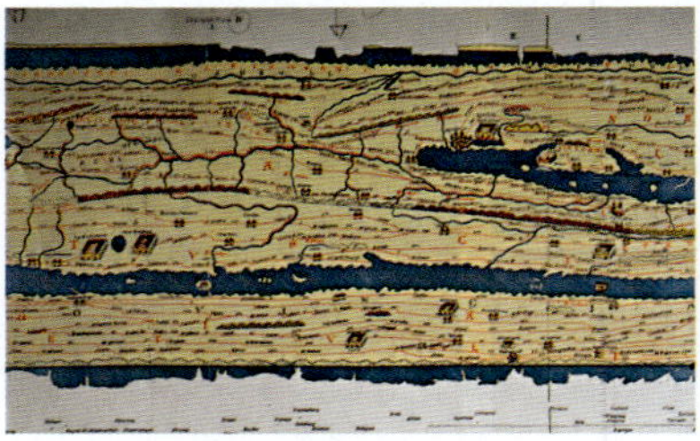

Romeinse wegen op de Tabula Peutingeriana

229 v.C. Romeinen verwoesten Illyrische vestingen, onderwerpen de Griekse kolonies Lissa en Pharos en dwingen de Illyriërs tot belastingbetaling

107 v.C. Beslissende Romeinse overwinning op de Scordisci, die uit het gebied worden verdreven; Rome dankt de zege aan Quintus Minucius Rufus

300 v.C. | **200 v.C.** | **100 v.C.**

177 v.C. Romeinse vloot wordt aangevallen door de Istriërs; Rome stuurt een leger dat hen verslaat en verdrijft

Een Romeins bouwfragment uit Sisak

119 v.C. De Dalmatiër Lucius Metellus verslaat de Scordisci en Dalmatische stammen bij Segestica (Sisak); Romeinen vestigen zich in Salona en beginnen aan de Via Gabina van Salona naar Andretium

plaatsen. De Romeinse wegen vormden in dit deel van de Balkan nog vele eeuwen de belangrijkste verbindingen. Er liepen twee belangrijke hoofdwegen van Aquileia naar het oosten: één in de richting van het Istrisch schiereiland naar Pula en één in de richting van Aemona (Ljubljana). De belangrijkste weg in Dalmatië liep van Aenona (Nin) naar Zadar, en dan door naar Scardona (Skradin), Tragurium (Trogir), Salona, Narona, Epidaurum (Cavtat) en ten slotte Catarum (Kotor). Andere wegen voerden van deze kustweg landinwaarts. De drukste was die van Salona naar het huidige Bosnië, via Klis en Sinj, vlak bij Aequum (Čitluk). Een andere weg volgde de rivier de Narenta (Neretva) naar Sirmium, het huidige Sremska Mitrovica, dat een van de hoofdsteden van het Romeinse Rijk zou worden. De wegen in het binnenland waren minder belangrijk. Ze volgden de rivieren de Drava en de Donau. In Pannonië werd Siscia (Sisak) een belangrijke stad, vanwaar wegen liepen naar Andautonia (Šćitarjevo), Mursa (Osijek), Cuccium (Ilok), Marsonia (Vinkovci) en de warme bronnen van Aquae Salissae (Daruvar), Aquae Valissae (Lipik) en Aquae Iasae (Varaždinske Toplice), die door de keizers werden gebruikt.

Reliëf in de baden van Varaždinske Toplice

De stichting van steden

De Romeinen stichtten eerst de Istrische steden Poreč, Rovinj en Pula, dat in de 2de eeuw n.C. een belangrijk knooppunt werd. Later werden de reeds bestaande Illyrische nederzettingen op de grotere eilanden en langs de kust in Romeinse steden veranderd. De belangrijkste plaatsen waren Senia (Senj), Aenona (Nin), Jadera (Zadar), Delminium (nu een dorp ten oosten van Salona, met enkele overblijfselen), Promona (een dorp bij Makarska, met resten van de Romeinse muren), Burnum (de resten van de antieke stad liggen bij Kistanje, aan de weg tussen Knin en Benkovac), Blandona (dat niet meer bestaat, vlak bij het Vrana-meer), Scardona (Skradin), Narona (aan de monding van de Neretva bij Vid), Tragurium (Trogir) en ten slotte Salona (bij Split). Deze steden hadden muren, forums, triomfbogen en aquaducten, waarvan de overblijfselen veelal nog te zien zijn. Het best bewaard gebleven aquaduct voorzag aanvankelijk alleen Salona van water, maar werd door Diocletianus helemaal doorgetrokken naar Split en is voor het grootste deel nog in gebruik. De belangrijkste Romeinse monumenten van Kroatië zijn te zien in Pula, met zijn schitterende amfitheater *(blz. 64–65)*, en in Split, waar het indrukwekkende Paleis van Diocletianus *(blz. 122–123)* staat.

Pula in de Romeinse tijd, op een gravure uit 1819

6–9 n.C. Augustus verovert heel Pannonië en begint met de bouw van forten langs de rivieren; later wordt het gebied onderdeel van het Romeinse Rijk, onder de naam Provincia Pannoniae

12 n.C. Definitieve overwinning op de Illyriërs. In Rome viert Tiberius zijn triomf met een plechtige optocht, waarin de gevangengenomen rebellenleider Batone voorop loopt

Een standbeeld van keizer Augustus

271 Aurelianus roept de Donau uit tot grens van het Rijk, na vergeefse pogingen de Daciërs, die langs de rivier leven, te verslaan

284 Diocletianus wordt keizer; enkele jaren later beginnen de werkzaamheden aan het paleis in Split, waar hij zich in 304 terugtrekt

1 n.C. | **100** | **200**

De oude Romeinse ruïnes van de stad Salona, verwoest in 614

De barbaarse invasies en de crisis van het Romeinse rijk

In 378, na een eeuw van betrekkelijke rust, vielen de Goten Pannonië binnen en rukten vervolgens op naar Italië. Vanaf die tijd, en in de loop van de hele 5de eeuw, werd de Balkan aangevallen door de barbaren (Hunnen, Vandalen, Visigoten en Longobarden), die uiteindelijk in 476 het Romeinse Rijk ten val brachten.

De Avaren en Slaven op de Balkan

Aan het begin van de 6de eeuw vielen de Avaren het gebied binnen, gevolgd door andere Slavische stammen. De Romeinse bewoners die niet naar de bergen of de eilanden vluchtten, werden gevangengenomen en als slaven verkocht. In 582 verwoestten de Avaren Sirmium (Sremska Mitrovica), een van de oude hoofdsteden van het Romeinse Rijk. Later onderwierpen ze ook andere nomadische stammen en trokken met een machtig leger op naar Constantinopel, maar ze werden door de Byzantijnen verslagen. Een deel van hen keerde terug naar de Aziatische steppen, een ander deel vestigde zich in het gebied tussen de Donau en de Tisza. Vervolgens vielen de Slaven Moravië en Bohemen binnen en rukten op naar de Adriatische Zee. Ze veroverden alle Romeinse steden en verwoestten Salona (614). De Slaven vestigden zich op het platteland en in wat restte van de geplunderde steden. Ze bedreven landbouw en veeteelt en vormden grote clans *(županija)*, geleid door een *župan*.

De Bulgaren en de Byzantijnse herovering

De Slavische opmars naar het zuiden werd een halt toegeroepen door de Bulgaren, een volk van Turkse oorsprong, dat zich langs het laatste stuk van de Donau vestigde. Na de val van het West-Romeinse Rijk probeerden de Byzantijnen de Balkan te

380 Met het Edict van Thessalonica verdeelt Theodosius de Grote het Romeinse Rijk in vier delen

476 Odoaker, aanvoerder van de barbaarse contingenten, zet Romulus Augustulus, de laatste West-Romeinse keizer, af

300 | **400** | **500**

Romeinse torso, opgegraven in het antieke Mursa

378 Ostrogoten veroveren en verwoesten Mursa (Osijek)

437 Dalmatië komt onder Byzantijnse heerschappij; de Hunnen veroveren Pannonië

500 De Slaven bezetten Pannonië, dat Slavonië zal worden

heroveren. Ze brachten de Slaven diverse nederlagen toe en probeerden hen ondertussen in te lijven bij het Rijk.
Dankzij het feit dat de vloot het leger snel kon verplaatsen, vielen Griekenland, een deel van Macedonië en de Dalmatische eilanden en steden weer in Byzantijnse handen. Het binnenland bleef Slavisch.

De Kroaten

Aan het begin van de 7de eeuw vestigden de Kroaten, een Slavisch volk, mogelijk afkomstig uit wat nu Iran is, zich – misschien in opdracht van de Byzantijnse keizer Heraclius – in Opper-Pannonië en Dalmatië, waar ze zich vermengden met de inheemse Romeinse bevolking en vluchtelingen uit het binnenland. In de 8ste en 9de eeuw vestigden de Kroaten territoriale bases in het binnenland, terwijl de kuststeden en de eilanden werden bestuurd door Byzantijnse functionarissen, gesteund door een vloot in Zadar. In de 9de eeuw stichtten de Kroaten een staatje in een heuvelachtig gebied op het Dalmatisch plateau, nu Biskupija geheten, ver van de Byzantijnen aan de kust en de Franken in Midden-Kroatië. Er werden enkele kerken gebouwd, en een nederzetting, Pet Crikvah. Archeologische vondsten uit dit gebied zijn te zien in Split en Knin.

De doopvont van vorst Višeslav, gevonden bij Nin

De Franken

Eind 8ste eeuw veroverden de Franken onder Karel de Grote het huidige Noord-Kroatië, Bohemen, Istrië, Slovenië en een deel

Fundamenten van een van de kerken in Biskupija

van Dalmatië. Het gebied werd verdeeld in gouwen, die werden toevertrouwd aan loyale edelen en bisschoppen. De patriarch van Aquileia stuurde in de 9de eeuw monniken en priesters uit Byzantium naar het gebied om het evangelie te verspreiden en de Kroaten tot het christendom te bekeren. Onder hen bevonden zich Cyrillus en Methodius, die het glagolitische schrift ontwierpen om het woord Gods in een voor de Slaven begrijpelijke taal te kunnen verspreiden.

De eerste Kroatische steden

In de 8ste en het begin van de 9de eeuw verrezen de eerste Kroatische steden vlak bij plaatsen met Byzantijns bestuur. In Dubrovnik, Zadar, Split en Trogir woonden voornamelijk mensen van Romeinse origine. Biograd werd gesticht bij Zadar, en Knin werd onder vorst Višeslav opnieuw bevolkt met Kroaten. Later werd de stad Šibenik gesticht. In Pannonië kwamen de Romeinse steden Siscia (nu Sisak) en Mursa (Osijek) weer tot leven onder vorst Vojnomir.

614 De Slaven en Avaren veroveren en verwoesten Salona; de Romeinse bevolking vlucht naar Split en de nabijgelegen eilanden

Vanaf 820 Kroaten stichten de steden Biograd, Šibenik en Knin, en blazen Sinj en Osijek nieuw leven in

600 | **700** | **800**

Begin 7de eeuw De Kroaten vestigen zich in Opper-Pannonië en Dalmatië

799 Karel de Grote verslaat en onderwerpt de Kroaten in Laurana (Lovran); begin van de bekering van de Kroaten tot het christendom. Hun culturele centrum is Aenona (Nin); eerste geschriften in het Kroatisch verschijnen

Borstbeeld van Karel de Grote (742–814)

De Hongaren

De situatie op de Balkan leek aan het eind van de 9de eeuw redelijk stabiel, maar toen kwamen de Hongaren van de Oeral naar Europa. Onder leiding van koning Arpad vestigden ze zich langs de middenloop van de Donau en in de dalen van Transsylvanië, en verdreven de Slaven en andere stammen. Ze ondernamen plundertochten in Italië en Oostenrijk, maar nadat ze in 955 door keizer Otto I bij Lechfeld, in Augsburg, Beieren waren verslagen, moesten ze zich terugtrekken binnen wat nu de grenzen van Hongarije en Transsylvanië zijn. De Hongaarse invasie was de laatste grote invasie van het eerste millennium.

Standbeeld van de vermoedelijk eerste Kroatische koning, Tomislav

Het koninkrijk van de Kroaten

Ondertussen verwierven de Kroaten in 845 onder vorst Trpimir stilzwijgend autonomie binnen het Frankische Rijk en vormden een staat die ook een deel van Dalmatië omvatte. Deze werd onder hertog Branimir (879–892) erkend door de paus. In 925 werd vorst Tomislav vermoedelijk tot koning gekroond. Op zijn dood, in 928, volgden jaren van anarchie, tot Kroatië werd verenigd door koning Petar Krešimir IV (1058–1074). Krešimir veroverde ook de eilanden van Dalmatië. In 1054, tijdens het schisma tussen de kerken van Rome en Constantinopel, koos Kroatië de kant van Rome. Na de dood van Petar Krešimir IV werd zijn opvolger Zvonimir, die was getrouwd met de zus van de Hongaarse koning Ladislaus, door paus Gregorius VII tot koning gekroond. Hij verklaarde zich aan Rome onderworpen, maar de Kroatische edelen weigerden deel te nemen aan een oorlog tegen de Turken en vermoordden Zvonimir in 1089.

Reliëf van koning Zvonimir in de doopkapel van St.-Jan in Split

De Unie met Hongarije

Na de dood van Ladislaus deed Koloman (1102–1116) zijn rechten op de troon gelden. Hij veroverde Kroatië en werd tot koning van Dalmatië en Kroatië gekroond. In 1102 werden de twee staten onder één dynastie verenigd. Er werd een Kroatisch parlement (Sabor) opgericht, onder het bewind van een door de koning benoemde ban (gouverneur). De staat werd verdeeld in gewesten die door Kroatische en Hongaarse edelen werden bestuurd. De daaropvolgende eeuw besloot koning Bela IV met het oog op de Tataarse invallen de staat in tweeën te delen, Kroatië en Slavonië, beide geregeerd door een ban. Er werden nieuwe steden gesticht, waarvan sommige de privileges van een vrijstad kregen.

De koninklijke vrijsteden

Deze steden, beschermd door muren, grachten en torens, verrezen voornamelijk in

896 Hongaren vestigen zich tussen de Tisza en de Donau

899 Hongaren rukken op naar de Balkan en veroveren de steden van de Kroaten, die naar Dalmatië vluchten

901 Vorst Tomislav verslaat de Hongaren en dringt ze terug tot voorbij de Sava. Hij krijgt van Byzantium het bestuurlijk gezag over de steden van Dalmatië

925 Tomislav wordt vermoedelijk koning van de Kroaten met de zegen van de paus

930 De Byzantijnen hernieuwen de unie met de kuststeden die belasting betalen aan de keizer

956 Branimir, vorst van Kroatië, komt in opstand tegen de Byzantijnen. Hij verwerft de titel 'koning van Kroatië' met de zegen van de paus

1000 Eerste gewapende actie van Venetië tegen piraten bij de monding van de Neretva; steden op de eilanden en aan de kust van Istrië en Dalmatië zweren trouw aan Venetië

850 | 900 | 950 | 1000

De Gouden Bul van 1242 waarin Zagreb (Gradec) wordt uitgeroepen tot koninklijke vrijstad

Pannonië en de noordelijke gewesten. Varaždin, in die tijd gesticht, werd een druk handelscentrum en voor lange tijd de zetel van de Sabor. Steden die verrezen op de ruïnes van oude Romeinse steden werden versterkt: zoals Križevci, uitgeroepen tot koninklijke stad in 1252, Koprivnica, uitgeroepen tot vrijstad in 1356, en Ludbreg, dat in 1320 een vrijstad werd en een belangrijke rol speelde in de verdediging van de regio. De benedenloop van de Drava werd versterkt, met een herbouwd Sisak en, verder zuidelijk, een nieuw Slavonski Brod. Zagreb werd een koninklijke vrijstad in 1242; Vukovar werd een vrijstad in 1231. Deze steden genoten belastingvoordelen en waren niet onderworpen aan feodale heren. Ze bloeiden op en trokken kooplui en ambachtslieden aan.

Verdedigingswerken

Koning Bela IV liet op strategische plaatsen vestingen bouwen, die rechtstreeks onder het gezag van de koning of van de grote feodale heren stonden. Er zijn nog imposante ruïnes van over, zoals de beroemde ruïne van Ružica, bij Orahovica in Slavonië. Samobor, in Midden-Kroatië, werd vergroot en kreeg een vesting, net als Klis, Knin en Sinj in Dalmatië. Adellijke families kregen ook opdracht forten te bouwen en te bemannen, zoals de graven van Bribir, die naar Zrin trokken (en de naam Zrinski aannamen). Het land wapende zich, en dat was nodig ook: het gevaar van de Tataren was weliswaar geweken, maar nu doemde de dreiging van een Turkse invasie op.

Venetië, Istrië en Dalmatië

De Adriatische kust verging het anders en zag zijn lot verbonden met dat van Venetië. Istrië viel zowel kerkelijk als ambtelijk grotendeels onder de jurisdictie van het patriarchaat van Aquileia. Vanaf het jaar 1000 sloten veel kustplaatsen verdragen met Venetië, dat een machtige vloot bezat die bescherming bood tegen piraten. Venetië had de versterkte havens van de Istrische steden nodig voor zijn handelsschepen, die de Kroatische kust aandeden op weg naar het Oosten. In de 13de eeuw vroegen enkele steden uit defensieve overwegingen of ze onder Venetiaans bewind konden komen. Meestal verliep dit proces vreedzaam, maar in Zadar, dat verdeeld was, moest Venetië met de hulp van kruisvaarders orde op zaken stellen (1202). Zadar gaf zich in 1204 over en een jaar later veroverde Venetië ook Istrië en de stad Dubrovnik.

De inname van Zadar door de Venetianen, door Andrea Vicentino

1058 Koning Krešimir vergroot zijn koninkrijk door Kroatië te verenigen en de Dalmatische eilanden te veroveren

1075 Zvonimir wordt door paus Gregorius VII tot koning van Kroatië gekroond

1091 Ladislaus, koning van Hongarije en broer van de weduwe van Zvonimir, verenigt Kroatië en Hongarije

1102 De Hongaarse koning Koloman, opvolger van Ladislaus, wordt tot koning van Kroatië en Dalmatië gekroond

Koninklijke munt uit Slavonië, 1200

1202 Om een schuld aan Venetië in te lossen, nemen de kruisvaarders de verovering van Zadar op zich, dat na een lang beleg valt

1222 Met de Gouden Bul garandeert de koning van Hongarije, Andreas II, de rechten van de Kroatische edelen en draagt hij een deel van zijn macht over aan de aristocratie

1050 | 1100 | 1150 | 1200

De Republiek Ragusa op een illustratie uit die tijd

De Republiek Ragusa

De geschiedenis van de stad Dubrovnik, lange tijd bekend onder de naam Ragusa, is een hoofdstuk op zich binnen de geschiedenis van Kroatië. De stad werd gesticht door ballingen uit Epidaurum, dat door de Avaren was verwoest, en ontwikkelde zich door zijn centrale ligging aan de Adriatische kust tot een belangrijke handelshaven. In 1205 kwam Ragusa onder Venetiaans bewind, een situatie die 150 jaar zou duren en de stad zijn huidige voorkomen schonk. In 1358 versloeg Lodewijk I van de Hongarije, uit het huis Anjou, de Venetianen en herenigde de Kroatische gebieden, maar in 1382 kocht Ragusa zich vrij door een verdrag met de koning van Hongarije. Het werd een onafhankelijke republiek en een bloeiend spiritueel en cultureel centrum. In 1808 viel de stad in handen van Napoleon en kwam er een eind aan de republiek.

Turkse overheersing

Het koninkrijk Hongarije raakte in een langdurige dynastieke crisis toen er met de dood van Andreas III in 1301 een einde kwam aan het huis Arpad. Talloze troonpretendenten leverden strijd met elkaar totdat in 1308 Karel Robert van Anjou, van de Napolitaanse koninklijke familie, de troon besteeg. Onder deze Angevijnse dynastie en later Matthias Corvinus (1458–1490) beleefde het Hongaars-Kroatische koninkrijk lange periodes van voorspoed, waarin het de Venetiaanse aanspraken op de kust en de Adriatische eilanden betwistte. Er was echter een Turkse invasie ophanden en na de Slag op het Lijsterveld in 1389 veroverden de Turken Bosnië en een deel van Servië. In 1463 viel sultan Mohammed II Kroatië binnen vanuit Bosnië. Het Kroatische leger werd in 1493 in de Slag bij Krbavsko Polje verslagen. In de Slag bij Mohács, op 29 augustus 1526, sneuvelde de Hongaarse koning Lodewijk II zonder erfgenamen, waarna de Turken onder Suleyman II de Prachtlievende bijna heel Kroatië en een deel van Hongarije veroverden.

Het Osmaanse leger in de Slag bij Mohács

1301–1308 Einde van de Arpaddynastie door de dood van Andreas III. Na langdurige strijd bestijgt Karel Robert van Anjou de troon

Zilveren munt ter herdenking van de Slag bij Mohács

1527 Het Hongaars-Kroatische koninkrijk gaat over in Habsburgse handen

1526 Koning Lodewijk II sneuvelt in de Slag bij Mohács tegen de Turken

1300 | **1350** | **1400** | **1450** | **1550**

1409 Na een dure oorlog tegen Sigismund van Habsburg wordt Ladislaus van Anjou koning van Hongarije en Kroatië. Hij verkoopt Dalmatië aan de Venetianen

1493 Kroatische troepen worden bij Krbavsko Polje verslagen door Jacub, een pasja van Bosnië

1520 Marko Marulić schrijft *Judita*, het eerste werk dat in het Kroatisch wordt geschreven

Venetië en de aankoop van Dalmatië

De oorlogen met Venetië om de Dalmatische kust duurden tot 1409, toen Ladislaus van Anjou, de koning van Napels, alle aanspraken op Dalmatië liet varen en het voor 100.000 gouden dukaten aan Venetië verkocht. De steden en eilanden stonden onder Venetiaans bewind van 1409 tot 1797, toen Venetië zich overgaf aan Napoleon. Los van de gebieden die Venetië had gekocht, wilden ook andere steden Venetiaans bezit worden. Venetië had vooral belang bij de veiligheid van de havens en bouwde de verdedigingswerken die nu nog deze steden karakteriseren, maar verder schonk het hen een grote mate van autonomie. Tijdens de oorlogen aan het begin van de 18de eeuw veroverde Venetië heel Dalmatië, behalve de onafhankelijke republiek Dubrovnik, en een klein stukje kust, en verlegde daarmee de grenzen tot de Velebitpassen, die ook in onze tijd nog Kroatië scheiden van Bosnië-Herzegovina.

Banden met de Habsburgers

In 1527 vertrouwden de Kroatische en Hongaarse edelen dat wat nog over was van het koninkrijk toe aan aartshertog Ferdinand van Habsburg, die meteen alle macht naar het hof trok en het gezag over de steden en grensgebieden van de adel afnam. In 1578 stelde hij het Militaire Grensgebied *(Vojna Krajina)* vast, een bufferzone tegen de oprukkende Turken, bestuurd door de militaire gouverneur van Wenen. Hij liet

Osijek in de tijd dat de Turken er werden verdreven (1687)

het gebied bevolken door Servische en Bosnische vluchtelingen, die bij de militaire garnizoenen werden ondergebracht. Enkele tientallen jaren was er sprake van wapenstilstand, daarna werd het Turkse offensief op Wenen hervat, maar de Turken werden in 1664 en 1683 teruggeslagen. Vanaf dat moment begonnen de 'ongelovigen' zich ook terug te trekken uit Kroatië, dat tien jaar later werd bevrijd. Bosnië bleef Turks. De bevrijde gebieden bleven tot 1881 grensgebieden. De belastingdruk en het centralisme van Wenen riepen weerstand op, maar een plan uit 1670 van invloedrijke families (onder wie de Frankopans en de Zrinski's, *blz. 181)* om Kroatië los te maken van Hongarije en Wenen, eindigde in 1671 met de onthoofding van banus Petar Zrinski en Fran Krsto Frankopan en nog twee andere rebellenleiders, waarmee verdere opstand in de kiem werd gesmoord.

Fran Krsto Frankopan, onthoofd in 1671

1566 Suleyman II belegert Siget, dat onder leiding van Nikola Zrinski vijf weken standhoudt

1573 Boerenopstand in Zagorje tegen de adel en de keizer wordt bloedig neergeslagen

1670 De Kroatische vorsten Petar Zrinski en Krsto Frankopan rebelleren tegen Leopold van Oostenrijk

1718 Verdrag van Passarowitz (Požarevac): Turkije raakt Servië en een deel van het binnenland van Dalmatië kwijt

1550 | 1600 | 1650 | 1700 | 1750

Nikola Zrinski, ban van Kroatië

1592 De Turken nemen Bihać in en verleggen hun grens naar de rivier de Kupa, die nog steeds Bosnië van Kroatië scheidt

1688 Paus Innocentius XI roept op tot een Heilige Liga tegen de Turken, die bij Petervaradino worden verslagen, waarna Kroatië wordt bevrijd

1683 Beleg van Wenen door de Turken; Oostenrijk wint en herovert Boeda en Pannonië

Getekende voorstelling van het Wener Congres

Het koninkrijk van de Illyrische provincies

De Napoleontische Oorlogen lieten ook Kroatië niet ongemoeid. In 1809 werd het Koninkrijk van de Illyrische Provincies in het leven geroepen, bestuurd door de Franse maarschalk Marmont. In een betrekkelijk korte periode (vijf jaar) werden belangrijke economische en juridische hervormingen doorgevoerd, die een zwaar stempel op de Kroatische cultuur drukten. Onder invloed van een sfeer van groeiend nationalisme in Europa voelden de mensen behoefte aan een eigen staat, maar op het Wener Congres (1815) steunde Kroatië het expansionisme van Oostenrijk, dat alle Istrische en Dalmatische gebieden die voorheen aan Venetië toebehoorden, plus Dubrovnik, annexeerde.

De Illyrische beweging

De Kroatische eigenheid speelde een rol in bewegingen die ook de nieuw opkomende arbeidersklasse beïnvloedden. Deze nationalistische trend vond zijn oorsprong in geschriften uit 1834 van Ljudevit Gaj (1809–1872), ook bekend als 'de Illyriër'. Tegengesteld aan deze trend echter was de expansie van Hongarije, dat zijn invloed in de grensgebieden probeerde te vergroten door het gebruik van het Hongaars in het openbaar bestuur en op scholen verplicht te stellen. Daarentegen kwam onder de middenklasse in de vroeger onder Venetië ressorterende Dalmatische en Istrische steden een pro-Italiaans nationalisme op. De Oostenrijkse regering wilde niets van deze bewegingen weten en ging compromisloos op de oude voet verder. Ze probeerde zelfs het Duits op scholen te introduceren. Kroatische eenwording was eenvoudig onmogelijk zolang de *Krajina*, de militaire bufferzone, bleef bestaan en er tolgrenzen tussen de verschillende gebieden waren. Grote openbare werken, de uitbreiding van de havens van Rijeka en Pula, dat een marinebasis voor de Oostenrijkse vloot werd, en een vernieuwd wegennet dienden uitsluitend het Oostenrijkse belang.

Ban Josip Jelačić, een nationale held van de Kroaten

Van de opstand van 1848 tot het Oostenrijks-Hongaarse bewind

Na 1847, toen de Sabor (het parlement) van Zagreb erin slaagde het Kroatisch tot officiële taal uit te roepen en het feodalisme af te schaffen, lieten Kroatische politieke bewegingen zich inspireren door de opstand van het Hongaarse volk en de Italiaanse revolutie van 1848. Door een ver-

1809 Napoleon sticht het Koninkrijk van de Illyrische Provincies

Napoleon Bonaparte

1830 Ljudevit Gaj publiceert de *Essentiële regels van de Kroatisch-Slavische spelling* en voegt aan het schrift de tekens toe die in het Latijnse alfabet ontbreken

Ljudevit Gaj, leide van het Kroatisch nationalistisch rev

1800 | 1810 | 1820 | 1830 | 1840 | 1850

1815 Verdrag van Wenen: Oostenrijk krijgt alle gebieden van de Republiek Venetië toegewezen

1832 Janko Drašković publiceert zijn *Dissertatie* tegen de Hongaarse en Oostenrijkse overheersing en introduceert het idee van Illyrië als 'moeder' van de Kroaten

1847 De Illyrische Beweging behaalt een meerderheid in het Kroatische parlement en roept het Kroatisch uit tot de officiële taal

1848–1850 Hongaarse opstar tegen Oostenrijk: Wenen scha plaatselijke autonomie af, ontbindt de Sabor en verklaar het Duits tot de officiële taal

keerd beeld van de Hongaarse rebellen en dubbelzinnige Oostenrijkse politiek liet de ban, Josip Jelačić, zich verleiden tot een oorlog met het nu door rebellen geleide Hongarije. De Oostenrijkse monarchie bleef ongeschonden, maar werd nog centralistischer. De Oostenrijkse keizer Frans Jozef veranderde in 1867 de structuur van de staat en vestigde de dubbelmonarchie Oostenrijk-Hongarije. Hongarije kreeg meer autonomie en een corridor naar de zee, en Rijeka en het achterland maakten nu deel uit van de Hongaarse staat. Onder druk van de Sabor echter kende de keizer Kroatië in 1868 de status toe van 'een natie met territorium binnen het Oostenrijks-Hongaarse Rijk'. Zagreb werd daarvan het culturele en politieke centrum. In 1863 stichtte de bisschop van Æakovo, Josip Juraj Strossmayer, de Kroatische Academie van Kunsten en Wetenschappen, en in 1874 de universiteit, de eerste op de Balkan. Het politieke streven bleef zich langs verschillende lijnen ontwikkelen. Sommigen droomden van een confederatie van staten binnen het Habsburgse Rijk, anderen meenden dat de tijd rijp was om de Slavische volken in één staat te verenigen, en nog weer anderen verlangden Kroatische onafhankelijkheid. De spanningen liepen op toen in 1878 Bosnië en Herzegovina onder Oostenrijks gezag kwamen, met name van de kant van het koninkrijk Servië, dat was gesticht in 1882, nadat de Turken waren verdreven. De Servische heersende klasse wilde de zuidelijke Slaven verenigen en haar grondgebied uitbreiden naar Dalmatië en Slavonië, Servisch gebied in haar ogen. In het laatste decennium van de 19de eeuw ontwikkelde zich een politieke strijd in Dalmatië en Istrië, tussen enerzijds een beweging gesteund door de bourgeoisie in de vroegere Venetiaanse steden, die autonomie verlangden, en anderzijds groepen die een unie met Servië nastreefden. Oostenrijk, als altijd profiterend van deze interne strijd, stond geen enkele vorm van autonomie toe.

Bisschop Josip Juraj Strossmayer, stichter van de Universiteit van Zagreb

Vlag van het Hongaars-Kroatisch keizerlijk regiment

Eerste Wereldoorlog

In 1914 gaf de moord op aartshertog Frans Ferdinand in Sarajevo het startschot voor de Eerste Wereldoorlog, die leidde tot de val van het Habsburgse Rijk. De Kroaten betaalden een hoge prijs voor hun deelname aan de oorlog, maar bevrijdden zich wel van de vreemde overheersing.

1860 De Oostenrijkse keizer stelt de Sabor opnieuw in

1868 Ontstaan van het Verenigd Koninkrijk Kroatië en Slovenië, met steun van keizer Frans Jozef

1881 Wenen heft de *Vojna Krajina* op en deze gebieden zijn weer onderdeel van de Kroatische staat

Keizer Frans Jozef

1904 Antun en Stjepan Radić richten de Boerenvolkspartij op

1908 Oostenrijk annexeert Bosnië en Herzegovina

1912 Slavko Cuvaj, uitgeroepen tot ban van Kroatië, ontbindt de Sabor en schaft de grondwet af

1914 Moordaanslag in Sarajevo en begin van de Eerste Wereldoorlog

1860 | 1870 | 1880 | 1890 | 1900 | 1910

Moord op koning Alexander in Marseilles (1934)

Van de staat van Slovenen, Kroaten en Serviërs tot het koninkrijk Joegoslavië

Kroatië riep in 1918 de onafhankelijkheid uit, maar trad een paar maanden later alsnog vrijwillig toe tot een staat die was gevormd door Slovenen en Serviërs onder de Servische Karađorđevićdynastie. Het Verdrag van Rapallo (1920) wees Istrië, Zadar en de eilanden Cres, Lošinj, Lastovo en Palagruža toe aan Italië, gevolgd door Rijeka in 1924. Veel ontevreden Kroaten werden lid van de Boerenvolkspartij, geleid door Stjepan Radić, die in 1928 echter werd neergeschoten en dodelijk verwond in het parlement in Belgrado. Er braken opstanden uit, die werden neergeslagen, en in 1929 schafte koning Alexander de grondwet af en stichtte het koninkrijk Joegoslavië. Door de moord op de koning in Marseille (1934) door een lid van de Macedonische revolutionaire garde die samenwerkte met de Ustaše (Kroatische fascisten), geleid door Ante Pavelić, liepen de spanningen hoog op. Om erger te voorkomen riep de regering in Belgrado in 1939 binnen het koninkrijk de Banovina Kroatië in het leven. Een paar dagen later begon echter de Tweede Wereldoorlog.

Tweede Wereldoorlog

Aanvankelijk steunde Joegoslavië de asmogendheden, maar nadat de koning tijdens een militaire opstand was afgezet vielen de Duitsers het land binnen. Er werd een koninkrijk Kroatië gevormd, in naam geregeerd door Aimone van Savoye, maar in werkelijkheid was het een onafhankelijke staat geleid door Pavelić. Italië nam het roer over op de eilanden en in de steden langs de Dalmatische kust. In heel Joegoslavië groeide het verzet onder leiding van de Communistische Partij en haar leider maarschalk Tito. Van 1941 tot 1945 zuchtte Kroatië onder het juk van oorlog en interne strijd, die honderdduizenden het leven kostten.

Maarschalk Tito

Aan het eind van de oorlog werd de staat Joegoslavië herenigd, uitgebreid met grondgebied dat na de Eerste Wereldoorlog aan Italië was toegewezen *(blz. 51)*, plus Prekomurje en een gedeelte van Baranja, dat allebei Hongaars gebied was in die tijd.

Tito met zijn vrouw en zoon op een foto uit 1927

1919 Verdrag van Parijs: er wordt een staat van Slovenen, Kroaten en Serviërs gevormd, die later het Koninkrijk Joegoslavië wordt

1934 Koning Alexander wordt in Marseille vermoord; zijn neef Paul neemt de macht over

1948 Joegoslavië bevrijdt zich van de invloed van de Sovjet-Unie en voert voortaan een neutraliteitspolitiek

1920 | **1930** | **1940** | **1950** | **1960** | **1970**

1929 Koning Alexander Karađorđević roept een dictatuur uit. De Kroaat Ante Pavelić richt de terroristische Ustaše op om tegen de Serviërs te vechten

1939–1941 Tweede Wereldoorlog: Joegoslavië wordt veroverd en opgedeeld; Kroatië wordt in naam een koninkrijk onder Aimone van Savoye

1947–1948 Bijna alle Italianen trekken weg uit Istrië en Dalmatië

1945 De federale staat Joegoslavië wordt gesticht

In 1948 zette de breuk tussen de Joegoslavische Communistische Partij en de Sovjet-Unie Tito aan tot een politiek van bemiddeling en neutraliteit tussen de twee grote machtsblokken van de Koude Oorlog. Met moeite wist hij de diverse etnische groepen bij elkaar te houden, maar na zijn dood in 1980 werd de situatie steeds meer gespannen. De herziening van de grondwet, die erop gericht was de Servische dominantie over de andere staten af te zwakken, maakte het ressentiment van de Kroaten en Slovenen er niet kleiner op en zij zochten steun voor hun oppositie tegen het bewind in godsdienst en nationalisme.

De socialistische republiek Joegoslavië valt uiteen

Door de val van de Berlijnse Muur (november 1989) en de ontbinding van de Sovjet-Unie (eind 1991) meenden de regeringen van Slovenië, Kroatië (onder zijn eerste president, Franjo Tuđman) en Macedonië dat de tijd rijp was om de federale banden door te snijden en onafhankelijk te worden. Een referendum in mei 1991 maakte duidelijk dat een grote meerderheid dit steunde. Een Servische factie, gesteund door het Joegoslavische Volksleger (JNA) uit Belgrado, riep echter op tot verzet en er brak oorlog uit. In Slovenië duurde die maar tien dagen, maar in Kroatië hield de strijd aan. Onder het mom van bescherming van Serviërs bezette het JNA delen van Slavonië en Baranja, en in Krajina werd de Servische Republiek Krajina uitgeroepen, met Knin als hoofdstad. Een vijfde van Kroatië viel in handen van de Servische soldaten, en Dubrovnik werd zeven maanden belegerd.

Verwoeste huizen in Vukovar tijdens de oorlog van 1991–1995

De onafhankelijke staat Kroatië

Vijf jaar later werden de door de Serviërs bezette gebieden bevrijd door het Kroatische leger. Het Verdrag van Erdut (1995) voorzag in hereniging, maar de betwiste gebieden (Slavonië en Krajina) bleven tot 1998 onder toezicht van de VN staan. Kroatië werd lid van de Wereldhandelsorganisatie en de verkiezingen van december 2000 resulteerden in een coalitie van democratische partijen. Sindsdien zijn er stappen ondernomen om Kroatië te laten toetreden tot de EU. De toetreding werd een aantal jaren opgehouden nadat Kroatië er in 2005 van werd beschuldigd niet te willen meewerken aan het uitleveren van een generaal aan het Internationaal Oorlogstribunaal in Den Haag. Uiteindelijk trad Kroatië op 1 juli 2013, als 28ste lidstaat, toe tot de Europese Unie.

Kolinda Grabar-Kitarović, in 2015 tot president verkozen

1980 President Tito sterft en het conflict tussen de diverse nationaliteiten begint

1991 Slovenië en Kroatië stappen uit de Republiek; Kroatisch gebied waar Serviërs wonen wordt bezet door het JNA: de oorlog tussen Servië en Kroatië begint

1995 Verdrag van Erdut: Slavonië en Krajina worden bestuurd door de Verenigde Naties

1998 Met de teruggave van Slavonië en Krajina ontstaat een vrij Kroatië

2000 Op 7 februari wordt Stipe Mesić tot president gekozen

2009 Kroatië treedt toe tot de NAVO

2010 Ivo Josipović verkozen tot president

2013 Kroatië wordt op 1 juli lid van de EU

2015 Kolinda Grabar-Kitarović wordt de eerste vrouwelijke president

1980 1990 2000 2010 2020

Jamnica
PRIRODNA MINERALNA VODA

KROATIË VAN STREEK TOT STREEK

Kroatië in het kort

Kroatië is een fascinerend land met behalve een grote etnische, historische en architectonische diversiteit ook een gevarieerd landschap. Het noorden is nauw verbonden met het voormalige Habsburgse Rijk en de klokkentorens naast de 19de-eeuwse barokke kerken en gebouwen doen Weens aan. Het oosten markeert het begin van de Hongaarse vlakte, met zijn brede rivieren en zijn huizen met overhangende daken. De grillige Adriatische kust en de vele fraaie eilanden zijn weer heel anders. De kuststeden getuigen van de eeuwenlange invloed van Venetië, met hun schitterende laatmiddeleeuwse en renaissancistische kerken, kloosters, paleizen en vestingen.

Het Sint-Marcusplein *(blz. 160–161)*, met zijn gotische Sint-Marcuskerk, is het hart van de wijk Gornji Grad in Zagreb en het oudste plein van de stad

De Euphrasiusbasiliek in Poreč *(blz. 56–57)* heeft prachtige mozaïeken, die tot de mooiste voorbeelden van Byzantijnse kunst in Kroatië behoren.

Amfitheater, Pula *(blz. 64–65)*

Nationaal Park Plitvicemeren *(blz. 88–89)* is een van de wonderen der natuur en omvat zestien door bos omgeven meren. De watervallen bieden een indrukwekkend spektakel van licht en kleur.

Nationaal Park Kornati *(blz. 100–101)* bestaat uit meer dan 150 eilanden met onderwatergrotten en beschutte inhammen. Het park heeft een oppervlakte van 300 km² en is omgeven door zee. De beboste, rotsachtige eilanden bieden een onvergetelijke aanblik.

◀ Terrasjes in Varaždin, waar vroeger het Kroatische parlement was gezeteld

Zagorje, ten westen van Varaždin, richting Sloveense grens, is een heuvelachtig gebied met wijngaarden, kuuroorden en kastelen.

Park Kopački rit *(blz. 198–199)* is van groot ornithologisch belang. In de lente en zomer stroomt de Donau over, waardoor het gebied verandert in een groot meer, dat ruim 200 soorten vogels aantrekt.

De Tvrđa in Osijek *(blz. 196–197)*, de versterkte stadskern, omvat 18de-eeuwse militaire gebouwen. De stad was eerst Romeins, daarna Hongaars, Turks en Oostenrijks, en draagt de sporen van de meeste van deze culturen.

Het Paleis van Diocletianus in Split *(blz. 122–123)* is aan het eind van de 3de eeuw gebouwd door keizer Diocletianus. Split ontwikkelde zich in en om het paleis. Het is nog bijna intact en is het grootste Romeinse gebouw aan de Adriatische Zee.

De stad Dubrovnik *(blz. 146–152)* ligt aan de kust en wordt omringd door versterkingen die teruggaan tot de 8ste eeuw maar in de loop der jaren zijn uitgebreid.

ISTRIË EN KVARNER

Het Istrisch schiereiland, aan de noordkant van de Adriatische Zee, en de eilanden in de Kvarnergolf behoren tot de meest gewilde vakantiebestemmingen van Europa. De kust is spectaculair en de steden en dorpen zijn fascinerend. Drie nationale parken – de Brijuni-eilanden, de Plitvicemeren en Risnjak – beschermen de natuurlijke schoonheid van het gebied.

Tot 1000 v.C. werd dit gebied bewoond door Illyriërs. In 42 v.C. werd Istrië bij het Romeinse Rijk ingelijfd als onderdeel van de provincie Dalmatia. Er werden steden gebouwd langs de kust en op de eilanden, en er zijn veel Romeinse overblijfselen bewaard gebleven. Pula heeft een in goede staat verkerend amfitheater uit de 1ste eeuw n.C.: het op vijf na grootste in zijn soort ter wereld. Na de val van het West-Romeinse Rijk kwam een groot deel van de oostelijke Adriatische kust onder het gezag van Byzantium. De verfijnde en goed bewaard gebleven gouden mozaïeken uit de Euphrasiusbasiliek in Poreč stammen uit die tijd.

In 1420 kwam het gebied onder Venetiaanse heerschappij, een situatie die gehandhaafd bleef tot 1797, toen Napoleon de Venetiaanse Republiek ontbond. Het Venetiaanse verleden weerspiegelt zich in 15de-eeuwse open loggia's, sierlijke klokkentorens en koopmanshuizen met Venetiaans-gotische ramen.

Het Verdrag van Wenen, in 1815, wees al het Venetiaanse grondgebied toe aan Oostenrijk-Hongarije. Rijeka ontwikkelde zich onder het bewind van de Habsburgers tot een industriehaven en is ook nu nog van groot belang voor de Kroatische scheepvaart. In het nabijgelegen Opatija bouwden de Habsburgers fraaie villa's, waar ze hun wintervakanties doorbrachten.

Vanaf 1918 maakte Istrië korte tijd deel uit van het nieuwe koninkrijk van de Serviërs, Kroaten en Slovenen, dat in hetzelfde jaar Joegoslavië werd.

Veel Istrische plaatsen hebben officieel ook een Italiaanse naam: een erfenis uit 1920, toen Istrië aan Italië werd gegeven als dank voor de steun aan de geallieerden in de Eerste Wereldoorlog.

In de Tweede Wereldoorlog werd Istrië een bolwerk van Italiaanse partizanen. Het werd na 1943 aan Joegoslavië teruggegeven.

Het Romeinse amfitheater in Pula, een van de best bewaard gebleven Romeinse theaters ter wereld

◀ Het meer met de watervallen, Nationaal Park Plitvicemeren

Istrië en Kvarner verkennen

Istrië is een driehoekig schiereiland, dat van oudsher in drie gebieden wordt verdeeld. Wit Istrië is het bergachtige noorden met karst- en kalksteen. Grijs Istrië is een centraal plateau dat rijk is aan vegetatie en wordt doorkruist door de rivieren Mirna en Raša, en rood Istrië is het kustgebied dat zijn naam dankt aan de vruchtbare rode grond met de naam *crvenica*. De populairste bestemmingen in Istrië zijn Poreč, Rovinj, Pula en het Nationaal Park Brijuni. Kvarner omvat onder andere de stad Rijeka en de kustlijn tot aan Jablanac. Het achterland is met bos bedekt, met in het noorden het Nationaal Park Risnjak en in het zuidoosten de Plitvicemeren. De eilanden Krk, Cres, Lošinj en Rab zijn heerlijke plekken om te verkennen. Veel plaatsen aan de kust doen Italiaans aan, door de eeuwenlange Venetiaanse heerschappij.

De Kathedraal van Maria de Grote op het eiland Rab

Vervoer

De wegen zijn goed en van Rijeka naar Zagreb en van Pula naar de Sloveense grens zijn autosnelwegen aangelegd. De grotere eilanden zijn te bereiken met veerboten die zowel charter- als lijndiensten onderhouden; 's zomers varen ze frequent en u kunt de auto meenemen. Alle grotere plaatsen zijn met de bus bereikbaar en er is ook een busdienst tussen Pula en Triëst. Er rijdt een trein tussen Rijeka en Zagreb, waar u kunt overstappen naar het zuiden van Kroatië.

Voor hotels en restaurants in deze streek zie blz. 226–228 en blz. 238–240

Bezienswaardigheden

Rondrit

21 Versterktedorpenroute

Oriëntatiekaart

Symbolen

- Snelweg
- Hoofdweg
- Secundaire weg
- Snelweg in aanleg
- Spoorlijn
- Regionale grens
- Landsgrens
- Veerdienst
- Bergtop

De rotsachtige kust bij Rovinj

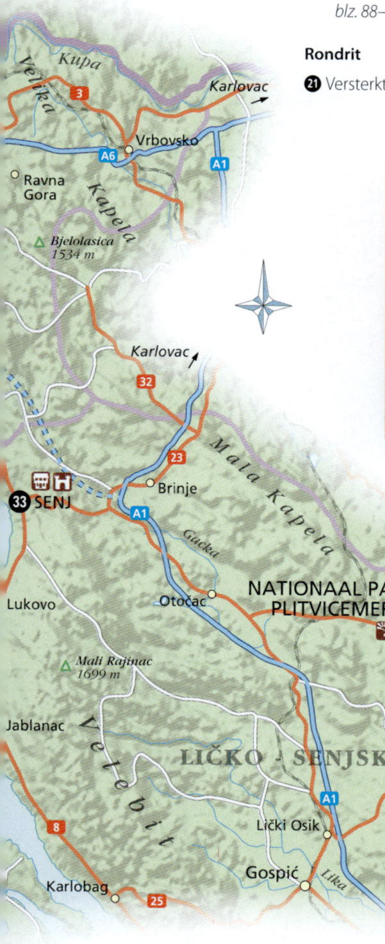

Façade van de St.-Serveluskerk in Buje

❶ Buje (Buie)

Kaart A2. 6000. Pula, 70 km naar het zuiden. van Pula, Rijeka, Kopar, Triëst , Padova, Zagreb, Rovinj, Poreč. 1 svibnja 2, 052-773353. Druivenfestival (3de weekend in sept.). **coloursofistria.com**

Op een vrijstaande heuvel tussen weelderige wijngaarden ligt Buje, de vroegere Romeinse nederzetting Bullea. Het plaatsje was in de vroege middeleeuwen een Frankisch feodaal dorp, hoorde vanaf 1102 bij het patriarchaat van Aquileia en kwam in 1412 onder Venetiaans gezag.
Het heeft nog steeds de vorm van het vroegere ommuurde castellum en zijn middeleeuwse plattegrond, met smalle straatjes die naar het hoofdplein voeren. Daar staat de **St.-Serveluskathedraal** (Sv. Servol) met zijn Aquileïsche klokkentoren. De kerk is in de 16de eeuw gebouwd op de resten van een Romeinse tempel, waarvan een paar zuilen en inscripties bewaard zijn gebleven. In de kerk staan 14de- en 15de-eeuwse houten beelden (*Madonna met Kind* en *De H. Barbara*), beelden van de HH. Servelus en Sebastiaan (1737) door Giovanni Marchiori en een orgel van Gaet`ano Callido (1725–1813). Aan het plein staan ook een 15de-eeuws Venetiaans-gotisch paleis en een 16de-eeuwse loggia met een met fresco's versierde gevel. Buiten de muren staat de **Mariakerk** (Sv. Marija), gebouwd in de 15de eeuw, met een houten Mariabeeld en een *Pietà* uit dezelfde periode. Enkele van de schilderingen met bijbelse taferelen zijn van de hand van Gasparo della Vecchia (begin 18de eeuw).
Het **Gemeentemuseum** herbergt een interessante collectie kunstnijverheid van plaatselijke ambachtslieden.

Gemeentemuseum
Trg Josipa Broza Tita 6. **Tel.** 052-7730 75. **Open** juli–aug.: ma–za 9.00–13.00, 17.00–21.00; sept.–juni: op afspraak.

Omgeving
Boven op een heuvel 8 km ten zuidoosten van Buje ligt het middeleeuwse plaatsje **Grožnjan** (Grisignana). De stad komt voor het eerst in de annalen voor in 1102, toen het eigendom werd van de patriarch van Aquileia. Het werd in 1358 door de Venetianen gekocht van baron Reiffenberg en is sindsdien het bestuurlijke en militaire centrum van het omliggende gebied geweest. Uit de middeleeuwen dateren alleen nog een toren, delen van de muren en twee deuren. Binnen de muren vindt u een 16de-eeuwse loggia, aan het hoofdplein, en de barokke Vitus en Modestuskerk, met prachtige altaren en een imposant marmeren koor. Na de Tweede Wereldoorlog trok de meerderheid van de inwoners, bijna allemaal Italianen, weg uit het stadje, maar in 1965 werd het uitgeroepen tot 'kunstenaarsstad'. U kunt er kunstenaars aan het werk zien en hun werk bewonderen in de ateliers en galeries.

15de-eeuws veelluik uit de Mariakerk in Umag

❷ Umag (Umago)

Kaart A2. 13.000. Pula, 83 km. Joakima Rakovca bb, 060-317060. Trgovačka 6, 052-741363. Feest van St.-Peregrinus (weekeinde dichtst bij 23 mei); internationaal tennistoernooi (eind juli); concerten in de zomer. **coloursofistria.com**

Dit stadje ligt op een smal schiereiland dat een kleine baai begrenst. Het is gesticht door de Romeinen en kreeg de naam Umacus. Vanaf 1268, toen het in Venetiaanse handen overging, werd het een haven van betekenis. In de 14de eeuw werden er muren en torens gebouwd, waarvan nog delen over zijn. Het stadje telt nog veel 15de- en 16de-eeuwse natuurstenen huizen, sommige met fraaie gotische ramen. Op de linker buitenmuur van de 18de-eeuwse **Mariakerk** (Sv. Marija) ziet u een reliëf met St.-Peregrinus en de versterkte stad Umag. Binnen vindt u een 15de-eeuws veelluik uit de Venetiaanse school. Tegenwoordig is Umag een drukke badplaats, die bekendstaat om zijn sportfaciliteiten. Er worden belangrijke tennistoernooien gehouden.

Gezicht op de oude stadsmuur en de haven van Umag

Voor hotels en restaurants in deze streek zie blz. 226–228 en blz. 238–240

Boten in de haven van Poreč

❸ Novigrad (Cittanova)

Kaart A2. 4000. Pula, 60 km. Pazin, 41 km. Mandrać 29a, 052-757075. Gnam Gnam Fest: Novigrad Schelpdierenavond (1ste vr in juni); feestdag van de schutspatroon, St.-Pelagius (weekend dichtst bij 28 aug.). **coloursofistria.com**

Novigrad, aan de monding van de Mirna, was oorspronkelijk een Griekse kolonie en later een Romeinse, Aemonia geheten. In de Byzantijnse periode (6de eeuw) werd het stadje vergroot en 'Nieuwe Stad' (Neopolis) gedoopt. Van de vroege middeleeuwen tot 1831 was het een bisschopszetel. In 1277 ging het over in Venetiaanse handen en werd er eikenhout uit het Bos van Motovun naar de werven van Venetië verscheept.

De stad werd in de 13de eeuw ommuurd, maar de muren waren niet bestand tegen een aanval van de Turken in 1687, waarbij een deel van de stad werd verwoest en veel kunstwerken verloren gingen. De gevels in de smalle straatjes naar het hoofdplein (Veliki Trg) getuigen van het Venetiaanse verleden. Op het plein staat een 18de-eeuwse loggia. Van de vroegchristelijke **St.-Pelagiusbasiliek** (Sv. Pelagij), herbouwd in de 16de eeuw, is alleen nog de 11de-eeuwse romaanse crypte over. Het huidige barokke interieur is verfraaid met 18de-eeuwse schilderijen uit de Venetiaanse school. Voorwerpen uit de Romeinse en middeleeuwse periode zijn te zien in het museum in het Urizzipaleis.

❹ Poreč (Parenzo)

Kaart A2. 11.000. Pula, 53 km. Pazin, 32 km. Ulica K Hoguesa 2, 060-333111. Lokaal: Zagrebačka 9, 052-451458; Regionaal: Pionirska 1, 052-452797. Seizoen van de Klassieke Muziek (in de Euphrasiusbasiliek) en jazzfestival (beide juli–aug.). **to-porec.com**

Poreč was oorspronkelijk een Romeinse stad (Colonia Julia Parentium). Deze werd na eeuwen van bloei door de Goten geplunderd en raakte in verval. In 539 werd de stad veroverd door de Byzantijnen, die er rond 800 een bisschopszetel vestigden. Later werd de stad door de Franken aan het patriarchaat van Aquileia geschonken. In 1267 was Poreč de eerste Istrische stad die koos voor Venetiaans bewind. De stad werd verrijkt met paleizen, pleinen en religieuze gebouwen in Venetiaanse stijl. Nadat Poreč in 1354 was verwoest door de Genuezen, werd de bevolking later gedecimeerd door de pest, piraten en een langdurige oorlog. Onder de Oostenrijkers werd Poreč de zetel van het Istrische parlement en een centrum van de scheepsbouwindustrie. Het oude centrum ligt op een smalle landtong, beschermd door rotsen en het St.-Nicolaaseiland. De oude stad is mooi intact en ondanks het feit dat het een populaire toeristenplaats is, wint Poreč elk jaar een prijs als 'best onderhouden stad'. De plattegrond volgt het oorspronkelijke Romeinse stratenpatroon, met een hoofdstraat (Decumanus), en een andere hoofdstraat haaks daarop (Cardo). Aan deze straten vindt u de belangrijkste gebouwen. Aan de Decumanus staan veel gotische huizen. Aan het oostelijke eind ervan herbergt het barokke Sinčićpaleis (18de eeuw) het **Porečmuseum** (Zavičajni Muzej Poreštine), met Romeinse en vroegchristelijke archeologische vondsten en een afdeling gewijd aan het dagelijks leven in Poreč en omgeving. In de nabijgelegen St.-Maurusstraat (Sv. Mauro) is het Huis van de Twee Heiligen, met twee romaanse beelden op de gevel, al wat rest van de abdij van St.-Cassius (12de eeuw). Verder westelijk leidt de Decumanus naar Trg Marafor, het vroegere forum, met huizen uit de 12de en 13de eeuw en de resten van een preromaanse tempel.

Archeologische vondst in het Porečmuseum

De **Franciscuskerk** (Sv. Frane, 12de–14de eeuw), ten noorden van het plein, is verbouwd in de tijd van de barok. Het parochiehuis ten oosten ervan heeft een fraaie romaanse gevel. Een passage voert vandaar naar de 6de-eeuwse Euphrasiusbasiliek, met Byzantijnse mozaïeken *(blz. 56–57)*.

Porečmuseum
Sinčić Palace, Dekumanska 9.
Tel. 052-431585. **Gesloten** wegens restauratiewerkzaamheden.

Driepasboogvensters in Venetiaans-gotische stijl, Poreč

Poreč: Euphrasiusbasiliek

Eufrazijeva bazilika

Deze 6de-eeuwse kerk, een Byzantijns meesterwerk, is versierd met schitterende mozaïeken op gouden fond. De Euphrasiusbasiliek werd tussen 539 en 553 voor bisschop Euphrasius gebouwd door een reeds bestaand, aan St.-Maurus gewijd 4de-eeuws oratorium te vergroten. Enkele originele vloermozaïeken zijn bewaard gebleven. Het bouwwerk is vele malen verbouwd. In december 1997 werd de basiliek op de Werelderfgoedlijst van Unesco geplaatst. In juli en augustus worden er klassieke concerten gegeven.

★ Ciborium
Het priesterkoor wordt gedomineerd door een 13de-eeuws ciborium, gedragen door vier marmeren zuilen. De altaarhemel is versierd met mozaïeken.

★ Apsismozaïeken
De apsis is bedekt met mozaïeken uit de 6de eeuw. Op de triomfboog ziet u Christus en de apostelen (boven), op het gewelf een tronende Madonna met Kind en twee engelen en links St.-Maurus, Euphrasius met een model van de basiliek en diaken Claudius met zijn zoon.

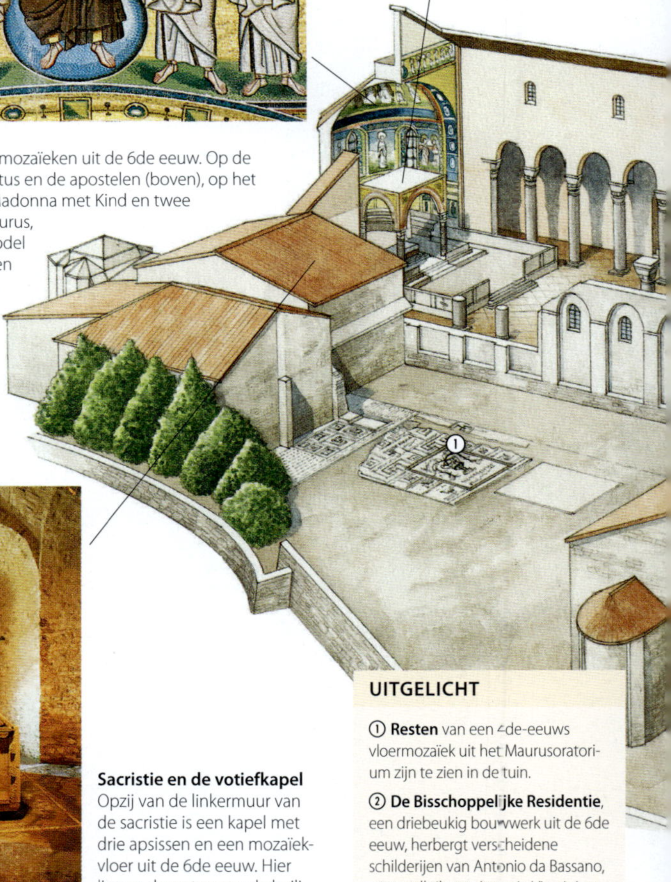

Sacristie en de votiefkapel
Opzij van de linkermuur van de sacristie is een kapel met drie apsissen en een mozaïekvloer uit de 6de eeuw. Hier liggen de resten van de heiligen Maurus en Eleutherius.

UITGELICHT

① **Resten** van een 4de-eeuws vloermozaïek uit het Maurusoratorium zijn te zien in de tuin.

② **De Bisschoppelijke Residentie**, een driebeukig bouwwerk uit de 6de eeuw, herbergt verscheidene schilderijen van Antonio da Bassano, een veelluik van Antonio Vivarini en een schilderij van Palma il Giovane.

Interieur
U komt binnen in een grote basiliek met een middenschip en twee zijbeuken. De achttien Griekse marmeren zuilen hebben gebeeldhouwde kapitelen met dierenfiguren, sommige Byzantijns, andere romaans. Ze dragen alle het monogram van Euphrasius.

TIPS VOOR DE TOERIST

Praktische informatie
Eufrazijeva ulica 22. **Tel.** 052-429030. **Open** bel voor openingstijden.

Baptisterium
Dit achthoekige gebouw stamt uit de 6de eeuw. In het midden staat een doopvont en er zijn fragmenten van mozaïeken te zien; de aangrenzende klokkentoren is 16de-eeuws.

Atrium
Het atrium heeft een min of meer vierkante porticus met twee zuilen aan elke zijde. U ziet er grafstenen en uiteenlopende archeologische vondsten uit de middeleeuwen.

De Antoniuskerk in Vrsar, gebouwd in de 17de eeuw

❺ Vrsar (Orsera)

Kaart A3. 2200. Pula, 41 km. Pazin, 42 km. Rade Končara 46, 052-441187. Internationale beeldhouwschool, steengroeve Montraker (begin sept.); klassieke concerten (zomer). **infovrsar.com**

De resten van een villa, een steengroeve en de fundamenten van een vroegchristelijk bouwwerk maken het aannemelijk dat hier vroeger Romeinen woonden. In documenten van vóór het jaar 1000 wordt dit dorp genoemd als feodaal bezit van de bisschop van Poreč, die hier een versterkte zomerresidentie had. Het dorp bleef onder bescherming van de bisschop staan tot het in 1778 onder Venetiaans gezag kwam. De vroegere ommuring en torens zijn vrijwel verdwenen, afgezien van de Westelijke en de Oostelijke stadspoort en een paar fragmenten van de muur. Aan de haven ligt de **Mariakerk** (Sv. Marija), uit de 10de eeuw, een van de belangrijkste romaanse monumenten van Istrië. Hier worden 's zomers gitaarconcerten gegeven.
De plaats wordt gedomineerd door het 18de-eeuwse **Vergottinikasteel**, in feite de verbouwde vroegere bisschoppelijke residentie. Vlak bij de romaanse poort in de middeleeuwse muren staat de kleine 17de-eeuwse **Antoniuskerk**, met een open porticus.

Omgeving
Net buiten Vrsar ligt **Koversada**, de grootste nudistenbadplaats van Europa. Ten zuiden van Vrsar, richting Rovinj, ligt de **Limskizeearm**, nu een natuurreservaat. De waterweg is 9 km lang en 600 m breed en heeft steile kanten met kalksteengrotten waarin vanaf de late steentijd nu en dan mensen hebben gewoond. Aan het begin van de 11de eeuw werd een van de grotten bewoond door de kluizenaar en heilige Romualdus, de stichter van het St.-Michaëlklooster bij Kloštar. Veel restaurants in de omgeving serveren oesters en mosselen, die in de zeearm worden gekweekt.

Vissers in de Limskizeearm

❻ Rovinj (Rovigno)

Kaart A3. 13.000. Pula, 40 km. Pula. Trg na lokvi, 060-333111. Obala Pina Budicina 12, 052-811566. Grisia, internationale kunsttentoonstelling (tweede zo in aug.); feest van schutspatroon St.-Euphemia (16 sept.). **tzgrovinj.hr**

Rovinj werd door de Romeinen als havenplaats op een eiland gebouwd. In 1763 werd de vaargeul tussen het eiland en het vasteland gedempt en ontstond een schiereiland. Na deel te hebben uitgemaakt van het Byzantijnse en Frankische Rijk stond de stad van 1283 tot 1797 onder Venetiaans gezag. Er zijn nog resten van de middeleeuwse stadsmuur te zien.
Op het plein bij de pier staan Balbi's Boog (1680), een oude stadspoort, en een laatrenaissancistische klokkentoren. Het paleis van de kaliefen uit 1680 herbergt het **Erfgoedmuseum**, met 18de-eeuwse Venetiaanse kunst en werk van moderne Kroatische kunstenaars.
Aan de straten die op het plein uitkomen staan barokke en renaissancistische gebouwen. Vele kijken aan de achterkant uit op zee. De **kathedraal**, gewijd aan St.-Euphemia (Sv. Eufemija), domineert de stad. Hij gaat terug tot de vroegchristelijke tijd, maar het huidige bouwwerk stamt uit 1736. De relieken van de heilige worden bewaard in een Romeinse sarcofaag in de apsis aan de rechterkant van de driebeukige kerk. De klokkentoren is ruim 62 m hoog (de op een na hoogste in Istrië) en lijkt op die van de San Marco in Venetië. Op de top staat een koperen beeld van de St.-Euphemia.
In het oostelijke deel van de stad vindt u het **Baptisterium van de H. Drie-eenheid** (Sv. Trojstvo). Aan het water staat het Centrum voor Maritiem Onderzoek. Het werd eind 19de eeuw opgericht en heeft een aquarium. Het nabijgelegen Rode Eiland (Crveni otok) bestaat uit twee eilanden, verbonden door een dijk. Ten zuiden van de stad ligt het park Zlatni Rt.

Erfgoedmuseum
Trg maršala Tita 11. **Tel.** 052-816720, 830650. **Open** zomer: di–vr 10.00–14.00, 18.00–22.00, za en zo 10.00–14.00, 19.00–22.00 uur; winter: di–za 10.00–13.00 uur. **muzej-rovinj.com**

Schepen liggen aangemeerd in de haven van Rovinj

Voor hotels en restaurants in deze streek zie blz. 226–228 en blz. 238–240

De Elisabethkerk, binnen de muren van Bale

❼ Bale (Valle)

Kaart A3. 900. Pula, 10 km. Pula, 25 km. Trg palih boraca. Rovinjska 1, 052-824270. Nacht van Bale, Baljanska noć (eerste zo in aug.); Castrum Vallis, kunsttentoonstelling (juli en aug.). **bale-valle.hr**

Op een heuvel van kalksteen bouwden de Illyriërs een fort dat uitkeek over de omgeving. De Romeinen bouwden op dezelfde plaats een *castrum* (Castrum Vallis), dat werd opgeknapt toen de plaats in bezit kwam van het patriarchaat van Aquileia. Onder de Venetianen, vanaf 1332, nam Bale in omvang toe en kreeg zijn huidige plattegrond: een elliptische muur met torens die twee parallelle rijen huizen omsluit. Interessante gebouwen zijn de Venetiaans-gotische rechtbank, met wapenschilden op de porticus, de loggia en het gotisch-renaissancistische **kasteel** uit de 15de eeuw, een vroegere residentie van de familie Soardo Bembo. Onder een van de twee zijtorens geeft een poort toegang tot de oude stad.
De oorspronkelijk romaanse **Elisabethkerk** (Pohođenje Blažene Djevice Marije) werd in de 16de en in de 19de eeuw verbouwd. De kerk bezit een schitterend romaans crucifix, een sarcofaag, een veelluik en een crypte met een marmeren renaissancealtaar.
In Bale staan nog twee andere kerken. De ene stamt uit de 14de eeuw en is gewijd aan St.-Antonius; de andere, gewijd aan de Heilige Geest, is gebouwd in de 15de eeuw.

❽ Vodnjan (Dignano)

Kaart A3. 4000. Pula, 11 km. Željeznička ulica, 052-511538. Narodni trg 3, 052-511700. Nieuwe Olijfoliedagen (3de weekeinde van nov.). **vodnjandignano.com**

Vodnjan staat op een heuvel te midden van wijngaarden en olijfboomgaarden. Op deze plaats stond ooit een Illyrisch fort en later een Romeinse legerpost, Vicus Atinianus.
Van 1331 tot 1797 stond het stadje onder Venetiaans gezag. Het grote Volksplein in het centrum van de stad wordt omgeven door statige gebouwen, zoals het Benussihuis, het Bembohuis, het Stadhuis, gebouwd in neogotische stijl, en het elegante Bradamantepaleis. In het oude deel van de stad staan verschillende gebouwen in Venetiaans-gotische stijl, waaronder het Betticapaleis en de 18de-eeuwse **Blasiuskerk** (Sv. Blaž), met enkele schitterende beelden en zo'n twintig schilderijen uit de 14de tot de 19de eeuw, plus een *Laatste Avondmaal* van G. Contarini (1598) en een aan Palma il Vecchio toegeschreven *Ontmoeting van heiligen*. Ook is er een veelluik van Paolo Veneziano uit 1351 *(Portret van St.-Leon Bembo)* en zes mummies van heiligen, waaronder die van de H. Nicolosia, zijn zonder balseming intact gebleven.

Blasiuskerk

Župni trg. **Tel.** 052-511420. **Open** op afspraak. Collectie religieuze kunst: **Tel.** 052-511420. **Open** juni–sept.: ma–za 9.30–19.00, zo 12.00–17.00 uur; okt.–mei: op afspraak.

❾ Fažana (Fasana)

Kaart A3. 3900. Pula, 8 km. Vodnjan, 5 km. naar de Brijuni-eilanden. 43 istarske divizije 8, 052-383727. **infofazana.hr**

Dit vissersplaatsje is vooral bekend als vertrekpunt van de veerboot naar de eilanden van het Nationaal Park Brijuni *(blz. 60–61)*. De oude naam Vasianum verwijst naar de productie van amfora's voor olie en wijn in de Romeinse tijd. De op zee uitkijkende **Cosmas en Damianuskerk** (Sv.Kuzma i Damjan) is in de 11de eeuw gesticht, maar heeft diverse verbouwingen ondergaan. Binnen hangt een *Laatste Avondmaal* (1578), geschilderd door Jurai Ventura, en in de sacristie zijn resten te zien van 15de- en 16de-eeuwse fresco's door Italiaanse kunstenaars uit Friuli. Naast de kerk staat een zeven verdiepingen tellende klokkentoren met een achthoekige spits. De laat-14de-eeuwse kerk **Onze-Lieve-Vrouwe van Karmel** is verfraaid met gotische fresco's van onbekende kunstenaars en een 17de-eeuwse loggia. De nabijgelegen **Eliseuskerk** stamt uit de 6de eeuw, maar zijn huidige Byzantijnse voorkomen met een natuurstenen portaal en blinde bogen is 8ste- of 9de-eeuws.
Dankzij het toenemende aantal bezoekers van de Brijuni-eilanden is het stadje gegroeid en zijn er nieuwe voorzieningen gebouwd.

Gevel van de Cosmas en Damianuskerk in Fažana

⑩ Nationaal Park Brijuni

Nacionalni park Brijuni

De Brijuniarchipel bestaat uit veertien eilanden en is in 1983 uitgeroepen tot nationaal park. De twee grootste eilanden zijn al sinds de vroege steentijd bewoond. In de Romeinse tijd boden ze plaats aan aristocratische villa's en later aan religieuze gemeenschappen. De eilanden werden in 1630 verlaten vanwege malaria, maar in de 15de eeuw kwamen er weer mensen in de steengroeven werken. Aan het eind van de 19de eeuw werden de eilanden gekocht door de Tiroolse industrieel Paul Kupelwieser. Na de Tweede Wereldoorlog gebruikte Tito ze als zomerresidentie. Alleen de twee hoofdeilanden, Veli Brijun en Mali Brijun, zijn te bezoeken.

De Brijuni-eilanden
De eilanden gaan schuil onder een weelderige vegetatie, nauwelijks verstoord door menselijke aanwezigheid.

Safaripark
Tito bracht hier allerlei exotische dieren bijeen, zoals zebra's. Veel dieren zijn geschonken door bezoekende staatshoofden.

Inheemse dieren
Er leven ook talloze inheemse dieren in het park, zoals damherten, moeflons, reeën, hazen en ongeveer 200 soorten vogels.

Voor hotels en restaurants in deze streek zie blz. 226–228 en blz. 238–240

Oude bomen
Honderden verschillende plantensoorten van over de hele wereld zijn er op Brijun geplant. Veel van de bomen, zoals deze oude olijfboom, worden inmiddels als levende monumenten beschouwd.

TIPS VOOR DE TOERIST

Praktische informatie
Kaart A3.
Tel. 052-525888.
Individuen en groepen moeten een excursie boeken, waarbij de overtocht is inbegrepen. Er kunnen fietsen worden gehuurd.
Open altijd, maar toegang is beperkt tot vaartijden.
np-brijuni.hr

Vervoer
van Fažana.

Romeinse villa
Bij opgravingen zijn de fundamenten van een Romeinse villa en het bijbehorende *caldarium* (warm bad) en *frigidarium* (koud bad) blootgelegd. Een grote zaal waar banketten en ceremonies werden gehouden is versierd met mozaïeken.

UITGELICHT

① **Het fort Mali Brijun** ligt op het op één na grootste eiland van de archipel. Het Oostenrijks-Hongaarse fort werd aan het eind van de 19de eeuw gebouwd.

② **Het museum** opende in 1955 zijn deuren en toont archeologische vondsten en kunstvoorwerpen van het eiland.

③ **Rond de haven van Brijuni** zijn hotels gebouwd en is een golfbaan aangelegd.

④ **Het Tegetthoff-fort** is een Oostenrijks verdedigingscomplex uit de 19de eeuw, nu tot een ruïne vervallen.

⑤ **De Witte Villa** (Bijela Vila) stamt uit de Venetiaanse tijd en is in 1721 gerestaureerd. Dit was Tito's zomerresidentie, waar hij recepties en politieke bijeenkomsten hield.

Byzantijns kasteel
Aan de westkust, boven de Golf van Dobrika, liggen de ruïnes van een gebouwencomplex uit de Byzantijnse tijd (539–778), met torens en verdedigingsmuren.

Verklaring van de symbolen *zie achterflap*

⑪ Pula (Pola)

Pula staat bekend om zijn magnifieke monumenten uit de Romeinse tijd, toen het een kolonie was met de naam Pietas Julia. Het werd in 425 een bisschopszetel – de fundamenten van enkele 5de-eeuwse religieuze gebouwen staan er nog. De plaats werd door de Ostrogoten verwoest, maar floreerde in de 6de en 7de eeuw opnieuw als de belangrijkste basis van de Byzantijnse vloot. De kathedraal en de kapel van Maria van Formosa stammen uit die tijd. In 1150 kwam Pula onder Venetiaans gezag, maar tegen het midden van de 17de eeuw was het inwonertal gedaald tot 300. In 1856 werd de stad opgeknapt, toen het de basis werd van de Oostenrijkse vloot. Pula is een universiteitsstad en, met Pazin *(blz. 66–67)*, het bestuurlijke centrum van Istrië.

Interieur van de kathedraal: een combinatie van stijlen en periodes

Boog van de Sergii, 1ste eeuw v.C.

Boog van de Sergii

Slavoluk obitelji Sergijevaca

Ulica Sergijevaca.

De boog werd in de 1ste eeuw v.C. opgericht in opdracht van Salvia Postuma Sergia, ter ere van drie broers die belangrijke posities bekleedden in het Romeinse Rijk. Het is een kleine boog, met gecanneleerde zuilen, een gevleugelde Victorie en Korinthische kapitelen. Het bas-reliëf op de fries verbeeldt een door paarden getrokken strijdwagen. Naast de boog ligt een bar die Uliks (Ulysses) heet: in 1904 woonde James Joyce zes maanden in Pula.

Maria van Formosa-kapel

Kapela Marije Formoze

Maksimilijanova ulica.

Gesloten voor publiek.

Dit Byzantijnse kapelletje met een plattegrond in de vorm van een Grieks kruis was vroeger onderdeel van een grote basiliek. Binnen ziet u mozaïekresten uit de 6de eeuw.

Franciscuskerk

Sv. Frane

Uspon B. Lupetine 5. **Open** juni–sept.: 10.00–13.00 en 16.00–20.00 uur; okt.–mei: voor de mis.

Deze kerk is net als het klooster ernaast aan het eind van de 13de eeuw gebouwd en heeft een fraai portaal met een gotisch roosvenster. Het interieur bestaat uit een enkel schip met drie apsissen. Op het hoofdaltaar prijkt een 15de-eeuws veelluik van een kunstenaar uit Emilia. In de kloostergangen zijn stukken uit de Romeinse keizertijd te zien.

Tempel van Augustus

Augustov hram

Forum. **Tel.** 052-218603. **Open** april–juni: ma–vr 9.00–21.00, za en zo 9.00–15.00 uur; juli en aug.: ma–vr 9.00–22.00, za en zo 9.00–15.00 uur; sept.: ma–vr 9.00–20.00, za en zo 9.00–15.00 uur; okt.–maart: op afspraak.

De tempel uit de 1ste eeuw n.C. staat op het plein dat op de plaats van het Romeinse forum ligt. Het is een fraai voorbeeld van Romeinse architectuur, gebouwd volgens eenvoudige lijnen. De tempel heeft zes zuilen met gebeeldhouwde kapitelen.

Tempel van Augustus, parel van Romeinse bouwkunst

Kathedraal

Katedrala

Trg sv. Tome 2. **Open** juni–sept.: 10.00–13.00 en 16.00–20.00 uur; okt.–mei: voor de mis.

De kathedraal, die is gewijd aan de Heilige Maria, werd in de 5de eeuw gesticht, nadat Pula bisschopszetel werd. Hij kreeg zijn huidige voorkomen pas in de 17de eeuw. Delen van de muren, enkele kapitelen en de ramen zijn nog van het oorspronkelijke gebouw. Voor de klokkentoren, die in 1707 werd gebouwd, zijn blokken steen uit het amfitheater gebruikt.

Nicolaaskerk

Sv. Nikola

Castropola 39. **Open** voor de mis.
052-212987 (toeristenbureau).

Deze kerk stamt uit de 6de eeuw, maar is in de 10de eeuw herbouwd. Eind 15de eeuw werd het gebouw toegewezen aan de orthodoxe gemeenschap. De kerk bezit enkele iconen uit de 15de en 16de eeuw.

Kasteel en Historisch en Maritiem Museum van Istrië

Povijesni i pomorski muzej Istre

Gradinski uspon 6. **Tel.** 052-211566. **Open** juni–sept.: dag. 8.00–21.00 uur; okt.–mei: dag. 8.00–17.00 uur.

Dit stervormige kasteel met vier bastions herbergt het Historisch

Voor hotels en restaurants in deze streek zie blz. 226–228 en blz. 238–240

en Maritiem Museum van Istrië en werd in de 17de eeuw door de Venetianen gebouwd op de resten van het Romeinse capitolium. De muren tussen de vier torens, bieden uitzicht over de stad. Vlakbij liggen resten van een 2de-eeuws Romeins theater.

Tweelingpoort

Dvojna vrata

Carrarina.

Deze poort uit de 2de–3de eeuw heeft twee bogen en een versierde fries. Vlakbij zijn overblijfselen van de oude stadsmuur.

Archeologisch Museum van Istrië

Arheološki muzej Istre

Carrarina 3. **Tel.** 052-351301. **Gesloten** wegens renovatie tot 2018. op afspraak. **ami-pula.hr**

Dit museum in de oude Duitse school ligt in een park dat vanaf de Tweelingpoort te bereiken is. Het toont vondsten uit de regio Pula, van de prehistorie tot de middeleeuwen. Op de begane grond ziet u bouwfragmenten, mozaïeken, altaren en andere stukken uit de oudheid en middeleeuwen. De eerste verdieping is gewijd aan de periode van de late steentijd tot de Romeinse tijd. Drie vertrekken op de tweede verdieping bevatten Romeinse vondsten. Een van de hoogtepunten van deze collectie is een vrouwenbeeld zonder hoofd dat is gevonden in Nesactium, vlak bij Pula. De stukken in twee andere vertrekken zijn laatklassiek en middeleeuws.

Bijzonder interessant zijn de brokstukken van Slavische graven uit de 7de–12de eeuw.

Beeld zonder hoofd, Archeologisch Museum

TIPS VOOR DE TOERIST

Praktische informatie

Kaart A3. 60.000. Toeristenbureau: Forum 3, 052-219197. Muziekevenementen in de Arena, amfitheater (zomer); Kroatisch Filmfestival (zomer). **pulainfo.hr**

Vervoer

8 km, 052-530105. Jadroagent: 052-210431. 052-541722. 43 istarske divizije, 060-304090.

Herculespoort

Herculova vrata

Carrarina.

Deze poort, uit de 1ste eeuw v.C., is het oudste en best bewaard gebleven Romeinse monument van de stad. Boven de boog is een gebeeldhouwde Herculeskop met een knots te zien.

Amfitheater

Blz. 64–65.

Centrum van Pula

1. Boog van de Sergii
2. Maria van Formosakapel
3. Franciscuskerk
4. Tempel van Augustus
5. Kathedraal
6. Nicolaaskerk
7. Kasteel en Historisch en Maritiem Museum van Istrië
8. Tweelingpoort
9. Archeologisch Museum van Istrië
10. Herculespoort
11. Amfitheater

Verklaring van de symbolen *zie achterflap*

Amfitheater van Pula

Amfiteatar

De ellipsvormige arena van Pula is een van de zes grootste Romeinse amfitheaters die nog bestaan. Oorspronkelijk had Claudius hier een klein amfitheater laten bouwen, maar dit werd in 79 n.C. door Vespasianus vergroot voor gladiatorengevechten. Het amfitheater bood plaats aan 23.000 toeschouwers en had twintig ingangen. Het bleef intact tot de 15de eeuw, toen steenblokken ervan werden gebruikt voor de bouw van het kasteel en andere bouwwerken. Het werd gerestaureerd, eerst in 1816 door de Franse gouverneur van de Illyrische provincies, generaal Marmont, en ook nog in 1932, toen het werd aangepast voor concerten, operavoorstellingen en een jaarlijks filmfestival. Het telt nu 5000 zitplaatsen.

Het amfitheater

Vier torens

De daken van de torens bevatten reservoirs voor het geparfumeerde water waarmee de toeschouwers werden besprenkeld. Er waren vermoedelijk ook constructies waarmee grote schermen tegen de zon en de regen konden worden ontvouwd.

Muur van het amfitheater

De goed bewaard gebleven buitenmuur van het amfitheater heeft aan de kant die uitkijkt op zee drie verdiepingen en aan de andere kant twee verdiepingen, omdat het bouwwerk op een helling staat. Op zijn hoogste punt meet de buitenmuur 29,4 m.

Voor hotels en restaurants in deze streek zie blz. 226–228 en blz. 238–240

Binnenkant van het amfitheater
In de Romeinse tijd boden de tribunes plaats aan 23.000 mensen en kreeg het publiek alle denkbare spektakels te zien, tot zeeslagen toe. Tegenwoordig kan men hier in de zomer opera-, ballet- en toneelvoorstellingen bijwonen.

Ondergronds gedeelte
Veel archeologische vondsten uit het amfitheater en andere Romeinse gebouwen zijn te zien in ondergrondse gangen, waar vroeger mensen en dieren opgesloten zaten.

TIPS VOOR DE TOERIST

Praktische informatie
Flavijevska ulica. **Tel.** 052-219028.
Open zomer: dag. 8.00–21.00 uur (juli en aug. tot middernacht); winter: dag. 9.00–17.00 uur.
beperkt.

Reconstructie

De eigenlijke arena was, 67,75 m lang en 41,05 m breed en was oorspronkelijk omgeven door ijzeren hekken, die het publiek scheidden van het spektakel. Tussen de oplopende toeschouwersrijen en de hekken was een 3 m brede ruimte, bestemd voor het personeel. Langs de hoofdas, onder de arena, liepen ondergrondse gangen waar de gladiatoren zich ophielden en dierenkooien stonden. Hier werden de dieren gevangengehouden voor ze de arena ingingen.

Bogen
De eerste twee verdiepingen hebben elk 72 bogen, de derde heeft 64 rechthoekige openingen. Door de bogen viel licht in de gangen die toeschouwers in staat stelden van het ene deel van het amfitheater naar het andere te gaan.

UITGELICHT

① **De gangen** die naar de zitplaatsen leidden, stelden de bezoekers in staat hun plaats snel en efficiënt te vinden.

② **De zuidwestelijke toren** is een van de ingangen.

⓬ Barban

Kaart B3. 250. Pula, 28 km. Pula. van Pula. Barban 69, 052-567420. Trka na prstenac, Toernooi van de Ring (3de weekend in aug.). **tz-barban.hr**

De vrijstad Barban kwam in de 13de eeuw onder het gezag van het graafschap Pazin te staan en was van 1516 tot 1797 Venetiaans bezit. De plaats werd in 1535 toegewezen aan de familie Loredan en vanaf die tijd kregen veel gebouwen hun huidige Venetiaanse uiterlijk. In enkele middeleeuwse fortificaties zijn diverse renaissancegebouwen opgenomen. De **Nicolaaskerk** (Sv. Nikola) kijkt uit op het plein dat u bereikt via de Grote Poort (Vela Vrata). De kerk bezit vijf marmeren gotische altaren en een groot aantal Venetiaanse schilderijen (16de–18de eeuw), waarvan er één wordt toegeschreven aan Padovanino. Op hetzelfde plein staat het Loredan paleis uit 1606 en, meer naar de Kleine Poort (Mala Vrata), het stadhuis uit 1555.
Buiten de Grote Poort staat de 14de-eeuwse **Antoniuskerk** (Sv. Antun), verfraaid met enkele 15de-eeuwse fresco's. In 1976 werd het Toernooi van de Ring nieuw leven ingeblazen, een jaarlijks folkloristisch evenement, met in historische kledij gestoken lansiers te paard.

Nicolaaskerk
Tel. 052-567173. **Open** op afspraak.

Maria-Boodschapkerk, Svetvinčenat

⓭ Svetvinčenat

Kaart A3. 300. Pazin. van Pula. Svetvinčenat 20, 052-560349; **tz-svetvincenat.hr**

Dit ommuurde dorp werd in de 10de eeuw gebouwd rond een vesting, die vele malen is verbouwd. Het heeft een van de mooiste pleinen van Istrië, waaraan veel van de belangrijkste gebouwen van het dorp te vinden zijn, onder andere de 15de-eeuwse **Maria-Boodschapkerk**, met twee schilderijen van Palma il Giovane en een *Annunciatie* van Giuseppe Porto-Salviati. Het 13de-eeuwse **kasteel** is een van de best bewaard gebleven burchten van de streek. Het was eigendom van de Venetiaanse families Castropola, Morosini en Grimani. In 1589 gaven de Grimani's de architect Scamozzi opdracht een van de twee vierkante torens te verbouwen tot een residentie voor de Venetiaanse gouverneurs en de andere tot een gevangenis. Hoge muren verbinden de andere twee ronde torens en omsluiten een grote binnenplaats. Deze is bereikbaar via de enige poort van de citadel, die vroeger was uitgerust met een ophaalbrug. U ziet hier de wapenschilden van de stad en van de familie Grimani. De naam van de stad verwijst naar de romaanse **Vincentiuskerk** (Sv. Vinčenat) met zijn kerkhof. De muren van de kerk zijn met fresco's versierd door een onbekende 15de-eeuwse kunstenaar.

Vincentiuskerk
Kerkhof. **Tel.** 052-560004. **Open** op afspraak.

Omgeving
Ongeveer 10 km verderop liggen de ruïnes van **Dvigrad** (Duecastelli), een sfeervol, verlaten, ommuurd dorp, omgeven door weelderige vegetatie. Rond het jaar 1000 werden er twee kastelen gebouwd op naast elkaar gelegen heuvels, later ingesloten door een ovale ommuring. Binnen die ommuring verrees een dorpje van 200 inwoners rond de in de 11de en 12de eeuw gebouwde Sophiabasiliek. Het dorp werd in de 14de eeuw platgebrand door de Genuezen tijdens de oorlog met Venetië, maar herstelde zich. In de 17de eeuw werd het dorp geplunderd door de Uskoks *(blz. 83)* en getroffen door een malariaepidemie. Het is sindsdien onbewoond.

Gereconstrueerd vertrek in het Etnografisch Museum, Pazin

De imposante, overwoekerde ruïnes van Dvigrad

⓮ Pazin

Kaart B2. 5300. 052-624310. 060-306040. Franine i Jurine 14, 052-622460. **central-istria.com/pazin**

Het stadje Pazin begon in de 9de eeuw als vesting en ligt boven op een 130 m hoge klif. Eén kant van de klif loopt steil omlaag naar een spleet in de aarde die Pazinska jama wordt genoemd en die 100 m diep en 20 m breed is. Deze zou Dante hebben geïnspireerd tot zijn beschrijving van de hellepoort in *Inferno* en Jules Verne tot zijn roman *Mathias Sandorf*. In de 14de eeuw kwam Pazin in handen van de

Voor hotels en restaurants in deze streek zie blz. 226–228 en blz. 238–240

Habsburgers, die het in de 18de eeuw verkochten aan de familie Montecuccoli. De familie bleef ook na afloop van het feodale regime de eigenaar van het kasteel. In de 16de eeuw werden de vleugels van het kasteel samengevoegd en werd er een grote toren toegevoegd. Deze bereikt u via een doorgang in de gevel die in 1786 is aangebracht. Nu zijn er het **Etnografisch Museum van Istrië** (Etnografski muzej) en het **Pazin Stadsmuseum** in gevestigd, met wapentuig en vondsten uit het kasteel. De **Maria-Visitatiekerk** (Pohođenje Blažene Djevice Marije) en het 15de-eeuwse klooster zijn ook een bezoekje waard.

Etnografisch Museum van Istrië
Kasteel, Trg Istarskog razvoda 1275, 1. **Tel.** 052-622220. **Open** dag. 10.00–18.00 uur. **emi.hr**

Pazin Stadsmuseum
Kasteel, Trg Istarskog razvoda 1275, 1. **Tel.** 052-623054. **Open** april–okt.: dag. 10.00–18.00 uur; nov.–maart: di–do 10.00–15.00, vr 11.00–16.00, za, zo 10.00–16.00 uur. **muzej-pazin.hr**

⓯ Gračišće

Kaart B2. 470. Pazin, 7 km. alleen in schoolperiode; bel Pazin, 060-306040. Franine i Jurine 14, Pazin, 052-622460. **central-istria.com/gracisce**

Dit dorpje op een heuvel te midden van bossen en wijngaarden was ooit een garnizoensplaats en de tweede verdedigingslijn tegen de Venetiaanse Republiek het Habsburgse Rijk.
U vindt er onder meer het 15de-eeuwse **Salamonpaleis** en de **Bisschopskapel**, waar de bisschop van Pićan de zomers doorbracht, beide in Venetiaans-gotische stijl.
De **Mariakerk** (Sv. Marije) werd in 1425 gewijd en heeft een tongewelf en veel fresco's. De romaanse **St.-Euphemiakerk** (Sv. Fumija) werd in 1383 gebouwd en gerenoveerd in 1864. Het bezit een prachtig houten crucifix uit de 13de eeuw. De loggia bij de hoofdpoort dateert uit 1549.

Het plaatsje Pićan met een 48 m hoge klokkentoren, een van de hoogste in Istrië

⓰ Pićan

Kaart B2. 320. alleen in schoolperiode; bel Pazin, 060-306040. Franine i Jurine 14, Pazin, 052-622460. **central-istria.com/pican**

Pićan was in de Romeinse tijd bekend onder de naam Petina. Het ligt op een 350 m hoge heuvel en was een bisschopszetel van de late oudheid tot het eind van de 18de eeuw. Binnen de middeleeuwse ommuring staat een uit de 14de eeuw stammende kathedraal, gewijd aan St.-Nicephorus, die begin 18de eeuw na een aardbeving is herbouwd. De geschiedenis van de martelaar Nicephorus is te zien op een schilderij van Valentin Metzinger (1699–1759) in de kathedraal. De romaanse Michaëlkerk (Sv. Mihovil) op de begraafplaats heeft vroeg-15de-eeuwse fresco's.

⓱ Labin

Kaart B3. 12.000. Ulica 2, marta, 060-333888. Aldo Negri 20, 052-855560. klassieke concerten (juli-aug.). **rabac-labin.com**

De oude gedeelten van Labin zijn het middeleeuwse deel binnen de muren en het deel uit de Venetiaanse periode rond het Titoplein (Titov Trg). Hier staat het 19de-eeuwse stadhuis, een 17de-eeuws bastion, een loggia (1550) en de Florapoort (1587) met een leeuw van de apostel Markus. Op het plein Stari Trg staat het Gerechtshof (1555) en in een zijstraat van het plein ligt de gotische **Maria-Geboortekerk** (Rođenje Marijino) die eind 14de eeuw werd gebouwd. Een roosvenster siert de gevel en binnen is werk te zien van Venetiaanse kunstenaars uit de 16de en 17de eeuw, onder wie Palma il Giovane.
In dezelfde straat vindt u het Scampicchiopaleis (16de eeuw) en het vroeg-18de-eeuwse barokke Lazzarinipaleis, dat eveneens Venetiaanse invloeden vertoont en nu het **Stadsmuseum** is, met Romeinse en middeleeuwse vondsten en een nagebouwde kolenmijn. Labin was de belangrijkste kolenstad van Kroatië, tot de mijnen in 1999 dichtgingen. In 1921 richtten 2000 mijnwerkers uit verzet tegen het opkomende fascisme de Republiek Labin op, een socialistisch ministaatje dat nog geen maand standhield.

Stadsmuseum
Ulica 1 svibnja. **Tel.** 052-852477. **Open** mei–sept.: ma–za 10.00–13.00, 17.00–19.00 (juli, aug.: 18.00–20.00) uur; okt.–april: ma–vr 7.00–14.00 uur (afspraak).

Omgeving
4 km van Labin ligt de populaire badplaats Rabac.

Café op het Titoplein in Labin

Plein in de Oude Stad Plomin, omgeven door bomen

⑱ Plomin

Kaart B3. 140. Pula, 54 km. Rijeka, 55 km. Vozilići 66, Vozilići, 052-880155; Regionaal: Pionirska 1, Poreč, 052-452797.

Een versterkte plaats ging hier in de oudheid zelfs nog vooraf aan de Romeinse nederzetting Flanona, die in de 6de eeuw door de Avaren werd verwoest. De plaats werd na het jaar 1000 herbouwd en kreeg zijn huidige uiterlijk in de 13de eeuw, onder Venetiaans gezag. Plomin ligt op een steile klif, 168 m boven de gelijknamige baai, en was ooit dichtbevolkt. Bijna alle ruimte binnen de muren (uit de 13de–14de eeuw en slechts voor een deel bewaard gebleven) wordt ingenomen door huizen. Uitgesleten, smalle straatjes leiden omhoog naar het centrum, waar de 11de-eeuwse romaanse **St.-Joriskerk** (Sv. Juraj Stari) staat. Binnen is een glagolitische inscriptie uit de 11de eeuw te zien, een van de oudste documenten in deze oude Slavische taal van het land.

De **Mariakerk** (Crkra Blažene Djevice Marije) bezit ook enkele waardevolle kunstschatten. De kerk werd gewijd in 1474, maar is in de 18de eeuw ingrijpend verbouwd. U vindt er drie barokaltaren van gebeeldhouwd en beschilderd hout en een rijke kerkschat. Bij restauratiewerkzaamheden is op een muur een fresco van Albert, een Duitse schilder uit Konstanz, ontdekt.

⑲ Mošćenice

Kaart B2. 330. Rijeka, 53 km, op het eiland Krk. Rijeka. Aleja Slatina bb, Mošćenička Draga, 051-739166. **tz-moscenicka.hr**

Dit kleine dorp ligt op een heuveltop en is gesticht door de Liburniërs. Het heeft een typisch middeleeuws karakter, met huizen tegen de muren gebouwd, smalle straatjes en kleine steegjes en binnenplaatsen. Vanuit het dorp hebt u een prachtig uitzicht op de Kvarnergolf.

Op het hoofdplein staat de **Andreaskerk** (Sv. Andrije), een van oorsprong middeleeuwse kerk die in de 17de eeuw in barokstijl is herbouwd. Binnen staan enkele beelden van de Paduaanse beeldhouwer Jacopo Contieri. Net buiten de muren liggen de kleine Sebastiaankerk, uit de 16de eeuw, en de 17de-eeuwse Bartholomeuskerk. De geschiedenis van de streek komt aan bod in het **Etnografisch Museum** (Etnografski Muzej).

Beeld van Contieri, Andreaskerk, Mošćenice

Etnografisch Museum

Tel. 051-737551. **Open** zomer: dag 9.00–13.00, 18.00–21.00 uur; winter dag 11.00–15.00 uur. **Gesloten** jan. en feb.

Omgeving

Een reeks trappen leidt omlaag naar Mošćenićka Draga (2 km), waar een groot kiezelstrand is.

⑳ Lovran

Kaart B2. 4000. Rijeka, 50 km, op het eiland Krk. Rijeka, 20 km. Opatija, 6 km. Trg sloboda 1, 051-291740. Aspergefestival (april); Kersendagen (juni). **tz-lovran.hr**

Lovran (waarvan de naam verwijst naar de laurierbomen die in deze streek veel voorkomen) strekt zich uit langs de kust tot het uitkomt bij de boulevard van Opatija *(blz. 69)*. Het oude gedeelte ligt op een klein schiereiland. De huizen van het oude versterkte dorp leunden tegen de ommuring, waarvan nog een paar brokstukken en wat kleine delen zijn overgebleven: niet meer dan een toren en de Stubicapoort.

Op het hoofdplein ziet u een middeleeuwse toren, huizen met Venetiaans-gotische gevels en de **St.-Joriskerk** (Sv. Juraj), gebouwd in de 12de eeuw en herbouwd ten tijde van de barok, samen met een romaanse klokkentoren. In de kerk, op het plafondgewelf en op de boog van de apsis, zijn laatgotische fresco's te zien (1470–1479) – met voorstellingen uit het leven van Christus en afbeeldingen van heiligen. Ook staat op het hoofdplein een gebouw met een beeld van St.-Joris, dat de moeite van een bezoek waard is.

Langs de kustboulevard die zich uitstrekt tussen Lovran en het schitterende dorp Ika staan verscheidene mooie vroeg-20ste-

Oude molen in het Etnografisch Museum in Mošćenice

Villa Angiolina in Opatija, omgeven door een prachtig park

eeuwse villa's in secessionstijl *(blz. 27)*, omgeven door weelderige tuinen.

St.-Joriskerk
Open juli en aug.: ma, wo, vr 19.00–21.30 uur.

㉑ Versterkte-dorpenroute

Blz. 70–71.

㉒ Opatija

Kaart B2. 13.000. Rijeka, 40 km, eiland Krk. Rijeka. Rijeka. Lokaal: Vladimara, Nazora 3, 051-271710; Regionaal: Nikole Tesle 2, 051-272988. Rivièracarnaval (feb.); Koffiefestival (april); Gourmet Story (mei); Zomerfestival (mei– sept.); Opatija Imperial City (juli); Jazzfestival van Liburnia (juli); Chocoladefestival (dec.).
visitopatija.com

De toeristische badplaats Opatija ontleent zijn naam aan een 14de-eeuwse benedictijner abdij waaromheen een dorp werd gebouwd. Op de plaats van het klooster staat nu de Jacobuskerk (Sv. Jakov), gebouwd in 1506 en uitgebreid in 1937.
Het toerisme begon omstreeks 1844 op gang te komen, toen een edelman uit Rijeka, Iginio Scarpa, hier de grandioze **Villa Angiolina** bouwde. De door een groot park omgeven villa werd het eerste hotel. Een paar jaar later verbleef de Oostenrijkse keizerin Maria Anna hier, en haar bezoek werd onmiddellijk gevolgd door dat van andere leden van het hof. Er werden meer luxehotels en villa's gebouwd en het plaatsje werd een mondaine badplaats. Het toerisme in Opatija kreeg een extra impuls door de aanleg van een spoorlijn van Oostenrijk naar Rijeka, met een tramverbinding met Opatija.
Keizer Frans Jozef verbleef hier ook in een hotel, waar hij in de winter vaak lange periodes doorbracht, profiterend van het milde klimaat. Tegenwoordig staan er langs de kust nog steeds veel laat-19de-eeuwse luxehotels en villa's omgeven door parken en tuinen. Toch is het niet langer een modieuze bestemming; met name oudere bezoekers stellen de betrekkelijke rust op prijs.

㉓ Kastav

Kaart B2. 10.000. Rijeka, 20 km, eiland Krk. Rijeka, 11 km. Rijeka, 11 km. Matka Laginje 5, 051-691425. Bela nedeja, wijnfeest (eerste zo in okt.). **kastav-touristinfo.hr**

Op een heuvel niet ver van Rijeka ligt het dorp Kastav, dat teruggaat tot de vroege middeleeuwen. Het kasteel was tot de 16de eeuw de residentie van de plaatselijke landheer en later die van de Oostenrijkse gouverneur. Aan het Lokvinaplein staat de Kerk van Antonius van de Woestijn, die uit de 15de eeuw dateert, en een loggia uit 1571, die in 1815 is gerestaureerd. Bij de drinkbak vermeldt een plaquette dat in 1666 een zekere kapitein Morelli werd verdronken wegens het heffen van exorbitante belastingen.

Opatija, ooit een koninklijk vakantieoord, nu een populaire badplaats

㉑ Versterktedorpenroute

Alle dorpen van Istrië waren versterkt. De eersten die hier muren bouwden waren de Histri (een Illyrische stam), die verdedigingswerken bouwden op de heuvels waarop ze zich hadden gevestigd. Er zijn in Istrië 136 van deze versterkte plaatsen. Vele zijn al lang verlaten, maar sommige zijn van 1000 v.C. tot in onze tijd permanent bewoond geweest. De muren werden in de Romeinse tijd versterkt, in de late middeleeuwen herbouwd en onder de Oostenrijkers of Venetianen uitgebreid. Een zijpad voert langs stenen documenten in het oude glagolitische schrift.

③ Hum
Dit dorpje heeft een ovale ommuring die door de Venetianen is versterkt. In de Hiëronymuskerk zijn 12de-eeuwse Byzantijnse fresco's te zien.

④ Buzet
Buzet gaat terug tot een Illyrisch fort en een Romeins vestingwerk (Pinquentum) en was vanaf 1420 in handen van de Venetianen, die een nieuwe muur bouwden, met een Grote Poort en een Kleine Poort (16de eeuw). De plaats staat bekend om zijn truffels.

⑤ Draguć
Middeleeuwse muren vormen de achterkant van de huizen in dit dorp. De Venetianen bouwden na 1420 nieuwe verdedigingsmuren. Een van de fresco's in de 15de-eeuwse Rochuskerk is een *Reis van de Wijzen*.

0 kilometer 3

⑥ Motovun
Dit middeleeuwse stadje kijkt vanaf een heuvel uit over de vallei. Het centrum wordt nog omgeven door een muur uit de 13de–14de eeuw. Later is er een tweede muur rond de buitenwijken gebouwd. Aan de voet van een 15de-eeuwse toren geeft een poort toegang van de Benedenstad tot de Bovenstad.

Symbolen

- Route
- Pad van de Glagolitieten
- Andere wegen

Voor hotels en restaurants in deze streek zie blz. 226–228 en blz. 238–240

② **Roč**
De muur rond Roč is in de 14de eeuw gebouwd door het patriarchaat van Aquileia. Kort na 1500 zijn de torens toegevoegd. Roč was een belangrijk centrum van het glagolitisch en in de 13de eeuw werd het alfabet uitgebeiteld in een muur van de Antonius Abtkerk. De romaanse Rochuskerk is verfraaid met twee frescocycli.

Tips voor onderweg

Vertrekpunt: Boljun.
Afstand: 77 km heen. **Stopplaatsen: Motovun** Konoba Mondo, 052-681791 (restaurant); **Hum** Humska Konoba, 052-660005 (restaurant); **Buzet** Restaurant Toklarija, 091-9266769.
i Buzet Šetalište Vladimira Gortana 9, 052-662343. **Motovun** Trg Andrea Antico 1, 052-681726. **Poreč** Toeristenbureau Istrië, Pionirska 1, 052-452797.

① **Boljun**
In dit dorp zijn een deel van de middeleeuwse ommuring, de 16de-eeuwse verdedigingsmuren, een toren en een drinkbak uit 1697 bewaard gebleven. Aan de hoofdstraat vindt u de graanopslag, een loggia en de romaanse Cosmas en Damianuskerk. De Petruskerk (14de eeuw) bezit gotische schilderijen.

Pad van de Glagolitische documenten

Het 'Pad van de Glagolieten' (Aleja Glagoljaša), tussen Roč en Hum, is 7 km lang en werd tussen 1977 en 1985 aangelegd ter ere van het oude Slavische schrift. Onderweg roepen elf glagolitische documenten gebeurtenissen en personen op die hebben bijgedragen aan de verspreiding van dit schrift, dat in de 9de eeuw door de heiligen Cyrillus en Methodius werd ontworpen voor de vertaling van het evangelie in het Slavisch. Zo kon de Slavische bevolking kennismaken met de christelijke liturgie.

Glagolitisch document in steen langs het pad naar Roč

㉔ Rijeka

Na door de Liburniërs te zijn gesticht en door de Kelten te zijn veroverd, ging Rijeka in de Romeinse tijd Tarsatica heten. De stad ging in de loop der eeuwen telkens in andere handen over en kwam ten slotte onder het gezag van de Habsburgers. In 1719 riep Ferdinand van Habsburg Rijeka uit tot vrijhaven, die zich als havenstad moest ontwikkelen. Vanaf 1870 maakte de stad deel uit van het koninkrijk Hongarije en nam het economische belang ervan toe. Rijeka is een centrum van scheepsbouw en industrie, een belangrijke havenstad en een vervoersknooppunt. In februari en maart viert men hier het grootste carnaval van Kroatië.

De Korzo, een brede voetgangersstraat met 19de-eeuwse gebouwen

Rijeka verkennen

De laatste tientallen jaren heeft de stad zich uitgebreid langs de kust en over de omliggende heuvels. Toch heeft het zijn Centraal-Europese sfeer behouden, met de majestueuze 19de-eeuwse gebouwen langs de Korzo en de Riva, twee brede avenues ten zuiden van de Oude Stad (Stari Grad), aangelegd op land dat op de zee is gewonnen. De Korzo is het hart van de stad, met cafés, restaurants en winkels.

Kapucijnenkerk van de Madonna van Lourdes

Kapucinska Crkva Gospe Lurdske

Kapucinska stube 5. **Tel.** 051-335233. **Open** dag. 7.00–12.00, 16.00–20.00 uur.

Ten noorden van het Žabicaplein (Trg Žabica) staat de Kapucijnenkerk (geb. 1904–1929). De opdracht kwam van de abt van het naastgelegen klooster, die naar Lourdes was geweest ter ere van de Mariaverschijning die daar 50 jaar eerder plaatsvond.

Nicolaaskerk

Pravoslavna crkva hram svetog Nikolaja

Ignacija Henkea 2. **Tel.** 051-335399. **Open** 8.00–13.00, 18.00–18.40 uur.

Deze kerk, in 1790 door de orthodoxe gemeenschap gebouwd, heeft mooie iconen.

Stadstoren

Gradski Toranj

Halverwege de Korzo staat de Stadstoren, die stamt uit de middeleeuwen. Daarna is hij vaak verbouwd, het ingrijpendst aan het begin van de 18de eeuw. De klok dateert van de 17de eeuw en de koepel werd in 1890 toegevoegd. Het bouwwerk is versierd met wapenschilden, waaronder die van de stad en van het Habsburgse Huis, en met borstbeelden van keizer Leopold I en keizer Karel VI.

Detail van de stadstoren

Stadhuis

Municipij

Trg Riječke rezolucije.

In 1883 werd een augustijnenklooster uit de 14de eeuw verbouwd tot stadhuis. Het neemt drie zijden van het plein in en herbergt nu kantoren.

Romeinse Boog

Stara vrata

Trg Ivana Koblera.

In een zijstraat van het plein staat het restant van een Romeinse boog, waarschijnlijk een oude stadspoort. Het is een eenvoudig bouwwerk. Opgravingen hebben de fundamenten van een Romeinse muur blootgelegd.

Maria-Hemelvaartkerk

Crkva Uznesenja Blažene Djevice Marije

Pavla Rittera Vitezovića 3. **Tel.** 051-214177. **Open** 8.00–12.00 en 16.00–18.00 uur.

De Maria-Hemelvaartkerk, vroeger een kathedraal, stamt uit de 13de eeuw, maar werd in 1695 in barokstijl verbouwd en is in 1726 verfraaid met rococodetails en een prachtig 16de-eeuws roosvenster. Binnen dateren de altaren, enkele schilderijen en de preekstoel uit de tijd van de barok. De klokkentoren draagt het bouwjaar 1377; het bovenste deel ervan is gotisch.

St.-Vituskathedraal

Katedrala sv. Vida

Trg Grivica. **Tel.** 051-330879. **Open** 7.00–12.00 en 16.30–19.00 uur.

De aan de beschermheilige van de stad gewijde St.-Vituskerk is nu de kathedraal. Deze grote barokkerk is tussen 1638 en 1742 door de jezuïeten gebouwd. Barokke altaren en een 13de-eeuws gotisch crucifix sieren het interieur.

Maritiem en Historisch Museum van het Kroatisch kustgebied

Pomorski i povijesni muzej Hrvatskog primorja

Muzejski trg 1/1. **Tel.** 051-213578. **Open** ma 9.00–16.00, di–za 9.00–20.00, zo 16.00–20.00 uur.

Dit museum uit 1876 is sinds 1955 gevestigd in het in 1896 gebouwde Gouverneurspaleis.

Gotische crucifix in de St.-Vituskathedraal

Voor hotels en restaurants in deze streek zie blz. 226–228 en blz. 238–240

De geschiedenis van de scheepvaart wordt verteld aan de hand van scheepsmodellen, wapens en scheepvaartinstrumenten uit de 17de en 18de eeuw. Daarnaast vindt u hier archeologische collecties (van prehistorie tot middeleeuwen), prenten, meubels, schilderijen en een etnografische collectie.

Heiligdom van Onze-Lieve-Vrouwe van Trsat

Svetište Majke Božje Trsatske
Frankopanski trg. **Tel.** 051-452900.
Open dag.

Aan de andere kant van de Rječina, boven het centrum van Rijeka, ligt Trsat. Boven aan de 561 treden tellende trap vanaf het Titoplein (Titov trg) ligt het Heiligdom van Onze-Lieve-Vrouwe van Trsat. De kerk en het franciscanenklooster zijn in 1453 gebouwd door Martin Frankopan op de plaats van een 12de-eeuwse kerk. In die kerk zijn van 1291 tot 1294 delen van het Heilige Huis van Maria uit Nazareth bewaard voor ze naar Loreto in Italië werden

Het altaar van Onze-Lieve-Vrouwe van Trsat, met de Madonna

overgebracht. Ter compensatie van dit verlies schonk paus Urbanus V de bevolking in 1367 een door de apostel Lucas geschilderde *Madonna met Kind*, waarvan een kopie op het hoofdaltaar staat. Soldaten en zeelui bezochten het heiligdom en lieten votiefgeschenken achter, die nu te zien zijn in een kapel naast de kloostergang. De kerk werd in 1864 verbouwd, maar behield de triomfboog, het marmeren altaar onder de Madonna en graven van de Frankopans.

TIPS VOOR DE TOERIST

Praktische informatie
Kaart B2. 130.000.
Korzo 14, 051-335 882.
Zomeravond van Rijeka (juni-juli); carnaval van Rijeka (feb.–maart). **visitrijeka.hr**

Vervoer
Krk, 051-842132.
Krešimirova ulica, 060-333444.
Trg Žabica 1, 060-302010.
Senjsko pristanište 3, 051-212696; Adriatica d.o.o: Verdijeva 6, 051-214511; Jadrolinija, Riječki lukobran bb, 051-211444.

Kasteel van Trsat

Trsatski kaštel
Partizanski put 9a. **Tel.** 051-217714.
Open zomer: 8.00–20.00 uur; winter: 9.00–17.00 uur.

Het heiligdom geeft toegang tot de resten van een Romeins kasteel dat is gebouwd voor de verdediging van Tarsatica. In de 13de eeuw was Trsat eigendom van de Frankopans, die hier een ander kasteel bouwden. U kijkt hier mooi uit op de Kvarnergolf.

Centrum van Rijeka

1. Kapucijnenkerk van de Madonna van Lourdes
2. Nicolaaskerk
3. Stadstoren
4. Stadhuis
5. Romeinse Boog
6. Maria-Hemelvaartkerk
7. St.-Vituskathedraal
8. Maritiem en Historisch Museum van het Kroatisch kustgebied

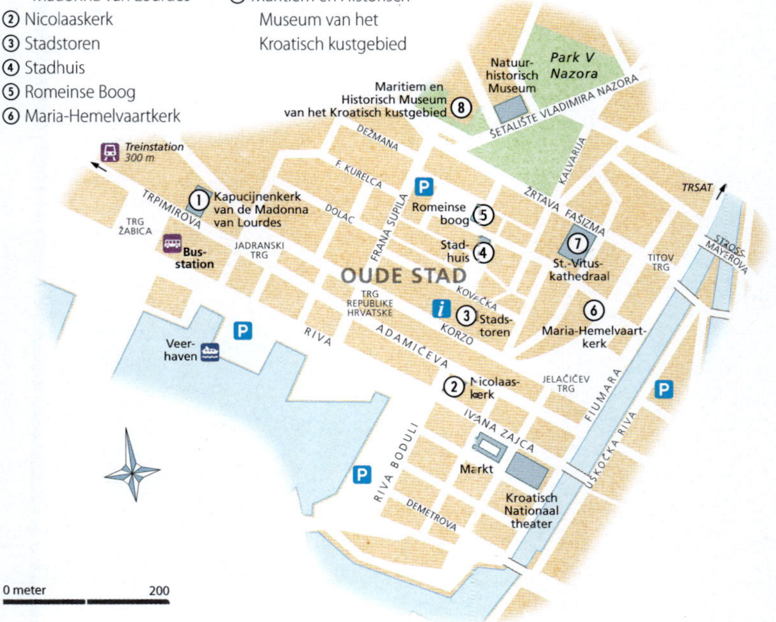

Verklaring van de symbolen *zie achterflap*

㉕ Cres

Het smalle Cres is 65 km lang. In het noorden nestelen op een door de koude borawind geteisterd plateau inheemse vale gieren, die sinds 1986 wettelijk beschermd zijn. Het zuiden, met olijfbomen en wijngaarden, heeft een milder klimaat. Er voert één weg van het noorden van Cres naar het zuiden van Lošinj. De eilanden zijn door een brug verbonden. Het toerisme concentreert zich in enkele dorpen – Cres en Osor.

Muurtjes van stapelstenen en olijfgaarden op een heuvel bij Cres-stad

Cres-stad

Cres ligt aan een baai in de beschutting van een heuvel. De plaats werd belangrijk toen de bisschops- en gouverneurszetel van Osor hierheen werden verplaatst. De muren en de drie poorten geven de stad een Venetiaans tintje en de kerk Onze-Lieve-Vrouwe van de Sneeuw is verfraaid met schilderijen van Venetiaanse kunstenaars. Het 16de-eeuwse stadhuis, of de Loggia, is nu een groente- en fruitmarkt. De oude haven wordt verlevendigd door vissers en bezoekers. De stadspoort, een klokkentoren en diverse renaissancegebouwen kijken op de haven uit. De Isidoruskerk (gewijd aan de beschermheilige) stamt uit de 12de eeuw.

Osor

Dit was tot halverwege de 15de eeuw de hoofdplaats van het eiland, met een haven en een bisschopszetel. Later raakte Osor in verval en werd Cres de hoofdplaats. Tegenwoordig is het plaatsje één groot museum, met overblijfselen uit de bronstijd en een paar fraaie monumenten. De prachtige 15de-eeuwse Maria-Hemelvaartkathedraal werd in 1497 voltooid en is opgetrokken uit honingkleurig steen. Het halfronde timpaan boven het portaal bevat een afbeelding van Maria in reliëf. Het altaar is verfraaid met een aan St.-Nicolaas en St.-Gaudentius gewijd schilderstuk. Het in het Arsanpaleis gevestigde **Museum van Cres** (Creski muzej) herbergt inscripties en interessante vondsten uit de Illyrische en Romeinse tijd en de vroege middeleeuwen. Wapenschilden van de bisschoppen en edelen van het eiland sieren de gevel van het Bisschoppelijk Paleis (tweede helft 15de eeuw) en het interieur is rijk versierd. Wat muren, fundamenten en mozaieken zijn al wat rest van de Sint-Petruskerk.

Symbolen

- Secundaire weg
- Toeristische route

0 kilometer 8

TIPS VOOR DE TOERIST

Praktische informatie

Kaart B3. 3200. 051-211444.
Cres: Cons 10, 051-571535.
Osor: 051-231547. **tzg-cres.hr**

Museum van Cres

Creski muzej

Petris-Arsanpaleis, Ribarska 7. **Tel.** 051-344963. **Open** april–half juni en half sept.–half okt.: di–za 9.00–12.00 uur; half juni–half sept.: di–zo 10.00–13.00, 19.00–23.00 uur; half okt.–maart: op afspraak. Tijdelijke exposities: tijden variëren, bel vooraf. **Gesloten** ma.

Deur van de gotische kerk Onze-Lieve-Vrouwe van de Sneeuw, Cres

26 Lošinj (Lussino)

Het eiland Lošinj heeft een mild klimaat en subtropische vegetatie, met zeedennen, palmbomen, oleanders en citrusbomen. De hoofdplaats Mali Lošinj werd in de 12de eeuw gesticht, toen hier 12 Kroatische families landden. Het bekendste strand is dat van de Čikatbaai, ten zuidwesten van Mali Lošinj. Het is 30 km lang en een populaire plek om te watersporten.

Symbolen

Secundaire weg

Pad

Interieur van de Antonius Abtkerk, Veli Lošinj

Mali Lošinj
Het mooie Mali Lošinj, dat net als Cres eeuwenlang aan Venetië toebehoorde, heeft veel gebouwen uit de 18de en 19de eeuw, toen de scheepvaart hier floreerde. Het oudste deel van het stadje ligt rond de 18de- eeuwse Mariakerk. De grote hotels van de badplaats liggen net buiten het stadje. In het Museum van Apoxyomenos staat het beroemde bronzen beeld van Apoxyomenos, een Grieks werk uit de 2de of 1ste eeuw v.C. Interactieve displays tonen hoe het beeld werd ontdekt en gerestaureerd.

Veli Lošinj
Deze mooie plaats, met zijn villa's die schuilgaan achter weelderige vegetatie, is rustiger dan Mali Lošinj. De Antonius Abtkerk (Sv. Antun Pustinjak) – in de 18de eeuw gebouwd op de plek van een kleinere 15de-eeuwse kerk – bezit een rijke schilderijencollectie, onder andere werk van Bartolomeo Vivarini (1430–1490), Bernardo Strozzi (1581–1644) en Francesco Hayez (1791–1882). De barokstijl heeft een duidelijk stempel gedrukt op de zeven altaren. De 16de-eeuwse toren van de Uskoks *(blz. 83)* biedt een prachtig uitzicht.

Omgeving
Het eiland **Susak** is beroemd om zijn ongewone geologische samenstelling: een 10 m dikke laag zand bedekt een kalkhoudend plateau. Wijnstokken doen het goed op deze bodem en alle eilanders hebben een wijngaard – hun rijkdom wordt afgemeten aan het aantal wijnstokken dat ze bezitten. De ranken groeien op terrassen, beschut door rieten windbrekingen en muurtjes van stapelstenen, die kenmerkend zijn voor de noordelijke Adriatische eilanden en kustgebieden. De pittoreske, bonte klederdracht van de vrouwen is beroemd. De eilanders maken deze kleren in de wintermaanden en dragen ze tijdens feesten. Op het eiland **Ilovik**, ten zuiden van Lošinj, wonen op een oppervlakte van bijna 6 km² ongeveer 170 mensen, de meesten van hen in het dorp Ilovik aan de noordoostkust. Ze verbouwen wijndruiven, olijven, fruit en bloemen. Op het nabijgelegen onbewoonde eiland Sv. Petar staan de ruïnes van een Venetiaans fort en een benedictijnse abdij. Op Susak en Ilovik zijn overblijfselen uit de prehistorie en de Romeinse tijd gevonden, onder andere munten en mozaïeken. **Unije** is het grootste van de kleinere eilanden. Het is heuvelachtig en schaars begroeid. Aan de oostkant bestaat de kust voornamelijk uit steile rotsen, maar de westkust is toegankelijker. Het gelijknamige dorp is gebouwd rond de Andreaskerk, waarvan de klokkentoren van ver te zien is. De meeste eilanders leven van de visserij of van de groenteteelt.

TIPS VOOR DE TOERIST

Praktische informatie
Kaart B3. 8500. Mali Lošinj: Priko 42, 051-231547, 231884. Neem voor Unije, Susak en Ilovik contact op met het toeristenbureau in Mali Lošinj. **visitlosinj.hr**

Vervoer
Mali Lošinj, 051-231765.

Zicht op de vissershaven Mali Lošinj

Verklaring van de symbolen *zie achterflap*

㉗ Nationaal Park Risnjak: het Leskapad

Nacionalni park Risnjak

Het uitgestrekte Gorski Kotorplateau, dat Kroatië van Slovenië scheidt, begint ten noorden van Rijeka. Een deel ervan is uitgeroepen tot nationaal park, ter bescherming van de bosrijke natuur en het ecologisch evenwicht van het gebied. Het park is opgericht in 1953 en had oorspronkelijk een oppervlakte van 32 km^2. Nu is het tweemaal zo groot. Het bestaat voornamelijk uit bossen en grasland met een groot aantal karstverschijnselen (kalksteen). De klimaatomstandigheden lopen in dit gebied zeer uiteen en er zijn wel dertig verschillende plantengemeenschappen. In 1993 is het Leskapad uitgezet, met 23 informatieborden die over de diverse aspecten van dit gebied informeren.

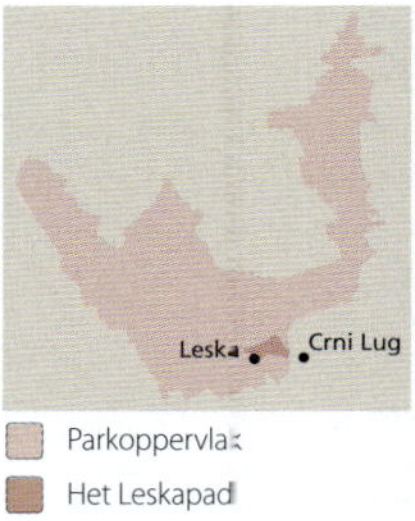

⑥ Voederbakken
In de winter voorzien voederbakken de dieren in het park van voedsel.

⑧ Zilversparrenbos
De zilverspar, erg gewild bij botenbouwers, is in veel Kroatische bossen verdwenen. Hier groeit hij in gezelschap van beuken.

⑦ Kloof
De koude lucht en vochtige ondergrond in deze kloof leveren een interessante flora op: er groeien planten die normaal gesproken alleen op grotere hoogte in het park voorkomen.

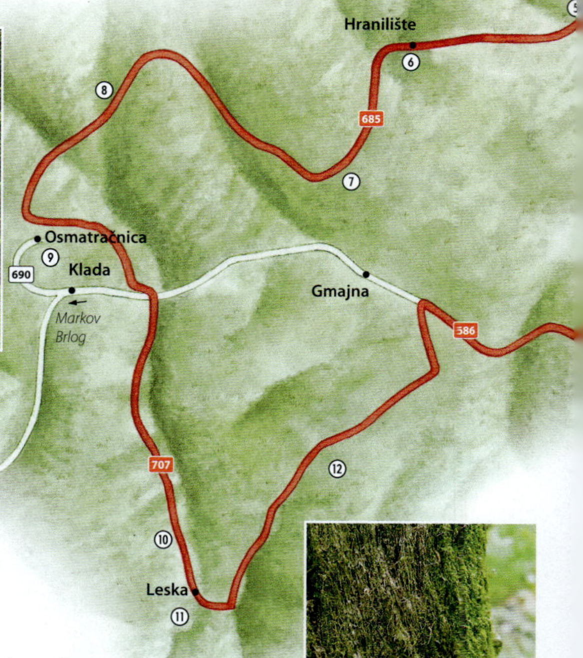

⑨ Observatiepost
Vanuit deze uitkijkpost kan het gedrag van dieren, zoals beren, vossen, lynxen, marters en wilde katten, worden geobserveerd. Het gebied is ook rijk aan vogels, zowel trek- als standvogels. In bepaalde perioden van het jaar zijn er tegen het vallen van de avond arenden, haviken en kraaien te zien.

⑩ Het land bewerken
Slechts één huis in het dorpje Leska wordt bewoond. Van de lente tot de herfst verblijven er boeren die hier op terrassen aardappels, erwten en bonen verbouwen.

⑪ Bronnen
Water dat onder de ondoordringbare steenlagen stroomt, komt hier en daar in de vorm van bronnen tevoorschijn.

⑫ Boomstronken
Paddenstoelen gedijen op de oude boomstronken, die ook een bron van voedsel voor insecten zijn.

Voor hotels en restaurants in deze streek zie blz. 226–228 en blz. 238–240

⑤ Beuken- en sparrenbos

Het pad voert door bossen van sparren en beuken; veel van deze bomen zijn zeer groot. De ondergroei bestaat uit hazelaars, bosbessen en vlierstruiken.

TIPS VOOR DE TOERIST

Praktische informatie
Kaart B2. **i** Bijela Vodica 48, Crni Lug, 051-836133, **Fax** 051-836261.
Open zomer: dag. 7.00–22.00 uur; winter: dag. 7.00–21.00 uur.
Het Leskapad is 4,2 km lang, makkelijk en goed gemarkeerd. De tocht duurt ongeveer 2 uur.
W **risnjak.hr**

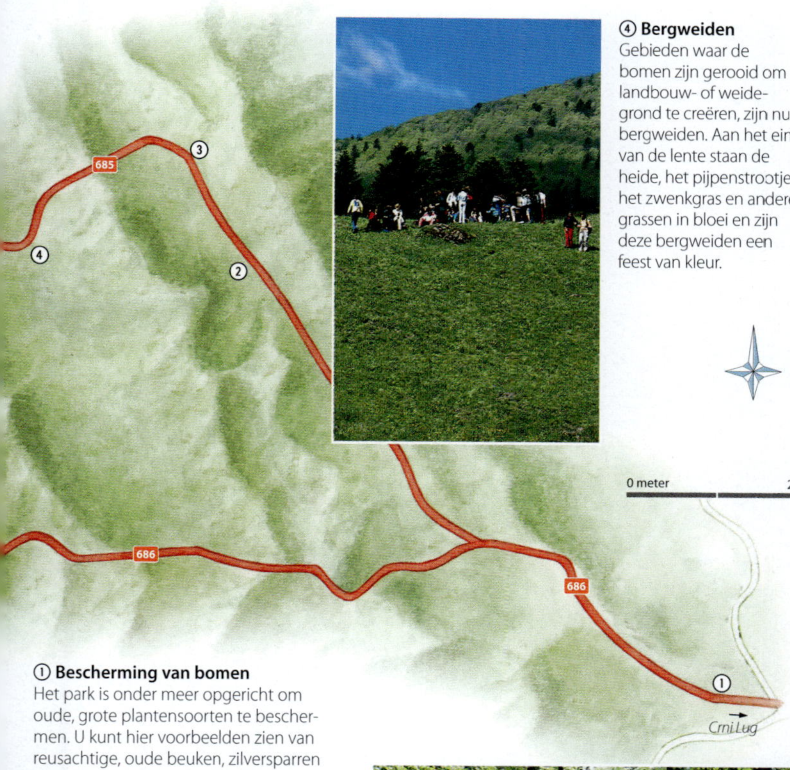

④ Bergweiden

Gebieden waar de bomen zijn gerooid om landbouw- of weidegrond te creëren, zijn nu bergweiden. Aan het eind van de lente staan de heide, het pijpenstrootje, het zwenkgras en andere grassen in bloei en zijn deze bergweiden een feest van kleur.

① Bescherming van bomen

Het park is onder meer opgericht om oude, grote plantensoorten te beschermen. U kunt hier voorbeelden zien van reusachtige, oude beuken, zilversparren en gewone sparren, maar ook zeldzamere bomen, zoals de bergiep en de esdoorn.

② Stormschade

Oude of zieke bomen die bij storm omwaaien, blijven gewoon liggen. Ze vormen een goede voedingsbodem voor micro-organismen, zoals schimmels.

Symbolen

Wandelpad

Overige wegen

③ Dolines

Dolines zijn trechtervormige depressies in de bodem die het gevolg zijn van erosie door water. Dit karstverschijnsel is kenmerkend voor kalksteengebieden.

SCS THOMAS
SCS BARTOLOMEVS
SCS IACOBVS
SCS ANDREA
SCA AGNES
SCS MAVRVS

SCS PAVL VS
SCS IOH ANNES
SCS FEL IPPVS
SCS MAT TEVS
EGO LVX SVM VERA
SCA TECLA

㉘ Krk

Met een oppervlakte van 409 km² is dit het grootste van de Adriatische eilanden. De brug tussen Krk en het vasteland zorgt voor een goede verbinding met de internationale luchthaven van het eiland. De oostkust van het eiland heeft bijna iets spookachtigs, met zijn witte, door de borawind geteisterde rotsen. Het binnenland en de meer beschutte westkust zijn weelderig begroeid.

Krk wordt omgeven door kristalhelder water

De eerste bewoners van Krk waren de Liburniërs. Daarna kwamen de Romeinen, die Curicum (het huidige Krk) en Fulfinum stichtten. Er zijn nog resten van muren, baden en villa's met mozaïekvloeren te zien. In de 6de eeuw kwam het eiland onder Kroatische heerschappij en na de Frankische en Byzantijnse overheersing werd het Venetiaans bezit. Het werd toegewezen aan Dujam I, de aartsvader van de Frankopans, en van 1480 tot 1797 werd het rechtstreeks door Venetië bestuurd. Krk was een centrum van het glagolitische schrift. De Baškasteen, te zien in de Kroatische Academie van Kunsten en Wetenschappen in Zagreb, is op het eiland gevonden.

Krk-stad

De stad Krk ontwikkelde zich in de middeleeuwen op de plaats van het Romeinse Curicum. De muur en drie Venetiaanse poorten bestaan nog: de Stadspoort, met een wachttoren die Kamplin wordt genoemd, de Zeepoort (Pisana) en de Bovenpoort. Aan het hoofdplein staan gebouwen uit de renaissance en in de buurt van de Romeinse baden staat de **Maria-Hemelvaartkathedraal**, die uit de 12de eeuw stamt, maar later is veranderd. De driebeukige kerk heeft een gevel van licht natuursteen en herbergt vier schilderijen (1706) van Cristoforo Tasca en een delicate houten barokke preekstoel. De kerkschat wordt bewaard in de aangrenzende romaanse **St.-Quirinuskerk**, met het **Bisschoppelijk Museum**. Hier vindt u kunstwerken uit de kathedraal en andere kerken van het eiland, waaronder het zilveren Frankopanaltaarstuk dat *Maria in heerlijkheid* verbeeldt en een veelluik (1350) van Paolo Veneziano. Achter de kathedraal omvat het Frankopankasteel, met vier vierhoekige torens uit 1191 en een ronde toren uit de Venetiaanse tijd, twee kerken, gewijd aan Onze-Lieve-Vrouwe van Gezondheid en Franciscus. De laatste heeft een fraaie houten preekstoel.

TIPS VOOR DE TOERIST

Praktische informatie

Kaart B3. 17.860.

Krk: Trg sv. Kvirina 1, 051-221359; Krk-stad: Vela Placa 1, 051-221414. Baška: Kralja Zvonimira 114, 051-856817. Njivice: Ribarska obala 10, 051-846243. **krk.hr**

Vervoer

051-842040.

Valbiska: 051-863170. Baška: 051-856821.

Omišalj

Omišalj ligt op een kaap bij het Romeinse Fulfinum. De ommuring van het dorp (Castrum Musculum in de middeleeuwen) is deels bewaard. Aan het plein staat een 17de-eeuwse

Venetiaanse loggia, de St.-Helenakerk, met reproducties van glagolitisch schrift, en de romaanse Maria-Tenhemelopnemingkerk (Uznesenja Marijina) (13de eeuw), met een koepel, klokkentoren en 16de-eeuws koor, en een 15de-eeuws drieluik van Jacobello del Fiore.

Glagolitische inscriptie en roosvenster, Maria-Tenhemelopnemingkerk, Omišalj

Baška

Niet te verwarren met het afgelegen Stara Baška (Oud Baška) Omišalj. Baška (Nieuw Baška) ligt aan de kust en is een populaire badplaats met een mooi, 2 km lang strand. De Drievuldigheidskerk (1723), aan een klein plein, herbergt een *Laatste Avondmaal* van Palma il Giovane.
Voorbij Baška ligt, rond een in de 11de eeuw verwoest kasteel, Stari grad, met de romaanse Johanneskerk, herbouwd in 1723. De Luciakerk in Jurandvor, vlak bij Baška, bezit een kopie van de Baškasteen, het oudste Kroatische document in glagolitisch schrift, geschreven in 1100.

Košljun

Net voor de kust van Punat ligt dit eilandje dat vooral bekend is om het franciscanenklooster, waar monniken door de eeuwen heen niet alleen heilige voorwerpen hebben verzameld, maar ook talloze andere, waardevolle en curieuze objecten. De zoölogische verzameling kenmerkt zich door de opvallende schelpen, en onder de 30.000 titels in de bibliotheek bevindt zich een van de drie bewaard gebleven atlassen van Ptolemeaus, die in 1511 in Venetië werden gedrukt.

㉙ Bakar

Kaart B2. 1600. Primorje 39, 051-761111. Margareta's zomer, concerten, sportevenementen en voorstellingen in het Čakavskidialect (juni–aug.). **tz-bakar.hr**

Sinds een raffinaderij en een cokesfabriek zijn gesloopt, komen er weer bezoekers naar deze stad, die vroeger populair was vanwege de mooie omgeving met zijn zoetwaterbronnen. Deze bronnen ontspringen ondergronds en hun water stroomt weg naar de kust.
Het **Frankopankasteel** en het omringende vissersdorp zijn ook een bezoek waard. Het dorp ligt op de plaats van het Romeinse Volcera.
Van de 13de eeuw tot 1577 was het eigendom van de Frankopans, die hier in het begin van de 14de eeuw een driehoekig kasteel bouwden. Het kasteel is goed bewaard gebleven. De hoge ramen zijn behouden toen het bouwwerk werd omgevormd tot een paleis voor de familie Šubić-Zrinski, die hier na de Frankopans woonde.
De Andreaskerk bezit een schilderij van de *Heilige Drie-eenheid* door Girolamo da Santacroce en een crucifix uit de 14de eeuw. Vlak bij de Andreaskerk ligt het Turks Huis, ook bekend als het Huis van de Schilders. De exotische Ottomaanse architectuur trekt veel bezoekers.
Bakar is trots op zijn zeevaarttraditie en biedt plaats aan de prestigieuze Zeevaartacademie, die in 1849 werd opgericht

Binnenplaats van het Frankopankasteel in Kraljevica

㉚ Kraljevica

Kaart B2. 4600. Rijeka. 051-282078. Rovinabb, 051-282078. Shrovetide sezona, traditioneel gemaskerd bal (carnaval). **tzg-kraljevica.hr**

Kraljevica is een bekende badplaats op het vasteland en met het eiland Krk verbonden door een brug, die ook de verbinding vormt met de luchthaven Rijeka (op Krk). In de Oude Stad (Stari Grad) staat een kasteel dat in de 16de eeuw is gebouwd door de graven van Šubić-Zrinski. Binnen de kasteelmuren staat ook de kleine Nicolaaskerk. Rond het kasteel groeide een dorp, bewoond door gezinnen uit de vesting Hreljin. In het nieuwe stadsdeel (Novi Grad), op een rots boven de zee, staat een laatrenaissancistisch kasteel dat in 1650 is gebouwd door de familie Frankopan. Het heeft een vierkante plattegrond en vier ronde torens. Het kasteel werd halverwege de 18de eeuw verbouwd tot een magnifiek paleis. In 1728 begon de Oostenrijkse keizer Karel VI hier met de aanleg van een flinke haven, aan het eind van de weg die van Karlovac naar zee leidde.

Het Frankopankasteel in Bakar domineert het dorp

㉛ Crikvenica

Kaart B2. 5800. Rijeka, 16 km, eiland Krk. Nike Veljačića 3, 060-300100. Trg Stjepana Radića 1c, 051-241051. Vettevisweek, handelsmarkt voor Kroatische producten (juli); Stadsfeest (aug.). **rivieracrikvenica.com**

In de Romeinse tijd lag hier een pleisterplaats, Ad Turres, met een haven voor de handel in hout. In 1412 liet Nikola Frankopan (wiens naam is afgeleid van die van de Romeinse adellijke familie der Frangipani) op deze plaats een kasteel bouwen, dat later werd geschonken aan de paulijnse orde, die er een kerk, een klooster en een school vestigde. In de 16de eeuw bouwde men een muur en een ronde toren en in 1659 werd er een beuk aan de kerk toegevoegd. Het plaatsje, nu een drukke badplaats, is vernoemd naar het klooster. Aan het begin van de 19de eeuw werd de paulijnse orde opgeheven en in 1893 werd het klooster veranderd in het Hotel Kaštel *(blz. 226)*. Crikvenica heeft een lang kiezelstrand en is een van de populairste badplaatsen van dit deel van de kust. Omdat het door het Velebitgebergte tegen de wind wordt beschermd, heeft het een mild klimaat, met droge zomers en warme winters.

Poort van het voormalige paulijnse klooster, nu een hotel, in Crikvenica

Het altaar in de Filippus en Jacobuskerk, Novi Vinodolski

㉜ Novi Vinodolski

Kaart B3. 4000. Rijeka, 28 km, eiland Krk. Rijeka, 49 km. Ulica kralja Tomislava 6, 051-791171. Dag van de schutspatronen Filippus en Jacobus (mei); Novi Vinodolski Zomercarnaval (1ste weekeinde juli). **tz-novi-vinodolski.hr**

De oude stad, gebouwd op een heuvel die uitkijkt over de Vinodolvallei, neemt in de Kroatische geschiedenis een belangrijke plaats in. Op 6 januari 1288 werd in het door de Frankopanhertogen gebouwde kasteel de Vinodolcodex, een van de oudste Kroatische wetsteksten in het oude glagolitisch schrift, opgesteld. Het document wordt nu bewaard in de Nationale Bibliotheek in Zagreb. Het is ondertekend door de vertegenwoordigers van negen gemeenten en geeft regels voor eigendom en gebruik van land.
In 1988, toen de Vinodolcodex 700 jaar bestond, werd op het plein van Novi een door de beeldhouwer Dorijan Sokolić gemaakte fontein geplaatst met de namen van de plaatsen die bij het opstellen van de wetstekst betrokken waren.
De plaats wordt ook in verband gebracht met de krijgslist die een zekere bisschop Kristofor gebruikte om soldaten te redden die door de Turken waren verslagen: de paardenhoeven werden met de ijzers achterstevoren beslagen om de achtervolgers te misleiden. Toen ze veilig het kasteel van Vinodol hadden bereikt, liet de bisschop uit dankbaarheid de **Filippus en Jacobuskerk** (Sv Filip i Jakov) herbouwen. Hij werd hier in 1499 begraven. De in 17de-eeuwse barokstijl versierde kerk heeft een magnifiek altaar uit die periode. Het aan Maria gewijde gotische altaarstuk van het zijaltaar stamt uit de 15de eeuw. Het gerestaureerde 13de-eeuwse **Frankopankasteel** is nu een museum, met stukken uit de Romeinse tijd en middeleeuwen en een rijke collectie traditionele kledij.

Historische kledij in het kasteel van Novi Vinodolski

㉝ Senj

Kaart C3. 8000. Rijeka, 52 km, op Krk. Obala kralja Zvonimira 8, 060-394394. Stara cesta 2, 053-881068. Feestdag van St.-Joris (23 april). **tz-senj.hr**

De koude wind, 'de bora van Senj', waait door een pas van het Velebitgebergte en maakt Senj tot de koudste plaats aan de Adriatische Zee. Dit is al sinds mensenheugenis bekend, maar desondanks is Senj altijd bewoond geweest, eerst door de Illyriërs en later door de Romeinen, die als eersten een haven bouwden bij Senia. De plaats werd in 1169 een bisschopszetel en ontwikkelde zich tot een belangrijke houthaven. Na het jaar duizend werd Senj in leen gegeven aan de tempeliers. Later ging het over op de Frankopans, en uiteinde-

Voor hotels en restaurants in deze streek zie blz. 226–228 en blz. 238–240

De Uskoks

Voorafgaand aan de Slag bij Mohács in 1526 vluchtten groepen christenen van het binnenland naar de veiliger kuststeden om aan de Turken te ontkomen. Ze werden 'Uskoks' (zij die onverhoeds aanvallen) genoemd en wilden niets liever dan vechten tegen degenen die hun land hadden ingenomen; ze voerden een behoorlijk succesvolle guerrilla. Aanvankelijk werden ze door Venetië rond de vesting van Klis verzameld, vanwaar ze door de Turken bezet gebied aanvielen. In 1537 veroverden de Turken Klis. Sommige Uskoks gingen naar Primošten, maar de meesten vestigden zich in Senj, onder het gezag van de Habsburgers, die hen aanmoedigden met snelle boten op kaapvaart te gaan tegen de langzame Venetiaanse schepen. Toen Oostenrijk ook geen heil meer zag in acties tegen de Turken, vervielen de Uskoks tot piraterij en begonnen de kustplaatsen te plunderen. Toen de oorlog tussen Venetië en het Osmaanse Rijk in 1617 ten einde kwam, zag de keizer zich gedwongen de Uskoks en hun gezinnen uit de kuststreek weg te halen en naar het Žumberakgebergte ten westen van Zagreb te deporteren.

Reliëf in het Museum van de Uskoks, Senj

Het Nehajkasteel kijkt uit op het stadje Senj

lijk kwam het onder rechtstreeks gezag van de Hongaarse koning te staan. De Habsburgers kozen de plaats uit als eerste station van de Militaire Grenszone *(Vojna krajina)*, die bescherming moest bieden tegen de Turken. De machtige stadsmuren zijn maar deels bewaard gebleven. Na de Slag bij Mohács in 1526 trokken veel Uskoks van Sinj en Klis naar Senj. Ze werden door de Oostenrijkse gouverneur ingezet in de strijd tegen de Turken. Hun geschiedenis wordt verteld in het **Nehajkasteel**, een vesting die in 1553–1558 door de Uskokkapitein Ivan Lenković op een nabijgelegen heuvel, vanwaar men schepen kon zien naderen, werd gebouwd. Het overzichtelijke **Museum van de Uskoks** is gevestigd op de eerste verdieping. Aan de zuidkant van de baai waaraan de stad ligt, vindt u het hoofdplein, de Cilnica. Aan dit plein ligt het Frankopanpaleis, gebouwd in 1340 en veranderd in de 19de eeuw. Ook staan hier grote zoutpakhuizen en, iets verder van zee, de uit de 13de eeuw stammende **Mariakathedraal** (Sv. Marija), die ten tijde van de barok is verbouwd. Het gebouw herbergt grafstenen met renaissancereliëfs en barokke kunstwerken, waaronder een altaar verfraaid met vier marmeren beelden. Niet ver van het plein ligt het Vukasovićpaleis, dat plaats biedt aan het **Gemeentemuseum** (Gradski muzej Senj). Het paleis was vroeger de residentie van een Uskokkapitein. Langs de straten van de oude stad en aan het Kleine Plein (Mala placa), ook bekend als Campuzia, staan gebouwen uit de renaissance, zoals het stadhuis met zijn prachtige loggia. Vlakbij vindt u de Leotoren (Leonova kula), gewijd aan paus Leo X, en de kleine, mooie Mariakerk.

Omgeving

Het dorp **Jablanac** ligt 37 km ten zuiden van Senj. Dit drukke plaatsje is een goede uitvalsbasis voor wie het Velebitgebergte wil verkennen.
Jablanac is goed bewaard gebleven en alleszins een bezoek waard. Het was een districtscentrum, waar de gezagsdragers vergaderden in het middeleeuwse kasteel, dat was gebouwd door de ban (gouverneur) Stjepan Šubić, evenals de kerk en het kerkhof, die al vanaf 1251 in documenten worden genoemd. Het kasteel is nu een ruïne. Vanuit de haven van **Stinica** vertrekt de veerboot naar het eiland Rab.
Oostelijk van Jablanac ligt het Nationaal Park Sjeverni Velebit (Nacionalni park Sjeverni Velebit) met een interessante **Botanische tuin** (Botanički vrt) die in 1966 op een hoogte van 1576 m op de hellingen van de Zavižan werd aangelegd.

De pittoreske haven van Jablanac, ten zuiden van Senj

34 Rab

Het eiland Rab ligt parallel aan het Velebitmassief, ervan gescheiden door een vaargeul die bij zeelui zeer gevreesd was omdat hij een tunnel vormt voor de koude, droge borawind, die dit deel van de kust tot een kaal, rotsachtig gebied maakt. De andere, westelijke kant van het eiland is beschut tegen de wind en heeft een mild klimaat. Het landschap is hier veel groener, met lage begroeiing afgewisseld door bossen met naaldbomen, eiken en steeneiken. De Romeinen kenden het eiland als Arba of Scadurna, en bouwden er een nederzetting op de plaats van het huidige Rabstad. Met zijn zandstranden, inhammetjes en milde klimaat is Rab een populair vakantie-eiland.

Rabstad

De hoofdplaats Rab, waarnaar het eiland is genoemd, werd al in de vroegchristelijke tijd een bisschopszetel en had vanaf de 6de eeuw een Slavische bevolking. Na te zijn veroverd door de Franken, werd de plaats bestuurd door Venetië, waarmee Rab een veiligheidsverdrag sloot dat tot het jaar 1000 van kracht bleef. Rab viel van tijd tot tijd onder het gezag van de Hongaarse koningen, tot het in 1409 Venetiaans bezit werd. Venetiës heerschappij duurde tot 1797. Het stadje is bekend om zijn vier klokkentorens, die maken dat het eruitziet als een schip met vier masten. Het heeft een aantal prachtige Venetiaanse gebouwen. Langs de hoofdstraat staan herenhuizen met romaanse portalen, zoals het Nimira-, Tudorin-, Kukulić-, Galzigna- en Cassiopaleis. Nadat de middeleeuwse muren rond de Oude Stad op de zuidpunt van het schiereiland waren verwoest, werd er in de 15de eeuw een muur gebouwd die ook de Nieuwe Stad, Varoš geheten, omsloot. Deze muur is deels bewaard gebleven, met name het stuk langs de St.-Euphemiabaai.

De stad Rab met zijn vier klokkentorens

De Zeepoort, een van de toegangen tot Rabstad

Loggia

Srednja ulica, Rab.

Waar de hoofdstraat, Srednja ulica, breder wordt, ziet u een fraaie renaissancistische Venetiaanse loggia uit 1506 en een graanopslag *(fondak)*. Links ervan staat de Zeepoort (Morska vrata), een 14de-eeuwse poorttoren. Voorbij de poort ligt het plein.

Prinselijk Paleis

Knežev dvor

Trg Municipium Arba, Rab.

Tel. 051-724064. **Open** bel voor openingstijden.

De haven en het plein vormen het hart van Rab. Hier staat ook het Prinselijk Paleis, in de 13de eeuw in romaanse stijl gebouwd, later in gotische stijl uitgebreid en vervolgens in renaissancestijl herbouwd. Het heeft zowel Venetiaans-gotische als rechte renaissancistische ramen. Op de binnenplaats zijn Romeinse en middeleeuwse resten te zien.

Andreaskerk en -klooster

Sv. Andrija

Ulica Ivana Rabljanina, Rab.

Deze kleine romaanse kerk hoort bij een benedictinessenklooster dat in 1118 werd gesticht. De klokkentoren, de oudste van Rab, is 13de-eeuws en heeft een klokkenstoel met driepasvensters.

Kathedraal van Maria de Grote

Katedrala Sv. Marija Velika

Ulica Ivana Rabljanina, Rab.

Dit schitterende romaanse bouwwerk werd in 1177 door paus Alexander III gewijd. De gevel vertoont afwisselend lagen roze en wit steen en boven het portaal prijkt een gebeeldhouwde *Kruisafneming* door Petar Trogiranin uit 1514. Binnen ziet u een mooie doopvont van dezelfde beeldhouwer uit 1497 en een veelluik van Paolo Veneziano (1350) op het altaar.
De drie beuken van het interieur worden van elkaar gescheiden door zuilen. Het priesterkoor wordt opgeluisterd door een prachtige altaarhemel met marmeren zuilen en op het hoofdaltaar, omgeven door een rijkversierd houten koor, staat een 12de-eeuws reliquiarium met de overblijfselen van St.-Christoforus. De 13de-eeuwse klokkentoren staat 70 m van de kathedraal en is de hoogste van het eiland.

De klokkentoren van de Kathedraal van Maria de Grote

Voor hotels en restaurants in deze streek zie blz. 226–228 en blz. 238–240

Antonius van Paduakapel
Sv. Antun
Ulica ribara, Rab.

Het kleine Antoniuskerkje uit 1675 is een goed voorbeeld van religieuze barokke bouwkunst. Het bezit een ingelegd marmeren altaar en een 17de-eeuws schilderij uit de Venetiaanse school.

Franciscanessenklooster Antonius Abt
Sv. Antun Opat
Rab. **Tel.** 051-724064. **Open** bel voor openingstijden.

Dit klooster en de bijbehorende kerk staan achter de kathedraal aan het eind van de kaap. Het nonnenklooster werd in 1497 gesticht door de edelvrouw Magdalena Budrišić.

Franciscuskerk
Sv. Frane
Park Komrčar, Rab.

Deze kerk stamt uit 1491 en staat in het Komrčarpark, ten noorden van het stadje. Het is een mengeling van gotische en renaissancistische architectuur. De gevel is versierd met drie gebeeldhouwde schelpen.

Het altaar van de renaissancistische Justinakerk in Rab

Justinakerk en -klooster
Sv. Justine
Gornja ulica, Rab. **Tel.** 051-724064. **Open** bel voor openingstijden.

De kerk en het klooster, bestemd voor nonnen uit niet-adellijke families, zijn gewijd in 1578. De klokkentoren met zijn uivormige koepel dateert uit 1672. De kerk huisvest nu een Museum voor Gewijde Kunst, met een crucifix van koning Koloman uit 1112 en een reliquiarium van St.-Christoforus (12de eeuw), de beschermheilige van het stadje. Ook ziet u er schilderijen op linnen en hout, waaronder een veelluik van Paolo Veneziano (1350), en evangeliaria en verluchte boeken in glagolitisch schrift.

TIPS VOOR DE TOERIST

Praktische informatie
Kaart B3. 9000. Rab: Trg Municipium Arba 8, 051-724064. Muziekavonden, Heilig-Kruiskerk (juni–sept.); Toernooi van Rab (25–27 juli).
rab-visit.com

Vervoer
van Rijeka, Stinica, Pag, Valbiska (Krk); 051-724122.
Palit, 060-306080.

Kampor
Kampor ligt aan het eind van een lange baai (Kamporska Draga) en heeft zijn decor van natuurstenen huizen en terrassen met olijfbomen en wijnstokken behouden, al zijn rond het dorp veel vakantiehuizen gebouwd.
Een aan St.-Euphemia gewijd franciscanessenklooster, met een aangrenzend romaans kerkje, ligt vlak bij de Bernarduskerk, die twee panelen van Bartolomeo en Antonio Vivarini herbergt, plus een 14de-eeuws Byzantijns paneel en ander werk. In de kloostergang zijn enkele graven te zien, waaronder de sarcofaag van Magdalena Budrišić, de stichtster van het Antonius Abtklooster in Rab.

Lopar
Het dorp Lopar, aan het eind van een rotsachtig schiereiland, is populair vanwege zijn zandstranden met naaldbos erlangs en zijn ontspanningsmogelijkheden (tennis, voetbal en minigolf).

Veelluik van de Vivarini's in de Bernarduskerk in Kampor

Verklaring van de symbolen *zie achterflap*

De spectaculaire, goed bewaard gebleven muren van Pula's amfitheater ▶

㉟ Nationaal Park Plitvicemeren

Nacionalni park Plitvička jezera

Het Nationaal Park Plitvicemeren ligt in het hart van Kroatië en is opgericht in 1949. Het 300 km² grote gebied omvat meren en bossen en staat sinds 1979 op de Werelderfgoedlijst van Unesco. Het staat vooral bekend om zijn spectaculaire watervallen. Het park telt in totaal zestien meren en bezoekers kunnen gebruikmaken van de paden langs de oevers en de loopbruggen. Shuttlebussen brengen de mensen naar de beginpunten van de wandelpaden en naar de hotels in het park. Op het grootste meer kunt u een tochtje maken met een elektrische boot. Er zijn geen dorpen of stadjes in dit natuurgebied.

Een hut op de oever van een meer

Loopbruggen

Talloze loopbruggen en roeibootjes stellen bezoekers in staat van de ene oever van een meer naar de andere te komen en op een leuke manier de bossen met beuken en naaldbomen te verkennen.

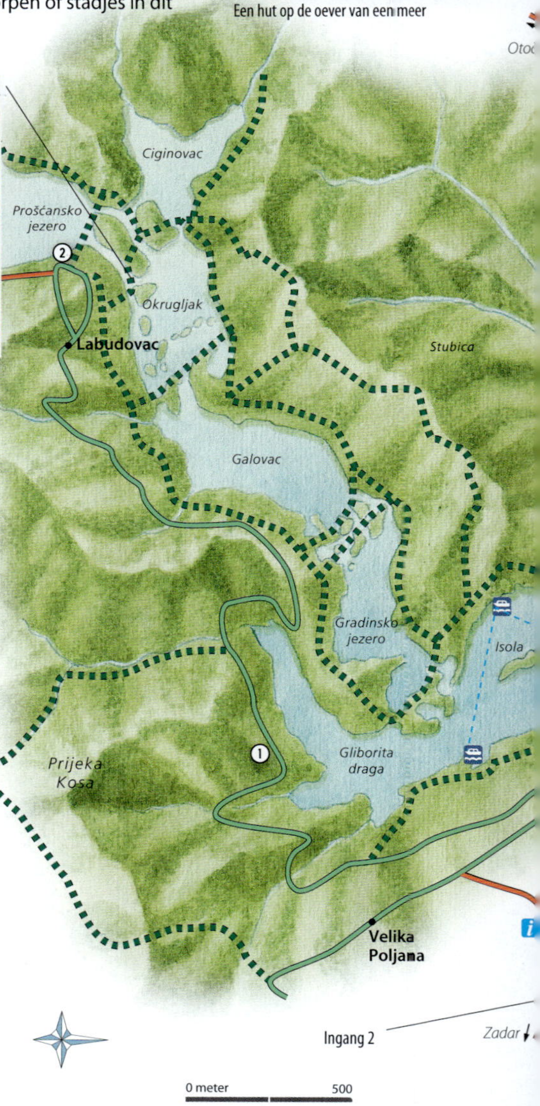

UITGELICHT

① **In de dichte bossen** rond de meren komen enkele van de grootste Europese zoogdiersoorten voor, zoals wolven, lynxen, vossen, wilde zwijnen, reeën, wilde katten, otters en dassen.

② **Het vogelbestand** is zeer gevarieerd: er zijn wel 160 soorten waargenomen, waaronder arenden, bruine kiekendieven, slechtvalken, hoppen, ijsvogels, reigers, steenuilen en bosuilen.

③ **Op de oevers van de rivier de Korana**, waarin de meren afwateren, staan wat schaapherdershutten en verscheidene zaagmolens, die op waterkracht werken. De rivier stroomt door een spectaculair landschap en langs steile rotswanden.

④ **Shuttlebussen** in het park vervoeren bezoekers over speciale routes door het gebied.

Voor hotels en restaurants in deze streek zie blz. 226–228 en blz. 238–240

Flora
De flora van het park varieert van waterlelies op de meren tot bossen met reusachtige bomen. De weelderige ondergroei is een bron van voedsel voor de dieren.

TIPS VOOR DE TOERIST

Praktische informatie
Kaart C3. 053-751014, 751015.
Open dag. 8.00 uur–18.00 uur.
beperkt. **np-plitvicka-jezera.hr**

Symbolen

- Hoofdweg
- Route voor parkvoertuigen
- Wandelpad
- Bootroute

Watervallen
Via wandelpaden kunt u naar uitkijkpunten lopen en van dichtbij het water van het meer erboven omlaag zien vallen.

Verklaring van de symbolen *zie achterflap*

DALMATIË

Dalmatië is het drukst bezochte deel van Kroatië. Hoewel het toerisme in de jaren negentig terugliep door de oorlog, komen er inmiddels weer veel mensen af op de rotskusten en zandstranden, de verlaten eilanden en de schitterende steden. Als gevolg van de handelsbetrekkingen met Italië is hier een Adriatische cultuur ontwikkeld, die Dalmatië een Italiaans tintje verleent.

In de 1ste eeuw v.C. slaagden de Romeinen er na twee eeuwen oorlog in de Dalmatische en Liburnische stammen te veroveren en ze te integreren in hun systeem. Een welvarende periode van meer dan drie eeuwen kwam ten einde met de komst van volkeren uit Azië, waaronder de Slaven in de 7de eeuw.

In 915, na een lange en woelige periode van oorlogen en onrust, stichtten de eerste Kroatische koningen een nieuwe staat, die de pauselijke zegen kreeg. Nieuwe openbare en religieuze gebouwen, stadswallen en raadhuizen werden opgericht, kunsten kwamen tot bloei en de handel met de Italiaanse kust nam toe. Dit was een tijd van grote culturele vitaliteit, die de val van de Kroatische staat en de opname in het koninkrijk Hongarije in de 12de eeuw overleefde.

Na een lange serie conflicten verkocht de Hongaarse koning in 1409 de eilanden en veel kuststeden aan Venetië. In de 16de eeuw volgde een tweede periode van culturele bloei, en de schilders, schrijvers, beeldhouwers, bouwmeesters en geleerden van toen legden de basis voor de toekomstige ontwikkeling van de Kroatische kunst, cultuur en literatuur.

Aan het eind van de lente, wanneer de Jadranska magistralakustweg nog niet verstopt raakt door het zomerverkeer, is dit een van de mooiste delen van Europa. Van Karlobag gaat de weg langs de uitlopers van de Velebitbergketen en het Dalmatische en het Biokovoplateau. In de zee ligt het halvemaanvormige eiland Pag, verderop liggen de eilanden bij Zadar en die bij Split, en ten slotte is er het lieflijke eiland Mljet in een azuurblauwe zee. Landinwaarts liggen heuvels bedekt met wijngaarden en maquis, overheerst door de heldergele bloemen van de brem.

Beschut strand op het eiland Mljet

◄ Muren van de Oude Stad van Dubrovnik – de 'parel van de Adriatische kust'

Dalmatië verkennen

In het noorden liggen Zadar met zijn buitengewone monumenten en de eilanden van de Zadararchipel, waarvan het zuidelijke deel is uitgeroepen tot het Nationaal Park Kornati. De weg gaat naar Šibenik, met zijn perfect bewaarde oude stadscentrum en prachtige kathedraal, en verder naar Trogir, een architectonisch juweeltje. De ruïnes van de Romeinse stad Salona liggen vlak buiten Split, dat zich ontwikkelde vanuit het paleis van keizer Diocletianus. De kustweg buigt naar het binnenland om de delta van de Neretva te overbruggen en bereikt dan Ston, vanwaar u naar het schiereiland Pelješac kunt. Ten slotte ligt op een rotspunt Dubrovnik, voorheen Ragusa, nu een plaats op de Werelderfgoedlijst van Unesco.

Klokkentoren van de kathedraal in Zadar

Vervoer

De comfortabelste manier van reizen in Dalmatië is per auto, zodat u kunt stoppen wanneer u maar wilt. Het verkeer is altijd drukker gedurende de zomermaanden. De steden en dorpen hebben geen directe verbindingen per trein, maar er rijden regelmatig bussen tussen praktisch alle steden. De belangrijkste kustplaatsen en de grootste eilanden worden verbonden door regelmatige veerdiensten *(blz. 278–279)*. U kunt een jacht huren voor een tocht langs de kust *(blz. 258)*.

Voor hotels en restaurants in deze streek zie blz. 228–230 en blz. 240–245

De indrukwekkende 15de-eeuwse Minčetatoren in Dubrovnik

Oriëntatiekaart

Bezienswaardigheden

1. *Zadar blz. 94–97*
2. *Zadararchipel blz. 98–99*
3. *Nationaal Park Kornati blz. 100–101*
4. Nin
5. Nationaal Park Paklenica
6. *Pag blz. 104–105*
7. *Nationaal Park Krka blz. 106–107*
8. *Šibenik blz. 108–111*
9. Drniš
10. Knin
11. Sinj
12. Klis
13. Primošten
14. Marina
15. *Trogir blz. 114–117*
16. *Salona blz. 118–119*
17. *Split blz. 120–125*
18. Šolta
19. Brač
20. *Vis blz. 128–129*
21. *Hvar blz. 130–133*
22. Omiš
23. Makarska
24. Gradac
25. Opuzen
26. Narona
27. Neum
28. Schiereiland Pelješac
29. *Korčula blz. 138–140*
30. Badija
31. Lastovo
32. *Nationaal Park Mljet blz. 142–143*
33. *Dubrovnik blz. 146–153*
34. Elafieteneilanden
35. Cavtat
36. Konavle

Rotseilandjes voor de kust van Velebit

Verklaring van de symbolen *zie achterflap*

❶ Zadar

Oorspronkelijk werd het smalle schiereiland bewoond door Illyriërs, maar de huidige plattegrond, met zijn rechte straten en het forum, stamt uit de Romeinse tijd. Zadar werd een belangrijk *municipium* en een handelshaven voor hout en wijn. In de middeleeuwen was de stad de voornaamste basis van de Byzantijnse vloot. In de 12de en 13de eeuw streden Venetië en Hongarije om de stad, maar in 1409 verkocht koning Ladislaus van Hongarije zijn Dalmatische eilanden en steden aan Venetië voor 100.000 dukaten. Zadar werd Zara en kwam tot bloei; kerken en paleizen werden gebouwd. Na de Eerste Wereldoorlog kwam Zadar met het verdrag van Rapallo bij Italië, maar veel Italianen verdwenen na de vorming van Joegoslavië in 1947. Tijdens de Tweede Wereldoorlog leed Zadar veel bomschade.

De middeleeuwse toren Babljа Kula, een deel van de oude wal

Landpoort en muren
Kopnena vrata

De poort is in 1543 gebouwd als toegang tot de stad door de bekende Veronese architect Michele Sanmicheli. De poort heeft een grote centrale opening en twee kleinere doorgangen aan de zijkanten, verdeeld door vier witte stenen pijlers die vier halfzuilen dragen. Boven de hoofdingang bevindt zich een reliëf van de Heilige Chrysogonus op een paard en de leeuw van San Marco, symbool van de macht van Venetië. Achter de poort liggen wat overblijfselen van de oude muren, het voormalige Venetiaanse arsenaal en het Vrijheidsplein (Zoranićev trg of Trg Petra Zoranića) met een Romeinse zuil in het midden. Aan één kant van het plein staat de middeleeuwse toren Babljа kula, met vijf fonteinen (Trg pet bunara), die de stad ooit van water voorzagen.

Simeonkerk
Sv. Šime

Trg Petra Zoranića 7.
Tel. 023-211705.
Open ma–za 8.30–12.00 uur.

Deze oorspronkelijk romaanse kerk is herbouwd na 1632 om de resten van St.-Simeon te kunnen bewaren. De zilveren schrijn, een werk van bijna 2 m lang dat, tussen 1377 en 1380 gemaakt door Francesco da Milano, toont reliëfs met scènes uit het leven van de heilige.

Museum van Antiek Glas
Muzej antičkog stakla

Poljana Zemaljskog odbora 1.
Tel. 023-363831. **Open** zomer: dag. 9.00–21.00 uur; winter: ma–vr 9.00–16.00 uur. **mas-zadar.hr**

In dit museum in het gerestaureerde Cosmacendipaleis vindt u een uitgebreide collectie glasobjecten uit het antieke Rome die werden gevonden bij opgravingen in Zadar en omgeving.

Plein van het Volk
Narodni trg

Aan dit plein staan het stadhuis uit 1934, en de stadsloggia (Gradska loža) van Michele Sanmicheli uit 1565, ooit zetel van het gerechtshof, nu in gebruik als tentoonstellingsruimte. In het 16de-eeuwse gebouw van de stadswacht, met een klokkentoren uit 1798, is nu het Etnografisch Museum gevestigd, met collecties kostuums en voorwerpen uit het hele land.

Romeinse boog die de Zeepoort vormt

Zeepoort
Vrata sv. Krševana

Deze poort is het resultaat van de reconstructie, door Michele Sanmicheli in 1573, van een Romeinse boog, gewijd aan de familie Sergi. Aan de zeekant ziet u de leeuw van San Marco en een steen ter herdenking van de Slag bij Lepanto (1571). Aan de stadskant is een steen aangebracht ter ere van het bezoek van paus Alexander III in 1177.

Chrysogonuskerk
Sv. Krševan

Poljana pape Aleksandra III.
Gesloten wegens restauratie.

Voor het jaar 1000 werden een benedictijnenkerk en -klooster gebouwd op de plaats van de Romeinse markt. Terwijl de herbouwde kerk uit 1175 een reeks veranderingen heeft overleefd, is het klooster in de Tweede Wereldoorlog verloren gegaan. Op het toppunt van zijn glorie beschikte het klooster over een bibliotheek en een *scriptorium*, beroemd om zijn geïllustreerde handschriften.

Chrysogonuskerk

Voor hotels en restaurants in deze streek zie blz. 228–230 en blz. 240–245

De kerk met drie beuken, gescheiden door zuilen (overgenomen uit een vorig gebouw), is romaans, behalve het barokke altaar met beelden van de vier beschermheiligen van Zadar: Chrysogonus, Zoilus, Simeon en Anastasia. De apsis is het best bewaarde deel, met fresco's uit de 13de eeuw en een romaans kruisbeeld op het altaar.

Archeologisch Museum
Arheološki muzej

Trg opatice Čike 1. **Tel.** 023-250516. **Open** jan.–maart: ma–za 9.00–14.00 uur; april, mei en okt.: ma–za 9.00–15.00 uur; juni–sept.: dag. 9.00–21.00 uur; nov. en dec.: ma–za 9.00–14.00 uur. op afspraak.

De fascinerende collectie van het Archeologisch Museum bij het Romeinse forum loopt van de prehistorie tot de moderne tijd en omvat vondsten die zowel op land als in zee zijn gedaan uit het gebied rond Zadar en de archipel. Vooral het glaswerk uit de Romeinse tijd en de vroegchristelijke en middeleeuwse liturgische voorwerpen zijn interessant.

De renaissancegevel van de Mariakerk

Mariakerk en Museum voor Religieuze Kunst
Sv. Marija i Zlato i srebro Zadra

Trg opatice Čike 1. **Tel.** 023-250496. **Open** zomer: ma–za 10.00–13.00, 18.00–20.00, zo 10.00–14.00 uur; winter ma–za 10.00–12.30, 17.00–18.30 uur.

Sculptuur, Museum voor Religieuze Kunst

Aan het plein Poljana pape Ivana Pavla II staan een romaanse klokkentoren, gebouwd voor koning Koloman in 1105, en de Mariakerk. Deze kerk uit 1066 heeft diverse veranderingen ondergaan en bezit nu een gevel uit de renaissance. Binnen ziet u drie beuken en een vrouwengalerij; het stucwerk dateert van 1744. Het vroegere klooster ernaast is een museum voor religieuze kunst: op de begane grond ziet u vergulde stukken en boven beelden en schilderijen, onder andere een fraaie veelluik van de Italiaan Vittore Carpaccio (1487).

TIPS VOOR DE TOERIST

Praktische informatie

Kaart C4. 92.000. Stad: Ilije Smiljanića 5, 023-212222; Mihe Klaića 1, 023-316166; Regionaal: Sv. Leopolda Mandić 1, 023-315316. Muziekavonden in de Donatuskerk (juli en aug.); zomertheater.

visitzadar.net

Vervoer

Zemunik 8 km, 023-313311.
023-205800.
A Starčevića 6, 060-305305.
Jadrolinija: 023-254800.

Centrum van Zadar

1. Landpoort en muren
2. Simeonkerk
3. Museum van Antiek Glas
4. Plein van het Volk
5. Zeepoort
6. Chrysogonuskerk
7. Archeologisch Museum
8. Mariakerk en Museum voor Religieuze Kunst
9. Forum
10. *Donatuskerk blz. 97*
11. Anastasiakathedraal
12. Zeeorgel en Het Groeten van de Zon

Forum

Het plein van de Romeinse stad Jadera is gebouwd tussen de 1ste eeuw v.C. en de 3de eeuw n.C. Het forum, 90 m lang en 45 m breed, werd aan drie zijden begrensd door marmeren zuilen. Aan het huidige plein, Poljana pape Ivana Pavla II, liggen nog de fundamenten van openbare gebouwen, waaronder een ontmoetingsruimte, delen van het oorspronkelijk plaveisel, diverse *tabernae* (rechthoekige handelsplaatsen) en een monumentale pilaar, die in de middeleeuwen dienstdeed als 'schandpaal'.

De romaanse gevel van de Anastasiakathedraal

Anastasiakathedraal

Katedrala sv. Stošije

Forum. **Tel.** 023-251708. **Open** dag. 8.00–12.00, 17.00–19.00 uur.

Deze schitterende kathedraal op het oude forum werd in de 9de eeuw gesticht door de Byzantijnen en is in de 12de–13de eeuw herbouwd in romaanse stijl. Het grondplan is rechthoekig met een grote halfronde apsis. De harmonieuze gevel met drie deuren, voltooid in 1324, wordt horizontaal in tweeën gedeeld. De bovenste helft wordt gekenmerkt door bogen en zuilen en twee schitterende roosvensters. Het grote venster is romaans, het andere gotisch.

De drie beuken binnen worden gescheiden door twee rijen zuilen en pilaren die de hoge arcaden dragen. Aan de kant van het verhoogde priesterkoor ziet u bewerkte houten koorbanken, het werk van de Venetiaan Matteo Moronzoni (begin 15de eeuw). Het ciborium met vier Korinthische zuilen is gedecoreerd met verschillende motieven (1332). Eronder bevindt zich een kleine sarcofaag met de resten van St.-Anastasia uit de 9de eeuw. De altaren zijn overwegend barok; een ervan is mooi beschilderd door Palma il Giovane. In de rechterbeuk bevindt

Het rechter altaar in de Anastasiakathedraal

zich een indrukwekkend altaar voor het Heilig Sacrament; vlak daarachter ligt de zeshoekige doopkapel.

Zeeorgel en Het groeten van de zon

Architect Nikola Basic ontwierp het zeeorgel aan de kade. Onder de brede witte marmeren trappen die de zee in lopen, produceert een stelsel van pijpen op natuurlijke wijze akkoorden doordat de golven lucht door de pijpen drukken. Naast het orgel bouwde Basic *Het groeten van de zon*, bestaande uit 300 glasplaten die interessante lichteffecten produceren.

Plattegrond van de Anastasiakathedraal

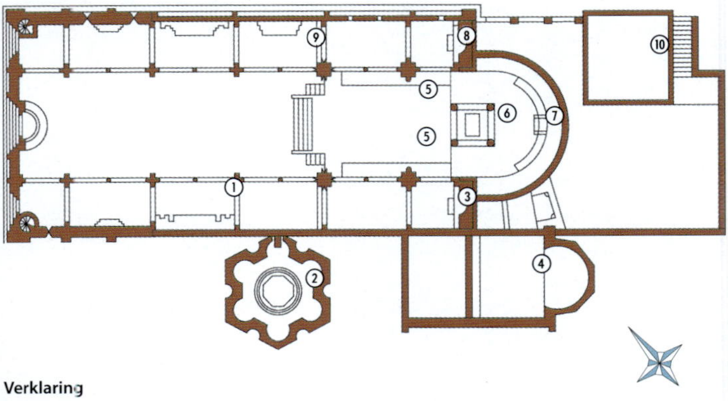

Verklaring

① Altaar van het Heilig Sacrament
② Doopkapel
③ Romeinse pilaster
④ Sacristie
⑤ Koorbanken
⑥ Hoofdaltaar en ciborium
⑦ Zetel van de bisschop
⑧ Kapel van St.-Anastasia
⑨ Zielen in het Vagevuuraltaar
⑩ Klokkentoren

0 meter 15

Voor hotels en restaurants in deze streek zie blz. 228–230 en blz. 240–245

Zadar: Donatuskerk

Sv. Donat

De Kerk van de Heilige Drie-eenheid, later genoemd naar zijn stichter bisschop Donatus, is een van de mooiste voorbeelden van Byzantijnse bouwkunst in Dalmatië. Hij is in het begin van de 9de eeuw gebouwd op het plaveisel van het Romeinse forum. Het grondplan is rond, met drie ronde apsissen. Binnen is een vrouwengalerij die helemaal om de kerk loopt en zo een eerste verdieping creëert. Het gebouw is niet meer als kerk in gebruik sinds 1797, maar vanwege de goede akoestiek worden er regelmatig concerten gegeven.

TIPS VOOR DE TOERIST

Praktische informatie
Forum. 023-250516. **Open** april, mei en okt.: dag. 9.00–17.00 uur; juni–sept.: dag. 9.00–21.00 uur; nov.–maart: op afspraak.

Buitenkant
De kerk is opgetrokken uit honingkleurig Dalmatisch steen, voor een groot deel afkomstig van het Romeinse forum.

Koepel
De cilindrische, kegelvormige koepel in het midden van de kerk is 27 m hoog.

De drie apsissen hebben elk blinde bogen. Ooit stond het altaar in de centrale apsis.

De vrouwengalerij
De kerk kent een *matroneum*. Deze wordt gedragen door zes pilaren en twee Romeinse zuilen. Het *matroneum* begrenst het ronde schip en verdeelt het bouwwerk in twee aparte verdiepingen.

De muren zijn volkomen kaal. Waarschijnlijk zijn de originele versieringen, fresco's of mozaïeken, verloren gegaan.

Romeinse resten
Stenen van het forum werden gebruikt voor het plaveisel; ander Romeins materiaal is nog zichtbaar in muren, ingang en galerij.

❷ Zadararchipel

De Zadararchipel bestaat uit meer dan 300 eilanden, omgeven door kristalhelder water. De grotere eilanden zijn begroeid met mediterraan struikgewas en olijfbomen. De archipel bestaat uit de resten van een bergketen die ooit parallel liep aan de Velebitbergen, maar nu bijna geheel onder zee is verdwenen. Slechts een tiental eilanden is bewoond; deze kleine gemeenschappen leven van landbouw, veeteelt en visserij. Er zijn een paar hotels op de grotere eilanden dicht bij Zadar. Accommodatie bij particulieren is mogelijk op de andere eilanden. Dagelijkse veerdiensten onderhouden de verbinding tussen Zadar en de belangrijkste eilanden.

Dugi Otok is het grootste eiland van de Zadararchipel

Dugi Otok

Dit eiland is het grootste van de hele groep en beslaat 124 km². De bewoners leven verspreid over zo'n tien dorpen. In het noorden en op de vlakke gedeelten leeft men van visserij en landbouw, terwijl men zich in het zuidelijke, heuvelachtige deel bezighoudt met schapenteelt. De westelijke kust is steil en verlaten, maar de oostkust is vol stranden en baaien. Het feit dat het eiland dicht bij Zadar ligt, betekent al sinds de Romeinse tijd dat dit een geliefde plaats is voor de stadsadel om vakantievilla's te bouwen. In de renaissance werden er meer zomerverblijven gebouwd, vooral in **Sali**. Dit is het grootste stadje en de belangrijkste haven op het eiland, dat onder meer een aantal huizen in de flamboyant-gotische stijl telt. In de Mariakerk uit de renaissance hangt een aantal schilderijen van Juraj Čulinović uit die tijd. Het vissersdorpje Božava op de noordelijkste punt van het eiland is tevens een populaire jachthaven. De kleine Nicolaaskerk stamt uit de 10de eeuw. Het beeldhouwwerk binnen in de kerk stelt Arabische heiligen voor. De lange baai van Telašćica meer naar het zuiden is een natuurlijke haven en werd ooit gebruikt door de Venetiaanse vloot. De ene kant eindigt in loodrechte rotsen, de andere in dichte naaldbossen. Na een verwoestende brand in 1995 werd dit gebied opnieuw beplant. Het zuidelijke deel van het eiland is uitgeroepen tot Nationaal Park Telašćica *(blz. 100)*.

Ugljan

Dit weelderige, groene eiland is 22 km lang en heeft een oppervlakte van 50 km². Er wonen 7600 mensen in de dorpjes langs de oostkant van het eiland. In het grootste dorp, Ugljan, ligt het franciscanenklooster van de Heilige Hiëronymus uit de 15de eeuw. Het kloostergebouw is heel bekoorlijk en de bibliotheek bevat diverse manuscripten in glagolitisch schrift.

Preko is recenter gebouwd. Veel rijkere inwoners van Zadar bezitten hier villa's. Ook bevinden zich hier hotels en campings, en zijn er kamers bij particulieren. Op een heuvel boven het dorp prijkt de grote Venetiaanse Michaëlvesting op een hoogte van 265 m. Een brug verbindt het eiland met Pašman.

Zicht vanaf de Michaëlvesting, Preko

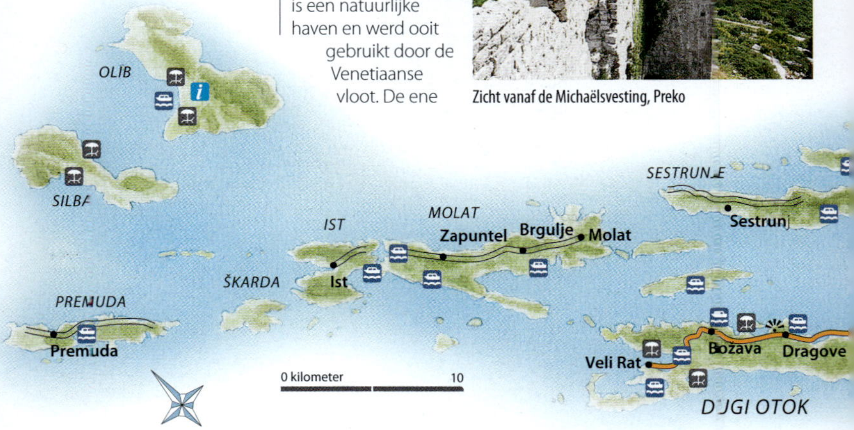

Het klooster van Cosmas en Damianus in Pašman

Pašman
Op dit ruige, onbedorven eiland wonen maar 3500 mensen. Zij leven in dorpen aan de kust tegenover het vasteland. Er komen hier minder toeristen dan op Ugljan. In het westen liggen wijngaarden, terwijl in het oosten een dichte maquis de bodem bedekt tot aan de kust, waar ook een paar kiezelstranden zijn. Ten zuiden van het vissersdorp **Pašman**, het centrum van het eiland, ligt **Tkon**, aanlegpunt voor veerboten. Op de Čokovacberg ten noorden van Tkon, ligt het benedictijner **klooster van Cosmas en Damianus** (Sv. Kuzma i Damjan). Het stamt uit 1125 en werd een centrum van de glagolitische cultuur, waardoor de goedvoorziene bibliotheek veel glagolitische teksten bezit. In de 15de eeuw werden kerk en klooster bij overname door franciscanen herbouwd in gotische stijl. De kerk bevat een aantal mooie beelden, waaronder een beschilderd kruisbeeld.

Premuda
Op dit eiland van 9 km² wonen nog geen 100 mensen, allemaal in het dorpje Premuda. Het is het meest geïsoleerde eiland van de archipel. Er zijn geen hotels, maar toeristen kunnen kamers huren bij mensen thuis.
In Italië staat dit eiland bekend vanwege de zeeslag tussen Italië en Oostenrijk in de Eerste Wereldoorlog op 10 juni 1918. Het eiland heeft prachtige stranden en dichte naaldbossen, en aangezien er geen particuliere auto's rijden, is het er heel vredig. Een paar keer per week is er een verbinding met Zadar.

Molat
In de drie dorpen op Molat wonen een paar honderd mensen, die leven van landbouw en visserij. Er zijn twee havens, Zapuntel, de grootste veerhaven, en Brgulje, die wordt gebruikt als de andere niet toegankelijk is. Eeuwenlang hoorde dit eiland bij Venetië, dat een samenwerkingsverband tussen monniken en lokale bevolking stimuleerde om opnieuw bossen aan te planten, die verloren waren gegaan door overmatige exploitatie. Er is een intensief programma voor herbebossing opgezet. De Andreaskerk is het enige bouwwerk wat is overgebleven van het oude klooster. Er zijn geen hotels op het eiland, maar u kunt goed onderdak vinden bij particulieren in Molat, Zapuntel en Brgulje. De lage, grillige kust kent vele inhammen.

TIPS VOOR DE TOERIST

Praktische informatie
Kaart B–C4. Zadar: Sv. Leopolda Mandića 1, 023-315316. Dugi Otok: Obala P. Lorinija bb, Sali, 023-377094. Ugljan: Šimuna Kožičića Benje 17, Ugljan, 023-288011. **ugljan.hr** **zadar.hr** **dugiotok.hr**

Vervoer
kantoor havenmeester: 023-254888; Jadrolinija: 023-254800.

Olib
Er wonen ongeveer 700 mensen in het dorpje Olib. Onder de huizen zijn er enkele uit de 16de eeuw en er staat ook een oude toren. De Anastasiakerk dateert van dezelfde periode en was ooit onderdeel van een klooster. In de pastorie bevinden zich manuscripten en boeken in glagolitisch schrift, en bouwresten bevestigen dat hier al een gemeenschap was gevestigd in de Romeinse tijd. De zee is heerlijk en de rotskust wordt afgewisseld met baaien en zandstranden. U kunt een kamer huren bij particulieren.

Resten van het vredige dorp Olib

Verklaring van de symbolen *zie achterflap*

❸ Nationaal Park Kornati

Nacionalni park Kornati

In 1980 werd een deel van de Zadararchipel uitgeroepen tot nationaal park. De naam Kornati komt van de naam van het belangrijkste eiland, Kornat. Het park is bedoeld om de wateren te beschermen en het zeeleven een kans te geven. Het park is 36 km lang en 6 km breed en omvat 89 eilanden van wit steen. Hoewel de eilanden niet permanent worden bewoond en er weinig begroeiing is, zijn er een rijke flora en fauna en groeien er in het park zo'n 19.000 olijfbomen. De eilanden worden omgeven door helderblauwe zee, terwijl de grillige kust vol verborgen baaien en onderwatergrotten zit.

Een van de weinige huizen op de Kornati-eilanden

Nationaal Park Kornati verkennen

De Kornati-eilanden vormden 20.000 jaar geleden de toppen van een bergketen. In de tijd dat deze regio deel uitmaakte van het Romeinse Rijk waren de grootste eilanden populaire vakantieoorden voor de welvarende inwoners van Zadar. Prachtige Romeinse villa's met mozaïekvloeren, visvijvers en baden werden aangelegd. Tijdens de lange periode van Venetiaanse overheersing werden de eilanden, toen nog rijkelijk begroeid, gebruikt als basis voor de Venetiaanse vloot. Tegenwoordig behoren de Kornati-eilanden toe aan de inwoners van Murter op het vasteland, die ze eind 19de eeuw hebben gekocht om er schapen en geiten te laten grazen. De eilanden zijn kaal en droog, en hebben een steile rotskust, een stenige bodem en holtes in de grond die bij een karstgebied (kalksteen) horen. De schapen hebben de flora op de eilanden geen goed gedaan. De begroeiing is zelfs geheel verdwenen nadat de herders uit Murter de bomen hadden omgehakt en het struikgewas verbrand om plaats te maken voor gras voor het vee, dat hier vrijelijk mocht grazen van lente tot herfst. Stapelmuurtjes tussen de stukken land vormden omheiningen voor de dieren. Op een paar eilanden staan kleine boerderijen. Deze hebben alle een stal met een open stookplaats. Bij vele is ook een kleine steiger.

De Kornati-eilanden zijn geliefd bij duikers en zeilers. Het zeeleven is gevarieerd, met ongeveer 350 planten- en 300 diersoorten. Om deze diversiteit te bewaren is vissen verboden in het hele nationale park.

Behalve tientallen kleine rotsen omvat het park Kornat, Levrnaka, Piškera, Lavsa, Kasela en Mana. Ten westen van Levrnaka ligt het eiland Mala Proversa, dat met het zuidelijke deel van Dugi Otok *(blz. 98)* een beschermd gebied vormt, **Natuurpark Telašćica**.

De beste manier om het park te bekijken is per zeilboot. Vanuit Murter, Zadar, Biograd, Vodice, Primošten en Rogoznica worden dagtochten georganiseerd.

De Kornati-eilanden

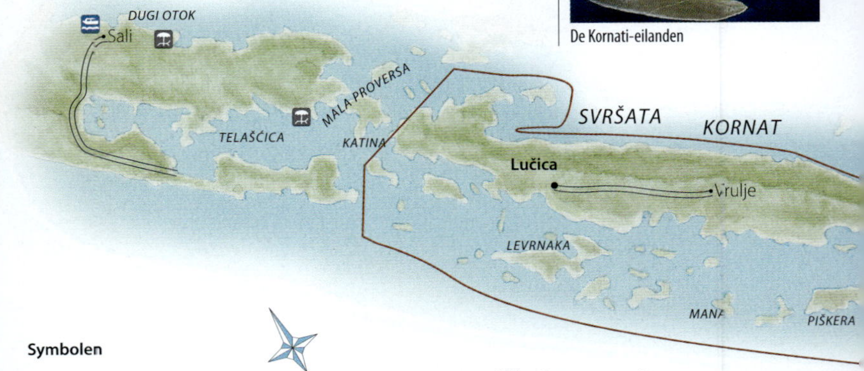

Symbolen

═ Onverharde weg

— Parkgrens

0 kilometer 10

Voor hotels en restaurants in deze streek zie blz. 228–230 en blz. 240–245

Olijfbomen op de hellingen van de Stativalbaai op het eiland Kornat

Kornat
Dit is het grootste eiland van het park. Er is een kleine middeleeuwse kerk, gewijd aan Maria. Er staat hier ook een uitkijktoren met de Venetiaanse naam Toreta, daterend uit de 6de eeuw en een typisch voorbeeld van Byzantijnse militaire bouwkunst. Bij het oude dorpje Vrulje, het belangrijkste dorp van de eilandengroep, ligt **Vela Ploča**, een spectaculaire kalkrots die 40 graden overhangt boven de zee, en 200 m lang en 150 m hoog is.

Levrnaka
Het eiland Levrnaka is een van de grootste en hoogste eilanden van het Nationaal Park Kornati, met twee bergen: Veli Vrh en Svirac, die met respectievelijk 117 m en 94 m een schitterend uitzicht bieden over de hele Kornati-archipel. Op Levrnaka ligt ook Lojena, het enige zandstrand in het Kornatipark, gelegen in een prachtige afgelegen baai.

Lavsa
Dit eiland met zijn mooie baaien en inhammen is een geliefde bestemming voor toeristen. Behalve de resten van een deels verzonken muur is er niets over van de oude Romeinse zoutmijn.

Piškera
Ook op Piškera zijn er sporen uit de Romeinse tijd bewaard gebleven. Vroeger lag hier een dorpje met zo'n 50 huizen, een opslagplaats voor vis en een toren voor de belastingontvanger. De huizen en de toren zijn nu veranderd in ruïnes, maar de kerk uit 1560 staat nog overeind.

Svršata
Over het kleine eiland Svršata lopen twee muren naar zee, verdwijnen daar onder water en komen samen met nog een andere muur. Men denkt dat de Romeinen deze vierkante constructie gebruikten om de vis vers te bewaren.

Mana
Het eiland Mana is beroemd om zijn halfronde kliffen. Druppels van de golven die op de kliffen uiteenspatten komen wel 40 m hoog. Boven op de rotsen ligt de ruïne van een vissersdorp in Griekse stijl, gebouwd voor de film *The raging sea* in 1961.

Een typerend eiland voor het park: wit steen en helemaal kaal

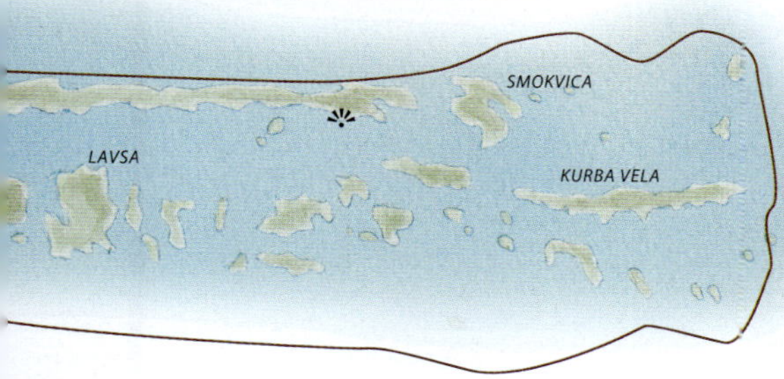

TIPS VOOR DE TOERIST

Praktische informatie
Kaart C4.
i 022-435740.
np-kornati.hr

Vervoer
van Biograd, Murter, Primošten, Rogoznica, Vodice, Zadar. (Alleen georganiseerde tochten.)

De Kornati-eilanden per boot

De Kornatiarchipel is een paradijs voor zeilers. Op de schitterende eilanden hoort u vaak slechts het geluid van de zee en de wind. Er is hier maar één kleine haven, Piškera, open van Pasen (maart of april) tot oktober; elektriciteit en drinkwater worden gerantsoeneerd. De schoonheid van de natuur maakt zeilen hier tot een onvergetelijke ervaring.

Nationaal Park Kornati is een paradijs voor zeilers

Verklaring van de symbolen *zie achterflap*

❹ Nin

Kaart C4. 1500. Zadar, 24 km. Zadar, 17 km. Zadar, 17 km. Trg braće Radić 3, 023-264280. **nin.hr**

De kleine romaanse Mariakerk in Ljubač bij Nin

Het oude hart van Nin ligt in een lagune en deze locatie was aantrekkelijk om een nederzetting te stichten. Een van de oudste inkomstenbronnen was de zoutwinning en tegenwoordig zorgen de zandstranden en de ondiepe, lauwwarme wateren voor de komst van veel toeristen. Op de archeologische vindplaatsen zijn voorwerpen gevonden uit de prehistorie en de Liburnische, Romeinse, vroeg-christelijke tijden. In de 9de tot de 12de eeuw bloeide Nin als bisschoppelijke en koninklijke Kroatische stad. De mooiste monumenten van Nin dateren uit die periode. Binnen de stadsmuren ligt de 9de-eeuwse **Heilig-Kruiskerk** (Sv. Križ), een mooi voorbeeld van een preromaanse kerk in typisch Kroatische stijl *(blz. 26)*. De spiritualiteit van het tijdperk komt tot uitdrukking in de harmonie en de schoonheid van de kerk. De ramen zijn zo geplaatst dat ze fungeren als kalender waarin de zonnestralen de precieze datum van de equinox en de zonnewende aangeven.

Vlakbij ligt de **Anselmuskerk** (Sv. Anselm) waar de koningen van Kroatië werden gekroond. Deze eerste kathedraal van Kroatië (9de–19de eeuw) heeft een rijke kerkschat met zilveren reliekschrijnen van de 9de tot de 15de eeuw. Bij de kerk staat een beeld door Ivan Meštrović van bisschop Gregorius van Nin, voorvechter van het glagolitisch schrift waarmee de liturgie in het Kroatisch kon worden verspreid. Men zegt dat het beeld al uw wensen vervult wanneer u over de grote teen wrijft. Binnen de stadsmuren ligt ook de 12de-eeuwse romaanse **Ambrosiuskerk** (Sv. Ambroz), met gotische aanbouw. Aan het Kraljevacplein ligt het kleine, maar interessante **Museum van Ninantiquiteiten**.

Beeld Gregorius van Nin, van Ivan Meštrović

Heilig-Kruiskerk, Anselmuskerk en Ambrosiuskerk
Open dag. (Anselmuskerk en Ambrosiuskerk alleen tijdens de mis).

Museum van Ninantiquiteiten
Trg Kraljevac 8. **Tel.** 023-264160. **Open** mei: ma–za 9.00–14.00 uur; juni–half juli, half aug.–sept.: dag. 9.00–21.00 uur; half juli–half aug.: dag. 9.00–22.00 uur; okt.–april: 9.00–14.00 op afspraak. **amzd.hr**

Omgeving

Ten zuidwesten van Nin ligt de Nicolaaskerk (Sv. Nikola) in Prahulje. Dit bouwwerk, op een Illyrische grafheuvel, heeft een koepel met een achthoekige uitkijktoren uit de 12de eeuw, toegevoegd tijdens de Turkse bezetting. De kerk heeft de vorm van een klaverblad. Vroeger bevonden zich hier inscripties en graven van leden van het hof van de prinsen Višeslav en Branimir, maar die zijn nu in het Archeologisch Museum in Zadar. De kerk is een fraai voorbeeld van primitieve Kroatische kunst.

In **Ljubač**, 13 km ten noordoosten van Nin, liggen ruïnes van de wal, centrale gebouwen en torens van het middeleeuwse Castrum Jubae, gebouwd door de tempeliers. Nadat de orde was opgeheven, verviel het gebouw. De 12de-eeuwse romaanse **Marcelakerk** met zijn drie ronde apsissen staat er echter nog. Ook de middeleeuwse Johanneskerk staat nog in het dorp.

Nicolaaskerk
Open alleen op de naamdagen van St.-Nicolaas en St.-Marcus.

De Nicolaaskerk in Prahulje, niet ver van Nin

De zoutpannen van Pag leveren al vanaf de Romeinse tijd zout op

Land van zoutpannen

De handel in zout was in de middeleeuwen erg lucratief. In het noordelijke Adriatische gebied waren er drie streken geschikt voor zoutwinning: de monding van de Dragonja, tegenwoordig de grens tussen Slovenië en Kroatië, de baai van Pag, en het laagland rond Nin. De zoutwinningsgebieden van Pag, al door de Romeinen aangelegd en ooit eigendom van Nin, werden beschermd door twee rijen heuvels en waren het grootst en het meest winstgevend. De zoutpannen, ook vandaag nog lucratief, waren aanleiding voor diverse oorlogen.

❺ Nationaal Park Paklenica

Nacionalni park Paklenica

Kaart C4. Starigrad Paklenica, 023-369202, 369155. **Open** april–okt.: dag. 6.00–20.30 uur; nov.–maart: dag. 7.00–15.00 uur. **paklenica.hr**

Het ruige landschap van het Nationaal Park Paklenica

Het Nationaal Park Paklenica, gelegen in het indrukwekkende Velebitmassief, is opgericht in 1949. De ingang ligt in Starigrad Paklenica en staat aangegeven aan de Magistralakustweg (E65). Het park heeft een oppervlakte van 95 km², en bestaat uit twee kloven, Velika Paklenica (Grote Paklenica) en Mala Paklenica (Kleine Paklenica), uitgesneden in het kalkgesteente van de bergen. De kloven zijn uitgesleten door twee rivieren; op enkele plaatsen zijn de rotswanden van de ravijnen meer dan 400 m hoog.

Diep in de rotsen van Velika Paklenica ligt een uitgebreid tunnelstelsel dat in de 20ste eeuw werd aangelegd door het Joegoslavische leger. De tunnels worden momenteel gerenoveerd omdat de beheerder van het park er een veelzijdig bezoekerscentrum van wil maken.

In de rotsen liggen ook talloze grotten, maar die zijn niet gemakkelijk toegankelijk. U kunt alleen de Manitagrot bezoeken, onder leiding van een gids.

De kale wanden van de Velika Paklenica zijn geliefd bij rotsklimmers. Hoog in de bergen nestelen majestueuze roofvogels, in een ideale omgeving om te broeden. Steenarenden, slangenarenden en vooral slechtvalken worden hier waargenomen. In de bossen leven beren, wilde zwijnen, vossen, reeën en hazen.

Een pad in het dal leidt tot diep in het park naar de rand van een rotswand met een schitterend uitzicht op de beboste Vaganski Vrhberg, de hoogste in het Velebitmassief.

De vale gier, een van de vele roofvogels in het park

De hele **Velebit**-bergketen is bijna 150 km lang. Het is een karstgebied met veel dolinen, en plateaus die worden gescheiden door diepe spleten. In 1978 heeft de Unesco Velebit uitgeroepen tot beschermd natuurgebied met als doel de ongerepte leefomgeving van 2000 plantensoorten en talloze roofvogelkolonies in stand te houden. De *kukovi* – vreemde, indrukwekkende rotsformaties die zijn uitgesleten door weer en wind – zijn ook beschermd.

Andere populaire activiteiten in het park zijn wandelen en mountainbiken. 's Zomers kan men in de berghut aan de oever van de zeearm in Velika Paklenica of in de dorpen Ramići en Parići overnachten. Vlak bij een kiezelstrand is ook een goede kampeergelegenheid. Langs de zeearm staan vijftien in onbruik geraakte, maar goed geconserveerde watermolens, die in de zomer kunnen worden bezocht.

Een van de paden naar het Nationaal Park Paklenica

❻ Pag

Het eiland Pag is 68 km lang. Twee bergketens lopen parallel aan de kust; in het zuiden omzomen rotswanden een diepe baai met veel inhammen. Al in de steentijd werd het eiland bewoond, rond 1200 v.C. leefden er Liburniërs. Toen Dalmatië in de 1ste eeuw n.C. werd veroverd door Publius Cornelius Scipio, lieten de Romeinen de stad Cissa en de versterkte haven Navalia bouwen. In de Romeinse tijd werden er ook villa's neergezet; enkele mozaïekvloeren en een aquaduct zijn nog bewaard. In de 6de eeuw vestigden zich Slaven op Pag, die zich bezighielden met schapenteelt. Na het jaar 1000 vochten Zadar en Rab om beschikking te krijgen over de zoutpannen *(blz. 102)*. Toen Cissa werd vernietigd door de inwoners van Zadar, kozen de eilandbewoners een nieuwe locatie voor een stad, Stari Pag, dat door de Venetianen werd versterkt in 1192.

Grazende schapen op Pag

De droge, kale oostkust wordt geteisterd door de borawind

Het land is hier begroeid met maquis, olijfbomen en geurige kruiden, vooral salie. Naast de productie van olijfolie en een aparte wijn met de naam Žutica, is schapenteelt een van de belangrijkste middelen van bestaan. Pag staat bekend om zijn schapenkaas *(paški sir)*, die dankzij de kruiden in de wei een speciale smaak heeft. De kazen worden ingesmeerd met olijfolie en moeten heel lang rijpen.

Pag verkennen

De oostpunt van het eiland, vlak bij Miškovići, is door een brug verbonden met de Magistralakustweg (E65). Pag is droog en kaal, slechts op enkele plaatsen groeien wijnstokken en olijfbomen. De kust tegenover het vasteland, rotsig en grillig en wit, heeft te verduren van de borawind, waardoor er nauwelijks iets groeit. De karakteristieke stapelmuurtjes moeten het land tegen de wind beschermen en bovendien schapen van verschillende eigenaren uit elkaar houden. De zuidwestkust is een beetje platter en heeft kleine stranden.

Pag-stad

De kleine hoofdstad van het eiland ligt in een beschutte baai tegenover het vasteland. In 1244 kreeg Pag stadsrechten van koning Bela IV, maar rivaliteit met Zadar leidde tot zijn verwoesting. Van de muren, het kasteel, het klooster en de Mariakerk in de oude stad resten nog slechts ruïnes. In 1419 kwam Pag onder Venetiaans bestuur. In 1443 vertrouwden de Venetiaanse heersers met steun

Verklaring van de symbolen *zie achterflap*

Kant, symbool voor de tradities van Pag

Typisch Pagkant

Pag staat bekend om zijn heldere water en zijn heerlijke schapenkaas, maar zeker ook om zijn kant. Al eeuwenlang wordt dit kant gemaakt door de geduldige handen van eilandbewoonsters, die, bij warm weer, op de stoep voor de deur bezig zijn met dit ingewikkelde werkje. Het kantwerk wordt gemaakt met een speciale steek en gebruikt om blouses, beddengoed, altaarkleden en tafellakens mee te versieren. Tientallen jaren geleden is een school opgericht om het kantwerken te onderwijzen. Voormalige kantwerksters hebben een verzameling antiek kant nagelaten, dat wordt gebruikt als voorbeeld. Er wordt ook kant verkocht en enige ruimten fungeren als museum.

TIPS VOOR DE TOERIST

Kaart C4. 8400. Pag: od špitala 2, 023-611286. Novalja: Trg Briščić 1, 053-661404. Karlobag: Trg dr. Tuđmana 2, 053-694251.
Kantexpositie (zomer); carnaval van Pag (febr. en laatste weekeinde in juli).
tzgpag.hr **tz-novalja.hr**
tz-karlobag.hr

Vervoer
Prizna-Žigljen, Pag.

De Skrivanattoren in de Oude Stad, Pag

van lokale edelen het ontwerp van een nieuwe stad toe aan de bekende bouwmeester Juraj Dalmatinac (Giorgio Orsini). Het kostte enkele tientallen jaren om het huidige Pag te bouwen. De Venetiaanse heerschappij bracht een lange periode van vrede en welvaart, versterkt door de inkomsten uit de zoutproductie. Tussen de 15de en 18de eeuw werden grote openbare gebouwen neergezet, benevens een parochiekerk, plaatselijk bekend als de kathedraal. De stad kent nog de originele opzet met twee hoofdstraten die elkaar kruisen op het grote plein; kleinere straten lopen hieraan parallel. De hoge muren met acht torens en vier poorten zijn verloren gegaan aan het eind van de 19de eeuw, maar er zijn nog wat overblijfselen (een poort en twee bastions). Het 15de-eeuwse Hertogelijk Paleis (Kneževa Palača), dat later is veranderd, en het onvoltooide Bisschoppelijk Paleis van Juraj Dalmatinac liggen aan het grote plein. Ook een monument voor Dalmatinac door Ivan Meštrović en de **Maria-Hemelvaartkerk** (1443–1448) staan op dit plein. De kerk heeft romaanse en gotische kenmerken en drie beuken, gescheiden door witte stenen zuilen met bewerkte kapitelen. In de gevel zit een roosvenster, boven de deur is een lunet aangebracht. Verschillende kunstschatten zijn bewaard, waaronder een 12de-eeuws houten kruisbeeld, een *Maria met Rozenkrans* van Giovanni Battista Pittoni, een orgel en liturgische voorwerpen.

Novalja
Novalja ligt bij het begin van het smalle schiereiland Lun en is de tweede stad van het eiland. De mensen leven hier volledig van het toerisme, dankzij het strand. In het centrum zijn de resten van een vroegchristelijke basiliek en een preromaanse kerk uit de 9de–10de eeuw te zien. Een veerdienst verbindt het eiland met het vasteland.

Omgeving
Boottochten naar Pag zijn er vanuit **Karlobag** op het vasteland. Karlobag ligt in een fraaie baai. De naam heeft te maken met een fort dat de aartshertog van Oostenrijk, Karel van Habsburg, hier in 1579 liet optrekken op de resten van een dorp dat door de Turken was verwoest. Nadat de Turkse dreiging was verdwenen verloor het fort aan belang en werd het verlaten. De mooie stenen werden gered en gebruikt om huizen in het dorp van te bouwen. Een deel van de oude muren is nog zichtbaar, evenals een klooster, dat een beroemde bibliotheek en een kerk bezit.

Het ruige maar boeiende landschap van Pag

Voor hotels en restaurants in deze streek zie blz. 228–230 en blz. 240–245

❼ Nationaal Park Krka

Nacionalni park Krka

Het park is 109 km² groot en werd in 1985 opgericht ter bescherming van de midden- en benedenloop van de rivier de Krka, die uitmondt in de baai van Šibenik. De bron van de rivier ligt bij Knin. De Krka begint zijn tocht van 75 km in een ravijn in het kalksteenplateau achter Šibenik. Het water stroomt naar de spectaculaire watervallen van Roški slap en Skradinski buk en vormt dan een serie meren en stroomversnellingen, te midden van veel groen. De vogelstand in het park is zeer gevarieerd.

Visovacklooster
In het midden van het Visovacmeer ligt een klooster, in 1445 gesticht door franciscanen. In 1576 werden de gelederen versterkt met franciscanen uit Bosnië, die boeken, verluchte handschriften en gewijde kleding meebrachten.

Skradin
Ooit was Skradin een nederzetting van Illyrische en Liburnische stammen, later een Romeinse stad, en vanaf de 6de eeuw een bisschopszetel. Hier ligt een van de hoofdingangen naar het park; er varen boten stroomopwaarts naar de watervallen.

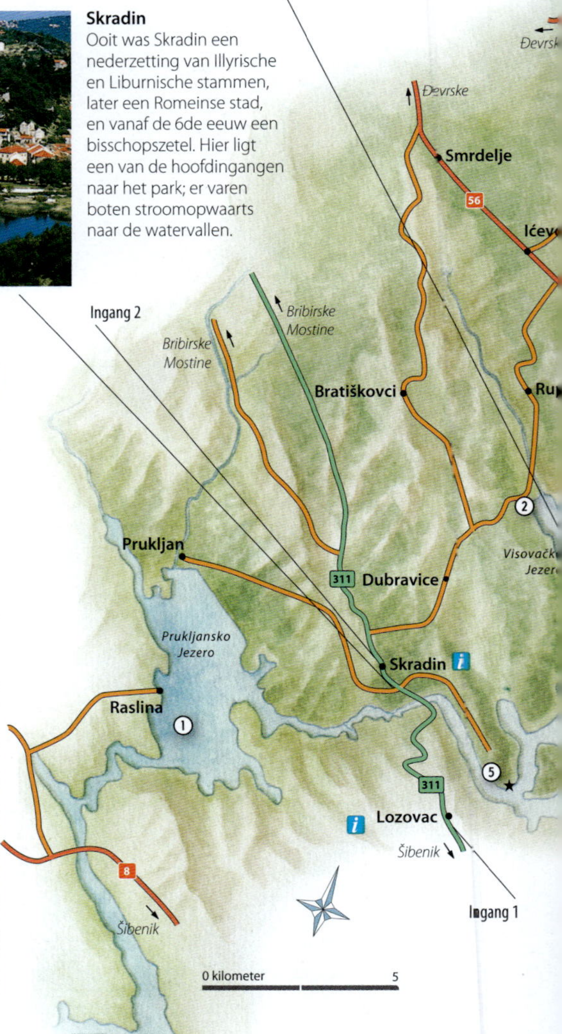

UITGELICHT

① **Het lagere bassin** wordt in de zomer een meer van smaragdgroen water en vormt een heerlijke plek om lekker te zonnen en te picknicken.

② **Rond het meer** treft u hele families zilverreigers en kwakken aan op de takken van de wilgen of verscholen in het riet. Zo'n 200 verschillende vogelsoorten zijn hier waargenomen.

③ **Krkaklooster**, voor het eerst vermeld in 1402.

④ **Het Visovacmeer** ligt midden in het park. Na de watervallen stroomt de rivier door een smal dal, daarna wordt hij breder en ontstaat het meer. Enkele delen van de oever zijn steil, andere heuvelachtig en begroeid met eiken.

⑤ **Skradinski buk** is een indrukwekkende waterval; van een hoogte van 45 m stort het water zich in 17 fasen over een afstand van 800 m omlaag. Er lopen enkele wandelpaden vlak langs de watervallen, die tot de spectaculairste natuurlijke decors van Kroatië behoren.

Voor hotels en restaurants in deze streek zie blz. 228–230 en blz. 240–245

Roški slap
De rivier wordt hier in het bos breder en dieper voordat hij zich uiteindelijk naar beneden stort en meer dan 25 m hoge watervallen vormt.

TIPS VOOR DE TOERIST

Praktische informatie
Kaart C–D4. Park: Trg Ivana Pavla II br 5, Šibenik, 022-201777.
Open zomer: 8.00–19.00 uur; winter: 9.00–16.00 (april, mei, okt., nov.: 8.00–18.00) uur. Auto's en bussen zijn 's winters niet toegestaan in het park. Visovacklooster: kan worden bezocht met een boottocht vanuit Skradinski buk. **np-krka.hr**

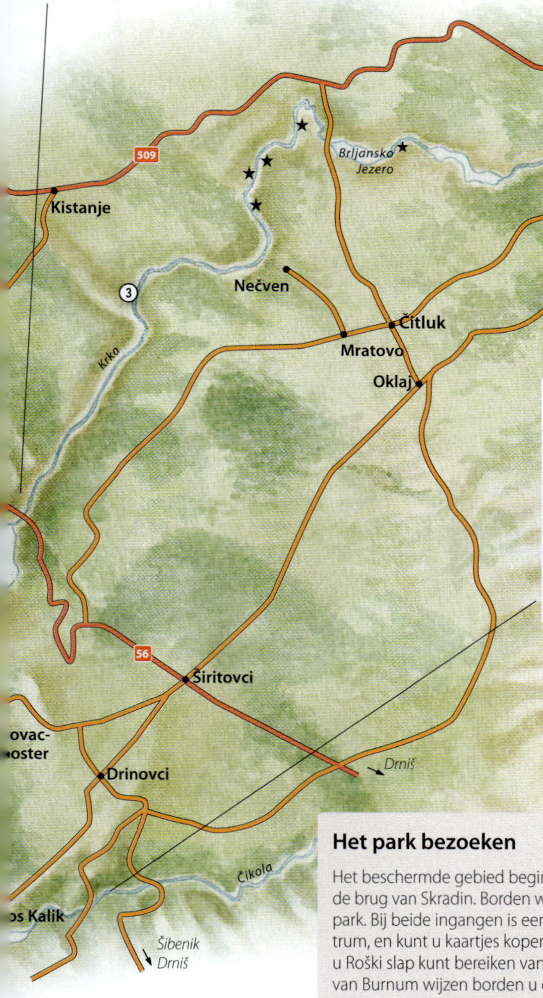

Symbolen
- Hoofdweg
- Secundaire weg
- Toeristische route
- Watervall

Čikolarivier
Na het Visovacmeer voegt de Čikola zich bij de Krka. Van hieruit stroomt de rivier naar de Skradinski buk en daarna naar de zee.

Het park bezoeken

Het beschermde gebied begint in het Knindal en loopt door tot aan de brug van Skradin. Borden wijzen de weg naar de ingangen van het park. Bij beide ingangen is een parkeerterrein en een informatiecentrum, en kunt u kaartjes kopen. Auto's kunnen erin bij Lozovac, terwijl u Roški slap kunt bereiken vanuit Miljevci en Skradin. Ongeveer 15 km van Burnum wijzen borden u de weg naar de ingang van het gebied rond Roški slap. Vanuit Skradin kunt u een boot nemen naar de Skradinski bukwatervallen, maar ook een kleine cruise maken naar die van Roški slap, over het Visovacmeer, met een bezoek aan het klooster op het eiland.

Zicht op Park Krka

Verklaring van de symbolen *zie achterflap*

❽ Šibenik

Deze pittoreske stad met steile straatjes en overwelfde doorgangen aan de monding van de rivier Krka wordt voor het eerst genoemd in 1066, toen koning Petar Krešimir IV de stad als Castrum Sebenici, driehoekige vesting, beschreef. In de 12de eeuw kwam de stad onder Hongaars-Kroatische heerschappij. Tussen 1412 en 1797 waren de Venetianen aan de macht en kreeg het oude centrum grootse gebouwen, drie grote forten en ook nog bolwerken op het Nicolaaseiland. Het was een welvarende tijd en Šibenik werd een van de levendigste culturele centra van het Kroatië uit de renaissance. Na Venetië was Frankrijk korte tijd de baas, totdat Oostenrijk tot 1917 de macht kreeg. De oorlog in de jaren 1990 leidde tot industriële neergang en werkeloosheid; vandaag is de situatie sterk verbeterd.

De Jacobuskathedraal

Franciscuskerk

Sv. Frane

Trg Nikole Tomaszea 1. **Tel.** 022-201480. **Open** dag. 7.30–19.30 uur.

Aan de levendige kade, de zuidelijke rand van de oude stad, stonden vroeger het klooster en de kerk van St.-Franciscus, gesticht in 1229 en verwoest tijdens een overval in 1321. Enkele kapitelen, een paar standbeelden en delen van de bogen van de kloostergang zijn nog bewaard gebleven. In het midden van de 15de eeuw werden nieuwe kapellen toegevoegd. De gebouwen zijn in het midden van de 18de eeuw volledig herbouwd in barokke stijl. De kerk onderging een complete renovatie: het houten plafond en de vergulde gebeeldhouwde houten altaren werden vervangen, en iedere muur werd versierd met schilderijen. In de eerste kapel aan uw linkerhand bevindt zich een mooi orgel uit 1762, gemaakt door Petar Nakić. De grote kloostergang heeft nog de oorspronkelijke 14de-eeuwse structuur. In het klooster bevindt zich een bibliotheek met manuscripten en liturgisch materiaal.

Barbarakerk

Sv. Barbara

Kralja Tomislava. **Tel.** 022-214899. Museum: **Open** mei–okt.: 9.00–13.00, 17.00–19.00 uur; nov.–april: op afspraak.

De kleine Barbarakerk achter de Jacobuskathedraal dateert van het midden van de 15de eeuw. Hij bevat nog delen van eerdere bouwsels. De gevel is ongewoon door de onregelmatige openingen; op de lunet boven de hoofdingang is een beeld van St.-Nicolaas te zien van de werkplaats van Bonino van Milaan (1430). Binnen bevindt zich een altaar van een jeugdige pupil van Juraj Dalmatinac, Giovanni da Pribislao, die iets moest maken dat paste bij een ouder altaar dat nog was gered uit de vorige kerk. De kerk bezit een rijke en interessante verzameling kerkelijke kunst: schilderijen, beelden en 14de–16de-eeuwse verluchte handschriften.

Paleis van de Graaf – Stadsmuseum

Muzej grada Šibenika

Gradska vrata 3. **Tel.** 022-213880. **Open** di–za 10.00–21.00 uur.

De Venetiaanse graaf Niccolò Marcello verbond zijn naam aan dit paleis toen hij het in de 12de/13de eeuw liet bouwen. Het was de residentie van de Venetiaanse gouverneur, maar is nu een museum over de stad. Het laat-renaissancistische gebouw herbergt munten, archeologische vondsten van de steentijd tot de Romeinse tijd, grafvondsten, vroege Kroatische beelden uit de 7de–9de eeuw en een rijk archief van historische documenten over de stad en zijn grondgebied, waarvan vele uit de middeleeuwen. Op de gevel ziet u een beeld van de graaf (1609–1611).

Jacobuskathedraal

Katedrala sv. Jakova

Blz. 110–111.

Oude Loggia

Gradska loža

Trg Republike Hrvatske.

Tegenover de Leeuwenpoort van de kathedraal ligt de Oude Loggia, vroeger de zetel van het stadsbestuur, tussen 1532 en 1543, naar een ontwerp van Michele Sanmicheli. Na beschadiging in WO II is het bouwwerk gerestaureerd. Het heeft twee verdiepingen: op de begane grond een portiek met negen grote bogen, boven een loggia met een balustrade.

De Oude Loggia werd ontworpen door Michele Sanmicheli

Middeleeuwse mediterrane tuin van het Laurentiusklooster (MMG)

Srednjovjekovni samostanski mediteranski vrt sv. Lovre (SSMV)

Trg Republike Hrvatske 4. **Tel.** 022-212515. **Open** zomer: dag. 8.00–23.00 uur; winter dag. 9.00–16.00 uur.

Deze tuin wordt onderhouden door de leerlingen van de middelbare school en is een populaire plek. De MMG heeft een middeleeuws ontwerp en bevat vele soorten bloemen, kruiden en planten, waardoor er een enorme kleurenpracht ontstaat. In de gaten van de stenen muur

Middeleeuwse mediterrane tuinen van het Laurentiusklooster (MMG)

TIPS VOOR DE TOERIST

Praktische informatie
Kaart D5. 37.000. Lokaal: Ulica Fausta Vrančića 18, 022-212075; Regionaal: Fra N. Ružića bb, 022-219072.
sibenik-tourism.hr

Vervoer
Split, 97 km. 022-333699. Draga 44, 060-368368, 022-216066. Dr. F. Tuđmana 7, 022-213468.

zijn kappertjes geplant ter ere van Juraj Dalmatinac, die deze plant als eerste naar Šibenek zou hebben gebracht.

Michelevesting
Tvrđava sv. Mihovila
022-213880 (Stadsmuseum).
Deze middeleeuwse vesting is het oudste verdedigingswerk van Šibenik. Zij werd verwoest toen de bliksem insloeg bij de kruitopslag. Bij de herbouw hield men rekening met de veranderde behoeften qua verdediging en werden de torens weggelaten. De huidige vorm dateert van de 16de–17de eeuw. De fortificatie heette vroeger Annavesting.

Johannesvesting
Tvrđava sv. Ivan
Stadsmuseum, 022-212075.
De 115 m hoog gelegen vesting werd in 1649 gebouwd in de vorm van een ster nadat de stad door de Turken was aangevallen.

Baronevesting
Tvrđava Barone
022-213880.
De derde grote vesting heet Baronevesting, of Šubićevac. Ze werd snel gebouwd in 1646, met het oog op een dreigende Turkse aanval. De vesting droeg in hoge mate bij aan de overwinning op de Turken in 1647. Na een lang beleg moesten grote delen worden herbouwd. De huidige vorm dateert van het midden van de 17de eeuw. Voor de bolwerken ligt een mooie tuin.

Nicolaasvesting
Tvrđava sv. Nikola
Stadsmuseum, 022-212075.
De vesting is ontworpen door de Italiaanse bouwmeester Michele Sanmicheli en werd tussen 1540 en 1547 gebouwd op een rots met zicht op de stad. Een mooi voorbeeld van militaire architectuur, zowel om de kracht als om de schoonheid van de versieringen boven de toegangspoort, in de kijkspleten, de zalen en de gangen. De vesting is ook gebruikt als gevangenis.

Centrum van Šibenik

1. Franciscuskerk
2. Barbarakerk
3. Paleis van de Graaf – Stadsmuseum
4. *Jacobuskathedraal blz. 110–111*
5. Oude Loggia
6. Middeleeuwse mediterrane tuinen van het Laurentiusklooster (MMG)
7. Michelevesting

0 meter 200

Verklaring van de symbolen *zie achterflap*

Šibenik: Jacobuskathedraal

Katedrala sv. Jakova

Het heeft Kroatische en internationale experts jaren gekost om de kathedraal van Šibenik te restaureren na het bombardement van 1991. De oorspronkelijke bouw, door bekende Dalmatische en Italiaanse bouwmeesters, vond plaats tussen 1432 en 1555. De Venetiaan Antonio Dalle Masegne kreeg de eerste opdracht en hij bouwde het lage, gotische deel. Zijn opvolger Juraj Dalmatinac *(blz. 24)* ontwierp het hogere, renaissancistische deel, de beelden bij de deuren, de 72 gezichten op de buitenkant van de apsis, veel van de kapitelen, de tombe van Juraj Šižgorić en, samen met Andrija Aleši, de prachtige doopkapel. Na de dood van Dalmatinac in 1475 werd het werk voortgezet door Nikola Firentinac, die het schitterende priesterkoor, de koepel, de galerijen en het gewelfde dak ontwierp. De Adam en Eva bij de Leeuwenpoort zijn van Bonino van Milaan.

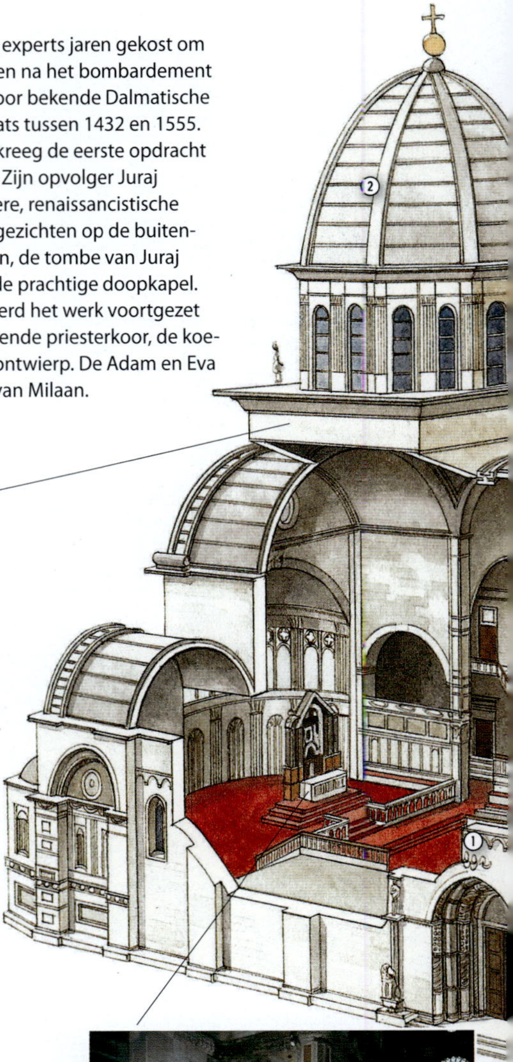

Viering
Net onder de koepel bevindt zich boven het transept een vierkante constructie: drie zijden draagt een boog een standbeeld. De stenen zijn zo bewerkt dat ze in elkaar passen zonder gebruik van metselspecie.

UITGELICHT

① **De buitenkant** is getooid met 72 gebeeldhouwde gezichten op de kroonlijst, het werk van Juraj Dalmatinac en zijn assistenten.

② **De koepel,** een unieke constructie van in elkaar grijpende platen steen, werd ernstig beschadigd in 1991.

③ **Het tonvormige dak**, net als de rest van de kathedraal gemaakt van lokale stenen, is een eerbetoon aan de kunst van het steenhouwen.

④ **De gotische hoofdingang** is verfraaid met heiligenbeelden die oprijzen in de door sierspitsen geflankeerde boog.

★ Priesterkoor
Het fijn bewerkte stenen gestoelte is gemaakt door Juraj Dalmatinac en Nikola Firentinac. De bovenste delen worden gesierd met andere stenen reliëfs.

★ Doopkapel
Aan het eind van de rechterbeuk ligt een indrukwekkende doopkapel met veel beelden en reliëfs van Juraj Dalmatinac, Nikola Firentinac en Andrija Aleši. De mooie doopvont wordt gedragen door drie putti.

TIPS VOOR DE TOERIST

Praktische informatie
Trg Republike Hrvatske 1.
Tel. 022-214418.
Open dag.
sibenik.hr/vodic-eng/sibenik/kulturno_povijesna_bastina2.asp

Gevel
Boven de symmetrische gevel bevindt zich een halfrond fronton. Het hoge centrale geveldeel bevat een groot roosvenster in het midden en een kleinere siert het fronton. De gevel wordt omlijst door twee pilasters en heeft slechts één deur.

Interieur
De drie beuken worden gescheiden door zuilen met bewerkte kapitelen die de bogen ondersteunen. Langs het hoge middenschip bevinden zich een fries en een vrouwengalerij.

❾ Drniš

Kaart D4. 3400. Šibenik, 25 km, 022-333699. Šibenik, 022-216066. Domovinskog rata 5, 022-888619. **tz-drnis.hr**

Het stadje Drniš wordt voor het eerst vermeld in documenten aan het eind van de 15de eeuw, als de locatie van een vesting om de Turkse invasie tegen te houden, op de plek waar de Čikola door het dal snijdt om naar Šibenik te stromen.
In 1526 werd de vesting overmeesterd en vergroot door de Turken, die er een van hun voorposten van maakten. Rond de vesting verrees een dorpje met een moskee en Turkse baden, maar tijdens de oorlogen tussen Venetië en het Osmaanse Rijk, van 1640 tot 1650, werd zowel de vesting als het dorpje bijna compleet vernietigd.
Tijdens de wederopbouw werd de moskee omgebouwd tot de Antoniuskerk. De minaret werd de klokkentoren van de nieuwe Rochuskerk. De stad werd bevolkt door Serviërs en werd een onderdeel van de Krajina. Langs de weg van Drniš naar Šibenik kunt u nog de ruïnes van verdedigingswerken zien liggen, met hoge muren en een toren.

Omgeving
Ongeveer 9 km ten oosten van Drniš ligt het dorp **Otavice,** de geboorteplaats van de ouders van Ivan Meštrović. De grote kunstenaar *(blz. 163)* ontwierp hier de Kerk van de Allerheiligste Verlosser voor hemzelf en zijn familie, een eenvoudige stenen kubus met een lage koepel.

Kerk van de Allerheiligste Verlosser in Otavice, bij Drniš

❿ Knin

Kaart D4. 12.000. 022-663722 Dr. Franje Tuđmana 24, 022-664822. **tz-knin.hr**

Het stadje ligt op de weg van Zagreb naar Split, en heeft een belangrijke rol gespeeld in de geschiedenis van Dalmatië. Door de strategische ligging op het plateau zijn hier al sinds de prehistorie vestingwerken. In de 10de eeuw, toen het stadje bekendstond als Ad Tenen, werd de **Kninvesting** hier op de Spasberg gebouwd. Deze werd door regerende Kroatische vorsten gebruikt, die vaak verbleven in het nabijgelegen stadje Biskupija en hier werden gekroond. Aan het begin van de 11de eeuw werd Knin een bisschopszetel en de residentie van verschillende adellijke Kroatische families. In de 16de eeuw werd Knin bezet door de Turken en in 1688 viel de stad in handen van Venetië. De Morlachs, in dienst van Venetië, onderscheidden zichzelf in de strijd om de vesting door de muren te beklimmen. Naderhand herbouwden ze haar en vestigden zij zich in de stad. In 1991 werd de vesting door het Servische leger gebruikt en werden de Kroatische inwoners verdreven. De stad werd speerpunt in de Servische opstand en de Republiek Servisch Krajina werd uitgeroepen met Knin als hoofdstad. In augustus 1995 werd het gebied teruggegeven aan de Kroaten.

Omgeving
5 km verderop ligt **Biskupija**, ooit 'veld met de vijf kerken' geheten, om de religieuze gebouwen uit de 9de–11de eeuw, bezocht door de Kroatische koningen. Koning Zvonimir werd hier vermoord door Kroatische edelen die zijn trouw aan de paus niet accepteerden. Bij het hoofdgebouw ligt een kerk van Ivan Meštrović met fresco's van Jozo Kljaković.

De imposante Kninvesting op de Spasberg

Voor hotels en restaurants in deze streek zie blz. 228–230 en blz. 240–245

⓫ Sinj

Kaart D5. 11.500. Split. Split. Put Petrovca 12, 021-826352. Madonna-van-Sinjfestival (aug.), Sinjska aka, gekostumeerd toernooi (1ste zo in aug.). **visitsinj.com**

De Romeinen vestigden op het Cetinaplateau de plaats Aequum, tegenwoordig Čitluk, op de weg naar Bosnië, maar de Avaren en de Slaven dwongen de inwoners de stad te verlaten en zich te vestigen op een nabijgelegen heuvel met de naam Castrum Zyn. Dat was na een versterking beter te verdedigen.

In de 14de eeuw arriveerde een aantal franciscanen die waren gevlucht uit Bosnië. Zij stichtten een **franciscanenklooster** (Franjevački samostan) en een kerk. De stad, inmiddels Sinj genoemd, werd ingenomen door de Turken in 1513 en bleef bezet tot 1686, toen hij werd bevrijd door Venetië. Bij de stervormige vesting **Kamičak** werd een uitkijktoren gebouwd die ruiters van Sinj in staat stelde om een verrassingsaanval uit te voeren op de Osmaanse troepen die in 1715 probeerden om de stad opnieuw in te nemen. Als dank voor hun overwinning gaven de inwoners van de stad het Mariabeeld een gouden kroon.

Deze historische gebeurtenis wordt ieder jaar herdacht op de eerste zondag van augustus met een steekspel (Sinjska alka), waarbij ervaren ruiters de strijd aanbinden om een schild te bemachtigen, symbool van de overwinning

Het **Museum van Sinsjka alka** belicht de historie van dit toernooi dat sinds het begin van de 18de eeuw wordt gehouden.

De franciscanenkerk, die diverse keren is verbouwd, is een geliefd doel van pelgrimages. Het klooster is gerenoveerd en herbergt archeologische vondsten uit het oude Aequum.

Franciscanenklooster
A Stepinca 1. **Tel.** 021-707010.
Open alleen op afspraak.

Museum van Sinjska alka
Put Petrovca 12. **Tel.** 021-444730.
Open di–zo 9.00–17.00 uur.
alka.hr

Primošten, ooit een klein eiland maar nu verbonden met het vasteland

⓬ Klis

Kaart D5. 2300. Split. Split. Megdan 57, 021-240578.
tzo-klis.htnet.hr

Het dorpje Klis wordt overheerst door een **vesting** met drie concentrische muren. De Romeinen plaatsten deze vesting op een heuvel boven een bergpas op de overgang van het plateau naar de laagvlakte. De Venetianen versterkten de vesting en bonden de Uskoks aan zich om het fort te helpen verdedigen tegen de Turken, die het desondanks in 1537 veroverden. De Turken vergrootten de vesting, bouwden een moskee en een minaret en bedreigden Split van hieruit, tot zij in 1648 zelf weer werden verdreven door de Venetianen. Tot de Oostenrijkers de macht kregen bleef de vesting in gebruik. De moskee werd veranderd in een kerk en de minaret werd afgebroken. De restaurants in Klis staan bekend om de geroosterde lam-van-het-spit.

De vesting van Klis, getuige van vele bloedige gevechten

⓭ Primošten

Kaart D5. 1800. Split. Split, 021-329180. Jachthaven, 022-570068. Trg biskupa J. Arnerića 2, 022-571111. Gospe od Loreta (mei); Zomercarnaval (juni); Primoštenske užance (aug.).
tz-primosten.hr

Primošten was ooit een geïsoleerd eiland, maar is nu verbonden met het vasteland door een brug en een verhoogde weg. 'Primošten' betekent 'dichterbij gebracht door een brug'. Al in de prehistorie werd het bewoond, later kwamen Bosniërs op de vlucht voor de Turken. Onder de Venetianen werden de stadsmuren gebouwd. Boven op de heuvel staat de Joriskerk uit het eind van de 15de eeuw, vergroot rond 1760. Binnen ziet u een icoon van de Heilige Maagd op een zilveren paneel en een barok altaar. Primošten, met kiezelstranden en fietsroutes, staat ook bekend om de wijngaarden *(blz. 135)* en de lekkere rode Babićwijn.

⓮ Marina

Kaart D5. 1000. Trg Stjepana Radića 1, 021-889015.

Dit pittoreske Dalmatische stadje met een jachthaven en een fijn strand ligt in een baai met dezelfde naam. Het dorp is omgeven door prachtige olijfgaarden en wordt al sinds de 15de eeuw bewoond. Vlakbij, in een door de natuur beschermde inham, ligt de jachthaven Yachting Sport Agana. In het gebied Riviera Marina zijn ook de stadjes Vinišće, Poljica en Sevid gevestigd. Bezoek hier een van de vele archeologische vindplaatsen.

⓯ Trogir

Trogir ligt op een klein eiland even uit de kust en is een van de juweeltjes aan de Dalmatische kust, met vele schitterende monumenten. Grieken uit Issa (nu Vis) vestigden zich hier in de 3de eeuw v.C. en stichtten de vesting Tragyrion (geiteneiland), die onder de Romeinen in 48 n.C. Tragurium werd. In de middeleeuwen werd Trogir beschermd door de Byzantijnse vloot, maar in 1123 werd het eiland aangevallen en verwoest door de Saracenen. De paar overlevenden verlieten de plaats. Na 70 jaar leefde de stad weer op en er volgde een periode van artistieke bloei, eerst onder heerschappij van Hongarije, vanaf 1420 onder die van Venetië. In 1997 werd Trogir door Unesco uitgeroepen tot werelderfgoed.

De zeezijde van Trogir, met op de achtergrond het Kamerlengokasteel

Het grootste deel van het historische centrum ligt op een eiland en wordt omringd door stadswallen met twee poorten. Een brug verbindt tegenwoordig het eiland met het vasteland en een andere brug verbindt het met het eiland Čiovo. Toerisme is belangrijk voor de stad: ijssalons, restaurants en pizzeria's liggen naast elkaar op de smalle pleintjes. De belangrijkste openbare, kerkelijke en andere gebouwen zijn gesloten wegens restauratiewerkzaamheden.

Landpoort
Sjeverna vrata

Deze poort, herbouwd in de 17de eeuw, was oorspronkelijk een ingang van gebosseerd licht natuursteen, met sleuven waarin de ophaalbrug rustte. Op de kroonlijst boven de boog stond vroeger de leeuw van San Marco en daarboven, op een piëdestal, ziet u een beeld van Johannes van Trogir (Sv. Ivan Trogirski), een van de beschermheiligen van de stad.

Stadsmuseum
Muzej grada Trogira

Gradska vrata 4. **Tel.** 021-881406. **Open** juni en sept.: ma–za 9.00–12.00, 17.00–20.00 uur; juli en aug.: dag. 9.00–12.00, 18.00–21.00 uur; okt.–mei: ma–vr 9.00–14.00 uur.

Achter de Landpoort ligt het barokke Garagnin Fanfognapaleis, met 18de-eeuwse meubelen, archeologische vondsten, boeken, tekeningen en antieke kleding; alles verbonden met de geschiedenis van de stad.

Stafileopaleis
Palača Stafileo

Matije Gupca 20. **Gesloten** voor publiek.

Het Stafileopaleis dateert van eind 15de eeuw. Beide verdiepingen tellen vijf ramen in Venetiaanse gotiek. De raamopeningen worden omlijst door pilaren, kapitelen en uitgehouwen bogen. Rond de bogen ziet u reliëfs van bloemen en bladeren. Het ontwerp wordt toegeschreven aan de school van Juraj Dalmatinac, die lange tijd in Trogir werkte.

Laurentiuskathedraal
Sv. Lovre

Trg Ivana Pavla II. **Tel.** 091-5314754. **Open** half mei–okt.: 9.00–20.00 uur; nov.–half mei: op afspraak.

De kathedraal staat op de plaats van een eerdere kerk, die werd verwoest door de Saracenen. De bouw startte in 1193 en duurde tientallen jaren. Er waren veel verschillende kunstenaars bij betrokken. Het gebouw heeft drie beuken en drie apsissen; het middenschip is hoger dan de zijbeuken, de scheiding wordt gevormd door acht zuilen.
Er zijn twee ingangen. De zijdeur uit 1213 staat bekend als 'die van de graaf' en is heel simpel. De andere ingang is een schitterend romaans portaal onder een atrium, met daarnaast een prachtige gotische klokkentoren (gebouwd tussen eind 14de en begin 17de eeuw). Het portaal is rond 1240 gemaakt door de Dalmatische beeldhouwer meester Radovan *(blz. 24)*, en is het mooiste voorbeeld van romaanse beeldhouwkunst in Dalmatië. Twee stenen leeuwen aan weerszijden dragen beelden van Adam en Eva. Op de pilasters ernaast staan heiligen in Byzantijnse stijl afgebeeld. Op de middelste pilasters ziet u taferelen uit de maanden van het jaar.
De lunet boven de deur toont een reliëf van Christus' geboorte, in de halve cirkels eromheen ziet u episodes uit het leven van Jezus. Het portaal staat onder een schuin dak met daarop een console met een beeld van St.-Laurentius. In het atrium vindt u een omstreeks 1460 door Andrija Aleši ontworpen doopkapel met een reliëf met

Het kunstige romaanse portaal van de St.-Laurentiuskathedraal

Voor hotels en restaurants in deze streek zie blz. 228–230 en blz. 240–245

De Laurentiuskathedraal domineert het plein

de doop van Christus. In de kathedraal bevindt zich een achthoekige stenen preekstoel uit de 13de eeuw die is bewerkt door Mauro, een koor met een gestoelte van ingelegd hout van Ivan Budislavić (midden 15de eeuw) en een ciborium op het hoofdaltaar met voorstellingen van de Annunciatie. Op de altaren ziet u schilderijen van Palma il Giovane en Padovanino. Langs de linkerbeuk bevindt zich de kapel van de Heilige Orsini, een meesterwerk van Nikola Firentino en Andrija Aleši uit 1468–1472, met de twaalf apostelen in schelpvormige nissen en in het midden de sarcofaag van de Heilige Orsini, de eerste bisschop van Trogir. De beelden zijn van Nikola Firentinac, Andrija Aleši en Ivan Duknovič. In de sacristie bevinden zich schilderijen van Salvator Rosa en Gentile Bellini, bewerkte kasten van Grgur Vidov en een schatkamer met gouden stukken, relieken en schilderijen uit de 17de eeuw.

De hoge klokkentoren werd in de 14de eeuw gebouwd, maar is deels verwoest in de oorlogsjaren van de volgende eeuw; van het oorspronkelijke gebouw rest alleen nog de begane grond. Toen Trogir Venetiaans grondgebied werd, is de klokkentoren herbouwd. De eerste verdieping, met de balustrade van Matej Gojković (1422), is gotisch, met twee smalle ramen met een driepas en blinde bogen erboven. De tweede verdieping heeft aan iedere kant twee hoge ramen: de ramen op het noorden en zuiden hebben stijlen met vier driepassen, de ramen op het westen en oosten dragen verfijnde decoraties, de zuilen en kapitelen in het midden en op de hoeken geven de verdieping iets luchtigs. Recent onderzoek schrijft dit werk toe aan de Italiaanse kunstenaar Lorenzo Pincino, die lange tijd in Trogir en Dalmatië werkte, geassisteerd door lokale vaklieden. De derde verdieping, uit het eind van de 16de eeuw, is ontworpen door Trifun Bokanić en heeft grote openingen met bogen.

TIPS VOOR DE TOERIST

Praktische informatie

Kaart D5. 10.500. Trg Ivana Pavla II 1, 021-885628.
tztrogir.hr

Vervoer

Split Airport, 7 km. Split, 30 km. 021-881405. 021-881508.

Centrum van Trogir

① Landpoort
② Stadsmuseum
③ Stafileopaleis
④ Laurentiuskathedraal
⑤ Čipikopaleis
⑥ Raadhuis
⑦ Loggia en klokkentoren
⑧ Johannes de Doperkerk
⑨ Zeepoort en vismarkt
⑩ Nicolaaskerk
⑪ Dominicuskerk
⑫ Kamerlengokasteel en San Marcotoren

Verklaring van de symbolen *zie achterflap*

Trogir verkennen

Een goede tijd om Trogir te bezoeken is het eind van de lente of het begin van de herfst, als de smalle straten met hun oude stenen huizen niet zo vol toeristen zijn en u halt kunt houden om de ingenieuze details te bewonderen die dit eiland zo boeiend maken. Een bewerkte deuropening, een wapenschild of raamstijlen kunnen de gevel van een gebouw verluchtigen en de toegang naar een binnenplaats kan een glimp vertonen van geurige tuinen. Alles wijst op de vroegere rijkdom en getuigt van het culturele verleden van Trogir, toen de stad een belangrijk centrum voor de kunsten was. Na lange jaren van verwaarlozing is de stad in zijn voormalige luister hersteld.

Een renaissanceput op de binnenplaats van het Čipikopaleis

Čipikopaleis

Palača Čipiko

Gradska ulica. **Gesloten** voor het publiek, behalve de binnenplaats.

Een inscriptie vermeldt 1457 als het jaar dat dit schitterende paleis werd voltooid, gebouwd voor de meest illustere familie van Trogir. Op de fijn bewerkte kroonlijst boven de renaissance-ingang, opmerkelijk door zijn zuilen met kapitelen, prijkt een schelpvormige decoratie.
Op de eerste verdieping ziet u een raam met bewerkte stijlen en een balustrade van lichtgekleurd steen. In het midden ondersteunen twee zuilen met kapitelen spitsbogen en aan de zijkanten worden twee pilasters bekroond door kapitelen met spiraalvormen. Tussen de bogen zijn vier engelen te zien. De twee middelste houden een rol met het familiewapen van de Čipiko's vast. Op de tweede verdieping is geen balustrade, maar de stijl van deze etage is gelijk aan die van de eerste, hoewel de decoraties minder uitbundig zijn.
Een tweede deur, uitkomend op een zijstraat, heeft een ingewikkeld voorkomen. Twee gecanneleerde deurstijlen ondersteunen kapitelen met een uitgehouwen versiering van bladeren en een stenen kroonlijst met twee leeuwen die een wapenschild dragen. Zij worden weer geflankeerd door twee engelen in medaillons.

Raadhuis

Gradska vijećnica

Trg Ivana Pavla II.

Aan de oostzijde van het plein ligt het raadhuis, een gebouw uit de 15de eeuw. De drie verdiepingen hebben open bogen en op de bovenste etage ziet u een prachtig raam met vensterstijlen en een balustrade, in de 19de eeuw gerestaureerd. Op de gevel prijken verschillende wapenschilden. De drie portalen uit de renaissance worden omgeven door vooruitstekend steen. De binnenplaats heeft een mooie portiek en is open voor het publiek. Het interieur van het gebouw, dat diverse keren is gewijzigd, is niet interessant.

Loggia en klokkentoren

Gradska loža

Trg Ivana Pavla II. **Open** dag.

De loggia en de klokkentoren liggen aan het Johannes Paulus II-plein (Trg Ivana Pavla II). Het dak van de loggia wordt gesteund door zes zuilen met Romeinse kapitelen en stamt uit de 14de eeuw. Op de muur ziet u twee reliëfs, één van Nikola Firentinac uit 1471 *(Justitia)*, en één van Ivan Meštrović uit 1950 *(Ban Berislavić)*. De klokkentoren staat links van de loggia. De koepel bovenop is in 1447 gered van de kapel van het Sebastiaanoratorium. Het beeld van de heilige op de gevel is gemaakt door Nikola Firentinac.

Johannes de Doperkerk

Sv. Ivan Krstitelj

Open vraag bij het toeristenbureau voor openingstijden.

Deze kleine romaanse kerk uit de 13de eeuw was het pantheon voor de machtige familie Čipiko. In de kerk toonde een museum (Pinacoteca) verzamelingen middeleeuwse verluchte handschriften, ornamenten, schilderijen en waardevolle gouden stukken uit verschillende kerken, die nu te zien zijn in het **Museum voor Religieuze Kunst** naast de Laurentiuskathedraal. De collectie omvat ook een beeld *(Kruisafneming)* van Nikola Firentinac, orgelpanelen van Gentile Bellini *(de Heilige Hiëronymus* en *Johannes de Doper)* en twee veelluiken van Blaise van Trogir.

De ingang van de romaanse Johannes de Doperkerk

Voor hotels en restaurants in deze streek zie blz. 228–230 en blz. 240–245

De vismarkt is gevestigd in een 16de-eeuwse loggia

Zeepoort en vismarkt
Južna vrata

Obala bana Berislavića.

De Zeepoort is gebouwd aan het eind van de 16de eeuw. Twee prachtige pilaren van blokken lichtgekleurde steen omlijsten de doorgang en dragen een vooruitstekend blok waarop de leeuw van de Venetiaanse San Marco prijkt.
De nabijgelegen vismarkt wordt gehouden in een loggia met negen zuilen die het dak dragen. De loggia stamt uit 1527 en was oorspronkelijk kantoor van de gemeenteontvanger.

Ceremoniële pakken van kleermaker Boris Burić Gena

Boris Burić Gena

Trogir kan niet alleen trots zijn op zijn kunstzinnige verleden, maar ook op een hedendaags succes. Dit dankzij kleermaker Boris Burić Gena, die is gespecialiseerd in archaïsche kleding voor ceremoniën en optochten. De zorgvuldige keuze van stoffen, het nauwgezette ontwerp en het exact op elkaar afstemmen van accessoires hebben de naam van deze getalenteerde vakman gevestigd. Zijn atelier trekt rijke en beroemde cliënten uit heel Europa.

Nicolaaskerk
Sv. Nikola

Gradska ulica 2. **Tel.** 021-881631.

De kerk en het benedictijnenklooster dateren van de 11de eeuw, maar zijn in de 16de eeuw verbouwd. In het klooster is nu **Zbirka Umjetnina Kairos** gevestigd, een kunstcollectie met onder meer de *Kairos*, een Grieks reliëf uit de 1ste eeuw v.C. van de god van het juiste moment, een gotisch kruisbeeld en een romaans beeld, een *Madonna met kind.*

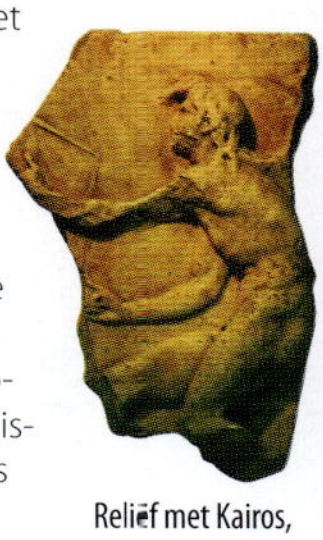

Reliëf met Kairos, Nicolaaskerk

Dominicuskerk
Sv. Dominik

Obala bana Berislavića. **Open** 's zomers: dag. 8.00–12.00, 16.00–19.00 uur.

De kerk en het dominicanenklooster zijn romaans-gotische gebouwen uit de 14de eeuw. Ze zijn in de renaissance in de toenmalige stijl gerestaureerd door Nikola Firentinac. De kerk met één schip bevat de graftombe van Giovanni Sobota, een rechtsgeleerde, toegeschreven aan Nikola Firentinac (1469), en een schitterend schilderij van Palma il Giovane *(Besnijdenis van Christus).*

Kamerlengokasteel en San Marcotoren
Kaštel Kamerlengo

Aan de zuidwestkant van het eiland ligt het Kamerlengokasteel, vroeger de residentie van de Venetiaanse gouverneur. De Venetianen lieten het in ongeveer 1430 bouwen. Het gebouw met vier zijden op een zeshoekige onderbouw is naar de zee gekeerd. Hoge muren verbinden de drie torens en het bolwerk. Vroeger was het indrukwekkende bouwwerk verbonden met de San Marcotoren (Kula svetog Marka). De grote open ruimte in het kasteel wordt nu gebruikt voor openluchtvoorstellingen en concerten in de zomer. De San Marcotoren werd pas na het kasteel gebouwd en vertoont de typische kenmerken van een verdedigingswerk uit de renaissance: de basis van de ronde toren is een afgeknotte kegel en op het dak zit een een lange rij schietgaten. Het geschut stond bovenin klaar om het water tussen het eiland en het vasteland te verdedigen. Het voormalige exercitieterrein tussen kasteel en toren wordt nu gebruikt als gemeentelijk sportveld.

De San Marcotoren werd in 1470 gebouwd ter verdediging van de stad

⑯ Salona

De oude stad Salona, 5 km van Split, staat bekend om zijn Romeinse ruïnes. De naam Salona (of Salonae) is Illyrisch, maar de betekenis is onbekend. De plaats was aanvankelijk een Illyrische nederzetting, maar werd pas belangrijk toen de Romeinen een stad ernaast stichtten. Tijdens het bewind van Augustus werd deze een Romeinse kolonie met de naam Martia Julia Salona, later de hoofdstad van de provincie Dalmatia. In de 1ste en 2de eeuw n.C. bouwden de Romeinen amfitheaters, een theater, tempels, badhuizen, een forum en stadswallen met torens, en werd Salona de rijkste en dichtstbevolkte stad van het midden-Adriatisch gebied. Halverwege de 7de eeuw werd Salona verwoest door Avaren en Slaven en raakte de stad in onbruik. De gebouwen werden ontdaan van kostbaarheden en de stenen opnieuw gebruikt.

De narthex verbindt de twee basilieken

Ruïnes van muren en een driehoekige toren

Salona verkennen

Vroeg in de 19de eeuw brachten opgravingen de verscholen resten van deze oude nederzetting aan het licht. Hieruit bleek dat de stad drie districten kende, uit verschillende periodes: het oorspronkelijke oude centrum *(Urbs vetus)*, een later deel uit de tijd van keizer Augustus *(Urbs nova occidentalis* en *Urbs nova orientalis)*. De opgravingen hebben nog slechts een deel van de **stadsmuren** blootgelegd, die door de eeuwen heen regelmatig zijn versterkt. De fundamenten en de resten van vierkante en driehoekige versterkingen zijn echter zichtbaar. Een goede plek om een rondgang te beginnen is de **begraafplaats Manastirine**, de eerste christelijke begraafplaats even buiten de muren, ten noorden van de stad en vlak bij de parkeerplaats. In de 4de eeuw werd hier een vroegchristelijke kerk gebouwd om de resten van de Salonische heiligen te kunnen bewaren, slachtoffers van Diocletianus' vervolging van christenen. De ruïnes van de necropolis en de basiliek zijn goed bewaard.

Na Manastirine en na de ingang komt u bij het **Tusculum**, een villa die vorige eeuw is gebouwd voor de archeoloog Frane Bulić om Salona te kunnen bestuderen. Deze wetenschapper en directeur van het Archeologisch Museum in Split wijdde een groot deel van zijn leven aan het onderzoek naar de resten van Salona. Nu is er in het gebouw een herdenkingsruimte voor Frane Bulić ingericht. Het interessantste materiaal bevindt zich echter in het museum in Split.

Dan komt u bij het gedeelte waar de meeste ruïnes staan, met de resten van vroegchristelijke basilieken, badhuizen en de Caesareapoort. De **baden** werden in de 3de eeuw als villa gebouwd. In de vroegchristelijke periode hebben deze gebouwen wellicht een religieuze bestemming gekregen: het **bisschoppelijk centrum** in het noordoosten van Salona omvatte basilieken, een baptisterium en de residentie van de bisschop. In de beginperiode van het christendom kwamen christelijke martelaren hier aan hun eind, zoals Domnius (de beschermheilige van Split), Venantius en Anastasius.

De fundamenten van twee basilieken zijn uitgegraven. Eén staat bekend als de basilica urbana, de ander, de basiliek van Honorius, heeft een plattegrond in de vorm van een Grieks kruis. Hier staan ook de resten van de **Caesareapoort**: bogen die worden geflankeerd door twee achthoekige torens, die de Romeinse bouwtechnieken uit de keizertijd tonen.

De necropolis Manastirine, even buiten de stadsmuren

Voor hotels en restaurants in deze streek zie blz. 228–230 en blz. 240–245

Basilica Urbana in het bisschoppelijk centrum

Westwaarts langs de muren bereikt u eerst de **necropolis Kapljuč**, een andere vroegchristelijke begraafplaats, en daarna het imposante **amfitheater**, in het meest westelijke deel van de stad. Het amfitheater was waarschijnlijk ooit bedekt met natuursteen. Het stond in het nieuwere deel van de stad, in de noordwesthoek van de *Urbs vetus* dicht bij de muren. Volgens historici zouden in dit amfitheater tussen de 18.000 en 20.000 mensen hebben kunnen zitten. De fundamenten en een deel van de onderste tribune zijn blootgelegd en de ontdekking van een ondergronds kanaal leidde tot het vermoeden dat in de arena zeeslagen werden nagespeeld, maar later bleek dit onjuist. Het was lang onduidelijk wanneer het amfitheater is gebouwd, maar dat is nu gesteld op de tweede helft van de 2de eeuw n.C.

Van het amfitheater gaat een pad naar het theater aan de rand van de oude stad. Dit stamt uit de 1ste eeuw n.C. Een deel van het podium en de fundamenten van de stalles zijn uitgegraven. Naast het theater ligt het **forum**, het politieke en commerciële hart van de stad. Anders dan bij het forum in Zadar *(blz. 94–97)* is de bestrating hier verdwenen en resten slechts fundamenten. In de Romeinse tijd stond een aantal van de belangrijkste gebouwen rond het forum. Met de aanleg is begonnen in de 1ste eeuw n.C., maar daarna is het verder ontwikkeld. De best bewaarde Romeinse constructie van Salona is het **aquaduct**, dat water van de Jadro naar de stad moest leiden. In de tijd van Diocletianus ging het zelfs helemaal naar diens paleis in Split *(blz. 122–123)*. Aan het eind van de 19de eeuw zijn er reparaties uitgevoerd. Het zuidelijk deel van het aquaduct is dan ook nog in gebruik. Langs de stadsmuren kunt u delen van het aquaduct boven de grond zien uitkomen.

Na het theater gaat u weer terug naar de necropolis Manastirine. Meer naar het noorden ligt nog de **necropolis Marusinac**, buiten de stad aangelegd rond het graf van de martelaar Anastasius. U ziet hier nog sporen van een 5de-eeuwse basiliek.

TIPS VOOR DE TOERIST

Praktische informatie

Kaart D5. **i** 021-211538. **Open** april, mei en sept.: ma–vr 9.00–19.00, za 8.00–19.00, zo 9.00–13.00 uur; juni–aug.: ma–vr 9.00–20.00, za 8.00–20.00, zo 9.00–14.00 uur; okt.: ma–vr 9.00–18.00, za 8.00–18.00, zo 9.00–13.00 uur; nov.–maart: ma–za 9.00–16.00 uur.

W solin-info.com

Vervoer

vanuit Split.

Van het amfitheater is slechts een deel var de laagste tribunes over

De ruïnes van Salona

1. Begraafplaats Manastirine
2. Tusculum
3. Baden
4. Bisschoppelijk centrum
5. Caesareapoort
6. Necropolis Kapljuć
7. Amfitheater
8. Theater
9. Forum
10. Necropolis Marusinac

Verklaring van de symbolen *zie achterflap*

17 Split

Werven, fabrieken en een drukke haven bepalen het beeld van het moderne Split, dat ongebreideld groeide na de Tweede Wereldoorlog. De oude stad is echter nog vol charme. Deze ontstond in en rond het enorme Paleis van Diocletianus, een van de grootste en best bewaarde paleizen uit de Romeinse tijd. In 614 nam het paleis vluchtelingen op uit Salona *(blz. 118–119)*, dat ingenomen was door Avaren. De nieuwkomers begonnen het Romeinse bouwwerk te gebruiken als vaste woning. Onder de vluchtelingen bevonden zich de bisschop en andere religieuze hoogwaardigheidsbekleders, die het bisdom Split nieuw leven inbliezen. Na twee eeuwen Byzantijnse overheersing en de vestiging van Kroatische gemeenschappen kwam Split onder Venetiaans bewind in 1409. In deze tijd werden vestingen gebouwd, waaronder nieuwe muren, en de kunsten bloeiden.

De haven en de kust van Split

Gouden Poort
Zlatna vrata

Dit was de hoofdingang van het Paleis van Diocletianus *(blz. 122)* en de indrukwekkendste van alle poorten, met torens en versieringen boven de rondbogen. In de 11de eeuw werd de gang tussen het paleis en de poort gesloten en veranderd in de **Martinuskerk** (Sv. Martin). Een inscriptie vermeldt de stichter, pater Dominicus.

Stadsmuseum van Split
Muzej grada Splita

Papalićeva 1. **Tel.** 021-360171. **Open** april en mei: dag. 8.30–21.00 uur; juni–sept.: dag. 8.30–22.00 uur; okt.: ma–za 8.30–21.00, zo 9.00–17.00 uur; nov.–maart: di–za 9.00–17.00, zo 9.00–14.00 uur. **W mgst.net**

Het gotische Papalićpaleis waarin dit museum is gevestigd, is een van de boeiendste van de 15de–16de-eeuwse gebouwen in de verlaten delen van het Diocletianuscomplex. U treft er nu schilderijen en boeken over de geschiedenis van de stad van de 12de tot de 18de eeuw.

Zuilengalerij

Het binnenste hof is een indrukwekkend deel van het Romeinse complex, waar de lagen van het eeuwenoude gebouw goed zichtbaar zijn. De slanke zuilen die het aan drie zijden omgeven, rusten op een hoge plint en hebben fijn bewerkte kapitelen. Het fronton boven de toegang tot de vroegere particuliere vertrekken van Diocletianus heeft reliëfversieringen.

Doopkapel van St.-Jan
Sv. Ivan Krstitelj

Tel. 021-345602. **Open** dag. 9.00–19.00 uur.

Dit mooie kleine gebouw, gewijd in de 6de eeuw, was ooit de tempel van Jupiter. Op de doopvont binnen ziet u een preromaans paneel met een afbeelding van koning Zvonimir en andere belangrijke personen. Het beeld van St.-Jan op de achtermuur is van Ivan Meštrović en is daar voor de Tweede Wereldoorlog bevestigd. Het graf van bisschop Johannes stamt uit de 8ste eeuw, dat van bisschop Laurentius uit de 11de eeuw.

Doopvont in de Doopkapel van St.-Jan, ooit tempel van Jupiter

Domniuskathedraal
Katedrala sv. Duje

Blz. 123.

Zilveren Poort en Dominicuskerk
Srebrna vrata i sv. Dominik

Hrvojeva ulica. Dominicuskerk **Open** 's ochtends.

Voor de Zilveren Poort is een markt, een heerlijke chaos van groente en fruit, zelfgemaakte kazen, hammen en gedroogde kruiden. Vanwege de open ruimte is dit ook de beste plek om het Paleis van Diocletianus te overzien. De verschillende structuren van het complex zijn nog steeds te onderscheiden. De gangen van de schildwacht, op de muren, zijn deels toegankelijk. Tegenover de poort ligt het middeleeuwse Catharinaoratorium, dat door dominicanen werd gebruikt toen zij hun eigen klooster aan het bouwen waren (1217). Het oratorium is verbouwd in de 17de eeuw en werd toen de Dominicuskerk (Sv. Dominik). In de kerk, die in 1930 is uitgebreid, hangen een *Wonder in Surian* van Palma il Giovane en een *Verschijning in de* tempel, toegeschreven aan zijn school.

Koperen Poort
Mjedena vrata

Etnografisch Museum Iza Vestibula 4. **Tel.** 021-344164. **Open** juni–sept.: ma–za 9.30–20.00, zo 9.30–13.00 uur; okt.–mei: ma–vr 9.00–16.00, za 9.00–13.00 uur. **W etnografski-muzej-split.hr**

Hoewel de Koperen Poort zonder opsmuk is en uitkijkt op de zee en de haven, zit hij in de rijkste gevel van het paleis. Op de bovenste verdieping was een open portiek die later werd gesloten om woningen te maken. Bij het uitgraven van de enorme kelders kwamen gewelfde nissen tevoorschijn. In sommige zitten nu winkels, in andere een expositie over het kasteel en wisselende lokale tentoonstellingen. Vlak bij de Koperen Poort ligt aan de Sevarova het **Etnografisch Museum** (Etnografski muzej), met Dalmatische volkskunst.

IJzeren Poort
Željezna vrata

De kerk van **O.L.V. van de Klokkenstoel** (Gospa od Zvonika) heeft de oudste klokkentoren van de stad (1081), is gemaakt van de wandelgang van deze toegang tot het paleis.

Plein van het Volk
Narodni trg (Pjaca)

Vanaf de 15de eeuw lag hier het zaken- en bestuurscentrum van Split en daarom liet de adel er prestigieuze gebouwen neerzetten, zoals het Venetiaans-gotische **Cambipaleis** en het renaissancistische **Raadhuis** (Vijećnica) uit de eerste helft van de 15de eeuw, met een loggia met drie bogen op de begane grond en een gotisch raam daarboven.

Renaissancistisch raadhuis op het Plein van het Volk in het centrum van Split

TIPS VOOR DE TOERIST

Praktische informatie
Kaart D5. 175.000.
Peristil bb, 021-345606.
St.-Domniusfeest (7 mei); Split Zomer (half juli–half aug.).
visitsplit.com

Vervoer
Split Airport, Kaštel Štafilić, 021-203506. Obala kneza Domagoja, 060-333444.
Obala kneza Domagoja, 060-327777. Jadrolinija: 021-338333.

Centrum van Split

1. Gouden Poort
2. Stadsmuseum van Split
3. Zuilengalerij
4. Doopkapel van St.-Jan
5. Domniuskathedraal
6. Zilveren Poort en Dominicuskerk
7. Koperen Poort
8. IJzeren Poort
9. Plein van het Volk
10. Braće Radićplein
11. Franciscuskerk

0 meter 100

Symbool

Buurt uit de afbeelding, blz. 122

Paleis van Diocletianus

Diocletianus kwam waarschijnlijk uit Salona en werd in 284 keizer van het Romeinse Rijk. In 285 benoemde hij Maximianus tot medekeizer (augustus) en in 293 werden Galerius en Constantius mederegent (caesar) en ontstond de tetrarchie. In 305 trok Diocletianus zich terug uit het openbare leven en verhuisde hij naar het paleis dat hij aan de baai van Split had laten neerzetten door de bouwmeesters Filotas en Zotikos. Na zijn dood in 316 werd het paleis gebruikt als bestuurszetel en als residentie van de gouverneur. In 615 vonden vluchtelingen uit Salona hier onderdak, na de verwoesting van hun stad door Avaren. De rijksten vestigden zich in de vertrekken van de keizer, de armeren maakten woningen in de torens en boven de poorten. Vier vierkante torens markeerden de hoeken van het paleis en vier kleinere torens elk de noord-, oost- en zuidzijde, terwijl aan de zeekant een loggia met bogen was.

IJzeren Poort en Klokkentoren
Achter de best bewaarde poort staat de kerk van O.L.V. van de Klokkenstoel met een 12de-eeuwse toren ernaast.

Tempel van Jupiter
Deze had een atrium met zes zuilen. Het gebouw zelf had gewelven met een cassettenplafond en rustte op een ondergrondse crypte. In de vroege middeleeuwen werd de tempel de Doopkapel van St.-Jan.

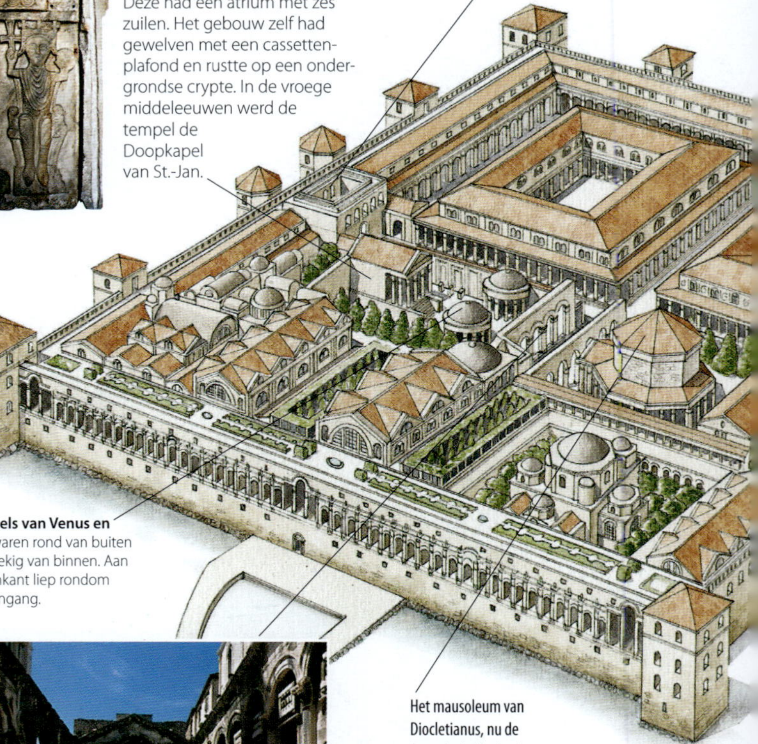

De tempels van Venus en Sibylle waren rond van buiten en zeshoekig van binnen. Aan de buitenkant liep rondom een zuilengang.

Het mausoleum van Diocletianus, nu de Domniuskathedraal

Zuilengalerij
Op het punt waar de *Cardo* en *Decumanus* elkaar kruisten, gaf het peristyle toegang tot een gewijd gebied. Aan de ene kant lagen de tempels van Venus en Sibylle en, verder terug, die van Jupiter, nu de Doopkapel van St.-Jan; aan de andere kant lag het mausoleum, nu de kathedraal.

Portret van Diocletianus
Nadat hij het rijk had gereorganiseerd, zocht de keizer spirituele eenwording van zijn burgers. De staatsgodsdienst, gepersonifieerd door de keizer, werd belangrijker en tempels met zijn afbeelding werden opgericht. Christenen werden gewelddadig vervolgd.

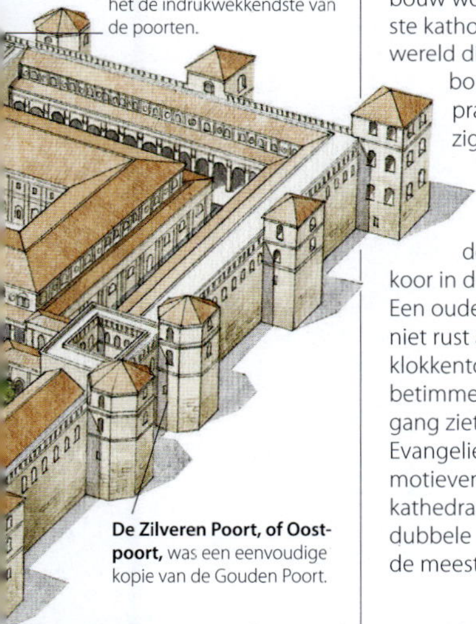

Reconstructie van het paleis van Diocletianus

Dit paleis, hier in zijn oorspronkelijke vorm afgebeeld, was opgezet als een typisch Romeins legerkamp. Het was 215 m lang en 180 m breed en werd omgeven door zeer dikke muren, soms wel 28 m hoog. De rechthoekige vesting werd versterkt door torens aan de noord-, oost- en zuidzijde. Aan iedere kant zat een poort, verbonden door twee wegen, de typisch Romeinse Cardo *en* Decumanus.

Domniuskathedraal

Katedrala sv. Duje

Kraj sv. Duje 5. **Tel.** 021-345602. **Open** juni–aug.: dag. 8.00–zonsondergang; sept.–mei: dag. 9.00–12.00 en 16.30–19.30 uur.

Oorspronkelijk was dit het mausoleum voor keizer Diocletianus. In de 7de eeuw werd de kathedraal gewijd toen de sarcofaag met het lichaam van Diocletianus werd verwijderd en – geheel rechtvaardig – werd vervangen door de resten van St.-Domnius (lokaal bekend onder de naam St.-Duje) een bisschop uit de 3de eeuw die tijdens de vervolging van de vroege christenen door Diocletianus was vermoord. De toenmalige aartsbisschop veranderde het mausoleum in een christelijke kerk en St.-Domnius werd de patroonheilige van de stad. Het gebouw wordt gezien als de oudste katholieke kathedraal ter wereld die niet volledig is herbouwd. Na de bouw is er praktisch niets gewijzigd, behalve de bouw van een romaanse klokkentoren in de 12de–16de eeuw en de toevoeging van een koor in de 13de eeuw.

Een oude sfinx van zwart graniet rust aan de voet van de klokkentoren. Op de houten betimmering uit 1214 bij de ingang ziet u scènes uit het Evangelie in lijsten met bloemmotieven. In de achthoekige kathedraal ziet u boven de dubbele rij Korinthische zuilen, de meeste nog de Romeinse originelen, een fries met afbeeldingen van een jagende Eros, en medaillons met portretten van Diocletianus en zijn echtgenote Prisca.

Detail van het Anastasiusaltaar in de Domniuskathedraal

De 13de-eeuwse zeshoekige preekstoel, Domniuskathedraal

In de tweede nis aan de rechterkant, met fresco's uit 1428, bevindt zich het **Domniusaltaar**, een werk van Bonino van Milaan uit 1427. Het houten koorgestoelte in het 17de-eeuwse priesterkoor is een voorbeeld van romaanse houtsnijkunst uit het begin van de 13de eeuw.

Hiernaast ligt een kapel met het **Anastasiusaltaar**, in 1448 ontworpen door Juraj Dalmatinac. De nis hierna is in de 18de eeuw verbouwd tot de barokke Domniuskapel.

De 13de-eeuwse zeshoekige **kansel** wordt gedragen door dunne zuilen met bewerkte kapitelen. In het 14de eeuwse gebouw achter de kathedraal is de sacristie gevestigd. De naam van een van de architecten van het paleis, Filotas, staat bij de ingang vermeld.

In de sacristie is het museum van de kathedraal gevestigd. Het herbergt veel kunstwerken, waaronder gouden en zilveren voorwerpen, oude manuscripten, middeleeuwse iconen en liturgische gewaden. Vooral de *Historia Saloniana* van aartsdiaken Toma uit de 13de eeuw en een 7de-eeuws evangelie zijn bijzonder.

Split verkennen

Split heeft niet alleen het Paleis van Diocletianus te bieden. In de middeleeuwen ontstonden dorpen nabij de wallen; toen Split stadsrechten kreeg, werden deze nederzettingen daadwerkelijk bij de stad ingelijfd. Het huidige Braće Radićplein en het Plein van het Volk werden aangelegd, met onder meer het Cambipaleis en het Raadhuis. Na 1420 begon de bouw van verdedigingswerken en de stadsmuren. Ook de kastelen die tussen Split en Trogir werden gebouwd ter verdediging tegen de Turken staan er nog.

De 15de-eeuwse Marinatoren is gebouwd door de Venetianen

Braće Radićplein
Trg braće Radić

Dit middeleeuwse plein ligt bij de zuidwesthoek van het Paleis van Diocletianus.

De hoge **Marinatoren** (Hrvojeva kula) is het enige restant van het grote kasteel dat de Venetianen hier in de tweede helft van de 15de eeuw hebben neergezet na de uiteindelijke verovering van Split.

De toren is achthoekig en ligt aan de zuidzijde van het plein.

Aan de noordkant ligt het barokke **Milesipaleis** uit de 17de eeuw. Midden op het plein staat een werk van Ivan Meštrović: een monument voor Marko Marulić (1450–1524), de eerste schrijver en geleerde die schreef in het Kroatisch.

Op het imposante bronzen beeld van de schrijver is een inscriptie met verzen van de dichter Tin Ujević te lezen.

Franciscuskerk
Sv. Frane

Trg Republike i 021-348600 (toeristeninformatie). **Open** op afspraak.

De kerk is onlangs verbouwd, maar de kleine romaans-gotische kloostergang, die met zijn ranke zuilen een bloementuin omsluit, is nog origineel.

Het barokke interieur bevat een 15de-eeuws kruisbeeld van Blaž Juriev Trogiranin. Bovendien herbergt het de graven van een aantal belangrijke ingezetenen, zoals dat van aartsdiaken Toma (de eerste Dalmatische geschiedschrijver), van schrijver Marko Marulić en van de bekende componist Ivan Lukačić.

Museum voor Kroatische Archeologische Monumenten
Muzej hrvatskih arheoloških spomenika

Stjepana Gunjace bb. **Tel.** 021-323901. **Open** juli en aug.: ma–vr 9.00–13.00, 17.00–20.00, za 9.00–14.00 uur; sept.–juni: ma–vr 9.00–16.00, za 9.00–13.00 uur. **Gesloten** zo, feestdagen. W **mhas-split.hr**

Monument voor Marko Marulić

Sinds 1975 huisvest dit museum vondsten uit Split en omgeving uit de vroege middeleeuwen. De collectie omvat werk van de eerste Kroatische beeldhouwers vanaf circa 800.

De stenen fragmenten, afkomstig uit kerken en kastelen, bestaan uit graftomben, kapitelen, altaarfronten, ciboria en ramen. Opvallend zijn de zeshoekige marmeren doopvont van prins Višeslav uit het begin van de 9de eeuw, en de sarcofaag van koningin Jelena uit de 10de eeuw, ontdekt in de oude Romeinse stad Salona.

Overeenkomst op afstand van Ivan Meštrović, Galerie Meštrović

Galerie Meštrović
Galerija Meštrović

Šetalište Ivana Meštrovića 46. **Tel.** 021-340800. **Open** mei–sept.: di–zo 9.00–19.00 uur; okt.–april: di–za 9.00–16.00, zo 10.00–15.00 uur. W **mestrovic.hr**

In de vroege jaren dertig van de 20ste eeuw woonde Ivan Meštrović *(blz. 163)* in dit huis. De beeldhouwer ontwierp het zelf om dienst te doen als zijn eigen huis, studio en galerie. Zijn beelden, waaronder *Overeenkomst op afstand* en *Persephone*, staan binnen en buiten. Onder de standbeelden in marmer, hout en brons bevinden zich ook *De contemplatie*, *De ede* en *Psyche*. Een deel van het gebouw is het appartement van de kunstenaar. Het **Kaštilac**, op nr. 39, kan worden bezocht met hetzelfde kaartje. Dit 16de-eeuwse huis behoorde toe aan de familie Capogrosso-Kavanjin en werd in 1939 door Meštrović aangekocht om er een tentoonstellingsruimte te vestigen. Hij bouwde hier ook een kleine kerk om een serie reliëfs te exposeren onder de naam *Nieuwe testament*, nu vervangen door een ander werk, de *Auteur van de Apocalyps*.

Nationaal Museum
Galerija umjetnina

Ulica kralja Tomislava 15. **Tel.** 021-350110. **Open** half juni–half sept.: di–zo 10.00–21.00 uur; half sept.–half juni: di–vr 10.00–18.00, za en zo 10.00–14.00 uur. **Gesloten** feestdagen. W **galum.hr**

In dit museum is een breed overzicht van kunst in Split en

Voor hotels en restaurants in deze streek zie blz. 228–230 en blz. 240–245

de rest van Kroatië te zien van de 14de–20ste eeuw. Er hangen Venetiaanse meesters en belangrijke iconen uit de school van Bocche di Cattaro (18de–19de eeuw) en eigentijdse kunst, waaronder werk van Ivan Meštrović en Vlaho Bukovac. Ook zijn er tijdelijke exposities.

Archeologisch Museum Split

Arheološki muzej u Splitu
Zrinsko Frankopanska 25. **Tel.** 021-329340. **Open** juni–sept.: ma–za 9.00–14.00 en 16.00–20.00 uur; okt.–mei: ma–vr 9.00–14.00 en 16.00–20.00, za 9.00–14.00 uur.

Dit museum is opgericht in 1820 en zit sinds 1914 in het huidige gebouw. De aanzienlijke verzameling omvat vondsten uit de Romeinse en vroegchristelijke tijd en de middeleeuwen, die bij toerbeurt worden geëxposeerd. Vooral de vondsten uit Salona zijn interessant, zoals sculpturen, kapitelen, sarcofagen (op die uit de 4de–5de eeuw ziet u nog niet-christelijke reliëfs), sieraden, munten, kleine voorwerpen van geglazuurd terracotta en aardewerk. Het museum heeft ook vondsten uit de Romeinse stad Narona *(blz. 136)*.

Sarcofaag, Archeologisch Museum Split

O.L.V. van Genade in Poljud

Gospa od Poljuda
Poljudsko šetalište 17.
021-381011. **Open** op afspraak.

Op weg naar Zrinsko-Frankopanska in de richting van de voorsteden ligt een gebied dat vroeger het moeras werd genoemd *(poljud)*. In de 15de eeuw bouwden franciscanen hier een versterkt klooster met grote torens opzij en een kerk. Op het altaar staat een veelluik van Girolamo da Santacroce uit 1549 met daarop *Maria en Heiligen*: degene die een model van de stad in zijn hand houdt, is St.-Domnius, de patroonheilige van Split. U ziet hier veel meer kunstwerken, zoals een *Portret van bisschop Tommaso Nigris* van Lorenzo Lotto (1527) en miniaturen van Bone Razmilović. Niet ver van het klooster ligt het stadion van de voetbalclub Hajduk, in 1979 ontworpen door Boris Magaš en in Poljud neergezet.

Veelluik van Girolamo da Santacroce, O.L.V. van Genade

Marjan

Dit beschermde natuurgebied ligt ten westen van de stad, u komt er via een serie trappen. Onderweg passeert u de 13de-eeuwse Nicolaaskerk (Sv. Nikola). Er voert een pad naar het beboste schiereiland, waar u van een mooi uitzicht over zee kunt genieten. De eilanden Šolta, Brač en Hvar zijn goed te onderscheiden.

Omgeving

De reeks versterkingen die de Venetianen en lokale edelen in de 15de en 16de eeuw verspreid langs een goed beschutte baai tussen Split en Trogir lieten aanleggen om de stad tegen de Turken te beschermen, wordt *Kaštela* of Zeven Kastelen genoemd. Rond het complex ontstond een dorpje, dat nu ook Kaštela heet. Vijf kastelen zijn bewaard in originele staat, evenals de versterkte villa's die erbij werden gebouwd.
Het **St.-Joriskasteel** (Kaštel Sućurac), de zomerresidentie van de bisschop van Split, ontstond eind 14de eeuw en werd in de eeuw erna versterkt met muren, waarvan nog ruïnes over zijn.
Het **Moeder-overstekasteel** (Kaštel Gomilica) werd op een eiland gebouwd, dat nu is verbonden met het vasteland.
Het **Vitturikasteel** (Kaštel Lukšić) werd omgebouwd tot grote villa, en behield alleen de externe structuur. De familie Vitturi schonk een beeld van Juraj Dalmatinac aan de Rayneriuskerk (Sv. Arnir).
Het **Oude Kasteel** (Kaštel Stari) ziet er nog net zo uit als vroeger, de zeezijde lijkt wel een paleis met zijn gotische ramen.
Van het **Nieuwe Kasteel** (Kaštel Novi) is slechts de toren bewaard, en de Rochuskerk, die is gebouwd door de familie Čipiko.

Het stadion van voetbalclub Hajduk in de voorstad Poljud uit 1979

⓲ Šolta

Kaart D5. 1400. van Split.
Rogač, 021-654657.
visitsolta.com

Dit lange eiland met zijn vele baaien en inhammen beslaat een oppervlakte van 52 km². De economie is gebaseerd op de landbouw dankzij de redelijk vruchtbare grond, maar de afgelopen jaren is het toerisme ook belangrijk geworden. De Romeinen noemden het eiland Solenta en het was een vakantieoord voor de edelen van Salona. De ruïnes van veel villa's zijn te vinden op fraaie locaties op het eiland. Na de aanval op Salona in 614 namen sommige vluchtelingen de wijk naar dit eiland en er ontstonden dorpen. Er staan nog steeds kleine kerken die uit de middeleeuwen dateren.
De bevolking trok later naar Split als gevolg van voortdurende aanvallen door de Turken, maar een aantal vluchtelingen van het vasteland ging op het eiland wonen.
Tegenwoordig hebben veel inwoners van Split een vakantiehuis op Šolta. De vissershaventjes Stomorska, op de oostpunt van het eiland en Maslinica in het westelijke deel, zijn een ideale aanlegplaats voor jachten en motorboten. Het is echter ook de moeite waard om het binnenland te verkennen. De dorpen Grohote en Donje Selo zijn karakteristieke Adriatische dorpen met fraai behouden gebleven stenen huizen en smalle straatjes.

Het vasteland vanaf Supetar op Brač

⓳ Brač

Kaart D5. 14.000. 021-5559711. naar Supetar van Split. 060-393060. Supetar: Porat 10, 021-630900. **supetar.hr**
Bol: Porat bolskih pomoraca bb, 021-635638. **bol.hr**

Het op twee na grootste eiland in de Adriatische Zee (40 km lang, 15 km breed) heeft een interessante geologische structuur. In sommige streken vertonen de kalksteenheuvels verdwijngaten en worden ze onderbroken door ravijnen en kloven. Elders overheerst een wit, hard gesteente, dat al sinds de oudheid wordt gedolven *(blz. 140)* en nog altijd gewild is. Het eiland is bedekt met bossen, mediterrane struiken en olijfgaarden.
Brač is van oudsher bewoond geweest. Het was eerst onderworpen aan Salona (de rijke Saloniërs bouwden villa's en zochten hier hun toevlucht als ze werden aangevallen door de Avaren) en daarna aan Split. Split en Brač vielen achtereenvolgens onder Byzantijns en Venetiaans bestuur. In de Venetiaanse tijd (1420–1797) werden de dorpen in het binnenland gebouwd, maar er waren geen versterkingen tegen invallen van de piraten en de Turken.
De veerboot uit Split komt aan bij de oude plaats **Supetar**, waar enkele goede stranden zijn en de ondiepe baaien populair zijn bij gezinnen. Op het kerkhof vindt u het indrukwekkende Petrinivičmausoleum, een rijkversierde rotunda van beeldhouwer Toma Rosandič.
Aan een beschutte baai in het zuidwesten ligt **Milna**, gesticht aan het begin van de 18de eeuw. De kerk van Maria-Bood-

Het haventje van Maslinica op Šolta

schap (Gospa od Blagovijesti) is opgetrokken in barokstijl en heeft een rococo-interieur. **Nerežišća**, centraal gelegen, was lange tijd de hoofdplaats van het eiland. Aan zijn voormalige status herinneren nog het Gouverneurspaleis, de Loggia en een voetstuk met de Leeuw van St.-Marcus. Ook landinwaarts ligt **Škrip**, waar naar men zegt het eerste dorp op het eiland was gevestigd en Helena werd geboren, de moeder van keizer Constantijn. De kerk en een schilderij van Palma Il Giovane op het hoofdaltaar zijn gewijd aan Helena. In een versterkt gebouw is het **Bračmuseum** gevestigd, met archeologische voorwerpen die bewijzen dat er op het eiland al heel vroeg mensen woonden.

De belangrijkste bezienswaardigheid op **Bol** is het lange strand aan de zuidkust, ten westen van de stad (Zlatni rat, wat Gouden Hoorn betekent), een driehoekige landtong bedekt met kiezelstenen, die afhankelijk van de getijden van vorm verandert. Zlatni rat wordt in de zomer druk bezocht, wanneer toeristenboten bezoekers uit de resorts van Brač en het nabijgelegen eiland Hvar brengen. Het is ook populair bij windsurfers. Bol zelf is een leuk plaatsje rondom een pittoresk haventje. Aan het water ligt de **Branislav Deškovićgalerie Gallery**, met schilderijen en beelden van vooraanstaande 20ste-eeuwse Kroatische kunstenaars.

Op een kaap aan de rand van het dorp staat een **dominicanenklooster** uit 1475. De prachtige kerk is versierd met schilderijen, waaronder een *Maria met heiligen* die wordt toegeschreven aan Tintoretto. Er is een rijke schatkamer met liturgische objecten.

Vanaf Bol kunt u de **St.-Vitusberg** (Vidova Gora) beklimmen, een twee uur durende wandeling naar een van de hoogste toppen van de Dalmatische eilanden (778 m). In een ravijn ten westen van de St.-Vitusberg ligt de Hermitage Blaca (Pustinja Blaca), een versterkt klooster uit de 16de eeuw dat aan de rotshellingen lijkt te hangen. Het is nu een museum met een interessante collectie relieken en astronomische en andere wetenschappelijke apparaten die in het verleden door de monniker zijn achtergelaten. Een wandeling naar Blaca is een aantrekkelijke excursie, ook al is het in de zomer wel erg droog en heet – u bereikt de hermitage vanuit het noorden via Nerezišća of vanuit Bol in het zuidwesten.

Langs de noordkust en in het oosten van het eiland valt ook genoeg te zien. Aan de kust bij Supetar kijken de ruïnes van de Laurentiusbasiliek, een pelgrimsoord uit de 5de–6de-eeuw, uit over de rustige Lovrečinabaai. Aan het eind van een lange zeetong ligt **Pučišća**, dat sinds de Romeinse tijd het centrum is van de steenhouwerij op het eiland. De blokken steen werden in de haven op schepen geladen. **Povlja**, nog verder naar het oosten, is een van de leukste voormalige vissershaventjes op het eiland, met stenen huisjes rondom een diepe baai.

Plezierbootjes en badgasten aan de zuidkust van Brač

In het bijzondere haventje **Sumartin**, in de zuidoosthoek van het eiland, komen de veerboten aan van het resort Makarska op het vasteland. Het werd in 1645 gesticht door bewoners van het kustgebied die op de vlucht waren voor de Turken. Er is een fraai franciscanenklooster dat werd gesticht door de dichter Andrija Kačić Miošić.

Bračmuseum
Škrip. ℹ 021-637092. **Open** zomer: dag. 8.00-20.00 uur; winter: op afspraak.

Branislav Dešković Gallery
Put bolskih pomoraca bb, Bol. ℹ 021-637092. **Open** half juni–half sept.: di–zo 9.00–12.00, 18.00–23.00 uur; half sept.–half juni: di–vr 9.00–14.00 uur.

Dominicanenklooster
Anđelka Rabadana 4, Bol. ℹ 021-778000. **Open** dag. 10.00–12.00, 17.00–20.00 uur.

Bols beroemde gouden strand, dat met de getijden van vorm verandert

Voor hotels en restaurants in deze streek zie blz. 228–230 en blz. 240–245

⑳ Vis

Vis ligt verder van de kust dan de andere Dalmatische Eilanden en was tot 1989 een militaire basis. Het eiland met zijn grillige kustlijn en de berg Hum (587 m) in het binnenland wordt nu langzaam door toeristen ontdekt. Het eiland werd door Dionysios van Syracuse gekozen als Griekse uitvalsbasis in de Adriatische Zee. De Grieken stichtten er de plaats Issa, het huidige Vis. Later werd het eiland bestuurd door de Romeinen, vervolgens door de Byzantijnen en vanaf 1420 door de Venetianen. Vis speelde een sleutelrol gedurende de Tweede Wereldoorlog – in 1944 gebruikte Tito het als basis voor zijn militaire operaties. Belangrijke ontmoetingen tussen partisanen, de Joegoslavische regering in ballingschap en de geallieerden werden ook op Vis gehouden.

De mooie stad Komiža met zijn beschutte haven

Vis-stad

De grootste plaats **Vis** ligt aan een diepe, brede baai. Op een heuvel achter een reeks tennisvelden vindt u de resten van een oude Griekse begraafplaats, met graven van de eerste bewoners van deze stad. Aan de noordzijde van de baai liggen de overblijfselen van Romeinse mozaïeken, die ooit deel uitmaakten van een badencomplex uit de 2de eeuw. De iets verder gelegen franciscaner kloosterkerk op een klein schiereiland grenst aan een kiezelstrand. Op dit schiereiland bevindt zich ook de begraafplaats van de stad, met een monument in de vorm van een leeuw dat verwijst naar de zeeslag die hier in 1866 in de buurt plaatsvond tussen het Oostenrijkse en het Italiaanse leger. Aan de zuidkant van de baai staat de renaissancekerk Onze-Lieve-Vrouwe van Spilica (Gospa od Spilica), met een schilderij van Girolamo di Santacroce. In een oude kanonbatterij vindt u het **Stadsmuseum**, met een rijke collectie Griekse en Romeinse vazen en amforen. Verder naar het noorden ligt de buitenwijk Kut, een charmante doolhof van steegjes en pleintjes. Daar vlakbij bevindt zich de Britse begraafplaats, een kleine ommuurde plek ter ere van degenen die hier sneuvelden ten tijde van de Napoleontische Oorlogen en de Tweede Wereldoorlog. Een korte wandeling heuvelopwaarts naar het noorden ziet u herinneringen aan de vroeg-19de-eeuwse Britse bezetting van Vis – het fort van koning George III en de Bentichtoren. Beide staan leeg, maar bieden wel uitzicht over de mooie omgeving.

Stadsmuseum
Gospina batarija. ☎ 021-711729.
Open juni–sept.: ma–vr 9.00–13.00, 17.00–21.00, za 9.00–13.00 uur; okt.–mei: alleen groepen op afspraak.

Verklaring van de symbolen *zie achterflap*

Komiža

Aan de westkant van het eiland ligt **Komiža**, een havenplaats die lange tijd geassocieerd werd met de ansjovisvisserij. Met zijn leuke stenen huizen is het een van de aantrekkelijkste stadjes aan de Adriatische Zee. Op de kade staat de Kaštel, een Venetiaanse verdedigingstoren met daarin het **Visserijmuseum**, een eerbetoon aan de snelle Falkuša zeilboten die zo kenmerkend zijn voor hier en waarmee vroeger de vangst werd binnengehaald. Aan de noordzijde van de baai staat de 16de-eeuwse kerk Onze-Lieve-Vrouwe van de Piraten (Gospa Gusarica), zo genoemd omdat volgens de legende een bende piraten die een houten Mariabeeld hadden gestolen, niet lang daarna omkwamen bij een schipbreuk terwijl het beeld veilig naar de kant dreef. De kerk heeft een ongebruikelijke drieschepige vorm. Iets landinwaarts staat op een heuvel het benedictijnenklooster, versterkt door bastions en geflankeerd door wijngaarden. De mooiste stranden van Komiža liggen in het zuiden, bij een reeks grotten.

Visserijmuseum
Riva svetog Mikule. **Open** juni–sept.: ma–za 11.00–12.00, 19.00–22.00, zo 19.00–22.00 uur.

Hum

Komiža wordt gedomineerd door het hoogste punt van Vis, de berg Hum (587 m), die te bereiken is per auto of via een wandelpad vanuit Komiža. Vanaf de top hebt u een adembenemend uitzicht en avontuurlijke sporters kunnen hier hanggliden. Aan de oostkant van de top bevindt zich Tito's Grot (Titova špilja), waar in 1944 tijdens de Tweede Wereldoorlog de partizanenleider Josip Broz Tito enkele maanden zijn hoofdkwartier had. Hier besprak Tito's leger de herovering van het door de Duitsers bezette Dalmatië. De grot is in de zomer regelmatig open voor het publiek, maar informeer bij het toeristenbureau in Komiža voor tijden.

De Kaštel is een Venetiaanse verdedigingstoren in Komiža

Plisko Polje

Plisko Polje is de grootste plaats in het binnenland van Vis, aan de zuidkant, met vruchtbare akkers die enkele van de lekkerste Plavacwijnen, een droge rode wijn, van het Adriatische Zeegebied voortbrengen. De velden buiten Plisko Polje werden tijdens de Tweede Wereldoorlog gebruikt als landingsplaats zodat de geallieerde vliegtuigen Tito's partizanen konden bevoorraden. Nu is de plek grotendeels begroeid met wijnranken. Een gedeelte van de oude landingsplaats is ingeruimd voor het enige cricketveld van Kroatië, aangelegd door enthousiaste Kroaten die waren geëmigreerd naar Australië en terugkeerden met een liefde voor deze sport. Ten zuiden van Plisko Polje lopen er paden naar de mooie grotten van Stiniva en Mala Travna, lastig bereikbaar maar enorm populair – veel mensen komen er met een excursie vanuit Vis-stad of Komiža.

Een bootje brengt toeristen vanuit een hotel in Komiža naar het eiland Biševo

TIPS VOOR DE TOERIST

Praktische informatie
Kaart D6. 4300.
Vis-stad Šetalište stare Isse 5, 021-717017. **tz-vis.hr**
Komiža 021-713455, **tz-komiza.hr**

Vervoer
vanuit Split en Hvar; Jadrolinija 021-711032.

Omgeving

Het schitterende eiland **Biševo**, ten zuidwesten van Vis, is schaars bewoond en is niet bereikbaar met een veerboot. Het is populair vanwege de Blue Grotto (Modra špilja), een grot waarvan het water prachtige kleuren aanneemt doordat het zonlicht door een smalle spleet onder water schijnt. De grot is alleen per boot bereikbaar: neem voor een dagtocht 's ochtends de boot vanaf Komiža (inlichtingen bij het toeristenbureau of reisorganisaties in de haven van Komiža). Bij veel excursies kunt u een paar uur doorbrengen op het eiland Biševo zelf. Rond 1000 werd hier een klooster gebouwd dat 200 jaar lang overvallen door piraten en Saracenen wist te weerstaan. De ruïnes staan er nog, naast een 12de-eeuwse kerk.

Voor hotels en restaurants in deze streek zie blz. 228–230 en blz. 240–245

㉑ Hvar

Kunstschatten, een mild klimaat, mooie stranden en geurende lavendelvelden maken dit eiland tot een van de parels in de Adriatische Zee. Kalkstenen heuvels vormen de ruggengraat van het eiland. Het verhaal van Hvar begint in de 4de eeuw v.C. toen de Grieken uit Paros, Pharos (het huidige Stari Grad) en Dimos (Hvar-stad) stichtten. Sporen zijn nagelaten door de Romeinen, de Byzantijnen, de middeleeuwse Kroatische vorsten en de Venetianen, die heersten van 1278 tot 1797. Na 1420 werden er versterkingen gebouwd en de hoofdstad verhuisde van Pharos naar Hvar-stad. In 1886 begon het Hygiënisch Genootschap van Hvar de stad te promoten als kuuroord. Tijdens de renaissance werd Hvar een cultureel centrum toen de dichters Hanibal Lucić en Petar Hektorović lyrisch schreven over de mensen en het landschap hier.

Hoofdplein van Hvar, met de Stefanuskathedraal

Smal straatje met traditionele huizen in Stari Grad

Hvar-stad
Blz. 132–133.

Stari Grad
Deze plaats (letterlijk Oude Stad) heette oorspronkelijk Pharos en werd in de 4de eeuw v.C. gesticht door de Syracussen. Het is nog steeds de belangrijkste haven van Hvar ondanks dat de politieke en culturele invloeden overgegaan zijn naar Hvar-stad. Stari Grad ligt aan het eind van een lange baai en de bezienswaardigheden bevinden zich in een pittoreske oude wijk met smalle straatjes. De 17de-eeuwse **Stefanuskerk** (Sv. Stjepan), met zijn vrijstaande Venetiaanse klokkentoren, is een opvallend punt. Aan de westkant van de wijk vindt u **Tvrdalj**, de versterkte residentie van de renaissancistische dichter Petar Hektorović. Hij is bekend als auteur van *Ribanje i ribarsko prigovaranje (Vissen en het visserrsgesprek)*, waarin hij op levendige wijze verslag doet van een vistocht rond de eilanden Hvar, Brač en Šolta. In 1514 begon hij met de bouw van Tvrdalj en het was de bedoeling dat het zowel een woonhuis zou worden als een versterkt onderkomen waarin de bevolking kon schuilen mochten zij door piraten worden aangevallen. De Tvrdalj moest vrijstaand zijn, met een tuin, een duiventil en een zoutwatervijver binnen de muren. Hektorović zette filosofische teksten in het Latijn op de muren, waardoor het een uniek monument werd voor wat betreft de renaissancistische humanistische gedachte.
Vlakbij ligt het **Stari Grad Museum**, gehuisvest in het renaissancistische Biankinipaleis. U ziet er een prachtige collectie Griekse amforen, enkele fraai gerenoveerde periodekamers en een schilderijengalerij die is gewijd aan plaatselijke kunstenaars, waaronder de getalenteerde Juraj Plančić (1899–1930), die in Parijs studeerde. De Moira Gallery in Vagonj 1 toont moderne kunst en heeft stukken Romeins mozaiek in de

Een vredig stuk kanaal in Vrboska

vloer. Aan de rand van de oude wijk staat het **dominicanenklooster** (Dominikanski samostan), in 1482 gesticht door broeder Germano van Piacenza en na verwoesting herbouwd en versterkt door Uluz Ali, de Osmaanse corsair die in 1571 de Adriatische eilanden aanviel. Hij was de meest gevreesde zeekapitein in die tijd, maar werd verdreven door de koppige inwoners van Korčula; toen plunderde hij maar het zwakkere eiland Hvar. Behalve een prachtige kruisgang heeft het klooster ook een bibliotheek met middeleeuwse boeken en schilderijen zoals een *Kruisafneming* van Tintoretto. In de kloosterkerk bevindt zich het graf van Petar Hektorović.

Ten oosten van Stari Grad ligt **Ager**, een vruchtbare vlakte met het ontwerp zoals de oude Griekse bewoners dit hadden bedacht. Archeologen hebben ontdekt dat de Grieken wijn maakten en vijgen en olijven verbouwden, precies zoals nu, maar ze verbouwden ook tarwe. Ager werd in 2008 op de Werelderfgoedlijst van Unesco gezet en kan te voet of per fiets worden verkend. Vanaf het 16de-eeuwse fort Španjola en het Napoleontische fort (1811) hebt u een fraai uitzicht.

Tvrdalj
Priko bb. **Open** mei, juni en sept.: dag. 10.00–13.00 uur; juli en aug.: dag. 10.00–13.00, 17.00–20.00 uur.

Stadsmuseum
Ulaz braće Biankini 2. 021-766324. **Open** mei, juni en sept.: ma–za 10.00–13.00 uur; juli en aug.: ma–za 10.00–12.00, 19.00–21.00, zo 19.00–21.00 uur; okt.–april: op afspraak.

Dominicanenklooster
Trg sv. Petra bb. **Tel.** 021-765442. **Open** juni–sept.: dag. 10.00–12.00, 18.00–20.00 uur; okt.–mei: op afspraak.

Jelsa

Jelsa is een traditionele Dalmatische nederzetting met een kleine haven en is populair voor gezinsvakanties, met diverse stranden aan de rand van de stad. Lange tijd was Jelsa een florerende stad, die wijn exporteerde naar de dorpen landinwaarts. Vanaf het gezellige plein loopt een trap naar de gotische Mariakerk (Sv. Marija). In de smalle straatjes van het historische centrum vindt u Trg svetog Ivana, een renaissancistische piazza met een unieke achthoekige kapel. In het palmenpark achter de haven staat een beeld van de 19de-eeuwse zeekapitein Nika Duboković, gemaakt door de belangrijke Dalmatische beeldhouwer Ivan Rendić.

TIPS VOOR DE TOERIST

Praktische informatie
Kaart D–E5. 11.500. Hvar-stad: Trg svetog Stjepana 42, 021-741059. Stari Grad: Obala dr. Franje Tuđmana 1, 021-765763. Sućuraj: 021-717288.
tzhvar.hr

Vervoer
Split, Drvenik. Hvar-stad: 021-741007; Jadrolinija: 021-741132; Stari Grad: 021-765060; Jadrolinija: 021-765048; Sućuraj: 021-773228.

Vrboska

Vrboska is een leuk dorp met stenen bruggen over een smal kanaal dat uitloopt in zee. Het dorp wordt gedomineerd door de 16de-eeuwse Mariakerk (Sv. Marija), versterkt met enorme steunberen zodat dorpelingen zich hier bij een aanval konden verschuilen. De barokke Laurentiuskerk (Sv. Lovro) heeft een drieluik van Paolo Veronese (ca.1570) en een *Maria van de Rozenkrans* van Leandro da Bassano. Op een korte wandeling noordwaarts ligt het schiereiland Glavica, met rotsen en kiezelstranden. Het kustpad vanaf Vrboska naar Jelska is leuk voor een ontspannen wandeling.

Zavala

Zavala is het grootste dorp aan de vredige zuidkust van Hvar, waar kleine gehuchtjes verspreid liggen tussen de met wijnranken begroeide velden. De weg vanuit Jelsa loopt door een befaamd lage en smalle tunnel. Bij Zavala vindt u een lang kiezelstrand. U kunt een excursie maken naar het eiland Šćedro, met nog stillere stranden, pijnbomen en een dichte vegetatie.

Sućuraj

Sućuraj ligt aan een beschutte baai aan de oostkant van het eiland. Hier komt de veerboot vanuit Drvenik op het vasteland aan. In de leuke haven ziet u de resten van een fort dat in 1630 door de Venetianen werd gebouwd. De Mlaskabaai en de Pernabaai zijn de twee mooiste baaien van Hvar, met helder, ondiep water en fijn zand.

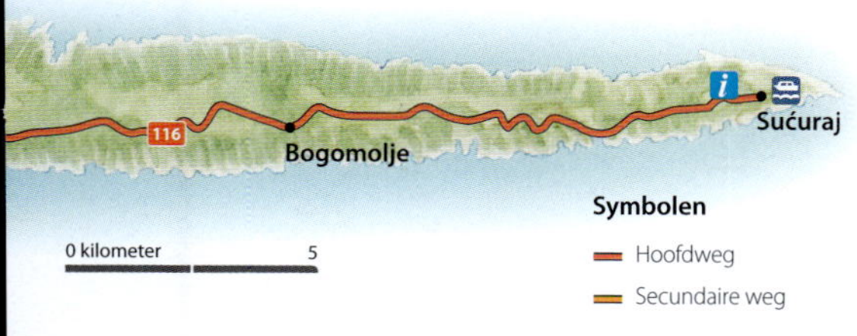

Hvar-stad verkennen

Dankzij het fraaie renaissancistische centrum is Hvar-stad een van de meestbezochte steden aan de Dalmatische kust. Lange tijd was de stad populair bij Kroatische kunstenaars en beroemdheden, waardoor het een chique reputatie verwierf die nu tot uitdrukking komt in het groeiende aantal stijlvolle restaurants, bars en hotels. In de haven, de mondainste van de Adriatische Zeekust, liggen 's zomers luxueuze jachten. Pas in de 15de eeuw werd Hvar-stad de grootste plaats op het eiland, toen Venetiaanse gouverneurs bedachten dat deze haven gemakkelijker was te verdedigen dan die op Stari Grad en alle adel hierheen lieten verhuizen. Hvar-stad werd een belangrijke haven voor de Venetiaanse vloot die flink handel bedreef met de Oriënt en zo voorspoed bracht. Ook kwamen er kloosterorden en bloeide het culturele leven op.

Cafés op het plein, met op de achtergrond de kathedraal

Stefanuskathedraal
Katedrala sv. Stjepana
Trg svetog Stjepana. **Tel.** 021-743107. Schatkamer: **Open** zomer: dag. 9.00–12.00, 17.00–19.00 uur; winter: op afspraak.

De renaissancistische kathedraal Trg svetog Stjepana, die het plein van Hvar domineert, heeft een driepasfronton en een fraaie 17de-eeuwse klokkentoren. Het interieur bevat veel kunstwerken: een *Maria met heiligen* van Palma il Giovane (1544–1628), een *Pietà* van Juan Boschetus, een *Maria met heiligen* van Domenico Uberti en een fraai 16de-eeuws houten koor. In de schatkamer ziet u een rijke collectie relikwieën en zilverwerk.

Arsenaal
Trg svetog Stjepana. **Gesloten** wegens renovatie tot eind 2017.

Aan de zuidkant van het plein vindt u het Arsenaal, gebouwd aan het eind van de 16de eeuw als droogdok voor Venetiaanse oorlogsgaljoenen. Het in 1612 gebouwde theater op de eerste verdieping is een van de oudste van Europa. Het was opengesteld voor alle lagen van de bevolking in een poging de sociale kloof tussen aristocraten en de gewone man te dichten. Het weelderige interieur is mooi bewaard gebleven en in de foyer worden kunstexposities gehouden. Het balustradeterras biedt een fraai uitzicht.

De renaissancistische klokkentoren en de loggia, schuin tegenover het Arsenaal, zijn de enige resten van het **Rectorspaleis**, waar de administrateur die was aangesteld door de Venetiaanse Republiek zetelde. De rest van het paleis werd in 1900 gesloopt om plaats te maken voor Hotel Elisabeth, het huidige Hotel Palace *(blz. 228)*.

De open, nooit afgebouwde gotische vensters van het Hektorovićpaleis

Hektorovićpaleis
Hektorovićeva palača

Ten noorden van het plein ligt de oude wijk Groda, met stenen huizen en smalle steegjes op een steile heuvel. Prominent aanwezig is het **Hektorovićpaleis**, een onvoltooid bouwproject van de 15de-eeuwse dichter Petar Hektorović *(blz. 130–131)*. Hij is gemakkelijk te herkennen aan de prachtige Venetiaans-gotische ramen.

Benedictijnenklooster
Benediktini samostan
Groda bb. **Tel.** 021-741052. **Open** ma–za 10.00–12.00, 17.00–19.00 uur.

Achter het Hektorovićpaleis staat een benedictijnenklooster uit 1664. Er woont een afgezonderde gemeenschap nonnen die nog steeds het traditionele Hvarkant maken, tentoonstellen en verkopen. De kant wordt gemaakt van vezels van de scherpe agaveplant die overal op het eiland groeit.

Citadel
Open april en mei: dag. 10.00–16.00 uur; juni–sept.: dag. 10.00–22.00 uur.

Vanaf de wijk Groda lopen er paden naar de 16de-eeuwse citadel, hooggelegen op een heuvel boven de stad. Hij is plaatselijk bekend als de Španjola omdat hij is gebouwd door Spaanse architecten die waren gespecialiseerd in versterkingen. Vanaf de wal en hebt u een prachtig zicht op de kust.

Marcuskerk
Crkva svetog Marka

De klokkentoren van het oude dominicaner Marcusklooster, ten westen van het plein, is vanuit de hele stad te zien. Het klooster was tijdens de renaissance een belangrijk cultuurcentrum. In 1525 gaf pater Vinko Pribojević hier zijn beroemde preek over de oorsprong van het Slavische volk, waarbij hij niet alleen stelde dat de Slaven van Europa etnisch met elkaar waren verbonden, maar ook dat ze oorspronkelijk allemaal van het Kroatische Adriatische Zeegebied stamden.

Het strand Mlini op de Pakleni-eilanden is populair bij de lokale bevolking

Franciscanenklooster
Franjevaĉki samostan

Križa bb. **Tel.** 021-741193.
Open mei–okt.: dag. 9.00–12.00 uur; nov.–april: dag. 11.00–12.00 uur.

Het klooster uit 1461 ligt aan de kustweg ten zuiden van de Oude Stad. In de kloosterkerk **Onze-Lieve-Vrouwe van Barmhartigheid** (Gospa od Milosti), met op de gevel een reliëf van Nikola Firentinac, ziet u twee schilderijen van Palma il Giovane *(Franciscus ontvangt de stigmata* en *San Diego)*, drie polyptieken van Francesco da Santacroce, een *Christus aan het kruis* van Leandro da Bassano, en zes taferelen geïnspireerd op het lijden van Christus door Martin Benetović.
Het graf van de renaissance-dichter Hanibal Lucić is te zien op de vloer van het schip. In de ruimte tegenover de kruisgang bevatten ook de nodige kunst. De maker van het *Laatste Avondmaal* in de refter is onbekend, mogelijk Matteo Ingoli, Matteo Ponzone of de school van Palma il Giovane.

Omgeving
De schaars bewoonde **Pakleni-eilanden**, voor de kust bij Hvar-stad, zijn in de zomer populair bij zwemmers, wandelaars en zeilers. Hun naam is ontleend aan de hars *(paklina)* die onttrokken werd aan dennenbomen en gebruikt werd om schepen waterdicht te maken.
In de zomer vertrekken regelmatig boten uit Hvar naar de eilanden. Sveti Klement is het grootste eiland en heeft het meest te bieden qua stranden, wandelmogelijkheden en restaurants. Op Marinkovac zijn ook mooie stranden en er is een populaire jachthaven.
Houd er rekening mee dat het dichtstbijzijnde eiland, Jerolim, bestemd is voor naturisten.

Hvar
1. Stefanuskathedraal
2. Arsenaal
3. Hektorovićpaleis
4. Benedictijnenklooster
5. Citadel
6. Marcuskerk
7. Franciscanenklooster

0 meter 300

Verklaring van de symbolen *zie achterflap*

Varen op de rivier in natuurpark Cetinavallei

㉒ Omiš

Kaart D5. 6000. 021-864210. 021-861025. Trg kneza Miroslava bb, 021-861350. Festival klapa (juli). **visitomis.hr**

In de late middeleeuwen was Omiš een broeinest van piraten, die tegen de Venetianen vochten van de 12de eeuw tot 1444, toen de stad in handen van de Venetianen viel. Nu is het een vredig vakantieoord, met enige industrie aan de kust en het vertrekpunt voor excursies naar de Cetinavallei. In juli trekt het Dalmatinksa Klapafestival veel bezoekers, die komen luisteren naar Klapa, een traditioneel monotoon gezang uit Dalmatië dat nog altijd heel populair is, ook bij jongeren.

Van het Romeinse *municipium* van Onaeum is niet veel meer over, maar veel van de middeleeuwse versterkingen die gebouwd zijn door de graven van Kačić en Bribir zijn nog steeds zichtbaar op de heuvel, waar vroeger de Oude Stad (Starigrad) lag. Ze bestaan uit muren die omlaag lopen naar de Cetina en uit de ruïnes van een groot fort (Fortica) met een opvallende hoge toren. Vanaf het fort, gebouwd in de 16de en de 17de eeuw, hebt u een mooi uitzicht op Omiš en de Dalmatische eilanden. In de stad staan drie interessante religieuze gebouwen. Een daarvan is de renaissancistische **Michaëlkerk** (Sv. Mihovil) met een spitse klokkentoren, oorspronkelijk een verdedigingswerk. Binnen zijn een 16de-eeuwse houten altaar, een groot 13de-eeuws houten kruis en twee schilderijen van Matteo Ingoli van Ravenna (1587–1631) te zien. Aan het eind van de hoofdweg staat het 16de-eeuwse **Oratorium van de H. Geest** (Sv. Duh) met een *Uitstorting van de H. Geest* van Palma il Giovane (1544–1628). Het fascinerendste monument ligt echter in Priko, aan de overkant van de Cetina. Dat is de 10de-eeuwse **St.-Pieterskerk** (Sv. Petar), een van de mooiste preromaanse kerken in Dalmatië. Hij heeft een enkel schip, een koepel en er zijn resten uit de vroeg-christelijke periode in de muren verwerkt.

St.-Pieterskerk in Priko, een wijk van Omiš

Omgeving
Het **natuurpark Cetinavallei**, direct achter Omiš, is genoemd naar de rivier die hier in het kunstmatige Perućameer stroomt. De rivier stroomt het meer weer uit en loopt enige tijd parallel aan de kust om zich in de buurt van Zadvarje plotseling omlaag te storten en in een smalle kloof te stromen. Deze mooie omgeving met zijn vele vogelsoorten is te voet of per fiets te verkennen, maar de populairste manier om het natuurpark te zien is door een tochtje te maken met een van de vele bootjes hier.

㉓ Makarska

Kaart E5. 14.000. Ulica Ante Starčevića 30, 021-612333. Obala kralja Tomislava 1a, 021-611977. Obala kralja Tomislava 16, 021-616002. **makarska-info.hr**

De Makarskakust loopt van Brela naar Gradac en omvat een lang stuk kust met weelderige vegetatie aan de voet van het Biokovomassief. Makarska, een van de populairste vakantieoorden op het vasteland van Dalmatië, ligt aan een baai die beschut wordt door het Petrusschiereiland. Het stadje heette in de Romeinse tijd Mucurum. Het werd herbouwd, nadat het

De zandstranden en het bergachtige achterland van de Makarskakust

Voor hotels en restaurants in deze streek zie blz. 228–230 en blz. 240–245

in 548 verwoest was door de Goten, en behoorde tot 1499 tot het koninkrijk Kroatië, toen het veroverd werd door de Turken. Zij gebruikten de plaats als haven en handelscentrum tot 1646, het begin van de Venetiaanse overheersing.
Er zijn twee oude kloosters in Makarska. Het Filip Neriklooster (Sv. Filipa Nerija) is gebouwd in 1757; de kruisgang bevat zowel middeleeuwse als Romeinse elementen. Het franciscanenklooster, in 1614 gebouwd op de fundamenten van een 15de-eeuws klooster, herbergt het **Malacologisch Museum** (Malakološki muzej), met een verzameling weekdierschelpen. Het centrum van de moderne stad is het Broeder Andrija Kačić Miošićplein, genoemd naar de 18de-eeuwse Dalmatische geleerde en auteur van theologische en filosofische werken. Twee promenades voeren naar de uitgestrekte stranden en naar Kalelarga, waar 18de-eeuwse gebouwen staan.

Malacologisch Museum
Franjevački put 1. **Tel.** 021-611256.

㉔ Gradac

Kaart E5. 1200. 021–697375 (alleen hoogseizoen). **gradac.hr**

Deze plaats dankt zijn populariteit aan het feit dat hij beschikt over een van de langste stranden van het oostelijke Adriatische Zeegebied. Talloze hotels en kampeerterreinen omzomen

Het franciscanenklooster in Makarska, nu een museum

Het strand bij Gradac aan de oostelijke Adriatische kust

het meer dan 6 km lange strand. In de plaats zelf staan twee grote 17de-eeuwse torens, terwijl vlakbij, in **Crkvine**, de resten zijn gevonden van een Romeinse halteplaats tussen Mucurum (het huidige Makarska) en Narona *(blz. 136)*. Gradac ontleent zijn naam aan het fort *(grad)* dat in de 17de eeuw werd gebouwd om de stad te verdedigen tegen de Turken.

Omgeving
Ten westen van Gradac staat een franciscanenklooster (Franjevački samostan), gesticht in de 16de eeuw en een eeuw later voltooid. Op de gevel van de kerk is een inscriptie aangebracht in cyrillisch schrift. In de kamers rond de prachtige kruisgang is een fascinerende verzameling volkskunst te zien. Er zijn ook een galerie, een bibliotheek en een archief met documenten over de periode van de Turkse overheersing. De Dalmatische geleerde Andrija Kačić Miošić (1704–1760) woonde en stierf in het klooster.
Zo'n 20 km van Gradac, richting Makarska, ligt **Živogošće**, een van de oudste nederzettingen aan de Makarskakust. Nu is het een druk toeristenoord, maar vroeger was de plaats beroemd om een bron, waarvan het water van de rotsen omlaag stroomde. In 1616 werd er naast de bron een fransciscanenklooster gebouwd; de kloosterkerk heeft een rijk versierd baroksaltaar. De goede bibliotheek en het archief vormen de belangrijkste informatiebron over de omgeving van het Biokovomassief.

De wijngaarden van Dalmatië

Wijnstokken beschermd door muurtjes

Langs de hele kust van Dalmatië en op vele van de eilanden wordt wijn verbouwd. De eerste wijngaarden zijn te vinden rond Primošten, bij Trogir *(blz. 113)*, waar de goede rode Babićwijn vandaan komt; ter hoogte van de Makarskakust vormen ze een onlosmakelijk deel van het landschap. De wijngaarden liggen op stenige hellingen en worden 'versterkt' met lage stapelmuurtjes, die met geometrische precisie zijn aangelegd door de lokale boeren. De muurtjes beschermen de lage wijnstokken tegen de koude noorderwind en 's zomers tegen de hete zon. Zonder deze muurtjes, die het resultaat zijn van veel inspanning en volharding, zou de wijnbouw op deze moeilijke gronden niet denkbaar zijn.

De Neretvadelta bij Opuzen, drooggelegd en omgetoverd in vruchtbare velden

㉕ Opuzen

Kaart E6. 3250. Metković, 060-365365. Trg kralja Tomislava 1, 020-671139. **opuzen.hr**

Aan de rand van de Neretvadelta, waar de weg de Magistralakustweg (E65) verlaat en uit het dal omhoog klimt, ligt Opuzen. Eeuwenlang was het versterkt en het is altijd beschouwd als een grensstadje.

Tegen het eind van de 15de eeuw bouwde de Hongaars-Kroatische koning Matthias Corvinus hier het fort Koš. Het werd in 1490 ingenomen door de Turken, die de scepter zwaaiden tot 1686, toen het onder Venetiaans bestuur kwam. Er zijn ook resten van een 13de-eeuws kasteel, dat gebouwd werd ten tijde van de Republiek Dubrovnik, en de resten van een fort (Fort Opus), waarmee de Venetianen de grenzen van hun grondgebied bewaakten. Het stadje ontleent zijn naam aan dit fort; de ruïnes zijn te zien aan de oostkant.

Op het grote plein zijn diverse overblijfselen gevonden, afkomstig uit het oude stadje Narona.

㉖ Narona

Kaart E6. Metković, 060-365365. 020-691596. **a-m-narona.hr**

Het oude stadje Colonia Julia Narona werd gesticht door de Romeinen in de 1ste eeuw v.C. Het was een belangrijk kruispunt en men dreef er handel met het Adriatische achterland en de regio die nu Bosnië-Herzegovina heet; er waren tempels, baden, een theater en andere gebouwen die rond het Forum stonden. De ommuurde stad was een van de eerste bisschopszetels op de Balkan en floreerde tot de 7de eeuw, toen hij werd verwoest door de Avaren en de Slaven. Aan het einde van de 19de eeuw begon de Oostenrijkse archeoloog Karl Patsch met opgravingen, nadat hij bij toeval op enkele vondsten was gestuit. Het werk ging door na de Tweede Wereldoorlog en leverde resten op van heidense en christelijke tempels, huizen en openbare werken. In 1995 werd een bijzonder fraaie tempel ontdekt. Grote delen van het gebied moeten nog worden onderzocht, maar men krijgt een idee van het belang van de stad door een bezoek te brengen aan het Archeologisch Museum Narona in **Vid**. Dit dorpje, 3 km van Metković, ligt op de plek van het antieke Narona. Het museum toont beelden van Romeinse keizers en hun families, naast aardewerk, glaswerk, wapens, sieraden en stenen monumenten die gevonden werden in Narona. Een deel van de collectie is te zien in het Archeologisch Museum van Split *(blz. 125)*.

Hoofd keizer Vespasianus, museum van Vid

De 16de-eeuwse St.-Vituskerk (Sv. Vid) ligt net buiten Narona op de plek van een 5de-eeuwse kerk, waarvan alleen delen van de apsis bewaard zijn gebleven.

㉗ Neum

Bosnië-Herzegovina. **Kaart** E6. 2500. Metković, 060-365365. **neum.ba**

Alle bussen over de kustweg tussen Split en Dubrovnik komen door het 9 km lange stuk kust dat deel uitmaakt van Bosnië-Herzegovina. De hoofdplaats van dit gebied is Neum, een vakantieoord en de enige kustplaats van Bosnië. De prijzen zijn hier lager dan in Kroatië, wat de reden is dat veel Kroaten hier komen winkelen.

Neum is een grensplaatsje en bezoekers dienen een paspoort bij zich te hebben. Er zijn hotels en toeristenfaciliteiten.

㉘ Schiereiland Pelješac

Kaart E6. Metković, 060-365365. Ston: 580. 020-754026. Pelješka cesta 2, 020-754452. **ston.hr** Orebić: 2500. 020-743542 (Trpanj). Zrinsko Frankopanska 2, 020-713718. **visitorebic-croatia.hr**

Het schiereiland Pelješac steekt 65 km de zee in, maar meet op zijn breedste punt slechts 7 km. Door het midden loopt een bergketen, met als hoogste punt de berg St.-Elia (961 m). De hellingen en vlakten zijn bedekt met wijngaarden en fruitbomen; in het ondiepe water langs de kust worden oesters geteeld.
Het schiereiland werd eerst gekoloniseerd door de Grieken, daarna door de Romeinen en later door de Byzantijnen. Van 1333 tot 1808 behoorde het toe aan Dubrovnik.

De Pelješackust, een centrum voor de oesterteelt

Ston

Ston, de plaats die het dichtst bij het vasteland ligt, werd oorspronkelijk Stagnum genoemd vanwege het ondiepe water. Er zijn hier zoutpannen sinds de tijd van de Romeinen, die er een *castrum* hebben gebouwd. Al voor de 10de eeuw was de plaats ommuurd.
Met de huidige ommuring, die nog altijd indrukwekkend boven de plaats uitsteekt, werd in de 14de eeuw begonnen in opdracht van Dubrovnik. De muren lopen over een afstand van meer dan 5 km omhoog van Veliki Ston, het hart van de plaats, naar de berg St.-Michaël om aan de andere kant weer omlaag te voeren naar Mali Ston. De 41 torens, zeven bastions en twee forten maken dit tot een van de grootste en interessantste verdedigingswerken aan de Adriatische kust en zelfs van de wereld. Aan het ontwerp en de bouw werkten de beste militaire architecten mee, zoals Michelozzo Michelozzi, Župan Bunić, Bernardino van Parma, Juraj Dalmatinac en Paskoje Miličević. De muren worden sinds 2001 gerestaureerd. In het deel tussen Ston en Maliston zijn de werkzaamheden voltooid en kunt u een 45 min. durende wandeling maken.
De belangrijkste bouwwerken liggen in **Veliki Ston**, dat gebouwd is als een onregelmatige achthoek. De gebouwen omvatten het grootste fort (Veliki Kaštio), de neogotische Blasiuskerk (Sv. Vlaho), die in 1870 werd gebouwd ter vervanging van een in 1850 bij een aardbeving verwoeste 14de-eeuwse kathedraal, het Gouverneurspaleis (Knežev dvor), dat in dezelfde eeuw werd uitgebreid, en het Bisschoppelijk Paleis (1573). De **kerk en het franciscanenklooster van St.-Nicolaas** (Sv. Nikola) ontstonden tussen de 14de en 16de eeuw.
Mali Ston, het andere belangrijke deel van de stad wordt gedomineerd door het Fort Koruna uit 1347; er zijn twee arsenalen en een versterkt pakhuis voor de opslag van zout. Men heeft hier een prachtig uitzicht over het schiereiland naar het noorden van de stad.

Het franciscanenklooster tussen Orebić en Lovište

Orebić

Orebić, bij de punt van het schiereiland, is het vertrekpunt voor veerboten naar Korčula. Het bezienswaardige **Maritiem Museum** (Pomorski muzej) geeft een beeld van de vroegere inwoners, die bekendstonden als de beste zeevaarders van het Middellandse Zeegebied. Aan het eind van hun carrière kochten de zeelui huizen aan de kust of in de heuvels. Net buiten het dorp, in de richting van Lovište, staat een 15de-eeuws **franciscanenklooster** (Franjevački samostan). In de kerk ernaast ziet u twee reliëfs, waaronder een *Maria met Kind* van Nikola Firentinac (1501), een leerling van Donatello.

Maritiem Museum
Trg Mimbelli bb. **Tel.** 020-713009. **Open** juni–sept.: ma–vr 7.00–22.00, za en zo 18.00–22.00 uur; okt.–mei: ma–vr 7.00–15.00 uur.

Uitzicht op de muren die de twee delen van Ston met elkaar verbinden

㉙ Korčula

Dichte bossen met aleppodennen, cipressen en eiken bedekken dit eiland, een van de grootste in de Adriatische Zee. Over de hele lengte (47 km) lopen bergen; de hoogste top is 560 m. Het eiland, dat al sinds prehistorische tijden bewoond is, werd door de Grieken Korkyra Melaina (Zwart Korfoe) genoemd. Na de 10de eeuw werd om het eiland gevochten door de Venetianen en de Kroatische koningen en later door de Genuezen en de Turken (tijdens een zeeslag tussen Genua en Venetië in 1298 namen de Genuezen Marco Polo gevangen, die op het eiland geboren zou zijn). Tegenwoordig is het een populaire vakantiebestemming. De hoofdstad is Korčula.

TIPS VOOR DE TOERIST

Praktische informatie
Kaart E6. 17.000. Obala dr. Tuđmana 4, Korčula, 020-715701. Moreška, juni en sept.: do 21.00 uur; juli en aug.: ma en do 21.00 uur. Lumbarda: 020-712005. Blato: Trg dr. Franje Tuđmana 4, 020-851850. St.-Vincencadag (28 april). Obala 3 br 19, 020-813619.
visitkorcula.eu
tzvelaluka.hr

Vervoer
van Orebić, Split en Rijeka. Korčula: 020-711216. Vela Luka: 020-715410. 020-812023.

De Landpoort, de hoofdingang van de oude stad van Korčula

Korčula-stad

De stad ligt op een schiereiland en wordt omgeven door zware 13de-eeuwse muren, die na 1420 door de Venetianen versterkt zijn met torens en bastions. De hele stad is betoverend. De **Landpoort** (Kopnena vrata) werd versterkt met een enorme toren, de Revelin, die uitkeek over een kanaal, gegraven door de Venetianen om de stad te isoleren. Er lopen nu trappen in dit gebied. De smalle straatjes die uitkomen op de hoofdweg zijn zo aangelegd dat de overlast van de borawind wordt verminderd.
Aan het plein **Trg sv. Marka** staat het belangrijkste monument van de stad, de 14de-eeuwse St.-Marcuskathedraal (Katedrala sv. Marka), opgetrokken in bleek, honingkleurig steen. Hij dateert voor het grootste deel uit de 15de eeuw. Het vakmanschap van de beeld- en steenhouwers is goed te zien aan de ingang die bewaakt wordt door twee leeuwen. Hij is versierd met dunne, spiraalvormige zuiltjes en een lunet met de figuur van Marcus, toegeschreven aan Bonino van Milaan. Twee andere deuren geven toegang tot de zijbeuken. Links staat een indrukwekkende 30 m hoge klokkentoren die kan worden beklommen.
Binnen staan grote zuilen met fraai versierde kapitelen en enkele belangrijke beeldhouwwerken: een 15de-eeuwse wijwaterbak, een doopvont uit de 17de eeuw en het graf van bisschop Toma Malumbra, toegeschreven aan het atelier van Marko Andrijić, die het ciborium in het presbyterium maakte in 1481. Er is ook een beeld van St.-Blasius van Ivan Meštrović. Een van de schilderijen is een *Marcus met St.-Hiëronymus en St.-Bartholomeus* van Tintoretto. Trofeeën aan de muur herinneren aan de Slag bij Lepanto in 1571. Naast de kathedraal, in het voormalige bisschoppelijk paleis, bevindt zich de **Abdijschatkamer** (Opatska riznica), die bekendstaat om zijn Dalmati-

Ingang van de gotische St.-Marcuskathedraal, Korčula

Voor hotels en restaurants in deze streek zie blz. 228–230 en blz. 240–245

Korčula, de hoofdstad van het eiland, op een landtong aan de noordoostkust

sche en Venetiaanse kunst, waaronder een drieluik van Blaž van Trogir, twee altaarschilderingen door Pellegrino van San Daniele, een *Heilige Familie* door Titiaan, een *Portret van een man* door Vittore Carpaccio en een *Annunciatie* van Titiaan. De gotische **St.-Pieterskerk** (Sv. Petar) links van de kathedraal heeft een deur van Bonino van Milaan. Tegenover de Pieterskerk liggen het gotische **Arneripaleis** en het renaissancistische Gabriellispaleis (16de eeuw). De laatste is sinds 1957 ingericht als het **Stadsmuseum** (Gradski muzej) en bevat documenten over de zeevaartgeschiedenis van Korčula, een interessante archeologische sectie en een schilderijengalerij met portretten van lokale edelen.

Aan de kade staat de **Allerheiligenkerk** (Svi Sveti) uit 1301, later in barokstijl verbouwd, die aan de oudste broederschap van het eiland toebehoort. U ziet er een 18de-eeuwse houten *Pietà* van de Oostenrijkse kunstenaar George Raphael Donner en een 15de-eeuws drieluik van Blaž van Trogir. In het verblijf van de broederschap bevindt zich de **Iconencollectie** (Kolekcija ikona), beroemd om zijn rijke verzameling 13de- tot 15de-eeuwse Byzantijnse iconen. Buiten de muren ligt het 15de-eeuwse **St.-Nicolaasklooster** (Sv. Nikola) met veel schilderijen van Dalmatische en Italiaanse kunstenaars.

Abdijschatkamer
Trg sv. Marka. 020-711049.
Open bel voor informatie.

Stadsmuseum
Trg sv. Marka. **Tel** 020-711420. **Open** april–juni: ma–za 10.00–14.00 uur; juli–sept.: ma–za 9.00–21.00 uur; okt.–maart: 10.00–13.00 uur; zo op afspraak.

Iconencollectie
Trg Svih Svetih. 020-711306 of 091-8833879. **Open** zomer: ma–za 10.00–14.00 en 17.00–20.00 uur; winter en zo: op afspraak.

Oude dans en festivals

De Moreška en de Kumpanija zijn de twee bekendste festivals van Korčula. Officieel vindt de Moreškazwaarddans plaats in Korčula op 29 juli, de dag van de patroonheilige (St.-Theodorus), maar 's zomers wordt hij voor toeristen iedere maandag en donderdag herhaald. Hij herinnert aan een confrontatie tussen christenen en Moren tijdens een poging om een meisje te bevrijden dat was ontvoerd. De Kumpanijadans in Blato is gewijd aan de patroonheilige St.-Vincentia en wordt gevierd met drummuziek. Aan het eind van de strijd verschijnen meisjes in vrolijke kostuums vergezeld van een drumband. De dans vindt plaats tegenover de kerk op 28 april en wordt eenmaal per week voor toeristen herhaald.

Twee Moreška's voeren de oude Moreškazwaarddans uit

De serene kust van Lumbarda

Lumbarda

Lumbarda is een dorp 6 km ten zuidoosten van Korčula-stad; het zou gesticht zijn door Grieken afkomstig uit Vis. De Romeinen noemden het plaatsje Eraclea. In de 16de eeuw werd het een vakantieoord voor de edelen van Korčula. Inscripties uit de Griekse periode zijn nu te zien in het Archeologisch Museum van Zagreb *(blz. 168–169)*. Tegenwoordig is het dorp een van de productiecentra van de likeurachtige witte wijn genaamd Grk, gemaakt van druiven met dezelfde naam, die op zand verbouwd worden. De nabijgelegen kleine stranden zijn heel rustig.

Blato

Op het centrale plein van Blato, de plaats waar ieder jaar in april het Kumpanijafestival *(blz. 139)* wordt gehouden, staan een 18de-eeuwse barokke loggia, het renaissancistische **Arnerikasteel**, waar het plaatselijke historisch museum is gevestigd, en de middeleeuwse **Allerheiligenkerk** (Svi Sveti). De kerk is uitgebreid en herbouwd in de 17de eeuw en heeft een altaarstuk van *Maria met Kind en heiligen* van Girolamo di Santacroce (1540) en, in de kapel, relieken van de martelares St.-Vincentia, een plaatselijke heilige. De grafkerk van het **Heilig Kruis** en de **Hiëronymuskerk** dateren uit de 14de eeuw.

Vela Luka

Ongeveer 45 km ten westen van Korčula ligt Vela Luka, ook wel 'de oudste en de nieuwste stad' genoemd, omdat het aan het begin van de 19de eeuw werd gebouwd op de neolithische vindplaats Vela Spilja. Het is een van de grootste plaatsen op het eiland en behalve industrie zijn er aantrekkelijke baaien en talloze eilanden. De heuvels rond de stad beschutten deze streek voor de winden uit het noorden en het zuiden. Vela Luka is ook de voornaamste haven op het eiland en er zijn regelmatige veerdiensten naar Split en Lastovo.

Lumbarda op Korčula, een van de groenste eilanden in de Adriatische Zee

Oude Romeinse groeven, in Brač

Het steen van Dalmatië

De uitstekende kwaliteit van het steen op de Dalmatische eilanden was al bekend bij de Romeinen, die het gebruikten voor de monumenten van Salona en het Paleis van Diocletianus in Split. In Pučišća, op het eiland Brač, zijn de oude Romeinse groeven nog steeds zichtbaar. Het steen van Brač werd gebruikt voor de kathedraal in Šibenik *(blz. 110–111)*; Juraj Dalmatinac bedacht een methode om het steen te hakken zodat de blokken op elkaar aansloten zonder dat er cement nodig was. De meeste paleizen en kerken in Venetië zijn ook gemaakt van Dalmatisch steen. Voor delen van het Witte Huis in Washington en het koninklijk paleis in Stockholm is ook steen uit Brač gebruikt. In Korčula wordt al lang geen steen meer gehakt en de technieken zijn grotendeels verloren gegaan. De groeven op het kleine eiland Vrnik, tegenover Korčula, zijn nog steeds in gebruik; het steen werd gebruikt voor de Haya Sophia in Istanbul en het VN-gebouw in New York.

Franciscanenkerk en -klooster op het eiland Badija

30 Badija

Kaart E6. taxibootjes van Korčula.
badija.com

Dit is het grootste van de kleine eilanden (1 km²) in de archipel rond Korčula.
Het eiland is bedekt met pijnbomen en cipressen en ontleent zijn naam aan het franciscanenklooster dat hier in 1392 gebouwd is voor een groep monniken die uit Bosnië was gevlucht.
Het klooster en de kerk werden de eeuw daarop uitgebreid en bleven het eigendom van de religieuze gemeenschap tot 1950, toen het een sportcomplex werd. De kerk, waarvan de inrichting naar het Gemeentemuseum is verhuisd, en de kathedraal in Korčula hebben een gevel van licht gekleurd steen en een groot, centraal roosvenster.
De kruisgang is een voorbeeld van gotische architectuur op zijn best, met zuilen en bogen.

De Loggia op het hoofdplein van Lastovo: locatie van festivals

31 Lastovo

Kaart E6. 800. van Vela Luka (Korčula), Dubrovnik ('s zomers) en Split. Havenmeester: 020-805006. Pjevorbb,020-801018. **lastovo.hr**

Het eiland Lastovo, omgeven door zo'n veertig eilandjes en rotsige uitstulpingen, was een militair gebied en daarom niet toegankelijk voor toeristen. Het eiland is 9 km lang en ongeveer 6 km breed. Hoewel voor een groot deel bergachtig (de berg Hum bereikt een hoogte van 417 m), worden op de terrasvormige hellingen wijnstokken, olijven en fruit verbouwd. De kust is rotsig, met uitzondering van de baai die vlak bij de plaats Lastovo ligt.
Sporen van de langdurige overheersing van Dubrovnik (1252–1808) zijn zichtbaar in het hogere gedeelte van de plaats en in het fort, dat in 1819 door de Fransen werd gebouwd op de plek van een vroeger kasteel dat in 1606 werd verwoest door Dubrovnik.
Op het hoofdplein staan een 14de-eeuwse kerk en een 16de-eeuwse loggia. Hier vinden religieuze festivals plaats.
De kleine **Blasiuskerk** (Sv. Vlaho), gelegen bij de ingang van het dorp, wordt al in 12de-eeuwse documenten genoemd. Ook heel oud is het romaanse **Oratorium van Onze-Lieve- Vrouwe in het Veld** (Gospa od Polja) uit de 15de eeuw.
Restanten van gebouwen en villa's getuigen van de aanwezigheid van de Romeinen op het eiland. Dankzij het ontbreken van toerisme zijn de overblijfselen bewaard gebleven.
Religieuze feestdagen zijn heel populair en worden gevierd met traditionele dans, oude muziekinstrumenten en kostuums.

Groep huizen in de stad Lastovo

㉜ Nationaal Park Mljet

Nacionalni park Mljet

Het eiland Mljet, door de Romeinen Melita genoemd en door de Venetianen Meleda, beslaat een gebied van 98 km². Het is er bergachtig, met twee kalkstenen laagten waarin twee zoutwatermeren liggen die verbonden zijn door een kanaal. In de tijd van de Romeinen was Mljet een vakantieoord voor de rijken van Salona, die er hun villa's bouwden. Enkele ruïnes zijn nog te zien. In 1151 gaf hertog Desa het eiland aan de benedictijnen van Pulsano in Gargano (Italië), die er een klooster stichtten. Twee eeuwen later gaf Stjepan, de ban (gouverneur) van Bosnië, het eiland aan Dubrovnik. In 1960 werd het westelijke deel een nationaal park om de bossen van aleppodennen en steeneiken te beschermen.

Romeins Palatium
In Polače liggen de ruïnes van een Romeinse nederzetting, Palatium genaamd. Het gaat om de resten van een grote villa, een vroegchristelijke basiliek en thermale baden.

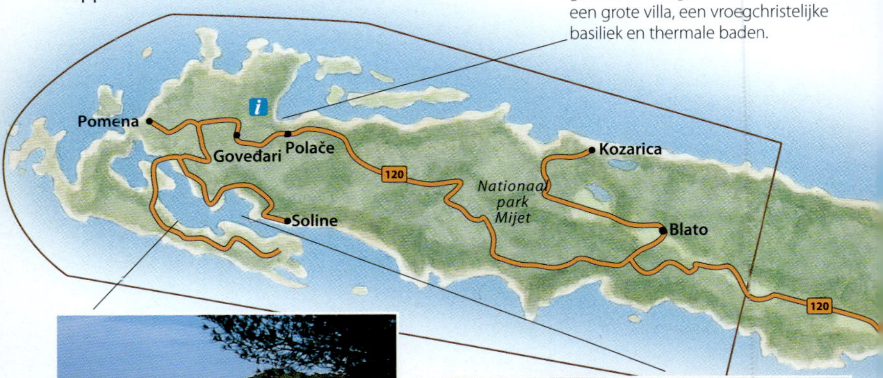

Mariaklooster
In het midden van het Grote Meer (Veliko jezero) ligt een klein eiland met een 12de-eeuws benedictijnenklooster. Het wordt nu gerestaureerd, maar kan wel bezocht worden.

Grote Meer (Veliko jezero)
Het meer heeft een oppervlakte van 1,45 km² en bereikt een diepte van 46 m. Het is via een kanaal verbonden met de zee en via een ander kanaal met een kleiner meer, Malo jezero.

Nationaal Park
Het gebied van 31 km² is bijna helemaal bebost. In de bossen leven wilde zwijnen, herten, hazen, hagedissen en veel vogelsoorten.

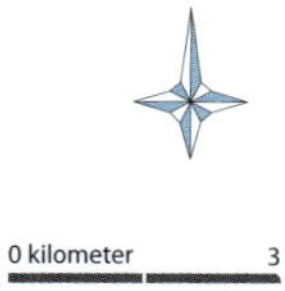

Voor hotels en restaurants in deze streek zie blz. 228–230 en blz. 240–245

Zeeleven
De onderwaterravijnen en -grotten voor de kust zijn het domein van een groot aantal verschillende vissensoorten, waaronder de zaagbaars. In deze wateren komt ook de bedreigde monniksrob voor.

TIPS VOOR DE TOERIST

Praktische informatie
Kaart E6. 1300. Goveđari: Polače, toeristenbureau: 020-744186. Nationaal Park: 020-744041. **mljet.hr** **np-mljet.hr**

Vervoer
van Dubrovnik.
Het park kan te voet of met de fiets worden bezocht. Voor boten moet u toestemming vragen. Bel daarvoor het informatienummer.

Het dorp Babino Polje werd gesticht rond het midden van de 10de eeuw door een groep vluchtelingen van het vasteland. De gouverneursresidentie dateert uit 1554, toen het eiland deel ging uitmaken van het territorium van de Republiek Ragusa (nu Dubrovnik).

Saplunara
Saplunara ligt op het meest zuidelijke puntje van het eiland en kan bogen op het mooiste strand in het gebied. Vanwege de weelderige vegetatie is het uitgeroepen tot natuurreservaat.

Onbewoonde eilanden
De natuur op de eilanden wordt met rust gelaten. Dennen- en eikenbossen strekken zich uit tot de rotsige kust.

Symbolen

- Secundaire weg
- Pad
- Parkgrens

Vissersdorpen
De oude dorpen op het eiland worden vooral bewoond door boeren en vissers. Deze dorpen en de baaien en grotten rond het eiland zijn heerlijke plekken om enige tijd door te brengen.

㉝ Onder de loep: Dubrovnik

Gelegen aan het kristalheldere water van de Adriatische Zee is Dubrovnik, tot de oorlog uitbrak in 1991, altijd een van de belangrijkste internationale vakantiebestemmingen van Dalmatië geweest, vermaard om zijn fraaie monumenten, de imposante muren en de gastvrije sfeer. Volgens keizer Constantijn Porphyrogenetus werd de stad in de 7de eeuw gesticht door vluchtelingen uit het Romeinse Epidaurum (nu Cavtat). Hij kwam onder Byzantijns en Venetiaans (1205–1358) bestuur en werd na 1382 formeel onafhankelijk, als de Republiek Ragusa. In de 15de en 16de eeuw telde zijn vloot meer dan 500 schepen. De kunsten bloeiden en de ontdekking van Amerika en nieuwe handelsroutes droegen enorm bij aan zijn rijkdom.
Een groot deel van het oude centrum dateert van na de herbouw die volgde op de aardbeving van 1667.

★ Rectorspaleis
Hier kwam de top van het stadsbestuur bijeen en de rector woonde er gedurende zijn ambtsperiode, die beperkt was tot een maand.

★ Schatkamer van de kathedraal
De herkomst van de objecten hier laat duidelijk zien dat Dubrovnik handelsbetrekkingen onderhield met de voornaamste plaatsen in het Middellandse Zeegebied. De schatkamer bezit kostbaarheden uit Byzantium, het Midden-Oosten en Venetië. Naast objecten van goud en email zijn er ook meesterwerken van grote kunstenaars.

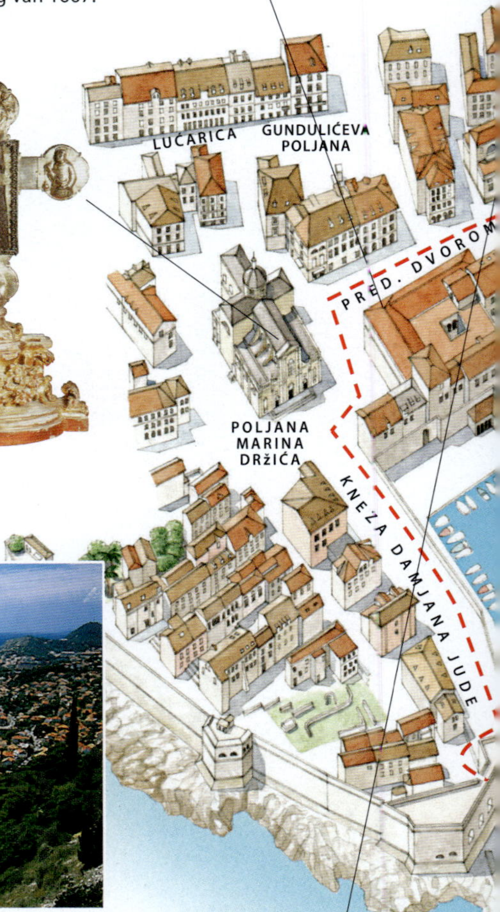

Symbool

— Aanbevolen route

Gezicht op Dubrovnik
Een prachtig uitzicht op Dubrovnik heeft men vanaf een terras aan de kust 2 km naar het zuiden. Vanaf hier kijkt men uit over de hele stad en de stadsmuren.

Blasiuskerk De 16de-eeuwse kerk werd in de eeuw daarna herbouwd om aan het begin van de 18de eeuw te worden herontworpen door Marino Groppelli.

Voor hotels en restaurants in deze buurt zie blz. 228–230 en blz. 240–245

Sponzapaleis
Het 16de-eeuwse paleis bevat vandaag de dag de staatsarchieven. Op de latei is de volgende Latijnse inscriptie te lezen: 'Bedrog plegen met de gewichten is verboden. Terwijl ik de goederen weeg, neemt God mij de maat.'

TIPS VOOR DE TOERIST

Praktische informatie
Kaart F6. 43.000. Lokaal: Brsalje 5, 020-312011; Regionaal: Šipčine 2, 020-324999. Zomerfestival van Dubrovnik (juli-aug.) Lokaal: **tzdubrovnik.hr** Regionaal: **visitdubrovnik.hr**

Vervoer
Čilipi, 020-773377. Obala pape Ivana Pavla 11, 44A, 060-305070. Havenmeester: 020-418988; Jadrolinija: 020-418000. ja: (020) 418 000.

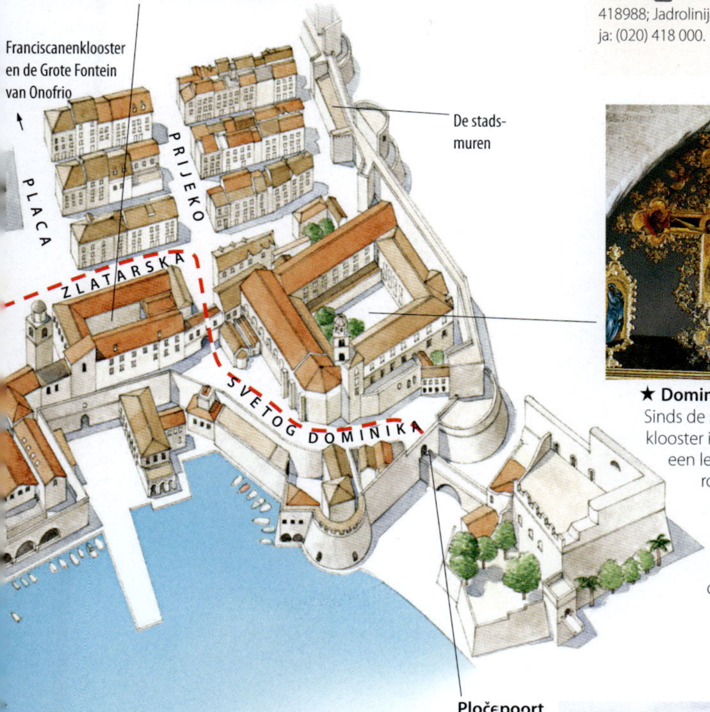

★ Dominicanenklooster
Sinds de stichting van het klooster in 1315 heeft het een leidende culturele rol gespeeld in de stad. Belangrijke beeldhouwers en architecten namen deel aan de bouw van het klooster.

Pločepoort
Naast het dominicanenklooster staat de Pločepoort, die naar de haven leidt. Van hieruit werden goederen uitgewisseld met iedere haven aan de Middellandse Zee.

St.-Jansfort
Bij de bouw van dit fort waren de belangrijkste Europese architecten van die tijd betrokken. Dit fort was een van de vele vestingwerken.

Dubrovnik verkennen

Van het najaar van 1991 tot mei 1992 was Dubrovnik het doelwit van zware bombardementen door Joegoslavische troepen. In deze periode vielen meer dan 2000 bommen en geleide projectielen op de stad, waarbij belangrijke symbolen van de Dalmatische cultuur werden beschadigd. Meer dan de helft van de huizen en alle monumenten werden geraakt. De oorlog trof ook het toerisme naar de stad, dat spectaculair daalde.
Pas na het Erdutverdrag van 1995 hervond het gewone leven zijn loop. Unesco en de EU richtten een speciale commissie op voor de reconstructie van de stad en in een opmerkelijk korte tijd werd een groot deel van de schade hersteld. Inmiddels heeft Dubrovnik veel van zijn oude glorie teruggekregen en ook de toeristen hebben de weg naar de stad weer teruggevonden.

Schitterend uitzicht vanaf de stadsmuren

Muren
Gradske zidine

020-324641. **Open** juni en juli: 8.00–19.30 uur; april, mei, aug. en sept.: 8.00–18.30 uur; okt.: 8.00–16.00 uur; nov.–maart: 9.00–15.00 uur. Toegang tot de muren bij het franciscanenklooster in Poljana Paška Miličevića en het grote plein achter de Pilepoort bij het dominicanenklooster.

De muren zijn het symbool van Dubrovnik en bieden een geweldig uitzicht. Ze werden gebouwd in de 10de eeuw, met toevoegingen in de 13de eeuw. Architecten als Michelozzo Michelozzi en Antonio Ferramolino leverden hun bijdrage.
De muren en borstwering zijn 1940 m lang en zijn soms wel 25 m hoog. De muren aan de landkant zijn op sommige plaatsen 6 m dik en worden versterkt door een buitenmuur met tien halfronde bastions. Andere torens en het St.-Jansfort verdedigen het deel dat uitkijkt op de Adriatische Zee en de haven. Twee forten voltooien de versterkingen aan de oost- en de westkant van de stad: de Ravelijn en het Lovrijenacfort.

Pilepoort
Gradska vrata Pile

Dit is de hoofdingang tot de oude versterkte stad. De stenen brug die naar de Pilepoort leidt

De Pilepoort geeft toegang tot de oude stad

De imposante Minčetatoren, deel van de omwalling

dateert uit 1537; de gracht waar hij overheen loopt is veranderd in een tuin. De poort is een sterk defensief bouwwerk op verschillende niveaus. In een nis boven de boog staat een klein beeldje van St.-Blasius, de schutspatroon van Dubrovnik, door Ivan Meštrović. In de borstwering tussen de binnen- en de buitenmuren is een gotische deur uit 1460 te zien.

Minčetatoren
Tvrđava Minčeta

Dit is het meest bezochte deel van de verdedigingswerken, ontworpen door Michelozzo Michelozzi in 1461 en drie jaar later voltooid door Juraj Dalmatinac. De halfronde toren wordt bekroond door een tweede toren met schietgaten bovenin.

Pločepoort
Vrata od Ploča

De poort kijkt uit op een kleine haven en wordt voorafgegaan door de veelhoekige **Asimovtoren**. De poort, uit de 14de eeuw, is te bereiken via een indrukwekkende stenen brug. Een gracht scheidt de poort en de **Ravelijn** (Tvrđava Revelin), in 1538 ontworpen door Antonio Ferramolino. In tijden van nood werden de kunstschatten van de stad naar het fort gebracht. De Lazareti werd vanaf eind 14de eeuw gebruikt als quarantaineplaats om goederen en zieke reizigers van elkaar te scheiden. Nu zijn er winkels en amusementsfaciliteiten.

Voor hotels en restaurants in deze buurt zie blz. 228–230 en blz. 240–245

St.-Jansfort

Tvrđava sv. Ivana

Aquarium **Tel.** 020-323978.
Open juni–sept.: dag. 9.00–21.00 uur; okt.–mei: ma–za 9.00–13.00 uur.
Maritiem Museum **Tel.** 020-323904.
Open april–okt.: di–zo 9.00–18.00 uur; nov.–maart: di–zo 9.00–16.00 uur.

De haven werd ooit verdedigd met behulp van een ketting, die gespannen werd van het fort naar het eiland ervoor en vervolgens naar de Lucastoren (Kula Sv. Luke). In de bovenste delen van het fort toont het **Maritiem Museum** (Pomorski Muzej) de zeevaartgeschiedenis van Dubrovnik aan de hand van scheepsmodellen, vlaggen, prenten, logboeken en portretten. Beneden is een **Aquarium** (Akvarij), gespecialiseerd in het leven in de Middelandse Zee, waaronder zeepaardjes, symbool van het instituut. Helemaal bovenin ligt het ronde **Bokarfort** (Tvrđava Bokar), gebouwd door Michelozzo Michelozzi.

Grote Fontein van Onofrio

Velika Onofrijeva Fontana

Dit is een van de bekendste monumenten van de stad. De fontein staat midden op een plein dat u bereikt nadat u onder de Pilepoort bent doorgelopen. Hij werd gebouwd in 1438–1444 door de Napolitaanse architect Onofrio de la Cava, die ook het waterbevoorradingssysteem van de stad ontwierp. Hij onttrok daarvoor het water aan de rivier de Dubrovačka. De indrukwekkende fontein had vroeger twee verdiepingen, maar het bovenste deel werd verwoest door de aardbeving van 1667. Ingeklemd tussen de stadsmuren en het franciscanenklooster staat de **Verlosserskerk** (Sv. Spas).
De gevel van de kerk is een voorbeeld van de Venetiaans-Dalmatische renaissancearchitectuur, een stijl die dateert van na de aardbeving van 1520.

De Grote Fontein van Onofrio (1438–1444)

Centrum van Dubrovnik

1. Muren
2. Pilepoort
3. Minčetatoren
4. Pločepoort
5. St.-Jansfort
6. Grote Fontein van Onofrio
7. Franciscanenklooster
8. Stradùn (Placa)
9. Plein van de Loggia
10. Sponzapaleis
11. Blasiuskerk
12. Rectorspaleis
13. Kathedraal en Schatkamer
14. Dominicanenklooster
15. Kabelbaan

Symbool

Onder de loep blz. 146–147

De laatromaanse kruisgang van het dominicanenklooster

Franciscanenklooster

Franjevački samostan
Placa 2. **Tel.** 020-321410.
Open zomer: dag. 9.00–18.00 uur; winter: dag. 9.00–14.00 uur. **Museum Open** april–okt.: dag. 9.00–18.00 uur; nov.–maart: dag. 9.00–14.00 uur.

De bouw van het klooster begon in 1317 en werd in de eeuw daarop voltooid. Na de aardbeving van 1667 werd het klooster bijna helemaal herbouwd, maar de zuiddeur (1499), in Venetiaans-gotische stijl versierd met een Pietà in de lunet, en een 15de-eeuwse marmeren kansel ontsnapten aan de verwoesting. De kruisgang, die helemaal onaangetast is gebleven door de aardbeving, toont elementen van de romaanse en de gotische stijl; in het midden staat een 15de-eeuwse fontein. Eén kant van de kruisgang voert naar de **apotheek** (Stara ljekarna), die al sinds 1317 in bedrijf is. Op de planken staan destilleerkolven, vijzels, meetapparatuur en prachtig versierde kannen uitgestald. In de kapittelzaal van het klooster is het **Franciscanenmuseum** (Muzej Franjevačkog samostana) gehuisvest. Hier zijn de religieuze kunstwerken en objecten die aan de orde toebehoren en instrumenten van het farmaceutische laboratorium te zien.

Stradun (Placa)

Deze brede straat die de stad van oost naar west doorkruist staat bekend als Stradun of Placa. Hij ontstond in de 12de eeuw door het droogleggen en opvullen van het kanaal dat het eiland scheidde van het vasteland. De straat werd in 1468 geplaveid en na de aardbeving van 1667 werden er stenen huizen gebouwd. De straat telt tegenwoordig veel gezellige bars en cafés en is 's avonds een populaire plek voor bewoners en toeristen.

Stradun, de hoofdstraat van Dubrovnik

Plein van de Loggia Luža

Dit plein, het politieke en economische hart van Dubrovnik, ligt aan de oostkant van Stradun en is omgeven met belangrijke gebouwen. Het is nog altijd een geliefde ontmoetingsplaats, met name rond de **Orlandozuil**, een werk van de beeldhouwer Antonio Ragusino (1418). Aan de oostkant van het plein staat de **klokkentoren** (Gradski zvonik). Bij een restauratie in 1929 werd het 15de-eeuwse uiterlijk van de klokkentoren hersteld. De nabijgelegen **Loggia van de Klok**, met vier klokken, dateert van 1463. De klokken dienden om de burgers te waarschuwen als er gevaar dreigde. Ernaast staat het **Hoofdwachthuis**, herbouwd in 1706 na de aardbeving van 1667. Het heeft een grote barokke ingang, die lijkt op een stadspoort, en op de eerste verdieping vallen de gotische vensters met verticale raamstijlen op, die herinneren aan het eerdere, laat-15de-eeuwse gebouw. Naast het wachthuis staat de **Kleine Fontein van Onofrio** (Mala Onofrijeva česma) uit 1438.

Sponzapaleis

Palača Sponza
Tel. 020-321032. **Open** mei–okt.: dag. 9.00–22.00; nov.–april: dag. 10.00–15.00 uur.

Links van het plein staat het Sponzapaleis. Het in 1516–1522 verbouwde paleis heeft een sierlijk vormgegeven renaissanceloggia op de begane grond en een prachtig Venetiaans-gotisch venster met verticale raamstijlen op de eerste verdieping, dat herinnert aan de 14de-eeuwse oorsprong van het gebouw. Op de bovenste verdieping staat een beeldje van St.-Blasius. Het paleis was in de 14de eeuw de Munt en herbergt nu de staatsarchieven.

Blasiuskerk

Crkva sv. Vlaha

Loža. **Tel.** 020-411715. **Open** dag. 8.00–12.00 en 16.30–19.00 uur.

De kerk werd begin 18de eeuw herbouwd naar een 17de-eeuws ontwerp en bevat veel kunstwerken uit de barok. Op het hoofdaltaar staat een beeldje van de schutspatroon, St.-Blasius. Het werd gemaakt in de 15de eeuw uit met goud geplateerd zilver en toont de heilige die een model van de middeleeuwse stad vasthoudt.

De sierlijke barokgevel van de Blasiuskerk

Rectorspaleis

Knežev dvor

Pred Dvorom 3. **Tel.** 020-321422. **Open** april–okt.: dag. 9.00–18.00 uur; nov.–maart: dag. 9.00–16.00 uur.

Het Rectorspaleis was eeuwenlang het belangrijkste politieke en bestuurlijke centrum van de Republiek Dubrovnik. De beide raden waren er gevestigd, er waren vertrekken van de rector en zalen voor diplomatieke bijeenkomsten en officiële ontvangsten. Het gebouw werd begin 15de eeuw op de plek van een middeleeuws fort ontworpen door de Italiaanse architect Onofrio della Cava in 1435. In 1465 voegde Petar Martinov van Milaan de zuilengang toe. Het gotische beeldhouwwerk is van Juraj Dalmatinac.

In het paleis is het interessante **Cultuurhistorisch Museum** (Kulturno povijesni muzej) gehuisvest, met vijftien collecties historische voorwerpen die tussen de 16de en 20ste eeuw werden vervaardigd in ateliers in heel Europa. Op de begane grond is een gevangenisruimte, rechtbank, notariskantoor en archief bewaard gebleven. Op de tussenverdieping vindt u munten, medailles, postzegels en materi, oude wapens en talloze kunstwerken, plus een inventaris van de staatsapotheek 'Domus Christi'. Op de eerste verdieping bevinden zich kostbare objecten uit de 16de–18de eeuw.

Het Rectorspaleis, gebouwd in de 15de eeuw als bestuurscentrum

Interessant zijn ook de portretten van illustere persoonlijkheden die in Dubrovnik werden geboren; hun geschiedenis wordt verteld aan de hand van heraldische emblemen en herdenkingsmedailles. Tijdens het Festival van Dubrovnik worden er concerten gegeven op de binnenplaats.

Aan het paleis grenst het neorenaissancistische **Raadhuis** (Vijećnica) uit 1863, ontworpen door Emilio Vecchietti. Er zijn een café, Gradska Kavana, en een theater.

Kathedraal en Schatkamer

Velika Gospa

Kneza Damjana Jude 1. **Open** april–okt.: ma–za 8.00–17.00, zo 11.00–17.00 uur; nov.–maart: ma–za 8.00–12.00 en 15.00–17.00, zo 11.00–12.00 en 15.00–17.00 uur. Schatkamer: **Tel.** 020-323459. **Open** zie tijden kathedraal.

De kathedraal werd gebouwd na de aardbeving van 1667 door de Italiaanse architecten Andrea Buffalini en Paolo Andreotti. Het interieur bestaat uit drie beuken eindigend in drie apsissen. Schilderijen van Italiaanse en Dalmatische kunstenaars uit de 16de–18de eeuw sieren de zijaltaren; het hoofdaltaar wordt gedomineerd door een *Maria-Hemelvaart* van Titiaan (ca. 1552).

De **Kathedrale schatkamer** (Riznica Katedrale) is beroemd om zijn collectie van zo'n 200 relieken, waaronder de arm van de H. Blasius uit de 13de eeuw en een Heilig Kruis dat een fragment zou bevatten van het kruis waaraan Jezus is gekruisigd.

De *Heilige Maagd van de Stoel* zou door Rafaël zijn geschilderd en is een kopie van het meesterwerk dat zich nu in Florence bevindt.

De schatkamer herbergt ook een grote collectie gewijde objecten in goud, waaronder een kruik en schaal in goud en zilver met decoraties die de flora en fauna van de streek rond Dubrovnik illustreren.

De grote koepel van Dubrovniks barokke kathedraal

Het interieur van de Dominicuskerk, in het klooster

Dominicanenklooster

Dominikanski samostan Bijeli fratri
Od sv. Dominika 4. **Tel.** 020-321423. **Open** me–okt.: 9.00–18.00 uur; nov.–april: 9.00–17.00 uur.

De bouw begon in 1315 en het werd al gauw duidelijk dat de muren vanwege de omvang van het gebouw vergroot zouden moeten worden. Na de verwoestende aardbeving van 1667 werd het klooster herbouwd.

Een lange trap met een stenen balustrade voert omhoog naar de kerk. De deur, het werk van Bonino van Milaan, is versierd met een romaans beeld van St.-Dominicus. Het interieur bestaat uit een breed schip en aan de centrale boog hangt een schitterend verguld paneel (*Kruisbeeld en symbolen van de evangelisten*) van Paolo Veneziano (14de eeuw). De verschillende zalen van het klooster, gelegen rond een gotische kruisgang van Maso di Bartolomeo (15de eeuw), herbergen het **Dominicanenmuseum** (Muzej Dominikanskog samostana). Het bevat een buitengewone collectie werken uit de zogenaamde 'school van Dubrovnik', waaronder een drieluik en een *Annunciatie* van Niccolò Ragusino, uit de 16de eeuw, werken van de Venetiaanse school, waaronder *St.-Blasius, Maria Magdalena, de engel Tobias en de inkoper* van Titiaan, zeldzame reliekhouders en verscheidene objecten van goud en zilver.

Kabelbaan

Dubrovačka žičara
Station beneden, Petra Krešimira IV bb. **Tel.** 020-414321. **Open** feb., maart en nov.: dag. 9.00–17.00 uur; april en okt.: dag. 9.00–20.00 uur; mei dag.: 9.00–21.00 uur; juni–aug.: dag. 9.00–0.00 uur; sept.: 9.00–22.00 uur; dec. en jan.: dag. 9.00–16.00 uur.
W dubrovnikcablecar.com

De kabelbaan tussen de stadsmuren van Dubrovnik en de Srđberg, die in 1991 werd vernield, werkt weer. Tijdens de tocht van drieënhalve minuut hebt u een schitterend uitzicht.

Een beeld in het Arboretum in Trsteno

Omgeving

Het eiland **Lokrum**, 700 m voor de kust van Dubrovnik, is een natuurreservaat. De eerste bewoners waren de benedictijnen, die er in 1023 een abdij vestigden. Deze werd in de 14de eeuw herbouwd, maar door de aardbeving van 1667 verwoest. In 1859 bouwde aartshertog Maximiliaan van Habsburg hier een paleis. Hij renoveerde ook het klooster, dat later het Natuurhistorisch Museum werd. In **Trsteno**, 20 km ten noordwesten van Dubrovnik, ligt het Arboretum uit 1502, ontworpen rond een villa die gebouwd werd door Ivan Gučetić. Het park heeft de aanleg van een renaissancetuin met grotten en ruïnes. Rond Dubrovnik liggen zomerhuizen uit de renaissance, waaronder **Villa Stay** in Rijeka Dubrovačka.

34 Elafieteneilanden

Kaart F6. 2000. van Dubrovnik. Regionaal toeristenbureau van Dubrovnik, 020-324999.

De ten noorden van Dubrovnik gelegen Elafieteneilanden (Elafitski otoci) zijn vanuit Dubrovnik per boot te bereiken. Er zijn verschillende overtochten per dag. De eilanden zijn beschreven door de natuurhistoricus Plinius de Oudere, die ze noemde naar het damhert dat hier toen leefde. Slechts drie van de eilanden zijn bewoond: Šipan, Lopud en Koločep; Jakljan wordt gebruikt voor de landbouw. De eilanden kenmerken zich door dennen- en cipressenbossen en prachtige baaien en stranden, die bezocht worden door plezierboten. De eilanden waren een geliefde bestemming van de aristocratie van Dubrovnik, die er villa's bouwde. Op sommige eilanden waren kloosters, die na de komst van de Fransen in 1808 werden opgeheven. Veel van de kerken dateren uit de preromaanse periode, maar ze zijn slechts zelden intact.

Koločep

Dit eiland, dat het dichtst bij Dubrovnik ligt, is al sinds de 16de eeuw een zomerbestemming voor de inwoners van de stad. Een groot deel van het eiland is bedekt met dennenbossen en subtropisch

Het eiland Lokrum voor Dubrovnik, een beschermd natuurreservaat

Voor hotels en restaurants in deze streek zie blz. 228–230 en blz. 240–245

Het Šunjstrand in het zuidoosten van Lopud, een van de Elafieteneilanden

struikgewas. De **Antoniuskerk** en de **Nicolaaskerk** hebben een preromaanse oorsprong; de **Parochiekerk** dateert uit de 15de eeuw.

Lopud
Het eiland, met een oppervlakte van 4,6 km², heeft een vruchtbaar dal dat beschermd wordt tegen de koude winden door twee heuvelruggen. De meeste bewoners wonen in **Lopud**, een dorp aan een baai. Er zijn twee fortruïnes, uit de 16de eeuw, en een franciscanenklooster uit 1483. De kloosterkerk, **Maria van Spilica** (Sv. Marija od Špilica), bevat een veelluik van Pietro di Giovanni (1520), een drieluik van Nikola Božidarević, een schilderij van Leandro da Bassano, een drieluik van Girolamo di Santacroce en een bewerkt koor uit de 15de eeuw. **Šunj**, in het zuidoosten, trekt bezoekers vanwege het zandstrand, maar de kerk met zijn vele kunstwerken – onder meer een schilderij van Palma il Giovane en een veelluik (1452) van Matej Junčić – is ook een bezoek waard.

Šipan
Het grootste eiland van de Elafieten (15,5 km²) telt twee plaatsen. In **Šipanska Luka** staan de preromaanse Michaelkerk en de ruïnes van een benedictijnenklooster. In **Suđurađ** zijn een kasteel en de ruïnes van een bisschoppelijk paleis te bewonderen.

㉟ Cavtat

Kaart F6. 2500. van Dubrovnik, 020-478065. van Dubrovnik. Zidine 6, 020-478025. Zomer in Cavtat, Epidaurusfestival. **visit.cavtat-konavle.com**

Cavtat is de Kroatische naam voor Civitas Vetus, de plaats van de Romeinse stad Epidaurum, die in de 7de eeuw werd verwoest door de Avaren (opgravingen hebben de resten van een theater, verschillende graven en delen van een weg blootgelegd). De mooie streek, de stranden, de overvloedige vegetatie en de monumenten trekken veel bezoekers naar het huidige dorp. De **Baltazar Bogišićcollectie,** verzameld en geschonken door de 19de-eeuwse geleerde en jurist die hier is geboren, is gevestigd in het 16de-eeuwse **Rectorspaleis**. Met name de werken van de schilder Vlaho Bukovac zijn erg mooi.
Aan het eind van de kade staan de **Onze-Lieve-Vrouwe van de Sneeuwkerk** (Gospa Snježna) en een franciscanenklooster, beide van het eind van de 15de eeuw. Op de heuvel ligt het **Račićmausoleum**, gebouwd door Ivan Meštrović *(blz. 163)* in 1922.

㊱ Konavle

Kaart F6. Zidine 6, Cavtat, 020-478025. **visit.cavtat-konavle.com**

Het gebied ten zuidoosten van Cavtat beslaat een smal stukje land tussen de zee en de bergen van Bosnië-Herzegovina. De naam is ontleend aan de kanalen *(canalis)* die het water verzamelden dat via het aquaduct – waar nog resten van zijn – naar de Romeinse plaats Epidaurum werd getransporteerd. Het heuvelachtige gebied is bedekt met wijngaarden en olijfgaarden. In de kleine dorpen worden oude gebruiken in acht genomen en de bewoners dragen vaak nog traditionele kledij. Konavle was zwaar beschadigd door bombardementen in 1991 en de huizen worden nog steeds herbouwd. De streek staat ook bekend om zijn uitstekende keuken en er zijn tal van restaurants. Een van de bekendste is **Konavoski Dvori**, gevestigd in een watermolen bij de waterval van de Ljuta.

De mooie kade en haven van Cavtat

ZAGREB

Behalve de hoofdstad van Kroatië, is Zagreb ook het hart van het politieke, economische en culturele leven van het land. De door bossen en parken omgeven stad ligt tussen de hellingen van de berg Medvednica in het noorden en de rivier de Sava in het zuiden. De Midden-Europese stad, gelegen in het hart van Kroatië, vormt een ontmoetingspunt tussen Oost- en West-Europa.

Volgens de socioloog Max Weber kan de kwaliteit van het leven in een stad worden afgemeten aan het aantal culturele instituties. Zagreb heeft ruim 20 musea, 10 theaters, 350 bibliotheken, een universiteit en een overvloed aan artistieke en culturele evenementen. Dat is niet alleen omdat Zagreb de hoofdstad is (dat is het pas sinds 1991), maar ook vanwege de leidende culturele en politieke rol die Zagreb in de loop der eeuwen heeft gespeeld.

Zagreb bestond vroeger uit twee verschillende middeleeuwse steden, die gebouwd waren op twee naast elkaar gelegen heuvels: Kaptol, het centrum van de religieuze macht en een bisschopszetel uit 1094, en Gradec (nu deel van Gornji grad). In 1242 werd Gradec door de Kroatisch-Hongaarse koning Bela IV uitgeroepen tot vrije stad. De burgers kregen daardoor diverse economische en bestuurlijke privileges. Vanaf de 16de eeuw was Gradec de zetel van de ban (de gouverneur van Kroatië) en het Kroatische parlement; ook kwamen hier de Kroatische edelen bijeen om het roerige gebied te besturen. De twee steden waren versterkt met muren, torens, grachten en poorten en waren van elkaar gescheiden door de Medveščak. Deze rivier was vaak het toneel van heftige confrontaties tussen Gradec en Kaptol, iets wat in herinnering wordt geroepen door de naam van de straat Krvavi most (Brug van het Bloed).

In 1880 werd de stad getroffen door een enorme aardbeving en veel van de belangrijke monumenten dateren van na die tijd.

De levendige Dolacmarkt, op het plein met dezelfde naam

◀ Het beroemde veelkleurige dak van de Marcuskerk

Zagreb verkennen

De stad is verdeeld in twee grote sectoren: de oude stad (Gornji grad of Bovenstad), inclusief de twee districten Gradec en Kaptol, gelegen in de heuvels, en het moderne gebied (Donji grad of Benedenstad) in de vlakte. Het grote plein dat genoemd is naar de Kroatische gouverneur Jelačić (Trg bana Jelačića) vormt de verbinding tussen de Boven- en Benedenstad. In de oude stad zijn de voornaamste religieuze, politieke en bestuurlijke centra gevestigd. Het modernere deel ontwikkelde zich na 1830 rond een U-vormige reeks parken en open ruimten (het 'groene hoefijzer' genoemd). Hier vindt men behalve het Nationaal Theater de belangrijkste musea, waaronder het Etnografisch Museum, het Mimaramuseum, het Museum van Oude Meesters en het Hedendaags Museum. Ten zuiden van een reeks tuinen met beelden ligt de Botanische Tuin. Rond het Jelačićplein vindt men tal van cafés en terrassen.

Bezienswaardigheden

Musea en galeries

6 Zagreb Stadsmuseum
7 Kroatisch Natuurhistorisch Museum
8 Meštrovićatelier
12 Kroatisch Historisch Museum
13 Kroatisch Museum van Naïeve Kunst
18 Kunstnijverheidsmuseum
19 Mimaramuseum
20 Etnografisch Museum
23 *Museum van Oude Meesters blz. 170–171*
24 Hedendaags Museum
25 Archeologisch Museum
26 Museum van Hedendaagse Kunst

Kerken

1 Kathedraal van Maria Tenhemelopneming
3 Franciscuskerk
4 Mariakerk
9 Marcuskerk
14 Cyrillus en Methodiuskerk
16 Catharinakerk

Paleizen en andere gebouwen

2 Aartsbisschoppelijk paleis
5 Stenen Poort
10 Parlementsgebouw
11 Paleis van de Onderkoning
15 Toren van Lotrščak
17 Kroatisch Nationaal Theater
22 Kunstpaviljoen

Parken en tuinen

21 Botanische Tuin van de Faculteit der Wetenschappen
27 Maksimirpark
28 Mirogojbegraafplaats

Voor hotels en restaurants in deze buurt zie blz. 230–231 en blz. 245–247

TIPS VOOR DE TOERIST

Praktische informatie

Kaart D2. 780.000.

Trg bana Jelačića 11, 01-4814051. Smotra folklora, folklorefestival (juli); Zagrebačke ljetne večeri, zomerfestival van Zagreb.

infozagreb.hr

Vervoer

bij Velika Gorica, Pleso, 01-6265222, 17 km.

Glavni Kolodvor, 060-333444.

Avenija Marina Držića 4, 060-313333.

Skyline van Zagreb

Vervoer

De wijken Kaptol en Gronji grad zijn hoofdzakelijk bestemd voor voetgangers, net als het Jelačićplein, waar de tramlijnen samenkomen die de oostelijke en de westelijke delen van de stad verbinden *(blz. 280–281)*. Het watersportcentrum Jarun kan ook met de tram worden bereikt. Vanaf het spoorwegstation gaan bussen naar Novi Zagreb, aan de andere kant van de Sava, waar een renbaan, het Museum van Hedendaagse Kunst en een tentoonstellingscomplex liggen.

Symbolen

- Belangrijke beziensw.
- Overige bezienswaard.
- Voetgangersgebied
- Kabelspoor

Verklaring van de symbolen *zie achterflap*

❶ Kathedraal van Mariatenhemel-opneming

Katedrala Marijina Uznesenja

Kaptol. **Tel.** 01-4814727. **Open** ma–za 10.00–17.00, zo 13.00–17.00 uur.

Dit is het beroemdste monument van de stad, gewijd aan Maria-Hemelvaart en aan de heilige Stefanus. Zijn huidige vorm dankt de kathedraal aan de renovaties die zijn uitgevoerd door Friedrich von Schmidt en Hermann Bollé na de aardbeving van 1880, waarbij de koepel, de klokkentoren en enkele muren werden verwoest. Deze herbouw, waarbij het middeleeuwse ontwerp van de kathedraal intact werd gelaten, was een van de laatste in een reeks die het gebouw onderging in zijn lange geschiedenis. De kerk bestond al in 1094 toen koning Ladislaus de bisschopszetel hier naartoe verhuisde vanuit Sisak. Nadat de Mongolen de kathedraal in 1242 hadden verwoest, werd hij een paar jaar later herbouwd door bisschop Timotej. In de eeuwen die volgden werden de zijbeuken toegevoegd en werd de kerk versierd met beelden en reliëfs. De neogotische voorgevel (1880) wordt geflankeerd door twee torenspitsen.

Decoratief detail van een van de torens van de kathedraal

De voorgevel heeft een grote, sierlijke ingang met gebeeldhouwde decoraties, een roosvenster en drie hoge ramen, het geheel bekroond door een timpaan. Het interieur bestaat uit drie beuken en een veelhoekige apsis. Tijdens een 19de-eeuwse reorganisatie werden de barokke en rococoaltaren verhuisd naar andere kerken in het bisdom; als gevolg daarvan resteren er alleen een paar gotische en renaissancistische werken. Hiertoe behoren een beeld van Paulus (13de eeuw), houten beelden van Petrus en Paulus uit de 15de eeuw, een drieluik genaamd *Golgotha* (1495) van Albrecht Dürer en een 14de-eeuwse *Kruisiging* van Giovanni da Udine. De kathedraal bevat ook de graven en de votiefkapellen van bisschoppen en belangrijke personen uit de Kroatische geschiedenis, zoals Petar Zrinski, Krsto Frankopan en kardinaal Alojzije Stepinac, wiens graf achter het hoofdaltaar gemaakt is door Ivan Meštrović. Bijzonder interessant zijn de Giotto-achtige fresco's in de sacristie uit de 12de eeuw. In het souterrain van de bisschoppelijke sacristie bewaart de **Kathedrale Schatkamer** een rijke collectie religieuze objecten. Deze omvatten verluchte manuscripten, fraai bewerkte kerkelijke ornamenten uit de 11de tot de 20ste eeuw en vereerde objecten zoals de mantel van koning Ladislaus (11de eeuw), een bisschopssluier uit de 14de eeuw en de zogenaamde Reliekschrijn van God. Deze werd gemaakt door borduurwerkers uit het dorp Vugrovec, waar bisschop Petar Petretić rond 1650 een borduurschool vestigde. Tot de oudste werken behoren een 10de-eeuwse ivoren diptiek en een bronzen kruisbeeld uit de 11de–12de eeuw.

Het middenschip in de neogotische Maria-Hemelvaartkathedraal

De hoge torenspitsen van de Maria-Hemelvaartkathedraal

❷ Aartsbisschoppelijk paleis

Nadbiskupska Palača

Kaptol. **Gesloten** voor het publiek.

De enorme barokke gebouwen die samen het bisschoppelijk paleis vormen strekken zich langs drie kanten van het plein uit. De gebouwen omvatten drie van de vijf ronde torens en één vierkante toren die deel uitmaakten van de vestingwerken die vanaf 1469 werden gebouwd als verdediging tegen de Turkse aanvallen. Het huidige paleis dateert uit 1730, toen verschillende gebouwen werden verbonden en tot een eenheid gemaakt door een indrukwekkende barokke façade. In het complex staat de romaanse St.-Stefanuskapel

Voor hotels en restaurants in deze buurt zie blz. 230–231 en blz. 245–247

(13de eeuw), het oudste gebouw in Zagreb dat in zijn oorspronkelijke staat is overgeleverd; de fresco's zijn uit de 14de eeuw.
Op het plein tegenover het paleis staat een fontein met een zuil, bekroond door een beeld van Maria met vier engelen, een werk uit 1850 van de Weense kunstenaar Anton Dominik Fernkorn (1813–1878). De grachten rond de muren zijn drooggelegd en omgetoverd in de **Ribnjaktuinen**, met diverse beelden waaronder *Bescheidenheid* van Antun Augustinčić (1900–1979). De vestingwerken zijn in de 19de eeuw deels afgebroken. Op ulica Kaptol 18, tegenover de kathedraal, staat de **Noordoosttoren**. Op nr. 15 staat de **Noordwesttoren** (Prišlinova kula), nu deel van een 15de-eeuws gebouw.

Het Aartsbisschoppelijk paleis bij de Maria-Hemelvaartkathedraal

❸ Franciscuskerk

Sv. Franjo

Kaptol 9. **Tel.** 01-4811125. **Open** dag. 7.00-12.00 en 15.00-19.00 uur.

De kerk, die volgens de overlevering gesticht zou zijn na de terugkeer van St.-Franciscus uit het Oosten, dateert in feite uit de 13de eeuw. Na de aardbeving van 1880 werd de kerk herbouwd in neogotische stijl. Toen werden ook de barokaltaren verwijderd. Sommige van de zijaltaren zijn neogotisch; op het hoofdaltaar is

Gebrandschilderde ramen van Ivo Dulčić in de Franciscuskerk

een mooi schilderij van St.-Franciscus door Celestin Medović (1857–1920) te zien. De felgekleurde gebrandschilderde ramen werden ontworpen door Ivo Dulčić in de jaren zestig van de 20ste eeuw. In het naastgelegen 17de-eeuwse **klooster**, waar Franciscus verbleven zou hebben, bevindt zich de veel bezochte Franciscuskapel (1683). Deze heeft sierlijke stucdecoraties en barokschilderijen.

❹ Mariakerk

Sv. Marija

Dolac 2. **Tel.** 01-4814959. **Open** voor de mis.

Opatovina is een smalle straat met enkele huizen die gebouwd zijn met delen van de laat-15de-eeuwse vestingwerken. De straat leidt naar de oude wijk Dolac; aan het eind daarvan staat de Mariakerk, die uit de 14de eeuw dateert. In 1740 kreeg de kerk enkele barokaltaren, gemaakt door Franjo Rottman, maar zijn huidige staat dankt de kerk aan een verbouwing die plaatsvond na de aardbeving van 1880.
Vlak bij de kerk staat een beeld van Vanja Radauš van de legendarische zwerver en minstreel Petrica Kerempuh, die bij de figuur van een hangende man speelt. De grote, schilderachtige **Dolacmarkt**, die voor het eerst gehouden werd in 1930, vindt plaats in de omgeving rond de kerk.
Het is een karakteristiek deel van de stad waar in de smalle straatjes en laantjes barokhuizen staan.
Een historische apotheek is te bezichtigen op Kaptol 19 en een oud huis op nr 7.

Het monument voor Petrica Kerempuh, Dolac

❺ Stenen Poort

Kamenita vrata

Kamenita.

In de muren rond Gradec, het deel van de Bovenstad dat op een heuvel naast Kaptol is gebouwd, waren ooit vijf poorten. De Stenen Poort is de enige die daarvan is overgebleven. Hij werd gebouwd in de 13de eeuw en staat naast een rechthoekige toren uit 1266. In 1731 legde een brand alle nabijgelegen huizen in de as, maar een schilderij op de poort van Maria met Kind bleef gespaard. Rond de schildering werd een kapel gebouwd en het kunstwerk, dat wordt toegeschreven aan een lokale 16de-eeuwse meester, wordt nu beschermd door een barok smeedijzeren rooster. Op de westgevel van de kerk is een beeld van een vrouw, een personage uit een bekend Kroatisch volksverhaal, te zien, het werk van de beeldhouwer Ivo Kerdić uit 1929. Aan de andere kant van de poort, op de hoek van Kamenita en Habdelićeva, staat een 18de-eeuws gebouw. Op de begane grond is een **apotheek** (Alighieri ljekarna) die al sinds 1350 bestaat en die vanaf 1399 toebehoorde aan Nicolò Alighieri, het achterkleinkind van de grote Italiaanse schrijver Dante.

Onder de loep: de Bovenstad (Gornji grad)

In de Bovenstad vindt men diverse instellingen die een belangrijke rol hebben gespeeld in de geschiedenis van de stad en/of Kroatië. Nu zijn er de politieke en culturele centra van het land gevestigd: het presidentieel paleis, het parlement, de rekenkamer en verschillende ministeries. Deze gebouwen zijn allemaal hersteld, herbouwd of gerestaureerd na de vreselijke aardbeving van 1880. In sommige van de oude paleizen zijn nu musea gevestigd. Er zijn hier ook drie interessante kerken: de oude Marcuskerk, de barokke Catharinakerk die gebouwd werd door de Jezuïeten en de Cyrillus en Methodiuskerk. Het dagelijkse signaal om de stadspoorten te sluiten klonk van de middeleeuwse Toren van Lotrščak (Turris Latruncolorum).

❼ Kroatisch Natuurhistorisch Museum
Het museum, opgebouwd uit drie collecties, toont het grootste deel van de vondsten uit Krapina, die teruggaan tot het paleolithicum.

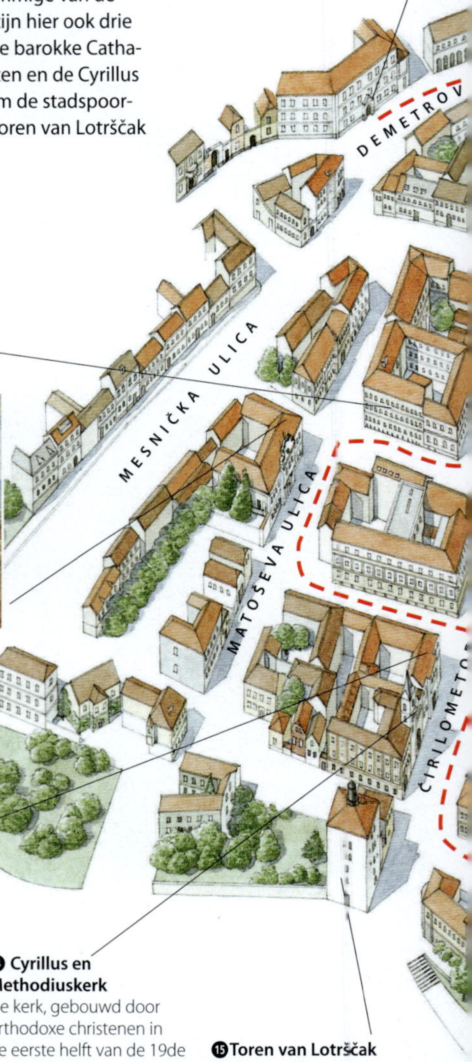

⓫ Paleis van de Onderkoning
Het paleis dateert uit de 17de eeuw en werd gebouwd nadat de stad de zetel werd van de ban (gouverneur van Kroatië) in 1621. Het is nu het presidentieel paleis.

⓬ Kroatisch Historisch Museum
Dit museum, gevestigd in het Vojković-Oršić-Kalmer-Rauchpaleis, bezit kunstwerken en documenten die sinds 1959 zijn verzameld.

⓭ ★ Kroatisch Museum van Naïeve Kunst
Museum met een schitterende collectie klassieke Kroatische naïeve schilderijen en beeldhouwwerken.

⓮ Cyrillus en Methodiuskerk
De kerk, gebouwd door orthodoxe christenen in de eerste helft van de 19de eeuw en ontworpen door Bartol Felbinger, heeft een mooie iconostase.

⓯ Toren van Lotrščak
Elk dag rond het middaguur wordt van deze 12de-eeuwse toren een kanon afgeschoten.

Symbool

— Aanbevolen route

Voor hotels en restaurants in deze buurt zie blz. 230–231 en blz. 245–247

8 ★ Meštrovićmuseum
De grote Kroatische beeldhouwer Ivan Meštrović woonde in dit 18de-eeuwse huis van 1922 tot 1941. Ongeveer tien jaar voor zijn dood doneerde hij zijn huis en al zijn kunstwerken aan de staat.

Oriëntatiekaart

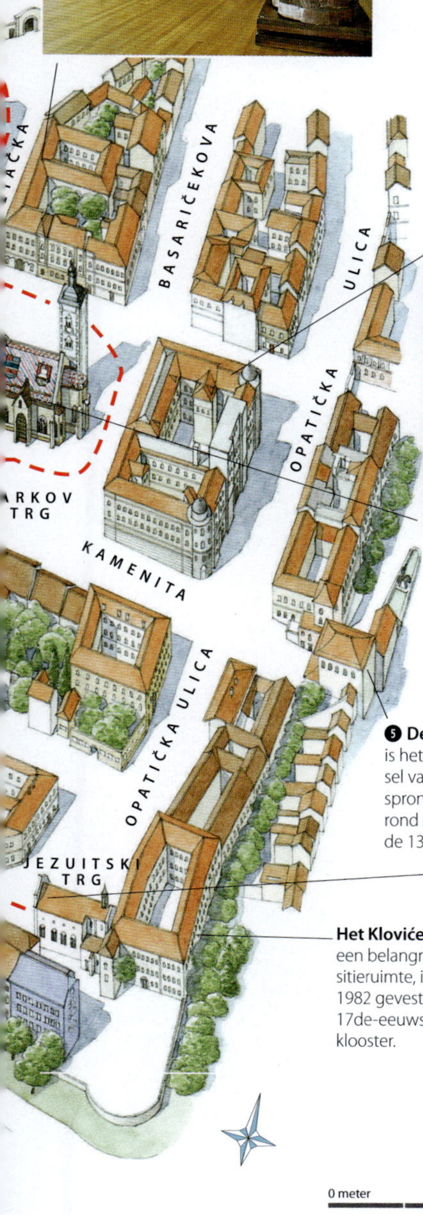

10 Parlementsgebouw
Het gebouw dateert van 1910, toen de kantoren van het provinciebestuur werden uitgebreid. Vanuit het centrale raam van het gebouw werd in 1918 de onafhankelijkheid van Kroatië uitgeroepen.

9 ★ Marcuskerk
De gekleurde pannen op het dak van deze fraaie gotische kerk vormen het wapenschild van Kroatië, Dalmatië, Slavonië en Zagreb.

5 De Stenen Poort is het enige overblijfsel van de vijf oorspronkelijke poorten rond de Bovenstad uit de 13de eeuw.

Het Klovićevi Dvori, een belangrijke expositieruimte, is sinds 1982 gevestigd in een 17de-eeuws jezuïetenklooster.

16 Catharinakerk
Dit is het interessantste barokgebouw van de stad, gevestigd op de plek van een oude dominicanenkerk.

❻ Zagreb Stadsmuseum

Muzej grada Zagreba

Opatička ulica 20. **Tel.** 01-4851361. **Open** di–vr 10.00–18.00, za 11.00–19.00, zo 10.00–14.00 uur. op afspraak. Kovačić woonhuis Masarykova 21. **Open** do 10.00–17.00 uur. Krleža woonhuis: Krležin Gvozd 23. **Open** di 11.00–17.00 uur. Dujšin-Ribar woonhuis Demetrova 3/11. **Open** di 11.00–17.00 uur. **mgz.hr**

Drie historische gebouwen (een 17de-eeuws clarissenklooster, een 12de-eeuwse toren en een 17de-eeuwse graanschuur) vormen samen het Zagreb Stadsmuseum. De collectie historische, militaire en huishoudelijke voorwerpen, waarvan er vele zijn gedoneerd door inwoners van Zagreb, worden tentoongesteld per thema en geven de ontwikkeling van de stad weer, van de prehistorie tot nu.

Het museum onderhoudt in de hele stad ook woningen van beroemde Kroaten, zoals dat van architect Viktor Kovačić (1878–1924), schrijver Miroslav Krleža (1893–1981) en zijn vrouw Bela, en van dichteres en schilderes Cata Dujšin-Ribar (1897–1994) en haar echtgenoten: acteur/theaterregisseur Dubravko Dujšin en politicus dr. Ivan Ribar. Het meubilair uit die tijd, de inrichting en de kunstwerken zijn perfect bewaard en maken een bezoek zeer interessant.

Nagebouwde werkplaats uit de late IJzertijd in het Stadsmuseum van Zagreb

Beelden in de tuin van het Meštrovićatelier

❼ Kroatisch Natuurhistorisch Museum

Hrvatski prirodoslovni muzej

Demetrova 1. **Tel.** 01-4851700. **Open** di–vr 10.00–17.00 (do tot 20.00), za 10.00–19.00, zo 10.00–13.00 uur. **hpm.hr**

Het 18de-eeuwse Amadeopaleis, van 1797 tot 1834 een theater, is sinds 1868 het Natuurhistorisch Museum. Toen werd de collectie van het Departement van Natuurwetenschappen in het Nationaal Museum hier naartoe verhuisd. Aan het eind van de 19de eeuw waren er drie natuurhistorische musea: Mineralogie en Petrografie, Geologie en Paleontologie en Zoölogie. Deze musea werden in 1986 samengevoegd tot dit ene museum. De meer dan 2.500.000 stukken omvatten mineralen van over de hele wereld en de collectie paleontologie omvat materiaal dat gevonden is in Krapina. De zoölogische collectie toont elke diersoort die in Kroatië gevonden wordt, maar ook vreemde soorten.

Mineraal in het Kroatisch Natuurhistorisch Museum

❽ Meštrovićatelier

Atelje Meštrović

Mletačka 8. **Tel.** 01-4851123. **Open** di–vr 10.00–18.00, za en zo 10.00–14.00 uur. **mestrovic.hr**

Het ateliergebouw dateert uit de 17de eeuw; de beeldhouwer Ivan Meštrović verbouwde het zelf en woonde er van 1922 tot 1942. Het herbergt nu een deel van zijn werk. Het museum is onderdeel van de Musea van Ivan Meštrović, waartoe ook de Galerie en het Kaštelet in Split en de grafkapel in Otavice *(blz. 112)* behoren.

Er zijn bijna 100 werken te zien, onder meer op de binnenplaats, bijvoorbeeld de *Geschiedenis van Kroatië*, Meštrović' versie van de *Laocoon* en *Wanhopende vrouwen*. De tekeningen, modellen en sculpturen in hout, steen en brons getuigen van de expressie en het vakmanschap van de beeldhouwer.

Het museum bezit ook zijn persoonlijke archieven, foto's en werken van andere kunstenaars.

Voor hotels en restaurants in deze buurt zie blz. 230–231 en blz. 245–247

Ivan Meštrović

Ivan Meštrović, die wordt beschouwd als een van de belangrijkste beeldhouwers van de 20ste eeuw, werd geboren in 1883 in Vrpolje, waar zijn ouders naartoe waren gekomen vanuit hun geboortedorp Otavice in het Dalmatische binnenland. Als jongeman maakte hij graag figuren van hout en zijn werk werd opgemerkt door de burgemeester en door Lujo Marun, een archeoloog, die hem toen hij 17 was naar Split stuurde om beeldhouwkunst te studeren. Dankzij sponsoren kon hij de Academie voor Schone Kunsten in Wenen bezoeken. Hier ontmoette hij de grote Franse beeldhouwer Auguste Rodin. Ze werden vrienden en in 1908 ging hij naar Parijs, waar zijn eerste expositie direct zijn naam vestigde. Hij werkte in verschillende steden, waaronder Split – waar veel werken ontstonden die nu te zien zijn in het Meštrovićmuseum aldaar – en Zagreb. Tijdens de Tweede Wereldoorlog werd hij gevangen gehouden door de nazi's en pas na interventie van het Vaticaan vrijgelaten. Hij verhuisde vervolgens naar Rome waar hij de *Pietà Romana* maakte, nu in het Vaticaans Museum. Na de oorlog gaf hij les aan universiteiten in de VS, waar hij in 1962 stierf. Hij werd begraven in de grafkapel in Otavice *(blz. 112)*, die hij ontwierp voor zichzelf en zijn familie.

Meštrović, geconcentreerd aan het werk

Detail van de Opwekking van Lazarus (1944)

Vrouw aan zee is een schitterende vrouwenfiguur in marmer (1926) die rond zichzelf schijnt te draaien. De vorm van het lichaam is krachtig, desondanks zijn de handen fijn en slank.

De beeldhouwer aan het werk

De snelheid waarmee Meštrović werkte was legendarisch, hoewel de voorbereiding altijd veel tijd kostte. Vanwege de grote vraag kopieerde hij zijn werken in hout, marmer en brons. Er bestaan drie, niet geheel identieke kopieën van het beeld van de bisschop van Nin: in Nin, Split en Varaždin.

Moeder en Kind is een houten sculptuur uit 1942 die het grote expressieve talent van de kunstenaar demonstreert. Het kind wordt haast ondergeschikt gemaakt, waardoor het gezicht van de moeder de hoofdrol speelt.

Geschiedenis van Kroatië is een werk uit 1932 waarvan vier versies bestaan: een ervan, in brons, staat in het Meštrovićatelier in Zagreb. De vrouw symboliseert verwachting en hoop.

De Marcuskerk, met zijn dak van gekleurde dakpannen

❾ Marcuskerk

Sv. Marko

Markov trg. **Tel.** 01-4851611. **Open** bel voor openingstijden 01-4814051.

Tegenwoordig is dit de parochiekerk van de Bovenstad. De Marcuskerk werd voor het eerst genoemd in 1256 toen koning Bela IV de plaats Gradec toestemming gaf om tegenover de kerk een jaarmarkt te houden. Deze duurde twee weken en werd gehouden om de feestdag van de heilige te vieren.
De kerk heeft in de loop der eeuwen heel wat veranderingen ondergaan. Van het oorspronkelijke gebouw zijn alleen nog een romaans venster en een schitterend gotisch portaal over, gemaakt door de beeldhouwer Ivan Parler tussen 1364 en 1377. De vijftien nissen in het portaal bevatten beelden van Jezus, Maria, Marcus en de twaalf apostelen. Enkele werden in de baroktijd vervangen door houten kopieën.
Branden en aardbevingen hebben in diverse perioden ook bijgedragen aan veranderingen in het uiterlijk van de kerk. Zijn huidige verschijning dateert uit 1882, toen de gekleurde dakpannen op het dak werden toegevoegd. De pannen dragen het wapenschild van Kroatië, Dalmatië, Slavonië en de stad Zagreb. De kerk is later voorzien van enkele beelden van Ivan Meštrović. Op het hoogaltaar staat het grote *Christus aan het Kruis*, een *Pietà* staat op het Kruisaltaar en een bronzen beeld van *Maria met Kind* siert een Maria-altaar. De moderne fresco's van Kroatische koningen werden gemaakt door Jozo Kljaković.

Maria met Kind door Meštrović, Marcuskerk

❿ Parlementsgebouw

Sabor

Markov trg. **i** 01-4569607. **Open** groepen alleen op afspraak.

Dit gebouw, in 1908 in neoklassieke stijl opgetrokken op de plaats van een aantal barokke paleizen uit de 17de en 18de eeuw, heeft een belangrijke rol gespeeld in de geschiedenis van Kroatië. Vanaf het balkon zijn historische proclamaties uitgesproken: de afscheiding van het land van het Oostenrijks-Hongaarse rijk (29 oktober 1918) en de onafhankelijkheid van Joegoslavië na een referendum in 1991. De Sabor is nog altijd het centrum van de Kroatische politiek.

⓫ Paleis van de Onderkoning

Banski Dvori

Markov trg. **i** 01-4569222. **Open** op afspraak.

In dit gebouw tegenover de Marcuskerk zijn de parlementskamer, de centrale archieven, het gerechtshof, het presidentiele onderkomen en de regeringskantoren gehuisvest. Tijdens een bombardement in 1991 raakte het zwaar beschadigd. Het paleis bestaat uit twee lange 18de-eeuwse gebouwen. In de 19de eeuw werden twee vleugels van elk twee verdiepingen toegevoegd.

⓬ Kroatisch Historisch Museum

Hrvatski povijesni muzej

Matoševa ulica 9. **Tel.** 01-4851900. **Open** ma–vr 10.00–18.00 za en zo 10.00–13.00 uur. **Gesloten** feestdagen.
W hismus.hr

Sinds 1959 is hier een museum gevestigd dat echter al is opgericht in 1846. Het museum brengt de geschiedenis van Kroatië vanaf de middeleeuwen in beeld aan de hand van historische herinneringen en literatuur. Zo zijn er documenten en schilderijen van politieke, militaire en culturele evenementen, maar ook vuurwapens, vlaggen en medailles. De tentoonstellingen wisselen regelmatig wegens gebrek aan ruimte.
Het museum is gevestigd in het barokke Vojković-Oršić-Kulmer-Rauchpaleis uit de tweede helft van de 18de eeuw.

Het Parlementsgebouw (Sabor), gebouwd in neoklassieke stijl in 1908

Voor hotels en restaurants in deze buurt zie blz. 230–231 en blz. 245–247

In de heuvels – regenwoud van Ivan Rabuzin (1960), Kroatisch Museum van Naïeve Kunst

⓭ Kroatisch Museum van Naïeve Kunst

Hrvatski muzej naivne umjetnosti

Sv Ćirilla i Metoda, Ćirilometodska ulica 3. **Tel.** 01-4851911. **Open** mei–okt.: ma–za 10.00–18.00, zo 10.00–13.00 uur; nov.–april: di–vr 10.00–18.00, za 10.00–14.00, zo 10.00–13.00 uur. **Gesloten** feestdagen.
hmnu.org

Sinds 1967 huisvest dit 19de-eeuwse gebouw met zijn neobarokke gevel een museum van naïeve schilderkunst, dat in 1952 werd geopend. De schilderijen kenmerken zich door het gebruik van levendige kleuren en een sterk gevoel voor drama. Er zijn schilderijen van de grondleggers van de naïeve stroming, Ivan Generalić en Mirko Virius, maar ook van de School van Hlebine *(blz. 25)*, van Ivan Večenaj en Mijo Kovačić, en primitieve kunstenaars uit andere streken (Ivan Rabuzin, Slavko Stolnik en Matija Skurjeni). Er zijn ook beelden, waaronder van Petar Smajič.

⓮ Cyrillus en Methodiuskerk

Sv. Ćiril i Metod

Sv Ćirilla i Metoda, Ćirilometodska ulica 1. **Tel.** 01-4851773.

Deze kerk, gebouwd rond 1830 in neoklassieke stijl door de architect Bartol Felbinger (1785–1871), werd na de aardbeving van 1880 herbouwd in een neobyzantijnse stijl, naar een ontwerp van Hermann Bollé. In de kerk zijn een grote iconostase van de Oekraïener Epaminondas Bučevski en vier grote schilderijen van Ivan Tišov te zien. Het Grieks-katholieke seminarie ernaast werd gebouwd in 1774 en uitgebreid rond 1920.

⓯ Toren van Lotrščak

Kula Lotrščak

Strossmayerovo šetalište 9. **Tel.** 01-4851768. **Open** april–okt.: ma–vr 9.00–19.00, za en zo 10.00–19.00 uur.

Vanaf het midden van de 19de eeuw hebben de inwoners van Zagreb hun klokken gelijk gezet bij het geluid van de kanonnen die rond het middaguur van deze toren werden afgeschoten. Hij dateert uit de 13de eeuw en is een van de oudste gebouwen van de stad. Ooit had de toren een klok, die iedere avond het sluiten van de poorten aankondigde. Wie 's nachts buiten bleef, liep de kans overvallen te worden door dieven. De toren stond oorspronkelijk aan de zuidkant van de muren van Gradec. De bijna 2 m dikke muren waren van binnen voorzien van kettingen als voorzorg tegen aardbevingen.
In de toren is nu een museum gevestigd. Klim naar boven en geniet van het uitzicht over de stad.

⓰ Catharinakerk

Sv. Katarina

Katarinin trg. **Tel.** 01-4851950. **Open** dag. 8.00–20.00 uur.

De jezuïeten bouwden deze kerk rond 1630 op de plaats van een dominicanenkerk. Hij wordt beschouwd als een van de mooiste religieuze gebouwen van Zagreb. De witte gevel heeft een portaal en vier nissen met beelden en zes opvallende pilasters. Boven is een nis met een Mariabeeld.
De kerk met zijn enkele schip herbergt tal van barokke kunstwerken. Bijzonder interessant zijn de stucreliëfs (1721–1723) van Antonio Quadrio, de *Taferelen uit het leven van St.-Catharina* door de Sloveense kunstenaar Franc Jelovšek (1700–1764) in het medallion op het plafond, een prachtig *Altaar van St.-Ignatius* door de Venetiaanse beeldhouwer Francesco Robba (1698–1757) en, op het hoofdaltaar (1762), *St.-Catharina tussen de filosofen van Alexandrië* door Kristof Andrej Jelovšek (1729–1776).
Op het nabijgelegen plein genaamd Jezuitski trg staat een fontein met het beeld *Visser met een slang* van Simeon Roksandić (1908). Hiertegenover staan een jezuïetenklooster (17de eeuw) en een groot gebouw uit dezelfde periode waarin het jezuïetenseminarie en later een internaat voor jongens van goede komaf was gevestigd.

Het rijke barokke interieur van de Catharinakerk

Het neobarokke Kroatisch Nationaal Theater

⑰ Kroatisch Nationaal Theater

Hrvatsko narodno kazalište

Trg maršala Tita 15. **Tel.** 01-4888418. **Open** alleen tijdens voorstellingen. **Gesloten** feestdagen. **W** **hnk.hr**

Het Kroatisch Nationaal Theater staat aan een plein dat het begin vormt van een U-vormige serie parken en pleinen die samen het 'groene hoefijzer' vormen, een ontwerp van Milan Lenuci (1849–1924). Het theater, een van de diverse statige gebouwen aan het plein, dateert uit 1895 en vormt een mengeling van neobarok en rococo. Het werd ontworpen door de Weense architecten Hermann Helmer en Ferdinand Fellner. Het dak is voorzien van twee kleine koepels aan de voorkant en een grotere koepel meer naar achteren. Over de hele lengte van de gevel loopt een dubbele rij zuilen.

Het interieur is verlucht met werken van Kroatische en Weense kunstenaars. Een van de vijf toneeldoeken heet *De Kroatische vernieuwing*, een schitterend werk van Vlaho Bukovac.

In het gebied tegenover het theater staat een meesterwerk van Ivan Meštrović, *De bron van leven*, bestaande uit een groep bronzen figuren die rond een bron zijn verzameld.

⑱ Kunstnijverheidsmuseum

Muzej za umjetnost i obrt

Trg maršala Tita 10. **Tel.** 01-4882111. **Open** di–za 10.00–19.00, zo 10.00–14.00 uur. op afspraak. **W** **muo.hr**

Dit museum werd opgericht in 1880 om de collecties van kunstenaars en handwerkslieden te huisvesten. Het gebouw, ontworpen door Hermann Bollé, verrees tussen 1887 en 1892. Meer dan 3000 werken van toegepaste kunst van de gotiek tot de tegenwoordige tijd geven een overzicht van de Kroatische culturele geschiedenis en de nauwe banden met de rest van Europa. De collecties geven een intrigerend beeld van de productie van kunst en kunstnijverheid in Kroatië en Europa, vanaf de late middeleeuwen tot de huidige tijd.

Een 19de-eeuwse klok, Kunstnijverheidsmuseum

In het museum vindt u uitgebreide collecties religieuze kunst, joodsgerelateerde objecten, klokken, horloges en voorwerpen die gemaakt zijn van ivoor, metaal, glas, keramiek en textiel en een afdeling mode. Het museum krijgt internationale steun en daarom worden er regelmatig exposities uit het buitenland tentoongesteld. In de naastgelegen bibliotheek liggen zo'n 65.000 boeken over kunst en kunstnijverheid.

⑲ Mimaramuseum

Muzej Mimara

Rooseveltov trg 5. **Tel.** 01-4828100. **Open** okt.–juni: di, wo, vr en za 10.00–17.00, do 10.00–19.00, zo 10.00–14.00 uur; juli–sept.: di–vr 10.00–19.00, za 10.00–17.00, zo 10.00–14.00 uur. **Gesloten** ma. **W** **mimara.hr**

In 1973 schonk de zakenman, verzamelaar, schilder en restaurateur Ante Topić Mimara zijn uitgebreide collectie aan Kroatië en om deze te kunnen tonen werd het Mimaramuseum opgericht. Het museum is gevestigd in een reusachtig, neorenaissancistisch voormalig schoolgebouw uit 1895, ontworpen door de Duitse architecten Ludwig en Hülsner.

De werken worden in chronologische volgorde tentoongesteld, van de prehistorie tot de middeleeuwen. Met name de archeologische afdeling is interessant, met zijn belangrijke vondsten uit het oude Egypte, Mesopotamië, Perzië, precolumbiaans Amerika en het Midden- en Verre Oosten (Japan, Cambodja, Indonesië en India). De iconencollectie omvat niet alleen stukken uit Rusland, maar ook uit Palestina, Antiochië en Klein-Azië uit de 6de tot de 13de eeuw. Er zijn oude Perzische, Turkse en Marokkaanse tapijten en meer dan 300 voorwerpen die 3500 jaar Chinese kunst beslaan, van de Shang- tot de Qingdynastie. Ruim 650 stukken in de glaswerkcollectie komen uit Europa, Perzië en Egypte. Meer dan 1000 voorwerpen en meubel-

De baadster van Renoir (1868), Mimaramuseum

Voor hotels en restaurants in deze buurt zie blz. 230–231 en blz. 245–247

stukken geven een goed beeld van het Europese vakmanschap van de middeleeuwen tot de 19de eeuw. Er is een grote verzameling van 200 beeldhouwwerken, die dateren van de oude Grieken tot de tijd van de impressionisten. Ze omvatten werken van de Italiaanse beeldhouwers Giambologna, de Della Robbia's en Verrocchio, en de Fransen Jean-Antoine Houdon en Auguste Rodin. De Italiaanse schilderkunst is vertegenwoordigd met onder andere Veronese, Paolo Veneziano, Pietro Lorenzetti, Rafaël, Canaletto, Giorgione en Caravaggio. De Hollandse barokke schilderkunst is vertegenwoordigd door Rembrandt, Jacob van Ruisdael en Jan van Goyen. Vlaamse meesters omvatten Rogier van der Weyden, Jeroen Bosch, Van Dyck en Rubens. Diego Velázquez, Bartolomé Esteban Murillo en Francisco Goya vertegenwoordigen de Spaanse schilders. Het museum heeft ook werk van de Engelse kunstenaars John Constable en J.M.W. Turner en de Franse schilders Edouard Manet, Pierre-Auguste Renoir en Camille Pissarro.

Putto van Verrocchio, Mimara Museum

⑳ Etnografisch Museum

Etnografski muzej

Mažuranićev trg 14. **Tel.** 01-4826220. **Open** di–vr 10.00–18.00, za en zo 10.00–13.00 uur. **Gesloten** ma, feestdagen. (flits).
emz.hr

Dit is het belangrijkste museum in zijn soort van Kroatië. Het werd opgericht in 1919 en gevestigd in dit harmonieuze, overkoepelde gebouw, dat in 1902 werd ontworpen in art-nouveaustijl door de architect Vjekoslav Bastl, ten behoeve van tentoonstellingen van de Kamer van Koophandel. De beelden die het centrale deel van de gevel sieren zijn van Rudolf Valdec en de fresco's op de koepel binnen zijn van Oton Iveković.

Traditionele Kroatische kostuums, in het Etnografisch Museum

Slechts een klein deel (2800) van de 80.000 voorwerpen die het museum bezit is te zien. De Kroatische cultuur wordt geïllustreerd aan de hand van gouden en zilveren sieraden, muziekinstrumenten, borduurwerk, meubilair, kookgerei, gereedschap, traditionele met goud geborduurde vrouwenkostuums en ceremoniële kledij van mannen. De reconstructie van een boerderijkamer geeft een beeld van de gebruiken en levenswijze van de Kroatische boeren en vissers. Er is ook een fascinerende verzameling in traditionele kostuums gestoken poppen, de Ljeposav Perinićcollectie. De waardevolle verzameling stukken uit landen buiten Europa, waaronder Latijns-Amerika, Melanesië, Afrika, het Verre Oosten en Australië, is afkomstig van schenkingen van wetenschappers en ontdekkingsreizigers onder wie Dragutin Lerman en Mirko en Stevo Seljan.

㉑ Botanische Tuin van de Faculteit der Wetenschappen

Botanički vrt Prirodoslavno matematičkog fakulteta

Marulićev trg 9a. 01-4898060. **Open** april–okt.: ma, di 9.00–14.30, wo–zo 9.00–19.00 uur.
botanic.hr

Onderdeel van het 'groene hoefijzer' dat werd ontworpen door Milan Lenuci is een Engelse tuin die in 1890 ontworpen werd door Antun Heinz, professor in de botanie, die werkte op de faculteit wis- en natuurkunde van de Universiteit van Zagreb. De tuin, die een gebied van 50.000 m² omvat, is een oase van rust waarin men aan de drukte van de stad kan ontsnappen. Het is daarom een populaire plek voor een wandeling. Er zijn ongeveer 6000 plantensoorten, waaronder 1800 tropische planten van over de hele wereld, maar met name uit Azië. Paden voeren door de bossen met coniferen en langs kunstmatige vijvers, tentoonstellingspaviljoens, rotstuinen en kassen. De verschillende soorten bomen, struiken en bloemen die hier groeien vormen een prachtig spektakel. In speciale vijvers worden waterplanten gekweekt.

Bloembedden in de Botanische Tuin

Het Kunstpaviljoen, historische locatie voor belangrijke tentoonstellingen

㉒ Kunstpaviljoen

Umjetnički Paviljon

Trg kralja Tomislava 22. **Tel.** 01-484 1070. **Open** di–zo 11.00–20.00, vr 11.00–21.00 uur.

umjetnicki-paviljon.hr

In 1896 was het Kunstpaviljoen de Kroatische inzending voor de internationale tentoonstelling in Boedapest. De stalen constructie werd naar Zagreb vervoerd en in 1898 op deze plaats opgebouwd naar ontwerp van Ferdinand Fellner en Hermann Helmer. Het wordt nu gebruikt voor exposities. Voor het paviljoen staat een werk van Ivan Meštrović, een monument voor de renaissanceschilder Andrija Medulić. Het paviljoen kijkt uit op een plein, Trg Kralja Tomislava, genoemd naar de eerste Kroatische koning, Tomislav. Het ruiterstandbeeld van de koning op het plein werd gemaakt door beeldhouwer Robert Frangeš-Mihanović.

㉓ Museum van Oude Meesters

Galerija starih majstora

Blz. 170–171.

㉔ Hedendaags Museum

Moderna galerija

Andrije Hebranga 1. **Tel.** 01-6041055. **Open** di–vr 11.00–19.00, za, zo 11.00–14.00 uur. **Gesloten** ma, feestdagen.

moderna.galerija.hr

Het rijkste nationale museum voor Kroatische kunst, gevestigd in het Vranyczanypaleis (1883), heeft werken van de grootste Kroatische schilders en beeldhouwers. Het dateert van 1905, toen de eerste werken van onder andere Ivan Meštrović en Mirko Rački werden aangekocht. Latere aankopen en donaties brachten de collectie op 9800 schilderijen, beeldhouwwerken, aquarellen, tekeningen en prenten.
De huidige expositie van 750 werken omvat moderne klassiekers van de schilders Vlaho Bukovac, Mato C Medović, Miroslav Kraljević en Josip Račić, de beeldhouwers Ivan Meštrović, Frano Kršinić en Branislav Dešković, en andere moderne kunstenaars op het gebied van fotografie, video en andere nieuwe media. De innovatieve multisensorische MG Tactile Gallery richt zich met name op slechtzienden.

㉕ Archeologisch Museum

Arheološki muzej

Trg Nikole Šubića Zrinskog 19. **Tel.** 01-4873000. **Open** di–za 10.00–18.00 (do tot 20.00), zo 10.00–13.00 uur. op afspraak.

amz.hr

Het grote 19de-eeuwse Vranyczany-Hafnerpaleis herbergt sinds 1945 het Archeologisch Museum; het instituut zelf is al in 1846 opgericht. Het museum toont zo'n 400.000 voorwerpen uit heel Kroatië, maar met name uit de omgeving van Zagreb. Er zijn vijf hoofdafdelingen: prehistorie, Egypte, oudheid, middeleeuwen en een deel gewijd aan munten en medailles.
De eerste afdeling beslaat de periode van het neolithicum tot het eind van de ijzertijd. Hier staat de beroemde *Vučedolduif*, een schenkkan in de vorm van een vogel. Ondanks het eenvoudige materiaal zijn de technische vaardigheden waarover de pre-Illyrische beschavingen beschikten duidelijk. Een ander belangrijk voorwerp is de zwachtel die is gebruikt om de Mummie van Zagreb in te wikkelen. Hij heeft een mysterieuze oorsprong en draagt een Etruskische tekst die nog niet geheel is ontcijferd. Onder de belangrijke collectie

Gundulić – Osmans Droom door Vlaho Bukovac, Hedendaags Museum

Een laan in het Maksimirpark, waar de dierentuin is

oudheden valt ook het Lapidarium op de binnenplaats. Die bestaat uit een verzameling stenen relicten uit de Romeinse tijd. Uit Salona *(blz. 118–119)* komt het *Hoofd van Plautilla*. Het wordt momenteel niet tentoongesteld, maar is het embleem van het museum. Onderdeel van het museum is ook het beroemde archeologisch laboratorium. Het heeft diverse educatieve projecten voor schoolkinderen opgezet. De naastgelegen archeologische bibliotheek bevat meer dan 45.000 banden, waarvan sommige zeer zeldzaam.

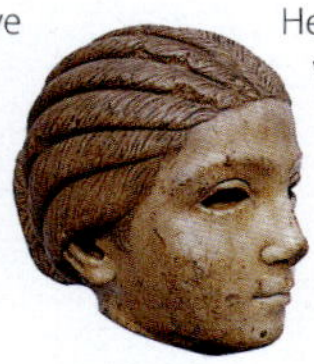

Hoofd van Plautilla, Archeologisch Museum

㉖ Museum van Hedendaagse Kunst

Muzej suvremene umjetnosti

Avenija Dubrovnik 17. **Tel.** 01-6052700. **Open** di–zo 11.00–18.00, za 11.00–20.00 uur. **msu.hr**

Deze fraaie tentoonstellingsruimte toont meer dan 600 werken van 200 kunstenaars. Tot de hoogtepunten behoren de experimentele films van Ivan Ladislav Galeta en Tomislav Gotovac, en conceptuele werken van Goran Trbuljak, Sanja Iveković en Atelier Kožarić. Werken als *Eyes of Purification* van Miroslav Balka en dia's van Carsten Höller, die ook worden tentoongesteld in de Turbine Hall van het Tate Modern in Londen, dragen bij aan de goede reputatie van dit museum.

㉗ Maksimirpark

Maksimirski perivoj

Maksimirski perivoj bb. **Open** dag. **park-maksimir.hr**

Het grootste park in de stad (3 km²) wordt gezien als een van de levende monumenten van Kroatië. Het is genoemd naar bisschop Maksimilijan Vrhovac, die in 1794 het initiatief nam voor het project.

Het park was in 1843 voltooid. Het is aangelegd in Engelse stijl met brede lanen, borders, kleine bossen en meren. De **dierentuin** (Zoološki vrt) heeft honderden diersoorten. Een van de 'follies' die in het park zijn aangelegd, de **Vidikovac** (Belvédère), biedt een schitterend uitzicht en heeft een klein café.

㉘ Mirogojbegraafplaats

Groblje Mirogoj

Mirogoj. **Open** okt.–maart: dag. 7.30–18.00; april–sept.: dag. 6.00–20.00 uur.

Aan de voet van de berg Medvednica, 4 km van het centrum van de stad, ligt de Mirogojbegraafplaats, gebouwd in 1876 door Hermann Bollé. Deze grote architect had zijn talent al gedemonstreerd met de bouw van een nieuwe stadswijk. De begraafplaats beslaat een oppervlakte van 28.000 m² en omvat de graven van de beroemdste persoonlijkheden uit het politieke, culturele en artistieke leven van Kroatië.

Een indrukwekkende, met klimop begroeide gevel vormt de toegang tot de katholieke en orthodoxe kapellen. Vanaf hier vertakken zich twee lange neorenaissancistische zuilengalerijen waaraan de grafkamers van de belangrijkste families liggen.

Een lange, door bomen omzoomde laan verdeelt het gebied in twee delen, die op hun beurt weer verdeeld zijn in aparte rechthoeken met bomen en struiken. Tussen het groen staan grafmonumenten gemaakt door vooraanstaande Kroatische beeldhouwers. Er zijn werken van Ivan Meštrović, Jozo Kljaković, Ivan Rendić, Antun Filipović, Antun Augustinčić, Edo Murtić, Ivan Kerdić en Robert Frangeš-Mihanović. Naast de graven van belangrijke personenen is er een monument voor de soldaten die in de Eerste Wereldoorlog zijn gesneuveld, door Juri Turkalj en V Radauš. Er is bovendien een monument voor de joden die in de Tweede Wereldoorlog zijn omgekomen, door Antun Augustinčić, en een monument voor gesneuvelde Duitse soldaten.

De goed onderhouden begraafplaats is haast een openluchtmuseum en wordt vaak bezocht door de inwoners van de stad, die er kaarsen branden en bloemen komen leggen.

Arcade in de Mirogojbegraafplaats, een van de mooiste van Europa

㉓ Museum van Oude Meesters

Galerija starih majstora

In 1880 liet Josip Juraj Strossmayer, de rijke en machtige bisschop van Đakovo en een voorvechter van een pan-Slavistische beweging, dit gebouw optrekken om de Academie van Kunsten en Wetenschappen en het Museum van Oude Meesters te huisvesten, waaronder zijn eigen collectie, die bestond uit zo'n 250 kunstwerken. Het neorenaissancistische gebouw heeft een grote binnenplaats met zuilengang. Negen vertrekken op de bovenverdieping herbergen ongeveer 200 werken van de grote Europese scholen van de 14de tot de 19de eeuw. Achter het gebouw staat een groot beeld van bisschop Strossmayer van Ivan Meštrović uit 1926.

Maria met Kind en St.-Franciscus en St.-Bernardus
Dit schilderij is een van de weinige werken van Bartolomeo Caporali (ca.1420–1505) die te vinden zijn buiten Perugia in Italië.

Suzanna en de ouderlingen
De drie figuren op de voorgrond tekenen zich scherp af tegen de achtergrond. De gezichten van de twee oude mannen zijn erg expressief; het lijkt alsof ze opleven bij de aanblik van de mooie Suzanna. De kunstenaar, Majstor Izgubljenogsina, toont een grote technische beheersing en een levendig gebruik van kleur.

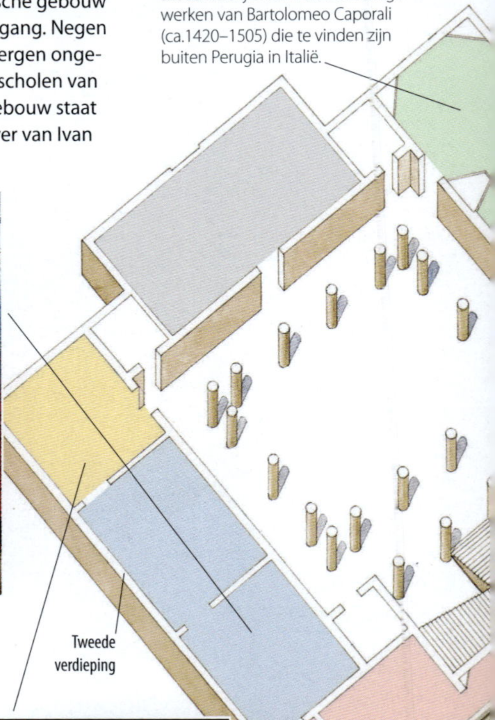

Museumwijzer

Het museum ligt op de tweede verdieping en toont werken van belangrijke Italiaanse, Duitse, Vlaamse en Franse meesters, die scholen en stromingen uit de 14de tot de 19de eeuw vertegenwoordigen. Direct in de hal na de ingang is de zogenaamde Baškasteen te zien, een van de oudste documenten van de Kroatische cultuur (11de eeuw), in glagolitisch schrift.

Madame Recamier
Antoine Jean Gros (1771–1835) schilderde dit portret vermoedelijk rond 1825. Madame Recamier was in die tijd een van de prominente figuren in de hogere kringen van Parijs.

Voor hotels en restaurants in deze buurt zie blz. 230–231 en blz. 245–247

Maria met Jezus, Johannes en een engel
Deze tondo van Jacopo del Sellaio heeft uitbundige kleuren. De Toscaanse kunstenaar behoorde tot de kring van Filippo Lippi en Sandro Botticelli.

TIPS VOOR DE TOERIST

Praktische informatie
Trg Nikole Šubića Zrinskog 11. **Tel.** 01-4895117. **Open** di 10.00–19.00, wo–vr 10.00–16.00, za, zo 10.00–13.00 uur. (flits).

Adam en Eva
Dit levendige olieverfschilderij op paneel is van Mariotto Albertinelli (1474–1515), een Florentijnse schilder. Het toont Adam en Eva die uit het Paradijs worden verdreven.

Symbolen

- Italiaanse school 14de–16de eeuw
- Italiaanse school 16de–18de eeuw
- Vlaamse en Hollandse meesters en Europese school 15de–17de eeuw
- Franse meesters 18de–19de eeuw
- Geen tentoonstellingsruimte

★ St.-Augustinus en St.-Benedictus
Dit werk toont de expressieve vaardigheid van de grote Venetiaanse meester Giovanni Bellini (1430–1516). De heiligen staan in eenvoudige nissen.

★ St.-Sebastiaan
Deze delicate afbeelding van de heilige door Vittore Carpaccio (1465–1525) maakte deel uit van een polyptiek. In dit schilderij met zijn levendige kleuren toont de Venetiaanse meester het drama van het martelaarschap via de glimlach van een jonge man op het moment van zijn dood.

MIDDEN-KROATIË

Midden-Kroatië wordt in het westen begrensd door de met wijngaarden bedekte heuvels van Samobor, die zich naar het noorden uitstrekken tot Karlovac en Ogulin, en in het zuiden door de grens van Bosnië-Herzegovina tot aan Jasenovac. In het noordoosten ligt een deel van de vruchtbare Savavallei, tussen Zagreb en het waterrijke en vogelrijke Lonjsko Polje, ten zuiden van Sisak.

Dit deel van Kroatië is lange tijd een trefpunt van verschillende culturen geweest. Tot de 12de eeuw v.C. werd het gebied bewoond door de Illyriërs, die in de 4de eeuw v.C. gezelschap kregen van de Kelten. De eerste Illyrische steden werden na de 1ste eeuw n.C. Romeins. De belangrijkste stad was Siscia (het huidige Sisak), dat in 441 door de Hunnen werd geplunderd en in de 6de eeuw door de Avaren overvallen.

De zuidelijke grens met Bosnië, die teruggaat tot 271 n.C., werd bevestigd ten tijde van het schisma tussen de Kerk van Rome en die van Constantinopel in 1054, en later opnieuw toen de Turken de Balkan bezetten. Als antwoord op de herhaalde aanvallen van de Turken stelde de Oostenrijkse keizer in 1578 de *Vojna krajina* in, een militaire grenszone bestaande uit gebieden die grotendeels door de Kroaten waren verlaten. De meesten van hen waren naar de kuststeden gevlucht. Om de grenzen te helpen bewaken werden Servische vluchtelingen naar het gebied gehaald, samen met Walachijse, Albanese en Montenegrijnse minderheden en Duitssprekende groepen. Er ontstonden dorpen bewoond door katholieken, moslims en orthodoxe christenen. Deze groepen leefden in redelijke harmonie samen tot halverwege de 19de eeuw, toen een golf van nationalisme door Europa trok.

De recente oorlog, die eveneens in het teken van het nationalisme stond, bracht grote verwoestingen en leidde ertoe dat duizenden Serviërs het besluit namen om de regio te verlaten.

Ook al is dit het minst toeristische deel van Kroatië, toch biedt het een prachtig landschap, met rivieren en beboste heuvels, een goede keuken en vele attracties, zoals oude kastelen, kerken, musea en natuurreservaten.

Grazende paarden in het natuurpark Lonjsko Polje

◀ Glooiende hellingen met wijnranken, vlak bij Samobor

Midden-Kroatië verkennen

Dit deel van het land bestaat uit drie verschillende gebieden: het laagland rond de hoofdstad, met tal van 18de-eeuwse gebouwen die zijn opgetrokken op de plaats van oude kastelen, het heuvelgebied, dat vermaard is om zijn wijnproductie (Samobor en Karlovac), en de strook langs de grens met Bosnië-Herzegovina ten zuiden van Sisak. Het landschap is gevarieerd – licht golvende vlakten worden afgewisseld met heuvels bedekt met wijngaarden, terwijl de hogere gebieden zich kenmerken door dichte bossen. De steden en stadjes zijn rijk aan barokkerken, kloosters, kastelen, vestingen en musea. De meeste van deze gebouwen hebben schade geleden in de oorlog van 1991–1995, maar sommige zijn inmiddels hersteld.

Romaans kunstwerk, Gemeentemuseum, Sisak

Interieur van de Mariakerk in Jastrebarsko

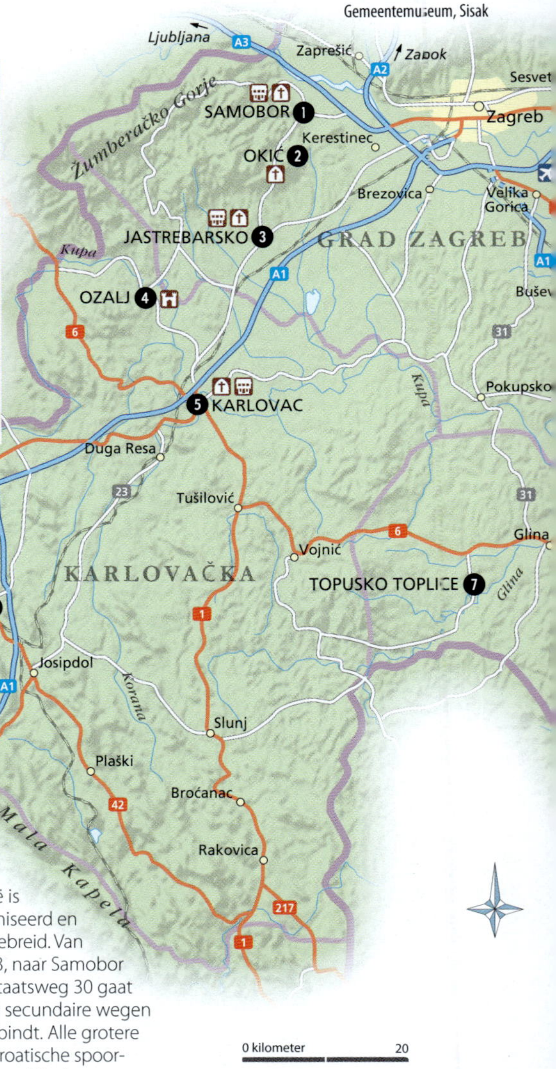

Vervoer

Het wegennet van Midden-Kroatië is goed. De wegen zijn nu gemoderniseerd en het netwerk van snelwegen is uitgebreid. Van Zagreb gaat er een snelweg, de A3, naar Samobor en het natuurpark Lonjsko Polje. Staatsweg 30 gaat naar Sisak, terwijl een netwerk van secundaire wegen de andere plaatsen met elkaar verbindt. Alle grotere plaatsen zijn aangesloten op het Kroatische spoorwegstelsel, behalve de stad Samobor. Alle dorpen, hoe klein ook, zijn met de bus te bereiken.

Voor hotels en restaurants in deze streek zie blz. 231 en blz. 247

Bezienswaardigheden

1. Samobor
2. Okić
3. Jastrebarsko
4. Ozalj
5. Karlovac
6. Ogulin
7. Topusko Toplice
8. Sisak
9. Hrvatska Kostajnica
10. Jasenovac
11. Novska
12. Natuurpark Lonjsko Polje
13. Kutina
14. Garić

Oriëntatiekaart

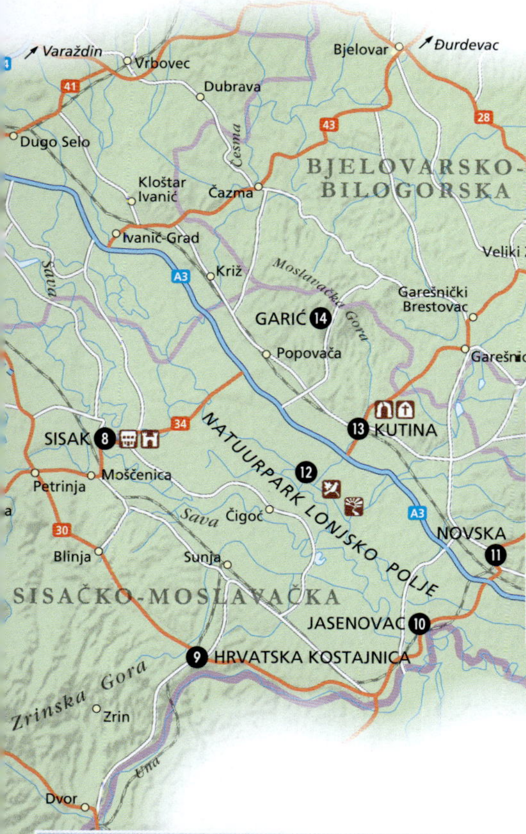

De rivier de Sava bij Sisak

Heuvels met wijngaarden in de omgeving van Okić

Symbolen

- Snelweg
- Snelweg in aanbouw
- Hoofdweg
- Secundaire weg
- Spoorlijn
- Regionale grens
- Landsgrens

Verklaring van de symbolen *zie achterflap*

Het hoogaltaar in de Mariakerk in Samobor

❶ Samobor

Kaart C2. 15.000. 01-3367276. Trg kralja Tomislava 5, 01-33 60044. Carnaval (feb.); Stadsdag (3de za in okt.). **tz-samobor.hr**

Samobor is gebouwd in de schaduw van de ruïne van wat ooit een grote vesting was (Stari Grad). Het kreeg in 1242 de status van vrijstad, waarna het een belangrijk handelscentrum werd. Nu is het een van de culinaire centra van Kroatië met heerlijke traditionele streekgerechten.

In de oudste wijk Taborec staat de gotische **Michaëlkerk** (Sv. Mihalj), die tijdens de barok is verbouwd. Uit dezelfde tijd stamt de bij een franciscanenklooster horende **Anasthasiakerk** (Sv. Anastazija) en de Mariakerk (Sv. Marija): met achter het hoogaltaar een *Maria-Hemelvaart* van Franc Jelovšek (een fresco uit 1752). Het linkeraltaar is verfraaid door Valentin Metzinger (1734). Het aangrenzende klooster is opgetrokken rond een fraaie kloostergang. In de refter en bibliotheek zijn barokke fresco's te zien. De geschiedenis van de stad en van de omgeving wordt uitstekend belicht in het **Gemeentemuseum** (Muzej grada Samobora), dat is ondergebracht in het 18de-eeuwse Livadićpaleis. Met name interessant is de afdeling die aan de geschiedenis van het Kroatische bergbeklimmen is gewijd.

Anasthasiakerk
Ulica sv. Ane 2. **Tel.** 01-3360082. **Open** op afspraak.

Gemeentemuseum
Livadićeva 7. **Tel.** 01-3361014. **Open** di–do 9.00–15.00, vr 9.00–19.00, za 10.00–14.00, zo 10.00–17.00 uur.

❷ Okić

Kaart C2. Gewest: Preradovićeva 42, Zagreb, 01-4873665.

Op een heuvel boven de weilanden en bossen rondom het dorp Okić liggen de ruïnes van een versterkt dorp. Ze bestaan uit de resten van een muur met ronde torens, een toegangspoort en een gotische kapel. Dit dorp wordt al vanaf 1183 in documenten genoemd en was eigendom van de graven van Okić, Zrinski, Frankopan en Erdödy. Het werd door de Turken verwoest en uiteindelijk in 1616 verlaten. De steile, rotsachtige delen die naar de ruïnes leiden zijn populair bij bergbeklimmers. Vanaf de top is het uitzicht schitterend. In het huidige dorp rond de voet van de heuvel staat de **Mariakerk** (Sv. Marija). In deze in 1893 herbouwde kerk is een versierd portaal uit 1691 verwerkt. Het doorstond aardverschuivingen die in 1911 een groot deel van het dorp overspoelden. Het interieur wordt verfraaid door barokke altaren, een schitterende preekstoel en een doopvont. Voor de kerk ziet u een achthoekige klokkentoren en een voorportaal.

De ruïnes van het versterkte dorp Okić, op de top van een heuvel

Een schilderij van Metzinger in de Mariakerk in Jastrebarsko

❸ Jastrebarsko

Kaart C2. 5500. van Zagreb. van Zagreb. Vladka Mačeka 1, 01-6272940. **tzgj.hr**

Aan de voet van de Plešivica-bergketen, tussen Samobor en Karlovac, ligt Jastrebarsko, dat voor het eerst wordt vermeld in een document uit 1249.

De plaats nam in belang toe nadat hij in 1257 door Bela IV tot vrijstad was uitgeroepen en een handelscentrum werd voor hout en vee, en voor de wijn die hier nog steeds wordt geproduceerd. In de 15de eeuw was Jastrebrasko feodaal bezit van de familie Erdödy, die er een imposant **kasteel** bouwde, een vierkant bouwwerk met ronde hoektorens en een binnenplaats met zuilengangen. Twee eeuwen later werd het verbouwd tot een woonhuis, dat nu voor het publiek gesloten is.

In de barokke **Nicolaaskerk** (Sv. Nikola, 1775) ziet u een fresco van Rašica en de graftombe van Petar Erdödy (1567). De van oorsprong dominicaner

Voor hotels en restaurants in deze streek zie blz. 231 en blz. 247

en later franciscaner **Mariakerk** (Sv. Marija, 1740) heeft weelderige barokke altaren. Het aan Maria gewijde altaar is verfraaid met een schilderij van Valentin Metzinger uit 1735.

❹ Ozalj

Kaart C2. 1200. 047-731158. Karlovac, 060-338833; Ozalj, 047-731107. Kurilovac 1, 047-731196. Stadsdag (30 april); Zomeravonden in Ozalj (15–20 aug.). **ozalj-tz.hr**

Op deze rotsachtige uitloper stond ooit een kasteel (Stari grad) dat toebehoorde aan een lid van de koninklijke familie. Het was in de 13de eeuw gebouwd om toezicht te kunnen houden op de wegen en de rivier de Kupa. Het kasteel werd versterkt door de graven van Babonić, kwam in bezit van de familie Frankopan en aan het eind van de 16de eeuw van Juraj Zrinski. Toen de Osmaanse dreiging voorbij was, ontwikkelde zich een dorp rond het kasteel, dat inmiddels een landhuis was geworden. Twee ommuringen met vijf halfronde torens herinneren nog aan de vroegere vesting. Van recenter datum zijn de 16de-eeuwse graanopslag *(palas)* en een gotische familiekapel. Het hoofdgebouw telt diverse niveaus en is in 1928 gerestaureerd door de familie Thurn und Taxis, die het had geërfd. Na een tijdje leeg te hebben gestaan, werd het in 1971 een **museum**, gewijd aan de geschiedenis van het kasteel en de omgeving, en met glagolitische inscripties.

Kasteel van Ozalj, ooit eigendom van de Frankopans en Juraj Zrinski

Kasteel en museum
Cesta Zrinski Frankopana 2. 047-732271. **Open** ma–vr 8.00–20.00, za en zo 10.00–20.00 uur.

❺ Karlovac

Kaart C2. 55.000. 060-333444. 060-338833. Lokaal: Ulica Petra Zrinskog 3, 047-615115; Regionaal: A Vraniczanya 6, 047-615320. **karlovac-touristinfo.hr** Carnaval (feb.); St.-Jansvuurwerk (juni); internationaal folklorefestival (juli), Bierfestival (aug.).

Tegenwoordig is Karlovac een industriestad en een belangrijk knooppunt van wegen naar Slovenië. Het begon zijn bestaan als bolwerk tegen de Turkse aanvallen, maar werd als woonplaats in 1579 gesticht door de aartshertog van Oostenrijk, Karel van Habsburg, naar wie de naam verwijst. Karlovac werd door de Italiaan N. Angelini ontworpen als woonplaatsvesting bij de samenloop van de Korana en de Kupa. De plattegrond had de vorm van een zespuntige ster met bastions en vestinggrachten die inmiddels zijn getransformeerd tot openbare tuinen. Binnen de verdedigingswerken stonden 24 eendere gebouwen, die allemaal bewaard zijn gebleven, al worden ze voor verschillende doeleinden gebruikt. Het hart van de stad is het Strossmayerplein, met het barokke Frankopanpaleis. Dit biedt plaats aan het **Gemeentemuseum** (Gradski muzej), waarvan de archeologische en etnografische collecties de geschiedenis van de stad documenteren. Aan het plein Trg Bana Jelačića ligt een franciscanenklooster.
De **Vjekoslav Karas Gallery** werd in 1975 geopend. In de fraaie ruimte worden visuele kunstwerken als museumobjecten tentoongesteld.

Wapen, Gemeentemuseum, Karlovac

Klokkentoren van de Drievuldigheidskerk in Karlovac

De katholieke **Drievuldigheidskerk** (Presvetoga Trojstvo) dateert uit 1683–1692, maar heeft een klokkentoren uit 1795. Binnen vindt u een zwartmarmeren altaar van Michele Cussa uit 1698. De orthodoxe Nicolaaskerk (Sv. Nikola) stamt uit 1786. Naar het oosten strekt de stad zich uit tot het **Dubovackasteel**, een middeleeuws bouwwerk. Het deed lange tijd dienst als hotel, maar wordt nu weer in oude staat teruggebracht.

Gemeentemuseum
Strossmayerov trg 7. **Tel.** 047-615980. **Open** di, do en vr 8.00–16.00, wo 8.00–19.00, za 10.00–16.00, zo 10.00–12.00 uur. op afspraak. **gmk.hr**

Vjekoslav Karas Gallery
Ljudevita Šestića 3. **Tel.** 047-615980. **Open** tijdens tentoonstellingen: di en do 8.00–16.00, wo en vr 8.00–19.00, za 10.00–16.00, zo 10.00–12.00 uur.

Drievuldigheidskerk
Trg bana Jelačića 7. **Tel.** 047-615950/1. **Open** vóór de mis; anders op afspraak.

Het 15de-eeuwse kasteel van de grafelijke Frankopans in Ogulin

❻ Ogulin

Kaart C2. 9.000. 047-525 001. Kardinala A. Stepinca 1, 047-532278. **tz-grada-ogulina.hr**

Toen maarschalk Tito hier in 1927 en 1933 gevangen kwam te zitten *(blz. 44)* werd dit stadje in heel Kroatië bekend. De gevangenis maakte deel uit van een kasteel dat in de 15de eeuw door de Frankopans was gebouwd. De kasteelmuur omsluit een groot gebouw geflankeerd door twee hoge torens, een gotische kapel en diverse huizen die zijn gebouwd toen Ogulin in 1627 een pleisterplaats in de *Vojna krajina* (Militaire Grenszone, *blz. 41*) werd. Een deel van het kasteel herbergt het **Regionaal Museum**, dat aandacht besteedt aan archeologie, folklore en bergbeklimmen. Ook vindt u hier Ivana's Sprookjeshuis, een interactief bezoekerscentrum over sprookjes en sprookjesschrijvers. Niet ver van het stadje, vlak bij de door de rivier de Dobra uitgesleten Đulakloof, staat het Oude Kasteel (Zulumgrad).

❼ Topusko Toplice

Kaart D2. 800. van Zagreb, Sisak, Karlovac. Trg bana Jelačića 4, 044-885203. Honingdagen (feb.), Folkloredag (juni), Halve marathon (aug.). **turizam-topusko.com**

Een cisterciënzer abdij op deze plaats was het centrum voor de verspreiding van het christendom in de Banovina, een gebied met groene valleien ten zuiden van Sisak, tussen de rivieren de Sava en de Glina. De abdij werd in 1204 gesticht door koning Andreas II en in de middeleeuwen ontwikkelde er zich een dorp omheen. De overblijfselen vindt u in het Opatovinapark. De nabijgelegen warmwaterbronnen (tot 78 °C) werden al in de Romeinse tijd gebruikt. In de 19de eeuw werd er een kuuroord gebouwd, dat door keizer Frans Jozef en andere hooggeplaatsten aan het hof werd bezocht. Tegenwoordig komen er mensen met reumatische en neurologische klachten. Het kuuroord heeft drie bronnen en het water komt van een diepte van 1500 m. De kwaliteit van het water is al sinds de 19de eeuw constant. Topusko heeft twee hotels en een groot aantal privéaccommodaties.

❽ Sisak

Kaart D2. 37.000. 044-524724. 060-330060. Rimska ulica 13a, 044-522655. **sisakturist.com**

De stad Sisak ligt bij de plaats waar de rivieren de Kupa en de Odra uitmonden in de Sava en heeft altijd een belangrijke rol gespeeld in de Kroatische geschiedenis. De naam ervan is in de loop van zijn lange bestaan een aantal keren veranderd. Sisak begon als het Illrisch-Keltische Segestica, werd Siscia bij de Romeinen en later Colonia Flavia Siscia. Rome veroverde de stad na een bloedige veldslag waarin keizer Augustus gewond raakte. Na de verovering van de Balkan maakte de keizer Colonia Flavia Siscia hoofdstad van de provincie Pannonia Savia en werd het een belangrijk handelscentrum. De stad werd in 441 door Attila verwoest en in de 6de eeuw aangevallen door de Avaren en de Slaven. Ten slotte herbouwd door de Kroaten ging de stad Sisak heten. Vanuit deze plaats begon vorst Ljudevit aan de verovering van Kroatië in de 8ste eeuw. In de 10de eeuw werd Sisak verwoest door de Hongaren, waarna de bisschop zijn zetel naar Zagreb verplaatste, maar wel hier een vesting liet bouwen. In 1593 vond bij die vesting een veldslag plaats die eindigde met de eerste nederlaag van de Turken op de Balkan. De stad leefde vlakbij weer op en begon aan een lange periode van welvaart, dankzij tolheffing op de rivier. Er zijn nog enkele barokke gebouwen te zien, waaronder het oude en nieuwe stadhuis. Een park omgeeft de **vesting** (Stari grad) aan de rivier de Kupa, ten zuiden van de stad. De vesting is halverwege de 16de eeuw gebouwd en in de tijd van de Turkse invasies versterkt. Drie ronde bakstenen torens (1544–1555) verbinden hoge muren met schietgaten op een driehoekige plattegrond. In het park staat een mooie traditionele boerderij. Het **Gemeentemuseum** (Gradski muzej) toont vondsten uit de Romeinse nederzetting.

Hercules (1ste eeuw n.C.), Sisak

De 16de-eeuwse vesting van Sisak aan de rivier de Kupa

Vesting
Tome Bakača Erdödyja. 044-811811. **Gesloten** bel voor informatie.

Gemeentemuseum
Kralja Tomislava 10. **Tel.** 044-811811. **Open** april–sept.: di–vr 10.00–18.00, za, zo 9.00–12.00 uur; okt.–maart: di–vr 7.30–15.30 uur.
muzej-sisak.hr

Omgeving
Zo'n 20 km naar het zuidwesten ligt **Gora**, dat in de middeleeuwen de hoofdplaats van een gelijknamig Županija (graafschap) was. De grafelijke zetel

Voor hotels en restaurants in deze streek zie blz. 231 en blz. 247

was een kasteel dat vanaf 1242 in documenten wordt genoemd, maar in 1578 door de Turken is verwoest. De gotische **Onze-Lieve-Vrouwe Hemelvaart** (Uznesenja Blažene Djevice Marije) liep veel schade op en werd in de 18de eeuw in barokstijl hersteld. De kerk heeft hoekkapellen en lijkt op een kasteel. Binnen ziet u een marmeren altaar en preekstoel.

❾ Hrvatska Kostajnica

Kaart D2. 2000. van Zagreb, Sisak. van Zagreb, Sisak. Vladimira Nazora 17, 044-851800.

Dit dorp op de linkeroever van de rivier de Una, die voor een groot deel de grens met Bosnië-Herzegovina markeert, draagt nog de sporen van de oorlog aan het einde van de vorige eeuw. Vlak bij een brug staat een gerenoveerd kasteel dat uit de middeleeuwen stamt, maar herhaaldelijk met de grond gelijk is gemaakt. Sinds de laatste oorlog staan er alleen nog drie torens, verbonden door een hoge muur. De **Antonius van Paduakerk** en het bijbehorende klooster, na het vertrek van de Turken aan het eind van de 17de eeuw gebouwd, zijn gerestaureerd en gemeubileerd (enkele barokke altaars waren befaamd vanwege hun schoonheid).

Omgeving
14 km naar het zuidwesten ligt **Zrin**, met de ruïne van een 14de-eeuws kasteel, dat in 1347 van de familie Babonić overging op de Bribirvorsten van Šubić. Een tak van de familie nam de naam Zrinski aan, naar het dorp rond het kasteel. De Turken bezetten het plaatsje van 1577 tot eind 17de eeuw, toen ze het verwoestten. De Zrinski's hebben een sleutelrol gespeeld in de geschiedenis van Kroatië: eerst in de strijd tegen de Turken, daarna als aanstichters van een mislukte poging Kroatië van de Habsburgers te bevrijden *(blz. 181)*

Het tulpvormige monument van Bogdanović in Jasenovac

❿ Jasenovac

Kaart E2. 800. van Sisak. van Sisak. Trg kralja Petra Svačića 3, 044-672490.

Dit dorp is berucht omdat er in de Tweede Wereldoorlog tienduizenden krijgsgevangenen, joden, zigeuners, Serviërs en Kroaten omkwamen in een concentratiekamp. Ter herinnering aan die verschrikking is er op het terrein van het voormalige concentratiekamp een tulpvormig monument opgericht, ontworpen door Bogdan Bogdanović. Het monument en het Herdenkingsmuseum vormen samen de Jasenovac Memorial Site.

De Lucaskerk in Novska

⓫ Novska

Kaart E2. 7500. van Zagreb, Sisak, 044-892421. van Zagreb, Sisak. Ulica kralja Tomislava 2, 044-600062.

Het stadje Novska is de geëigende uitvalsbasis voor een bezoek aan het natuurpark Lonjsko Polje *(blz. 180)* en voor uitstapjes naar het Psunjgebergte, waar ook allerlei recreatieve sporten kunnen worden beoefend.
De fraaie **Lucaskerk** (Sv. Luka) is een barokke kerk uit 1775. De kerk bezit een mooi altaar en een werk van de moderne schilder Z. Šulentić. Het **Bauermuseum** toont werk van naïeve en hedendaagse kunstenaars.
Novska's economie is gebaseerd op industrie en handel.

Het uit de middeleeuwen stammende kasteel van Kostajnica, aan de Una

Ooievaarsnest in het natuurpark Lonjsko Polje

⓬ Natuurpark Lonjsko Polje

Kaart D2. Parkkantoor (Krapje): 044-672080. Ingang in Čigoć. 044-715115. **Open** april–okt.: dag. 9.00–17.00 uur; nov–maart: op afspraak. **pp-lonjsko-polje.hr**

De brede bocht in de Sava tussen Sisak en Stara Gradiška is sinds 1963 een vogelreservaat en werd in 1990 een natuurreservaat, met een totale oppervlakte van 506 km². Dit uitgestrekte gebied werd in de dooiperiode steevast overstroomd door de rivier en zijn zijrivieren (Lonja, Ilova, Pakra en Čazma), waarna het water in de zomer en vroege herfst weer terugtrad. In de jaren zestig zijn delen van deze *wetlands* drooggelegd, maar ze zijn nog steeds een van de meest fascinerende moerasgebieden van Europa.
Bossen met eiken, populieren, essen en wilgen bedekken de oevers van de rivier en de hoger gelegen delen, terwijl de droge velden in de zomer worden gebruikt als graasland voor schapen. Er leven hier wilde zwijnen en herten, maar ook de Turopoljevarkens en Posavinapaarden, beide beschermde diersoorten. Het park is een belangrijk broedgebied voor zwarte ooievaars, die in het voorjaar arriveren en in het najaar weer vertrekken, en voor talloze reigersoorten en verschillende soorten roofvogels, waaronder de bruine kiekendief en de zeearend.

⓭ Kutina

Kaart D2. 15.000. 060-333444. 060-355060. Tržna 8, 044-681004. **turizam-kutina.hr**

Kutina, in de streek Moslavina, is gebouwd op de ruïnes van een Romeins *castrum* (een Romeins militair kamp of fort) en er zijn talloze archeologische vondsten gedaan. Het stadje is verbonden met twee kastelen: Kutinjac Grad, voor het eerst genoemd in 1256, en de vesting Plovdin, maar van beide resteren slechts ruïnes.
Kutina kwam tot bloei in de 17de eeuw en ontwikkelde zich op de vlakte ten zuiden van de vesting. Hier liet graaf Karl Erdödy rond 1770 de **Onze- Lieve-Vrouwe van de Sneeuwkerk** (Marija Snježna) bouwen. De kerk wordt omgeven door een porticus en het interieur is verfraaid met sierstucwerk en trompe-l'oeilschilderingen van Josip Görner. Het altaar van het Heilig Graf is ingebed in een unieke barokke compositie van gebeeldhouwde vormen en ingelegd hout.
Het Erdödykasteel, dat in 1895 werd herbouwd, herbergt het **Museum van Moslavina** (Muzej Moslavine), dat aan de hand van een uitgebreide verzameling documenten, voorwerpen en traditionele kledij de geschiedenis en folklore van Moslavina belicht.

Museum van Moslavina
Trg kralja Tomislava 13. **Tel.** 044-683548. **Open** di–vr 8.00–13.00 uur.

Onze-Lieve-Vrouwe van de Sneeuwkerk in Kutina

Omgeving
Ongeveer 50 km ten noordwesten van Kutina liggen **Ivanić-Grad** en de dorpen **Kloštar Ivanić** en **Križ**. In Ivanić-Grad worden in ateliers die producten van vlas en linnen vervaardigen de lokale tradities levend gehouden.
In Kloštar Ivanić vindt u een franciscanenklooster dat in 1508 is gesticht en de Mariakerk (Sv. Marija), met een collectie zilverwerk, schilderijen en verluchte muziekcodices.
In Križ is de parochiale Kruiskerk in de 11de eeuw gesticht door de tempeliers. De kerk heeft een weelderig versierd barok interieur. Het magnifieke orgel is gebouwd in 1787.

Overblijfselen van de oude verdedigingswerken rond Garić

⓮ Garić

Kaart D2. 76 (Podgarić). Regionaal: Dr. Ante Starčevića 8, Bjelovar, 043-221928.

Op een heuvel in de Moslavačkaketen (Moslavačka Gora), niet ver van Podgarić, liggen de ruïnes van de versterkte plaats Garić, in 1256 ergens genoemd als *castrum*. In 1277 gaf de koning Garić in leen aan bisschop Timotej van Zagreb, die de verdediging ervan overliet aan de graven van Gardun en later aan de graven van Celje. Aan de voet van de heuvel van Garić stichtte de paulijnse orde in 1295 het Mariaklooster. In 1544 werden het stadje en het klooster door de Turken verwoest. De ommuurde plaats was onregelmatig van vorm en had verdedigingstorens zowel binnen de muren als langs de gracht.

Voor hotels en restaurants in deze streek zie blz. 231 en blz. 247

De Zrinski- en de Frankopandynastie

Dujam, de graaf van Krk, stierf in 1163 en zijn nazaten noemden zich Frankopan *(Frangere Panem)* toen Venetië hun gezag over Krk bevestigde. Ze waren bondgenoten van Venetië tot ze in 1480 het eiland moesten afstaan. De Frankopans hadden echter nog andere bezittingen, geschonken door de Hongaarse koningen. De Šubićs werden graven van Bribir toen de familie in 1290 de stad in leen kreeg van koning Andreas II, en ze werden in 1347 de graven van Zrinski toen ze naar Zrin moesten verhuizen *(blz. 179)*. Met de executie van de ban van Kroatië, Petar Zrinski, en zijn zwager Fran Krsto Frankopan in 1671 kwamen de twee machtigste dynastieën van Kroatië aan hun einde. De Habsburgers confisqueerden hun bezit en de Zrinski's stierven uit. Een tak van de Frankopans leeft nog in Friuli, Italië.

Fran Krsto Frankopan (1643–1671), de achterkleinzoon van Krsto Frankopan en erfgenaam van Mario Frangipane (de Romeinse tak van de familie), werd in 1671 in Wiener Neustadt terechtgesteld vanwege zijn aandeel in een complot tegen het Rijk.

Krsto Frankopan, (1480–1527), de zoon van Bernard, de ban van Kroatië, en Louise van Aragon, was generaal onder keizer Maximiliaan in de oorlog tegen Venetië. Hij werd in Milaan gevangengezet en stierf strijdend voor de onafhankelijkheid van Hongarije, waarvan Kroatië deel uitmaakte.

Terechtstelling van de rebellen

Op 30 april 1671 werden op het centrale plein in Wiener Neustadt de ban van Kroatië, Petar Zrinski, en zijn zwager Fran Krsto Frankopan op bevel van keizer Leopold I onthoofd op beschuldiging van hoogverraad. De twee zwagers hadden getracht een coalitie van Kroatische leenmannen te vormen om de Oostenrijks-Hongaarse invloed in te perken.

Nikola Zrinski vocht tegen de Turken en was een verdediger van het christendom. Hij stierf in 1566 in de Slag bij Siget, na een aanbod van de sultan te hebben afgeslagen: hij kon gouverneur van Kroatië worden als hij het kamp van de keizer verliet.

Petar Zrinski was vanaf 1664 de ban (gouverneur) en leider van een beweging die de Habsburgse invloed in Kroatië probeerde te beperken. De poging tot opstand mislukte door verraad en valse beloften. De twee leiders gingen naar Wenen om met de keizer te onderhandelen. In de hoofdstad aangekomen werden ze gevangengenomen en een paar maanden later onthoofd.

Een kalme rivier stroomt door het natuurpark Lonjsko Polje ►

SLAVONIË EN BARANJA

Het meest oostelijke deel van Noord-Kroatië, tussen Hongarije, Servië en Bosnië-Herzegovina, is een van de vruchtbaarste gebieden van Europa en wordt 'de graanschuur van Kroatië' genoemd. Het landschap van Slavonië en Baranja kenmerkt zich door uitgestrekte tarwe- en maïsvelden en heuvels bedekt met wijngaarden of oude bossen. De grootste stad, Osijek, heeft een versterkt centrum.

Het gebied dat overeenkomt met het huidige Slavonië en Baranja werd oorspronkelijk bewoond door Illyriërs en kwam reeds in de 2de eeuw v.C. in contact met de Romeinse wereld. Het duurde ruim 200 jaar voor de Romeinen de bewoners van dit gebied, Pannonia, hadden onderworpen. Vanaf 402 vielen eerst de Goten, daarna de Hunnen, de Visigoten, Bourgondiërs, Gepiden, Longobarden, Sarmaten en ten slotte de Avaren Pannonia binnen. Toen de Slaven kwamen, herinnerde er niet veel meer aan het Romeinse gezag, en de regio, sindsdien Slavonië geheten, was vrijwel onbewoond. In 925 ontstond een Kroatisch koninkrijk, dat standhield tot 1097, toen koning Koloman de heerschappij kreeg over Slavonië en het Hongaars-Kroatische koninkrijk stichtte. Na de Slag bij Mohács in 1526 werd Slavonië onderdeel van het Osmaanse Rijk. Dit bleef zo tot 1689. Om de constante schermutselingen tussen de Turken en het Heilige Roomse Rijk een halt toe te roepen, stelden de Habsburgers een Militaire Grenszone *(Vojna krajina)* in, die pas in 1881 werd opgeheven, nadat Oostenrijk-Hongarije Bosnië-Herzegovina had overgenomen van de Turken. Deze grenszone ging vervolgens op in Kroatië. Toen in 1991 de oorlog uitbrak, werd de aanwezigheid van Servische dorpen aangegrepen voor een Servische bezetting van Slavonië. In 1995 kwam Slavonië onder toezicht van de Verenigde Naties weer in handen van de Kroaten. Hoewel de oorlogsschade nog zichtbaar is langs de grens, met name in Vukovar, werkt men hard aan de wederopbouw en is Slavonië weer alleszins een bezoek waard vanwege zijn historische schatten en natuurlijke schoonheid. Heel bijzonder is het vogelparadijs Kopački rit.

Inwoners van een Slavonisch dorp in de traditionele kledij van de streek

◄ Fresco in de 18de-eeuwse Franciscuskerk in Požega

Slavonië en Baranja verkennen

Slavonië, het gebied tussen de rivieren de Sava, de Drava en de Donau, bestaat uit een uitgestrekte, golvende alluviale vlakte met langs de randen heuvels bedekt met bossen en wijngaarden. Vroeger was het gebied door jaarlijkse overstromingen vele maanden per jaar één groot moeras. Baranja is een driehoekig gebied in het uiterste noordoosten, begrensd door de Drava, de Donau en de Hongaarse grens. De vlakte is bedekt met tarwe- en maïsvelden en in het heuvelgebied wordt wijn verbouwd. In het zuiden treedt de rivier de Drava regelmatig buiten zijn oevers en is er van de lente tot de herfst sprake van een moerasgebied: het natuurreservaat Kopački Rit, een toevluchtsoord voor honderden vogelsoorten, waaronder de zeldzame zwarte ooievaar. Op de rechteroever van de Drava ligt de belangrijkste stad van Slavonië, Osijek, met brede avenues, parken, 19de-eeuwse gebouwen in Weense stijl en een indrukwekkende neogotische kathedraal.

De barokke klokkentoren van de St.-Rochuskerk, Virovitica

Bezienswaardigheden

1 Daruvar
2 Lipik
3 Nova Gradiška
4 Požega
5 Kutjevo
6 Slavonski Brod
7 Vrpolje
8 Đakovo
9 Novi Mikanovci
10 Županja
11 Vinkovci
12 Ilok
13 Šarengrad
14 Vukovar
15 Erdut
16 *Osijek blz. 194–197*
17 Ernestinovo
18 *Natuurpark Kopački rit blz. 198–199*
19 Topolje
20 Darda
21 Bizovac
22 Valpovo
23 Donji Miholjac
24 Našice
25 Orahovica
26 Virovitica

Landschap in de omgeving van Slavonski Brod

Voor hotels en restaurants in deze streek zie blz. 231 en blz. 247–248

Vervoer

Osijek is lange tijd een redelijk belangrijk knooppunt geweest voor het trein-, weg- en scheepsverkeer. Sinds de oorlog aan het einde van de vorige eeuw is het treinverkeer en het scheepsverkeer op de rivier echter aanzienlijk afgenomen. Wel is Osijek nog steeds het centrum van het regionale wegennet. De plaats is vanuit Slavonië en Baranja gemakkelijk te bereiken met staatsweg 3 vanaf Varaždin, staatsweg 7 vanaf Vukovar en de E73 vanuit Hongarije. Er zijn efficiënte busverbindingen. Ongeveer 7 km van Osijek ligt een binnenlandse luchthaven, met dagelijkse vluchten van en naar Zagreb. Osijek zelf kan bogen op een uitstekend tramnetwerk.

Oriëntatiekaart

De traditionele klederdracht van Bizovac

Symbolen

- Snelweg
- Snelweg in aanleg
- Hoofdweg
- Secundaire weg
- Spoorlijn
- Regionale grens
- Landsgrens

De ruïne van Grad Ružica, vlak bij Orahovica

Verklaring van de symbolen *zie achterflap*

❶ Daruvar

Kaart E2. 10.000. Osijek, 130 km; Zagreb, 150 km. Trg Kralja Tomislava 12, 043-331382. Wijntentoonstelling (mei/juni).
visitdaruvar.hr

Dit kuuroord stond in de Romeinse tijd bekend als Aquae Balissae vanwege de kwaliteit van zijn warmwaterbron, die ontspringt aan de voet van het Papukgebergte. Het stadje ontwikkelde zich uit drie middeleeuwse nederzettingen. In 1760 werd het gebied gekocht door een Hongaarse graaf, Antun Janković, die een barok kasteel, Daruvar, en het eerste **kuuroord** liet bouwen. Nu heeft Daruvar hotels, een **medisch centrum** (Daruvarske toplice) waar u het bronwater kunt proberen, de Daruvar wijnroute en een bronwaterpark, Aquae Balissae.
Er zijn twee 18de-eeuwse kerken, een rooms-katholieke en een orthodoxe. Daruvar is een centrum van de Tsjechen in Kroatië, die de Tsjechische taal en gebruiken in ere houden.

Kuuroord
Julijev Park. **Tel.** 043-623620.

❷ Lipik

Kaart E2. 2300. Osijek, 93 km; Zagreb, 155 km. van Zagreb. Trg kralja Tomislava 3, 034-421600. Juni in Lipik (juni).

Deze kuurstreek (Aquae Balissae) stond in de Romeinse tijd bekend om zijn bronwater. Aan het eind van de 18de eeuw werd er een bron herontdekt die rijk was aan mineralen, waardoor Lipik een van de beroemdste kuuroorden van Kroatië werd, vooral populair tussen de twee wereldoorlogen. Lipik werd in de oorlog van 1991 zwaar beschadigd, maar er is een nieuw **kuuroord** gebouwd en de hotels en medische centra zijn hersteld. In Lipik worden ook de beroemde Lipizzaner paarden gefokt. De ruiter- en fietspaden zijn populair bij toeristen.

Spa (Toplice)
Marije Terezije 13. **Tel.** 034-440700.

Barok gebouw aan het hoofdplein van Požega

❸ Nova Gradiška

Kaart E2. 13.300. Osijek, 93 km; Zagreb, 155 km. 035-361610. 035-361219. Slavonskih graničara 7, 035-361494. **tzgng.hr**

Dit stadje is in 1748 door de Oostenrijkers gesticht onder de naam Fredrichsdorf. Het ligt aan de voet van de berg Psunj, op een vruchtbare vlakte. Op het hoofdplein, omzoomd door barokke gebouwen, wordt regelmatig een boerenmarkt gehouden.
De neoclassicistische **Kerk van de Onbevlekte Ontvangenis** was voorheen gewijd aan St.-Stefanus van Hongarije (Sv. Stjepan Kralj).
Het barokke **Theresiaheiligdom** (Sv. Terezija) dateert van 1756.

Kerk van de Onbevlekte Ontvangenis
Aloizija Stepinca 1. **Tel.** 035-362203.
Open dag. 8.00–18.00 uur.

Het barokke Theresiaheiligdom in Nova Gradiška

❹ Požega

Kaart E2. 21.000. Osijek, 67 km; Zagreb, 175 km. 034-273911. 034-273133. Antuna Kanižilića 3, 034-274900. Feest van St.-Gregorius (12 maart); muziekfestival Aurea Fest (begin sept.).
pozega-tz.hr

De Romeinen hebben deze plaats gesticht onder de naam Incerum, een nederzetting halverwege de plaatsen die nu Osijek en Sisak heten. In de 11de eeuw was dit een van de centra vanwaar de ketterse Bogomilibeweging zich verspreidde. Nadat deze in de 12de eeuw de kop was ingedrukt, werden eigendommen van de stad door koning Bela IV aan de tempeliers gegeven. In 1285 stichtten de franciscanen er een klooster, waarvan de kerk tijdens de Turkse bezetting als moskee werd gebruikt. In de 18de en 19de eeuw werd de stad het 'Athene van Slavonië' genoemd, vanwege de culturele evenementen die er werden gehouden ter herdenking van het verdrijven van de Turken in 1691. De stad veranderde in die periode van uiterlijk: aan het hoofdplein, Trg Sv. Trojstva, verrezen gebouwen met sierstucwerk en barokke zuilengangen. Op het plein staat een pestzuil die in 1749 is gemaakt door Gabrijel Granicije. Aan het plein staat ook de gerestaureerde 18de-eeuwse **Franciscuskerk** (Sv. Franjo). In het klooster ernaast wonen nog

Voor hotels en restaurants in deze streek zie blz. 231 en blz. 247–248

franciscaner monniken. Interessante voorbeelden van barokke bouwkunst zijn het Jezuïetencollege uit 1711 en het Gymnasium, in 1726 geopend door de jezuïeten, die in 1761 ook de Academie van Požega stichtten. De uit 1763 stammende **Theresiakerk** (Sv. Terezija Avilska) werd in 1997 een kathedraal. De wandfresco's zijn van Celestin Medović en Oton Iveković. De **Laurentiuskerk** (Sv. Lovro, 14de eeuw) is aan het begin van de 18de eeuw in barokstijl verbouwd, maar heeft nog een paar 14de-eeuwse fresco's. Een van de grafstenen is van de dichter Antun Kanižlić (1699–1777). Op het plein tussen de Franciscuskerk en het Gymnasium staat een beeld van Luka Ibrišimović, een franciscaan die zich onderscheidde in de strijd tegen de Turken.

Het **Gemeentemuseum** (Gradski muzej) bezit een verzameling archeologische vondsten, romaanse reliëfs en barokke schilderijen. In Požega vindt elk jaar op 12 maart een evenement plaats dat Grgurevo heet en waarmee een plaatselijke overwinning op de Turken in 1688 wordt herdacht.

14de-eeuws fresco in de Laurentiuskerk, Požega

Theresiakerk
Trg Sv. Terezije 13. **Tel.** 034-274321. **Open** dag. 8.00–12.00, 15.00–18.00 uur.

Gemeentemuseum
Matice hrvatske 1. **Tel.** 034-272130. **Open** ma–vr 9.00–14.00 uur, za en zo op afspraak.

5 Kutjevo

Kaart F2. 2800. Osijek 62 km. Našice, 27 km. Trg graševine 1, 034-315008. Stadsdag (8 sept.). **kutjevo.hr**

Dit wijnstadje is bekend om een wijnmakerij die is opgericht door de cisterciënzers. In 1232 bouwde de orde hier een klooster dat zich toelegde op de wijnbouw. Aan het eind van de 17de eeuw, na de Turkse overheersing, namen de jezuïeten het klooster over en begonnen weer wijn te maken. De kelders van de cisterciënzers zijn nog altijd intact en de wijn is nog steeds een belangrijke bron van inkomsten. De jezuïeten bouwden ook de **Geboortekerk van de Heilige Maagd Maria** (Crkva rođenja Blažene Djevice Marije), in 1732, dat een schilderij van een *Madonna met Kind* van A.Cebej (1759) bezit.

6 Slavonski Brod

Kaart F3. 60.000. Osijek, 100 km; Zagreb, 197 km. 060-333444. Trg Hrvatskog proljeća, 060-310310. Lokaal: Vukovarska 1, 099-3204169; Regionaal: Petra Krešimira IV 2, 035-408393. Folklorefestival, Brodsko kolo (half juni). **tzgsb.hr**

Deze stad werd gebouwd op de plaats van het Romeinse Marsonia en hield van oudsher toezicht op het verkeer op de rivier de Sava, de grens met Bosnië-Herzegovina. De stad was vanaf de middeleeuwen eigendom van de graven van Berislavić-Grabarski, tot hij in 1526 in handen viel van de Turken, die er tot 1691 de scepter zwaaiden. In 1741 liet Wenen hier, met het oog op de verdediging van de grens, een fort bouwen, met kazernes, gouverneursresidenties en religieuze gebouwen. Na schade tijdens de Tweede Wereldoorlog en opnieuw in 1991 worden veel gebouwen nu gerestaureerd. Sommige zijn in gebruik als school, andere herbergen musea. Op de oever van de Sava staan een gerestaureerd **franciscanenklooster** uit 1725 en de barokke **Drievuldigheidskerk** (Sv. Trojstvo), met talloze beelden en schilderijen en altaren.

Barok altaar in de Drievuldigheidskerk in Slavonski Brod

Het **Regionaal Museum** (Muzej Brodskog Posavlja) toont historische documenten en archeologische, geologische en etnologische vondsten uit de streek.

De Kroatische schrijfster Ivana Brlić-Mažuranić (1874–1938) woonde een groot deel van haar leven in deze stad. Ze heeft sprookjes voor kinderen geschreven. Bekende boeken van haar hand zijn *Visser Palunco*, *Jagor* en *Het bos van Stribor*. Elk jaar in juni vindt in de stad een folklorefestival (Brodsko kolo) plaats.

De kloostergang van het franciscanenklooster in Slavonski Brod

Regionaal Museum
Ulica Ante Starčevića 40. **Tel.** 035-447 415. **Open** ma–vr 10.00–13.00, 17.00–20.00, zo 10.00–13.00 uur. **Gesloten** za en 25 dec., 1 jan. (op afspraak). (geen foto's met flits). **muzejbp.hr**

Gezicht op de 19de-eeuwse bakstenen Petruskathedraal in Đakovo

❼ Vrpolje

Kaart F3. 2200. Osijek, 39 km. van Osijek. Regionaal: Petra Krešimira IV, 2, Slavonski Brod 035-408393.

Vrpolje is de geboorteplaats van de beeldhouwer Ivan Meštrović (1883–1962) *(blz. 163)*. De kunstenaar heeft veel van zijn werken aan zijn geliefde Vrpolje geschonken. In de kleine parochiale **Johannes de Doperkerk** (Sveti Ivan Krstitelj, 1774) ziet u zijn beeld van Johannes de Doper, een reliëf en een crucifix, terwijl buiten een fraai *Borstbeeld van een vrouw* staat. In het **Ivan Meštrovićmuseum** (Spomen galerija) zijn dertig werken van hem te zien: gipsafgietsels, bronzen en houten beelden.

Borstbeeld van een vrouw, door Meštrović, Vrpolje

❽ Đakovo

Kaart F2. 21.000. Osijek, 48 km. 031-311360. 060-302030. Kralja Tomislava 3, 031-812319. Borduurfestival, Đakovački vezovi (1ste week van juli). **tzdjakovo.eu**

In de middeleeuwen heette dit stadje Civitas Dyaco, en later Castrum Dyaco. Aan het eind van de 13de eeuw werd het een bisschopszetel, die invloed uitoefende over een groot deel van Slavonië en Bosnië. Na in 1536 door de Turken te zijn veroverd en verwoest, werd de plaats een islamitisch centrum met een moskee. Na de Turkse overheersing werd de stad herbouwd. Alleen de moskee, aan het eind van de hoofdstraat, bleef behouden en werd in de 18de eeuw veranderd in de parochiale Allerheiligenkerk (Svi Sveti). Het plein wordt gedomineerd door de tussen 1866 en 1882 door bisschop Josip Juraj Strossmayer gebouwde **Petruskathedraal** (Sv. Petar). Het gebouw is ontworpen door de Weense architecten Karl Rösner en Friedrich von Schmidt. De gevel wordt geflankeerd door twee 84 m hoge klokkentorens. Binnen zijn fresco's van Maksimilijan en Ljudevit Seitz, beelden van Ignazio Donegani en Tomas Vodcka en 19de-eeuwse decoraties van Giuseppe Voltolini te zien. De crypte herbergt het graf van de bisschoppen Strossmayer en Ivan de Zela. Naast de kerk staat het 18de-eeuwse Bisschoppelijk Paleis, met een barok portaal. Het Borduurfestival van Đakovo (Đakovački vezovi), begin juli, gaat gepaard met klederdracht, volksdansen en wijn proeven. Đakovo heeft een lange paardenfoktraditie. In 1506 kwam hier al een fokkerij, en is daarmee de oudste van Europa. Sinds begin 18de eeuw worden er lippizaners gefokt.

Petruskathedraal
Strossmayerov trg. **Tel.** 031-802200.
Open dag. 6.30–12.00, 15.00–19.00 uur.

❾ Novi Mikanovci

Kaart F2. 700. Osijek, 50 km. Stari Mikanovci, 3 km. 032-338425.

Dit dorpje is beroemd om zijn kleine romaanse **Bartholomeuskerk** (Sveti Bartol), uit de eerste helft van de 13de eeuw, een zeldzaam voorbeeld van de architectuur van voor de Turkse overheersing. Het kerkje staat op een kerkhof en wordt vanwege zijn tegen de gevel aanleunende toren de 'Toren van Pisa van Slavonië' genoemd. Bij de ingang van het kerkhof staat een kleurig beeld van St.-Bartholomeus.

❿ Županja

Kaart F3. 14.000. Osijek, 67 km. 032-830299. Veliki kraj 66, 032-832711. Folklorefestival, Šokačko sijelo (feb.). **tz-zupanja.hr**

Bij de grens met Bosnië-Herzegovina ligt Županja aan een ruime bocht van de Sava. Het gebied is al heel lang bewoond. Er zijn in een necropolis vondsten uit de bronstijd opgegraven. Hier werd een van de eerste Kroatische nederzettingen gesticht. Na de Turkse overheersing werd de plaats een van de militaire posten van de *Vojna krajina* (Militaire Grenszone) *(blz. 41)* en een handelscentrum.
Het **Grenshuis** is een van oorsprong vroeg-19de-eeuws houten gebouw dat voor het heffen van tol werd gebruikt. Het raakte beschadigd in de oorlog aan

Geborduurd hoofddeksel in het Etnografisch Museum, Županja

het einde van de vorige eeuw, maar is gerestaureerd en herbergt nu het **Etnografisch Museum** (Zavičajni muzej 'Stjepan Gruber').

Etnografisch Museum
Savska 3. **Tel.** 032-837101. **Open** ma–vr 7.00–19.00, za en zo 17.00–19.00 uur. (op afspraak).

⓫ Vinkovci

Kaart F2. 33.000. Osijek, 43 km. 032-308215. 060-332233. Lokaal: Trg bana Josipa Šokčevića 3, 032-334653; Regionaal: Glagoljaška 27, 032-338425. Romeinse dagen in Vinkovci (mei), Herfst in Vinkovci, Vinkovačke jeseni (sept.).
tz-vinkovci.hr

Al in 6000 v.C. ontstond hier een nederzetting; de Romeinen noemden de plaats Aurelia Cibalae. Het was de geboorteplaats van de keizers Valens en Valentinianus en in de 4de eeuw werd het een bisschopszetel. In de middeleeuwen heette de plaats Zenthelye, naar de (niet langer gebruikte) **St.-Eliaskerk** (Sv. Ilija). De 12de-eeuwse kerk is een van de oudste monumenten van Slavonië. Het **Gemeentemuseum** (Gradski muzej), in de 18de-eeuwse voormalige Oostenrijkse kazerne aan het hoofdplein, toont vondsten uit de Romeinse necropolis en heeft ook een folkoristische collectie. In het lapidarium staan grote Romeinse sarcofagen opgesteld.
Vanuit de tuin ziet u de Eusebius en Polliokerk (Sv. Euzebije i Polion) uit 1775 en het stadhuis. Elk jaar in september vindt er een muziek- en folklorefestival plaats, waaraan groepen uit het hele land deelnemen. De straten zijn dan versierd, er staan kraampjes met lokale producten en er treden artiesten op.

Voorwerp uit het Gemeentemuseum, Vinkovci

Gemeentemuseum
Trg bana Šokčevića 16. **Tel.** 032-332 504. **Open** maart–juli en sept.–dec.: di–en wo 9.00–15.00, do en vr 9.00–19.00, za 900–13.00 uur; jan., feb. en aug.: ma–vr 8.00–15.00 uur.

De St.-Ivankerk, naast de verdedigingsmuur van Ilok

⓬ Ilok

Kaart G2. 6000. Osijek,62 km Vukovar, 39 km. Trg Nikole Iločkog 2, 032-590020. Druivenfeest (eerste week sept.).
turizamilok.hr

Aan een wijde bocht van de Donau ligt Ilok, de meest oostelijke stad van Kroatië en het hart van de streek Srijem, dat al sinds de Romeinse tijd een beroemd wijngebied is. In de laat-Romeinse tijd nam de stad in belang toe en kreeg hij de naam Cuccium. In de middeleeuwen was Ilok een *castrum* met hoge muren, torens en versterkte bouwwerken. De verdedigingswerken werden in 1365 versterkt en de vesting werd aan Nikola Kont geschonken, wiens nazaten de titel 'graaf van Ilok' gingen voeren.

Rond het midden van de 15de eeuw bouwde men binnen de vesting een kerk en een klooster, beide gewijd aan **St.-Ivan Kapistran** (Sv. Ivan Kapistran), een franciscaner monnik die de christenen tegen de Turken verenigde en hier in 1456 stierf. Toen Ilok in de 16de eeuw een bestuurlijk en militair centrum van de Turken werd, voegde het nieuwe gezag moskeeën en baden aan de vesting toe. De kerk en het klooster zijn gerestaureerd. Tussen deze twee gebouwen in zijn lange stukken van de oude muren bewaard gebleven. Ook is er nog een deel van een van de Turkse baden te zien.
In 1683 werd de stad door de Oostenrijkse keizer aan de legeraanvoerder Livio Odescalchi geschonken, vanwege diens rol in de Slag bij Wenen. Hij liet er in een idyllisch decor een U-vormig paleis bouwen, het **Odescalchipaleis**. Tegenwoordig herbergt het paleis overheidskantoren en het **Gemeentemuseum** (Gradski muzej), met een archeologische en etnografische collectie. In de kelders worden nog de wijnen van Ilok geproduceerd, zoals de droge witte Traminac.

St.-Ivan Kapistrankerk en -klooster
O M Barbarića 4. **Tel.** 032-590073. **Open** op afspraak of vlak voor de mis.

Odescalchipaleis en Gemeentemuseum
Šetalište oca Mladena Barbarića 5. **Tel.** 032-827410. **Open** dag. 8.00–18.00 uur, alleen wijn proeven. Gemeentemuseum: **Open** vr 9.00–18.00, di–do 9.00–15.00, za 11.00–18.00 uur.

Het paleis dat door Livio Odescalchi in Ilok werd gebouwd

⓭ Šarengrad

Kaart G2. 100. Osijek, 53 km. Vukovar, 30 km. Regionaal: Vinkovci, 032-338425.

In de middeleeuwen controleerde een vesting op deze plaats het drukke verkeer over de Donau. In de 15de eeuw voegde graaf Ivan Morović een **franciscanenklooster** toe. De vesting werd echter verwoest in de oorlog tegen de Turken en het gebied bleef vervolgens onbewoond tot de Turken eind 17de eeuw weer vertrokken. Nadat de bewoners waren teruggekeerd, richtten de monniken een school op en verzamelden archeologische voorwerpen voor een museum.
Tussen 1991 en 1995 werd het gebied zwaar gebombardeerd. De kerk en het klooster zijn gerestaureerd en het beeld van St.-Antonius van Padua staat weer op zijn plaats. Vanaf de heuvel hebt u een prachtig uitzicht op de Donau.

⓮ Vukovar

Kaart G2. 28.000. Osijek, 33 km. Priljevo 2. van Vinkovci. J J Strossmayera 15, 032-442889. Vukovar Filmfestival (eind aug.). **turizamvukovar.hr**

Deze barokke stad was beroemd om zijn kerken, zijn mooie 18de-eeuwse gebouwen en talloze musea. Vukovar is echter symbool komen te staan voor de oorlog die in 1991 in Slavonië heeft gewoed. Het werd door de Serviërs en het JNA (Joegoslavische Volksleger) gebombardeerd. Jarenlang werd het historische centrum gerestaureerd en er wordt in de stad nog steeds aan herstel gewerkt.
Vukovar heeft een zeer lange geschiedenis, getuige de beroemde 'Duif van Vučedol' uit 2000 v.C., die 5 km van Vukovar is opgegraven en nu te zien is in het Archeologisch Museum in Zagreb *(blz. 168–169)*.
De stad bij de samenloop van de Donau en de Vuka heette in de middeleeuwen Volko, Walk of Wolkov (Vukovo in het Kroatisch). Later werd de stad geschonken aan diverse families: de Horvats, de Gorjanski's en de Talovci's. Eenmaal veroverd door de Turken werd Vakovo een garnizoensplaats en een handelscentrum. Na de bevrijding in 1687 nam het weer de rol op zich van voorpost van de christelijke katholieke wereld tegen de islamitische en orthodoxe invloedssfeer.

De Duif van Vučedol, symbool van Vukovar

In 1736 werd Vakovo geschonken aan de graven van Eltz, die de stad Vukovar noemden. De inwoners waren katholiek of orthodox en er werden kerken gebouwd voor beide religies, plus een franciscanenklooster (1727). In 1751 liet de familie Eltz een barok paleis bouwen, dat na WO II werd genationaliseerd. Nu is het **Gemeentemuseum Vukovar** (Gradski muzej Vukovar) erin gevestigd. Het raakte in 1991 zwaar beschadigd en alle museale voorwerpen werden naar Novi Sad en Belgrado gebracht. In 2001 werd de collectie teruggebracht en stap voor stap gerestaureerd. De nieuwe vaste expositie toont niet alleen de rijke archeologische geschiedenis van de streek en de ontwikkeling van de stad, maar ook de etnische erfenis en, in een multimediavoorstelling, het verloop van de oorlog.
De katholieke Filippus en Jacobuskerk (Sv. Filip i Jakov) en de orthodoxe Nicolaaskerk (Sv. Nikolaj) zijn in 1991 ook zwaar beschadigd.

Gemeentemuseum Vukovar
Županijska 2. **Tel.** 032-441270.
Open ma–vr 7.00–15.00 uur, za, zo op afspraak.

Omgeving
Zo'n 4 km stroomafwaarts van het centrum van Vukovar, op de rechteroever van de Donau, ligt de archeologische vindplaats Vučedol, een van de belangrijkste archeologische vindplaatsen van Europa. Hier is het **Cultuurmuseum Vučedol** gevestigd, met voorwerpen uit de culturen die hier sinds 3000 v.C. hebben geleefd.

Cultuurmuseum Vučedol
Vučedol 252. **Tel.** 032-373930.
Open di–zo 10.00–18.00 uur.
vučedol.hr/en/visit

⓯ Erdut

Kaart G2. 1500. Osijek, 37 km. van Osijek. Regionaal: Zlatna 2, Aljmaš, 031-595001. **tz.opcina-erdut.hr**

Het plaatsje Erdut maakte geschiedenis toen er op 12 november 1995 een akkoord werd gesloten tussen Kroatië en Joegoslavië dat voorzag in de teruggave van Slavonië en Baranja aan Kroatië na bijna vier jaar Servische bezetting. Erduts strategische ligging aan de Donau verklaart waarom de Romeinen hier ooit al fortificaties bouwden. In de middeleeuwen verrees hier een **kasteel**, dat later door de Turken werd beschadigd, maar vervolgens ook weer werd herbouwd. Ook de Habsburgers gebruikten het kasteel, waarvan nu alleen een ronde en een vierkante toren resteren.
Erdut is ook bekend om de wijn, met name om het 150 jaar oude eiken vat van 75.000 liter dat in het Guiness Book of Records is opgenomen. Het 19de-eeuwse Adamović-Csehkasteel ligt naast de wijngaard.

De ronde toren van het middeleeuwse kasteel, Erdut

⓰ Osijek

Blz. 194–197.

Voor hotels en restaurants in deze streek zie blz. 231 en blz. 247–248

Naïef beeldhouwwerk, Ernestinovo

⓱ Ernestinovo

Kaart F2. 1200. Osijek, 20 km. van Osijek. Regionaal: Kapucinska 40, Osijek, 031-214852. Beeldententoonstelling in de openlucht (aug.).

Al vele jaren presenteren bekende beeldhouwers jaarlijks hun werk op een zomertentoonstelling in Ernestinovo. Deze openluchttentoonstellingen hebben het dorpje beroemd gemaakt. De eerste expositie werd in 1976 georganiseerd door de beeldhouwer Petar Smajić. Van 1991 tot 1996 werd de tentoonstelling in ballingschap gehouden, maar het jaar erop keerde ze weer terug naar Ernestinovo. Tal van beelden zijn te koop in de galeries van het dorp. Ernestinovo is in de recente oorlog zwaar beschadigd.

⓲ Natuurpark Kopački rit

Blz. 198–199.

⓳ Topolje

Kaart F2. 200. Osijek, 46 km. Beli Manastir, 16 km. van Osijek. Regionaal: Kapucinska 40, Osijek, 031-214852.

In 1687, na de overwinning op de Turken bij Wenen, besloot prins Eugenius van Savoye, de bevelhebber van het keizerlijke leger, in de omgeving van het dorpje Topolje ter ere van die overwinning een kerk te laten bouwen. De locatie is prachtig: de kerk staat geïsoleerd tussen bomen, omgeven door een lappendeken van maïs- en tabaksvelden. Tijdens de oorlog die volgde op het uiteenvallen van voormalig Joegoslavië werd de kerk echter geplunderd en bijna helemaal verwoest. Het gebouw wordt momenteel ingrijpend gerestaureerd, maar de fraaie aankleding is helaas verloren gegaan.
Evenals in Darda wonen in deze omgeving Hongaarse gemeenschappen, die, samen met de Kroaten, geleidelijk terugkeren na hun ballingschap tijdens de Joegoslavische bezetting. De huizen in Hongaarse stijl, met overhangend dak, zijn een opvallend element in het gebied. In de herfst hangen aan de gevels lange strengen chilipepers in de zon te drogen.

Omgeving
10 km ten oosten van Topolje ligt **Batina**. In de Romeinse tijd stond op deze plaats een vesting langs de Donau, Ad Militarae geheten. Tot de oorlog van 1991, die leidde tot de ontvolking van dit door heuvels en wijngaarden omgeven dorp, was Baranja door een brug met Hongarije en Vojvodina verbonden, maar sinds die is verwoest, is zowel aan het scheeps- als aan het wegverkeer een eind gekomen. Op een van de heuvels nabij Topolje herdenkt een hoog monument van wit steen met een vrouwenfiguur in brons, die de Overwinning voorstelt, de gevallenen van de Tweede Wereldoorlog. Het monument is gemaakt door een van de grootste Kroatische kunstenaars van de 20ste eeuw, Antun Augustinčić *(blz. 24)*.

Spaanse pepers hangen te drogen aan huizen in Hongaarse stijl, Topolje

Paleis van de baronnen van Esterházy, nu het stadhuis van Darda

⓴ Darda

Kaart F2. 5400. Osijek, 15 km. van Osijek. Regionaal: Kapucinska 40, Osijek, 031-214852.

De enige verwijzing naar Darda's geschiedenis is een mooi paleis dat in de tweede helft van de 18de eeuw is gebouwd door de baronnen van Esterházy en dat nu is gerestaureerd en dienstdoet als stadhuis. Darda was ooit een versterkte stad en staat op 17de-eeuwse kaarten afgebeeld als een grote vesting, verbonden met Osijek door de 8 km lange brug van Solimano. De brug is in 1566 over moerasgebied aangelegd, maar werd in 1664 door Nikola Zrinski *(blz. 181)* vernield om het Turkse leger tegen te houden. Bij die gelegenheid werd de stad met de grond gelijkgemaakt. In de oorlog aan het einde van de vorige eeuw zijn twee 18de-eeuwse kerken verwoest: de katholieke Johannes de Doperkerk (Sv. Ivan Krstitelj) en de orthodoxe St.-Michaëlkerk (Sv. Mihajlo).

Omgeving
In **Bilje**, 4 km ten zuiden van Darda, herbergt een voormalig paleis van prins Eugenius van Savoye, die Bilje cadeau kreeg na zijn overwinning op de Turken bij Wenen (1687), het informatiebureau van het natuurpark Kopački rit *(blz. 198–199)*.

⑯ Osijek

De hoofdstad van Slavonië ligt midden in een vruchtbare vlakte. Het is een industrieel centrum, een universiteitsstad en een levendige Midden-Europese stad met brede straten die drie wijken met elkaar verbinden: de Vesting (Tvrđa), de Benedenstad (Donji grad) en de Bovenstad (Gornji grad). Osijek ontstond in 1786, toen deze drie stadsdelen samensmolten. Door zijn ligging aan de Drava heeft Osijek altijd een strategische rol gespeeld. In 1809 riep keizer Frans I de stad uit tot koninklijke vrijstad (dit document is te zien in het Museum van Slavonië). In 1991 werd Osijek langdurig beschoten door het Joegoslavische leger en de oude Bovenstad werd zwaar beschadigd. Na in 1995 te zijn bevrijd, maakte de stad vanaf 1998 weer deel uit van de Kroatische staat.

Het hoofdplein in het hart van Tvrđa

Osijek verkennen

De Vesting (Tvrđa) is het versterkte centrum van Osijek, gebouwd aan het begin van de 18de eeuw, na het vertrek van de Turken. Tvrđa heeft gelukkig niet veel schade opgelopen tijdens de recente oorlog. Zijn barokke gebouwen, gekenmerkt door voor die tijd ongewoon eenvoudige, strenge lijnen, zijn nog intact. Het ontbreken van ornamentatie is te verklaren uit het feit dat deze gebouwen bestemd waren voor soldaten en kantoorklerken.

Aan Trg Sv. Trojstva, het naar de Heilige Drie-eenheid genoemde plein van Tvrđa, staan diverse barokke gebouwen, waaronder het Gardegebouw, met een 18de-eeuwse klokkentoren, en het Centraal Hoofdkwartier van Slavonië, nu onderdeel van de universiteit en herkenbaar aan zijn monumentale barokke ingang.

Het kloppende hart van de stad is het hoofdplein in de Bovenstad, Trg Ante Starčevića, met zijn winkels, bars en restaurants. Aan dit plein staat de zetel van de gewestelijke overheid, aan het begin van de 20ste eeuw in renaissancestijl gebouwd.

Museum van Slavonië

Muzej Slavonije

Trg sv. Trojstva 6, Tvrđa. **Tel.** 031-250731. **Open** di–za 10.00–18.00 uur.

mso.hr

Op het plein van Tvrđa is in het oude stadhuis sinds 1946 het Museum van Slavonië gevestigd. Hier worden geologische, prehistorische, Griekse, Illyrische en Romeinse voorwerpen getoond. Eén afdeling is gewijd aan het oude Romeinse Mursa, met beelden, grafstenen, bouwfragmenten en munten. Andere afdelingen zijn gewijd aan folklore. U ziet er rijkversierde kledij, die tegenwoordig een bron van inspiratie is voor de vervaardiging van goudkleurige zijden stoffen.

Heilig-Kruiskerk

Sv. Križ

Franjevačka ulica, Tvrđa. **Tel.** 031-208177. **Open** dag. 8.00–12.00 en 15.00–20.00 uur.

Ten noordoosten van het hoofdplein, op de plaats waar in de middeleeuwen een gewijd bouwwerk stond, werd tussen 1709 en 1720 door de franciscanen de Heilig-Kruiskerk gebouwd. In het aanpalende klooster (1699–1767) stond de eerste drukpers van Slavonië (1735), en vanaf het midden van de 18de eeuw waren er ook scholen voor filosofie en theologie gevestigd. In de kerk ziet u een 15de-eeuws Mariabeeld en een aantal liturgische voorwerpen.

St.-Michaëlkerk

Sv. Mihovil

Trg Jurja Križanića, Tvrđa. **Tel.** 031-208990. **Open** voor de mis.

Iets van het plein af staat de door de jezuïeten gebouwde St.-Michaëlkerk. De gevel wordt geflankeerd door twee klokkentorens en het bijbehorende klooster heeft een fraai portaal (1719). Beneden straatniveau is het fundament van de 16de-eeuwse Kasimpašamoskee nog zichtbaar.

Oorlogsmonument in het Kralja Držislavapark

Europa-avenue

Europska avenija

Deze hoofdstraat verbindt de Vesting (Tvrđa) met de Bovenstad (Gornji grad). Hij doorkruist een paar parken, onder andere het Kralja Držislavapark, waar een opvallend bronzen monument voor de gevallenen van het 78ste infanterieregiment staat: *Soldaat in doodsnood* van Robert Frangeš-Mihanović (1894), dat als het eerste moderne beeld van Kroatië wordt beschouwd.

Voor hotels en restaurants in deze buurt zie blz. 231 en blz. 247–248

Interieur van de neogotische Petrus en Pauluskerk

Museum van Schone Kunsten

Muzej likovnih umjetnosti

Europska avenija 9. **Tel.** 031-251280. **Open** juli, aug.: ma–vr 10.00–18.00 (do tot 20.00) uur; sept.–juni: di–vr 10.00–18.00 (do tot 20.00), za, zo 10.00–13.00 uur. op afspraak. **mlu.hr**

Het museum is gevestigd in een mooi 19de-eeuws huis en bezit naast schilderijen uit de 18de en 19de eeuw ook werk van hedendaagse Kroatische kunstenaars. Er is ook een afdeling gewijd aan de 'School van Osijek'.

Jacobuskerk en -klooster

Sv. Jakov

Kapucinska ulica 41, Gornji grad. **Tel.** 031-201182. **Open** 6.30–12.00, 16.00–20.00 uur en op afspraak.

Het oudste gebouw van de bovenstad is de Jacobuskerk (1702–1727), met een bijbehorend kapucijnenklooster. De sacristie herbergt 18de-eeuwse schilderijen gewijd aan het leven van St.-Franciscus

Petrus- en Pauluskerk

Sv. Petar i Pavao

Trg Marina Držica, Gornji gsrad. **Tel.** 031-310020. **Open** ma 14.00–18.30, di–vr 9.00–18.30 uur.

Deze imposante neogotische kerk is gewijd aan de apostelen Petrus en Paulus en staat vanwege zijn omvang plaatselijk bekend als de 'katedrala' (kathedraal): de gevel is uitgerust met 90 m hoge torens. De kerk is ontworpen door Franz Langenberg en aan het eind van de 19de eeuw gebouwd. De 40 glas-in-loodramen en enkele beelden zijn gemaakt door de Weense kunstenaar Eduard Hauser.
De meeste ramen die oorlogsschade hadden opgelopen zijn gerestaureerd.

TIPS VOOR DE TOERIST

Praktische informatie

Kaart F2. 90.000. Lokaal: Županijska 2, 031-203755; Regionaal: Kapucinska 40, 031-214852. Stadsdag (2 dec.); Zomeravonden van Osijek (juni–aug.). **tzosijek.hr**

Vervoer

20 km Vukovarska 67, 060-339339. Bartola Kašića, 060-334466. Trg Ružičke, 031-205155.

Kroatisch Nationaal Theater

Hrvatsko narodno kazalište

Županijska ulica 9, Gornji grad. **Tel.** 031-220700.

In het in Moorse stijl gebouwde Kroatisch Nationaal Theater (19de eeuw) zijn van september tot juni opera- en toneelproducties te zien.

Het Kroatisch Nationaal Theater

Centrum van Osijek

① Museum van Slavonië
② Heilig-Kruiskerk
③ St.-Michaëlkerk
④ Europa-avenue
⑤ Museum van Schone Kunsten
⑥ Jacobuskerk
⑦ Petrus- en Pauluskerk
⑧ Kroatisch Nationaal Theater

Symbool

Onder de loep *blz. 196–197*

0 meter 500

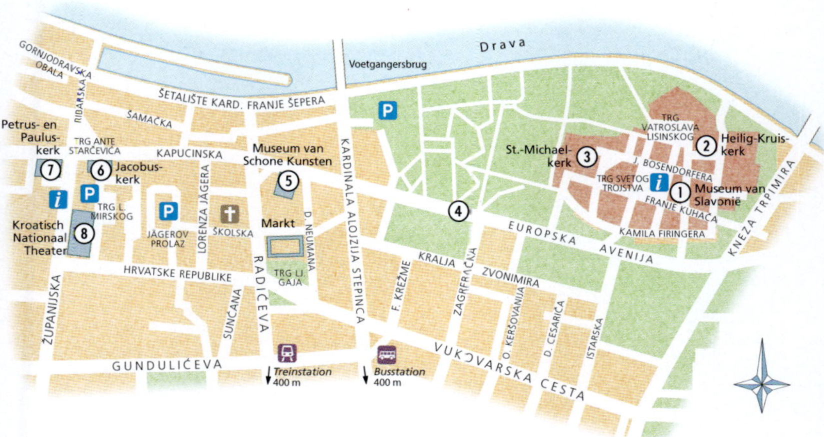

Onder de loep: de Vesting (Tvrđa)

Het versterkte centrum van Osijek (Tvrđa) is gebouwd op de plaats van de Romeinse nederzetting Mursa, die in 131 n.C. onder de naam Colonia Aelia Mursa de hoofdstad van Beneden-Pannonia werd. De stad werd verwoest door de Avaren en herbouwd door de Kroaten, en bleef een militair en bestuurlijk centrum tot hij in 1526 door de Turken werd platgebrand. Vanwege de strategische locatie herbouwden de Turken de Vesting, en onder Süleyman II werd er ook een brug over de Drava gebouwd. Nadat de Turken in 1687 waren verdreven, werden op last van de keizer alle moskeeën en andere Turkse bouwwerken gesloopt. In plaats daarvan verrees een reeks versterkte gebouwen, die meer op een stad dan op een vesting leken. Tvrđa herbergt het stadhuis, de universiteit en het Museum van Slavonië. Bij de rivier staat nog een stuk van de muren, inclusief de Waterpoort (Vodena Vrata).

★ St.-Michaëlkerk
Deze in de eerste helft van de 18de eeuw door de jezuïeten gebouwde kerk heeft een barokke gevel met twee torens.

Gardegebouw
Aan de westkant van het plein staat het Gardegebouw, waarin tegenwoordig het Archeologisch Museum is gevestigd, met een klokkentoren uit de 18de eeuw en mooie arcaden.

Kroatische Academie van Wetenschappen en Kunsten

Pestzuil
Midden op het plein staat de monumentale Pestzuil, in 1729 opgericht uit dank voor het feit dat er een einde was gekomen aan een pestepidemie.

Symbool

— Aanbevolen route

Heilig-Kruiskerk en -klooster
De kerk is tussen 1709 en 1720 door de franciscanen gebouwd. In het klooster ernaast stond de eerste drukpers van Slavonië.

Gezicht op Osijek en de rivier de Drava
Van de oevers van de Drava kijkt u mooi uit op de stad. De rivier werd vroeger druk bevaren, maar het handelsverkeer is nu vrijwel geheel verdwenen.

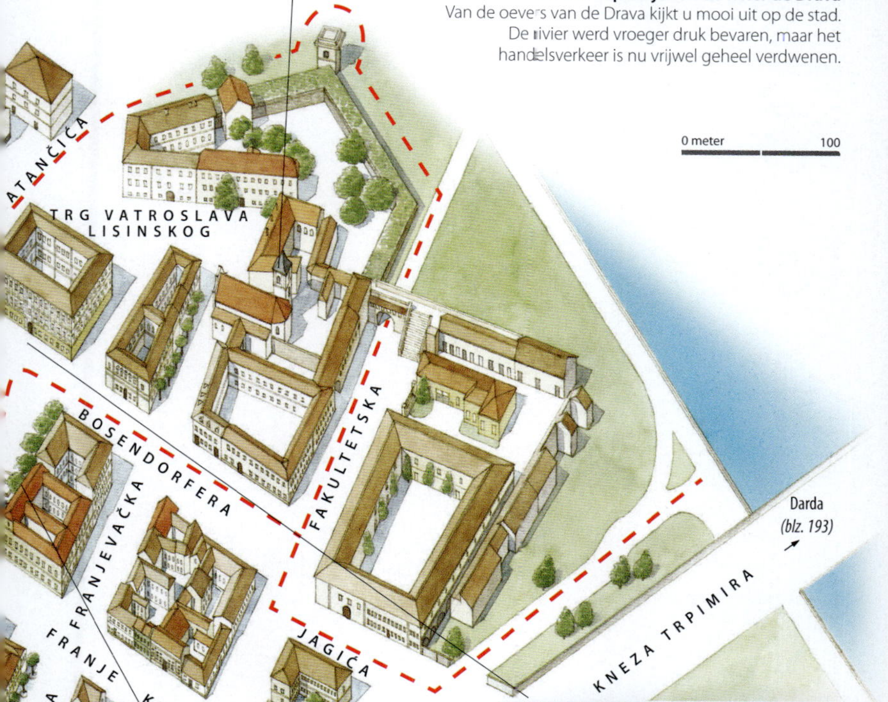

★ Museum van Slavonië
Dit museum bezit interessante collecties geologisch, prehistorisch, Grieks, Illyrisch en Romeins materiaal.

Hoofdkwartier van Slavonië
Aan de noordzijde van het hoofdplein van Tvrđa staat het voormalige Centraal Hoofdkwartier van Slavonië. Achter de imposante gevel gaan nu de kantoren van de universiteit schuil.

⑱ Natuurpark Kopački rit

Park prirode Kopački rit

Dit driehoekige stuk land wordt begrensd door het laatste stuk van de Drava, voor deze uitmondt in de Donau. Het landschap verandert per seizoen en staat onder water wanneer de Donau buiten zijn oevers treedt. Het 177 km^2 grote gebied is soms één groot moerasgebied. In andere perioden is het een uitgestrekte grasvlakte met plassen en poelen. Er zijn ook droge stukken, waar enorme wilgen en eiken groeien. Het gebied is sinds 1967 een natuurreservaat. Het heeft een rijke fauna en is vele maanden per jaar een toevluchtsoord voor honderden soorten vogels, zowel trek- als standvogels. Het hoogwater wordt tegengehouden door een hoge dijk in het westen, waar een weg overheen loopt, zodat u dat deel van het park ook vanuit de auto kunt zien.

Ooievaar
De ooievaar, een symbool van het park, is vooral in het broedseizoen volop te zien.

Parkingang
De hoofdingang van Kopački Rit bevindt zich in het dorp Bilje *(blz. 193)*.

Zwarte ooievaars
zijn zeldzaam; er leven maar enkele tientallen paren in het park.

Meren
In de meren en plassen van het park komen veertig verschillende vissoorten voor.

Zeearend
De vele roofvogels zorgen voor het evenwicht in de vogelpopulatie. De zeearend is de zeldzaamste arendsoort van Europa.

Voor hotels en restaurants in deze streek zie blz. 231 en blz. 247–248

Watervogels
De plassen en meren zijn een ideale habitat voor de waadvogels en zwanen die hier het hele jaar door verblijven.

Herten en reeën komen korte perioden van het jaar met honderden tegelijk samen in de overstroomde delen van het park.

TIPS VOOR DE TOERIST

Praktische informatie
Kaart F–G2. Ritska bb, Bilje, Kopačevo, 031-445445. **Open** nov.–maart: dag. 8.00–16.00 uur; april–okt.: dag. 9.00–17.00 uur. informatie over boottochten en fietsverhuur bij ingang van het park. **W** **pp-kopacki-rit.hr**

Fuut
Het baltsgedrag van deze vogels is een van de spectaculairste bezienswaardigheden die het park te bieden heeft.

Eenden en ganzen
De wilde eend is vanwege zijn bonte verenkleed een veel gefotografeerde vogel. U vindt hier ook tafel-, slob- en kuifeenden.

Wild zwijn
In het voorjaar kan men in de eikenbossen soms hele families van deze schuwe diersoort waarnemen.

Aalscholver
Aalscholvers leven meestal in kolonies en bouwen hun nest in de bomen. Hier zijn duizenden aalscholvernesten te zien in de hoge wilgen en populieren.

Symbolen

- Hoofdweg
- Toeristische route

Verklaring van de symbolen *zie achterflap*

Thermaal kuurcomplex in het dorp Bizovac

㉑ Bizovac

Kaart F2. 2300. Osijek, 20 km. van Osijek. van Osijek. Regionaal: Kapucinska 40, Osijek, 031-214852.

Halverwege de 20ste eeuw stuitte men hier op zoek naar olie op een warmwaterbron. Het water heeft een temperatuur van 90 °C en is rijk aan mineralen. Een paar jaar later werd het kuuroord **Bizovačke toplice** gebouwd. Dit bleek een groot succes te zijn en het is inmiddels uitgegroeid tot een enorm complex met een hotel, twee grote zwembaden en cabines voor thermale baden. Elke dag komen hier honderden gasten kuren. Het water is heilzaam bij reumatische en ademhalingsklachten en bevordert de genezing van verwondingen.
Het kleine Bizovac staat in Slavonië ook bekend om zijn goud- en zilverborduurwerk, uitgevoerd door jonge vrouwen uit de omgeving, meestal op basis van commissie.

Bizovačke toplice
Sunčana 39. **Tel.** 031-685100.
bizovacke-toplice.hr

Omgeving
9 km ten zuiden van Bizovac ligt het dorp **Brođanci**, waar elk jaar in augustus de Olympiade van Oude Sporten wordt gehouden. De deelnemers houden wedstrijden in een aantal sportonderdelen die vroeger door de boeren van Slavonië werden beoefend, zoals touwtrekken, keiwerpen, paardrijden zonder zadel en andere zware onderdelen. Het evenement gaat gepaard met een levendig volksfeest, opgeluisterd door straatmuzikanten, presentaties van oude vormen van kunstnijverheid en kraampjes met al dan niet eetbare lokale producten.

㉒ Valpovo

Kaart F2. 8000. Osijek, 30 km. 060-390060. Trg kralja Tomislava 2, 031-650306. Zomer in Valpovo: dansen, volksmuziek en theatervoorstellingen (zomer).
tz-valpovo.hr

Het centrum van Valpovo is gebouwd op de resten van de vesting Lovallia, een van de vele versterkte nederzettingen die de Romeinen stichtten op de Pannonische Laagvlakte. In de middeleeuwen werd er een kasteel gebouwd dat uitkeek op de rivier de Drava. Het kasteel werd later toegewezen aan de Morovićs en de Gorjanski's. Na de Turkse verovering in 1526 fungeerde het als garnizoen.
In 1687, toen de Turken waren verdreven, kwam het gebied in handen van de familie Hilleprand Prandau. Aan het begin van de 19de eeuw werd het kasteel door een brand verwoest. Na een grondige verbouwing verrees een groter gebouw dat tegenwoordig het **Valpovomuseum** (Muzej Valpovštine) herbergt. Het museum bezit stijlmeubelen en interessante archeologische vondsten. Het complex ligt in een groot park en een vestinggracht omgeeft de middeleeuwse muren, de toren, het nieuwe gebouw en de kerk. Rond het kasteel ontwikkelde zich een stadje, met de schitterende barokke **Kerk van de Onbevlekte Ontvangenis** (Začeće Marijino) uit 1722.

Het imposante kasteel van Valpovo, nu een museum

Valpovomuseum
Dvorac Prandau Normann. **Tel.** 031-650639. **Open** ma, do 16.00–19.00 ('s zomers tot 20.00), di, wo, vr 10.00–12.00, za 15.00–18.00 uur.

Majláth, een pseudomiddeleeuws herenhuis in Donji Miholjac

㉓ Donji Miholjac

Kaart F2. 6700. Osijek, 45 km. Valpovo, 20 km; Našice, 30 km. 060-357060. Trg Ante Starčevića 2, 031-633103. Miholjačko sijelo: gekostumeerd feest (zomer).
tz-donjimiholjac.hr

Dit plaatsje ligt aan de oevers van de Drava bij de Hongaarse grens. Alle sporen van het verleden zijn er uitgewist, met uitzondering van de van oorsprong romaanse **St.-Michaëlkerk** (Sv. Mihovil). Het pseudomiddeleeuwse **Majláthhuis** werd aan het begin van de 20ste eeuw gebouwd door de familie Majláth. Het met torens en pinakels uitgeruste gebouw is nu het stadhuis.

Majláthhuis
Vukovarska 1. **Tel.** toeristenbureau 031-633103. **Open** op afspraak.

Omgeving
Zo'n 25 km naar het westen ligt het dorp **Čađavica**, in de buurt waarvan sporen van oude Kroatische nederzettingen zijn gevonden. De romaanse Petruskerk werd door de Turken als moskee gebruikt en is in de 18de eeuw verbouwd.

Voor hotels en restaurants in deze streek zie blz. 231 en blz. 247–248

㉔ Našice

Kaart F2. 8500. Osijek, 42 km. 060-333444. 060-333444. Trg dr. Franje Tuđmana 4, 031-614951. **tznasice.hr**

Een klein plateau, bedekt met wijngaarden en bossen, is het decor van het stadje Našice, dat op de plaats van een veel oudere nederzetting is gebouwd. De plaats wordt in de eerste helft van de 13de eeuw voor het eerst genoemd onder de naam Nekche, als eigendom van de tempeliers. Nadat deze orde in 1312 was opgeheven, kwam de plaats in handen van de Gorjanski's en later, via een huwelijk, in die van de graven van Ilok, waarna de Turken zich er in 1532 meester van maakten.

Toen de Turken waren verdreven, kwamen de franciscanen terug naar Našice en herbouwden de **Antonius van Paduakerk** (Sv. Antun Padovanski). Ook herbouwden ze hun klooster, dat hier in de 14de eeuw was gesticht. Beide moesten worden hersteld na oorlogsschade in 1991.

Iets verderop staat een door de familie Pejačević gebouwd neoclassicistisch herenhuis uit het begin van de 19de eeuw, waar de musica Dora Pejačević (1885–1923) heeft gewoond. Het twee verdiepingen tellende gebouw ligt in een groot park en is gerestaureerd. In dit gebouw is tegenwoordig het **Gemeentemuseum** ondergebracht.

Gemeentemuseum
Pejačevićev trg 5. **Tel.** 031-613414. **Open** ma–vr 8.00–15.00 uur. (op afspraak) **zmn.hr**

㉕ Orahovica

Kaart F2. 4300. Osijek, 62 km. 033-646079. 033-673231. Trg sv. Florijana bb, 033-673540. Lente in Orahovica: folklorefestival (juni). **tzgorahovica.hr**

Orahovica staat in Kroatië bekend om zijn wijn. Het was in 1228 feodaal bezit en werd later een Turks garnizoen. Zijn huidige uiterlijk kreeg Orahovica in de 18de eeuw. Op een van de heuvels rond het plaatsje ligt de ruïne van kasteel **Rosenstad** (Ružica grad), een van de grootste middeleeuwse vestingen van Kroatië. De muren waren 9 m dik en omsloten militaire gebouwen, een kerk en de residentie van de gouverneur. Het complex was zo groot dat het vaak als stad werd aangeduid. De Turken staken de vesting in brand, herstelden deze voor een deel en gebruikten het bouwwerk als garnizoen. Na de bevrijding in 1690 kreeg de vesting weer een defensieve taak. Aan de voet ervan ontstond een dorp, bewoond door Serviërs.

De Antonius van Paduakerk in Našice

Omgeving
Langs de weg naar Kutjevo, 5 km ten zuiden van Orahovica, ligt vlak bij het dorp Duzluk het orthodoxe **Nicolaasklooster** (Manastir Sv. Nikola), dat oude fresco's en verluchte manuscripten bezit.
Zo'n 30 km van Orahovica, eerst richting Virovitica en dan naar links, richting Čeralije, ligt **Voćin**, een klein dorp dat nog getuigt van de verwoestingen die de oorlog in 1991 heeft aangericht. Het dorp ligt aan de voet van een groot kasteel dat in de tweede helft van de 13de eeuw is gebouwd door de graven van Aba. De huizen van Voćin liggen in puin. Het enige dat rest van de **Mariakerk** (Sv. Marija), begin 15de eeuw gebouwd in opdracht van koning Johannes Corvinus, is een deel van de apsismuur.

Het hoogaltaar van de barokke St.-Rochuskerk, Virovitica

㉖ Virovitica

Kaart E2. 16.000. Osijek, 89 km. Ulica Stjepana Radića, 033-730121. Trg fra. B. Gerbera 1, 033-721113. Trg Kralja Tomislava 1, 033-721241. Stadsdag (16 aug.). **tz-virovitica.hr**

Uit documenten uit het einde van het eerste millennium blijkt dat de stad vroeger Wereuche heette. In 1234 riep koning Coloman de stad uit tot een vrijstad, die zich ontwikkelde tot een agrarisch en handelscentrum. De stad werd veroverd door de Turken en stond tot 1684 onder Osmaans gezag. Later werden alle Turkse sporen uitgewist.

De barokke **St.-Rochuskerk** (Sv. Rok), versierd door de beeldhouwer Holzinger en de schilder Göbler, is 18de-eeuws. Op de plaats van het oude Wasserburgkasteel biedt nu het **Pejačevićhuis** (1800–1804) onderdak aan het **Gemeentemuseum** (Gradski muzej), met kunst, volkskunst en archeologische vondsten.

Gemeentemuseum
Dvorac Pejačević, Trg bana Jelačića 23. **Tel.** 033-722127. **Open** ma, vr 8.00–15.00, di–do 8.00–19.00, za 10.00–13.00 uur. op afspraak. **muzejvirovitica.hr**

DE NOORDELIJKE GEWESTEN

Het landschap in dit deel van Kroatië kent verschillende aspecten: de golvende heuvels van Zagorje met hun geneeskrachtige bronnen en kuuroorden, het gewest Međimurje met zijn wijngaarden, de steden Varaždin en Čakovec, die zich hebben ontwikkeld rond oude kastelen, Koprivnica, omgeven door weelderig boerenland en wijngaarden, en Bjelovar en Križevci met hun paleizen.

De belangrijkste steden in deze streek stammen uit een ver verleden, en twee ervan, Varaždin en Križevci, zijn ook de zetel geweest van de Sabor, het Kroatische parlement. Bjelovar is de jongste en grootste vestingstad van het land. Voordat de oorlog van 1991 het zuiden van dit gebied aantastte, hadden de oorlogen van de tweede helft van de 18de eeuw reeds alle sporen uit de middeleeuwen en de Turkse tijd weggevaagd. Toch is de streek nog rijk aan religieuze gebouwen, waaronder katholieke franciscaanse en paulijnse kloosters op plaatsen waar vroeger orthodoxe gemeenschappen woonden. Godsdienst speelt hier nog steeds een grote rol en kerken worden gekoesterd.

De hoge heuvels van Zagorje zijn bedekt met bos, behalve op plaatsen waar een middeleeuws kasteel of een weelderige barokke residentie verrijst. In de streek Podravina, die afwatert op de rivier de Drava, zijn de heuvels lager en bedekt met wijngaarden en hier en daar wat bos. Op sommige plaatsen stroomt de Drava langs de Hongaarse grens.
In dit deel van Kroatië zijn allerlei oude gebruiken en tradities behouden gebleven, wat een bron van inspiratie is geweest voor de naïeve kunst die hier tot bloei kwam. De wieg van de Kroatische naïeve schilderkunst stond in Hlebine, waar kunstenaars als Ivan Generalić het talent van plaatselijke amateurschilders hebben gevoed.

Maïsstengels in het landschap tussen Belec en Marija Bistrica

◀ De Zwarte Madonna van Marija Bistrica wordt door duizenden pelgrims bezocht

De Noordelijke gewesten verkennen

Dit is een gebied met goede, vruchtbare landbouwgrond, waar een overvloed aan maïs, tabak en zonnebloemen wordt geproduceerd. De heuvelhellingen zijn zo ver het oog kan zien bedekt met wijngaarden, die met name goede witte wijnen voortbrengen. U kunt ze kopen bij de wijnhuizen of in de dorpswinkels langs de Wijnroute. Ondanks deze attracties ziet het gebied weinig buitenlandse toeristen. Dat geldt vooral voor Međimurje, de vallei die wordt gekruist door de rivier de Mura en die na de Eerste Wereldoorlog aan Kroatië is toegewezen. Een deel van de bevolking hier is Hongaars van oorsprong en heeft Hongaarse tradities behouden.

Een zijkapel van de Maria van de Sneeuwkapel, Marija Bistrica

Gezicht op het kasteel van Veliki Tabor

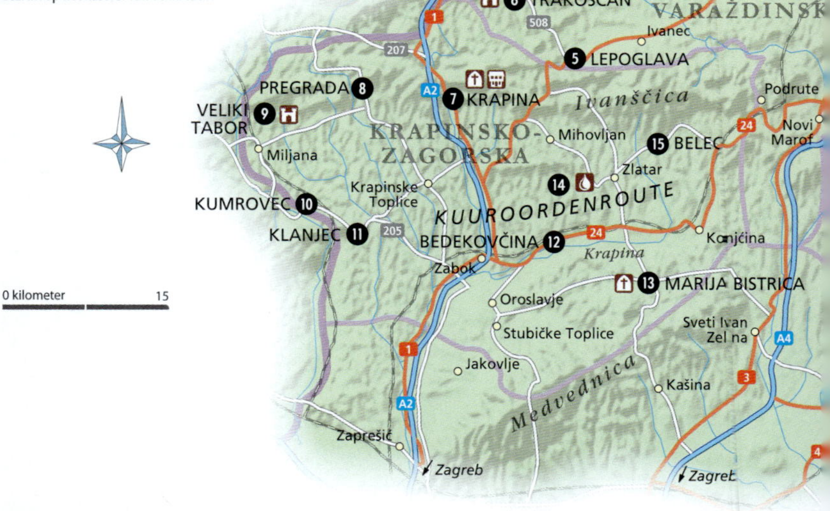

Bezienswaardigheden

1 *Varaždin blz. 206–207*
2 Čakovec
3 Štrigova
4 Vinica
5 Lepoglava
6 Trakošćan
7 Krapina
8 Pregrada
9 Veliki Tabor
10 Kumrovec
11 Klanjec
12 Bedekovčina
13 Marija Bistrica
15 Belec
16 Varaždinske Toplice
17 Ludbreg
18 Koprivnica
19 Đurđevac
20 Bjelovar
21 Križevci

Autorit

14 *Kuuroordenroute blz. 216–217*

Voor hotels en restaurants in deze streek zie blz. 231 en blz. 248–249

Vervoer

Snelwegen verbinden Zagreb met Maribor in Slovenië, voeren door Krapina en doen Varaždin op de weg naar Hongarije aan. Veel auto's gebruiken nog de wegen die min of meer parallel aan deze twee snelwegen lopen. Staatsweg 3 gaat van de Sloveense grens, ten noordwesten van Varaždin, naar Osijek. Er loopt een spoorlijn naast, die in Varaždin overstapmogelijkheden biedt met lijnen uit Zagreb, Slovenië en Hongarije. Er gaan ook treinen naar Slovenië en Hongarije vanuit Čakovec en Koprivnica.

Oriëntatiekaart

Naïef schilderij uit het Museum van Hlebine

Symbolen

- Snelweg
- Hoofdweg
- Secundaire weg
- Spoorweg
- Regionale grens
- Landsgrens

Het kasteel van Varaždin in de winter

Verklaring van de symbolen *zie achterflap*

❶ Varaždin

Rond het kasteel van Varaždin zijn sporen van bewoning uit de neolithische periode, het tijdperk van de La Tènecultuur en de Romeinse tijd gevonden. Toch wordt de plaats pas voor het eerst vermeld in 1181, toen koning Bela III de rechten van de curia van Zagreb op de warmwaterbronnen in het gebied bevestigde. In 1209 riep koning Andreas II de plaats uit tot vrijstad. Varaždin werd een handelscentrum en viel eind 14de eeuw toe aan de graven van Celjski, daarna aan de Franko-pans, de Brandenburgs en de Erdödy's. In 1446 ging de stad in vlammen op en in 1527 vielen de Turken aan. In 1776 woedde er opnieuw een brand, maar de barokke gebouwen waarom de stad beroemd is, bleven gelukkig gespaard.

Het kasteel, waarin nu het Gemeentemuseum is gevestigd

Kasteel en Gemeentemuseum

Stari grad & Gradski muzej

Strossmayerovo šetalište 7. **Tel.** 042-658754. **Open** di–vr 9.00–17.00, za, zo 9.00–13.00 uur.

Het is niet bekend wanneer dit kasteel is gebouwd, maar er zijn documenten die melding maken van de 12de eeuw. Het is gebouwd op de ruïnes van een uitkijktoren. In de 15de eeuw werden twee ronde torens toegevoegd. In 1560 werd het kasteel herbouwd door de Italiaanse architect Domenico dell'Allio, die een renaissancegebouw van twee verdiepingen ontwierp, met arcaden en galerijen rond binnenplaatsen. Het huidige voorkomen van het kasteel stamt uit de tijd van de graven van Erdödy, die de bastions en een gracht toevoegden. Tegenwoordig is er het Gemeentemuseum gevestigd, waar wapens, porselein, meubels, kunstnijverheid en een 18de-eeuwse apotheek te zien zijn. Van de oude ommuring rest alleen een stuk muur en de Lisaktoren.

Museum van Oude en Moderne Meesters

Galerija starih i novih majstora

Stančićev trg 3. **Tel.** 042-214172. **Open** di–vr 9.00–17.00 za, zo 9.00–13.00 uur. op afspraak.

Dit museum heeft een grote collectie uit heel Europa, met name landschappen van Vlaamse en Italiaanse kunstenaars en portretten van Duitse en Nederlandse schilders.

Tomislavplein

Trg kralja tomislava

Stadhuis (Gradska Vijećnica): Trg kralja Tomislava 1. **Tel.** 042-402508. **Open** op afspraak. Draškovićpaleis (Palača Drašković): Trg kralja Tomislava 3. **Gesloten** voor publiek.

Aan dit plein, het hart van de stad, staat het **stadhuis** (Gradska vijećnica), een van de oudste gebouwen van Varaždin. Het gotische bouwwerk uit de 15de eeuw is nadien veranderd en er is een klokkentoren toegevoegd. Het werd het stadhuis in 1523, toen prins Georg van Brandenburg het aan de stad schonk. De mannen in blauwe uniformen en met een berenmuts op die 's zomers bij het gebouw op wacht staan, heten Purgers. Ten oosten van het plein ligt het **Draškovićpaleis** (Palača Drašković), uit het eind van de 17de eeuw en met een rococogevel. In 1756–1776 had hier het Kroatische parlement zitting. Ertegenover staat het renaissancistische Fitzhuis, een van de oudste huizen van de stad, met het jaartal 1540 boven de ingang.

Maria-Hemelvaartkathedraal

Uznesenja Marijina

Pavlinska ulica 4. **Tel.** 042-210688. **Open** dag. 9.30–12.30, 16.00–19.00 uur.

De Maria-Hemelvaartkerk werd in 1997 een kathedraal. De kerk en het bijbehorende klooster werden in de eerste helft van de 17de eeuw door de jezuïeten gebouwd, maar vielen later toe aan de paulijnse orde. Het interieur van de kathedraal is één barok feest. Het hoogaltaar is net zo breed als het middenschip en verfraaid met vergulde zuilen, sierstucwerk en graveerwerk. De *Tenhemelopneming van Maria* in het midden van het altaar doet denken aan het werk van Titiaan in Venetië. 's Avonds worden hier barokconcerten gegeven.

Het weelderige barokaltaar in de Maria-Hemelvaartkathedraal

Johannes de Doperkerk

Sv. Ivan Krstitelj

Franjevački trg 8. **Tel.** 042-213166. **Open** dag. 8.30–12.00, 17.30–19.00 uur.

Deze kerk werd in 1650 in barokstijl gebouwd op de plaats van een 13de-eeuwse kerk. De façade is uitgerust met een renaissanceportaal met een timpaan en beelden van St.-Franciscus van Assisi

Voor hotels en restaurants in deze buurt zie blz. 231 en blz. 248–249

Klokkentoren van de Johannes de Doperkerk aan het Tomislavplein

en St.-Antonius van Padua. Binnen ziet u acht zijkapellen en een rijkversierde, vergulde laat-17de-eeuwse preekstoel. De klokkentoren is 54 m hoog. Voor de kerk staat een van de kopieën van het *Monument voor bisschop Gregorius van Nin* door Ivan Meštrović. De aangrenzende apotheek herbergt veel kunstwerken, onder andere enkele prachtige allegorische fresco's van Ivan Ranger *(blz. 210)*.

Hercerpaleis
Palača Hercer

Franjevački trg 6. **Open** di–vr 9.00–17.00, za, zo 9.00–13.00 uur. Entomo-logisch Museum 042-658760. **Open** zelfde openingstijden als het paleis.

Dit eind 18de eeuw gebouwde paleis (het wapen van de opdrachtgever siert de deur) biedt sinds 1954 plaats aan de overzichtelijke **Entomologische afdeling van het museum** (Entomološki odjel Gradskog muzeja). Het museum is opgericht dankzij de entomoloog Franjo Košćec (1882–1968), die in 1959 zijn natuurhistorische collectie aan de stad schonk. Van 1962 tot 1980 werd zijn werk voortgezet door zijn dochter Ružica, een biologe. Naast duizenden insecten herbergt het museum ook een herbarium. Regelmatig worden er tentoonstellingen georganiseerd.

Drievuldigheidskerk
Sv. Trojstvo

Kapucinski trg 7. **Tel.** 042-213550. **Open** ma–za 9.00–12.00, 18.00–19.00 uur, zo voor en na de mis.

Deze vroeg-18de-eeuwse kerk bezit tal van barokke schilderijen, decoraties van lokale meesters en een orgel versierd met beelden van engelen die muziekinstrumenten bespelen. Het aangrenzende klooster uit dezelfde periode is beroemd om zijn bibliotheek met vele perkamenten, incunabelen en manuscripten, waaronder enkele van de oudste documenten in het oud-Kroatisch *(kajkavski)*.

TIPS VOOR DE TOERIST

Praktische informatie
Kaart D1. 42.000. Lokaal: Ivana Padovca 3, 042-210987; Regionaal: Uska 4, 042-210096. Barokavonden, Varaždin, (sept.–okt.); Gastrolov (okt.). **tourism-varazdin.hr**

Vervoer
Frane Supila, 042-210444.
Kolodvorska 17, 060-333555.

Nationaal Theater
Narodno kazalište

Ulica Augusta Cesarca 1. **Tel.** 042-214688. **Open** alleen voor voorstellingen.

Het in 1873 door Hermann Helmer gebouwde theater is een van de cultuurtempels van de stad. In de zomer en herfst komen er mensen uit heel Europa naar voorstellingen kijken.

Centrum van Varaždin

1. Kasteel en Gemeentemuseum
2. Museum van Oude en Moderne Meesters
3. Tomislavplein
4. Maria-Hemelvaartkathedraal
5. Johannes de Doperkerk
6. Hercerpaleis
7. Drievuldigheidskerk
8. Nationaal Theater

0 meter 200

Verklaring van de symbolen *zie achterflap*

Wijngaarden in de omgeving van Čakovec

❷ Čakovec

Kaart D1. 16.000. 040-384333. Masarykova ulica, 040-313947. Lokaal: Kralja Tomislava 1, 040-313319; Regionaal: Ruđera Boškovića 2, 040-374064. Carnaval in Međimurje (feb.); Stadsdag van Čakovec.
tourism-cakovec.hr

In de tweede helft van de 13de eeuw bouwde graaf Demetrius Chaky, een magistraat aan het hof van koning Bela IV hier, op de plaats van een Romeinse nederzetting, een toren, die Chaktornya werd genoemd. In de daaropvolgende eeuw werd de belangrijkste vesting van Međimurje rond deze toren gebouwd. In 1547 schonk keizer Ferdinand deze samen met een groot landgoed aan de ban (gouverneur) van Kroatië, Nikola Zrinski *(blz.181)*, als beloning voor de overwinning op de Turken en om een schuld te voldoen. Nikola Zrinski sneuvelde toen hij Siget tegen de Osmanen verdedigde en werd een nationale held. Op 29 mei 1579 beloofde een van zijn nazaten, een Zrinski uit Siget, belastingprivileges aan eenieder die zich zou vestigen in de stad die zich rond de vesting ontwikkelde. Deze datum wordt nu beschouwd als de stichtingsdatum van de stad. In deze periode werden bastions en een gracht toegevoegd. Binnen de muren verrees een vier verdiepingen hoog paleis met een vierkante binnenplaats.
In 1671 deed Petar Zrinski een poging om Kroatië los te weken van het koninkrijk Hongarije. Het plan werd ontdekt en Zrinski en zijn handlanger Fran Krsto Frankopan werden op 30 april 1671 onthoofd. Čakovec kwam nu onder rechtstreeks gezag van de keizer. Het renaissancistische '**Oude Kasteel**', waarvan alleen de benedenverdieping over is, en het barokke, in een rechthoek gebouwde '**Nieuwe Kasteel**' liggen tegenover elkaar binnen de middeleeuwse muren. Het Oude Kasteel is lange tijd als gevangenis gebruikt. Het wordt nu gerestaureerd en krijgt een culturele functie. De kerk is weer als kerk in gebruik genomen.
Het **Međimurjemuseum** in Čakovec toont prehistorische en Romeinse vondsten en etnografische collecties. Er is ook een expositie gewijd aan de lokale componist J. Slavenski (1896–1955), die de traditionele muziek van de streek een warm hart toedroeg. Čakovec is het bestuurlijke centrum van Međimurje, een streek die grenst aan Slovenië en Hongarije.
Het westelijke deel van dit gebied is heuvelachtig, met brede valleien, en staat bekend om zijn wijnen. Op de vruchtbare vlakten in het oosten wordt graan verbouwd.

Het Oude en het Nieuwe Kasteel van Čakovec

Međimurjemuseum
Trg Republike 5. **Tel.** 040-313499. **Open** ma–vr 8.00–15.00 (april–sept.: vanaf 6.00), za en zo 10.00–13.00 uur.

Omgeving

In Šenkovec, 2 km van Čakovec, staat de **St.-Helenakerk** (Sv. Jelena). Het weinige dat rest van het originele gotische

Voor hotels en restaurants in deze streek zie blz. 231 en blz. 248–249

gebouw is opgegaan in een algeheel barok voorkomen. De kerk is het enige element dat overgebleven is van een klooster dat hier in 1376 door de paulijnen werd gesticht. Hij is een paar keer herbouwd, eerst na een protestantse opstand, daarna vanwege een brand en ten slotte na een aardbeving. In de kerk zijn grafstenen te zien van leden van de machtige familie Zrinski, de heren van Čakovec: die van Nikola Zrinski en zijn vrouw Catherine Frankopan, en ook die van Petar Zrinski. Bovendien bevat de kerk verscheidene graven van leden van de familie Knežević, de opvolgers van de Zrinski's.

Een van de fresco's in de St.-Helenakerk, Čakovec

❸ Štrigova

Kaart D1. 450. van Čakovec. van Čakovec. Štrigova 22a, 040-851325. **strigova.info**

Vanwege de vele Romeinse voorwerpen die hier zijn gevonden, menen historici dat dit dorp is gebouwd op de plaats van de Romeinse stad Stridon, de geboorteplaats van St.-Hiëronymus. De graven van Štrigovčak woonden hier, maar hun kasteel is door de Turken verwoest. Vlakbij lieten ook de graven van Bannfy een kasteel bouwen, dat in de 17de eeuw werd verbouwd tot een paleis. Dit paleis was ooit beroemd om zijn rijke aankleding, zijn kunstschatten en het feit dat de Hongaarse koning Matthias Corvinus er vaak te gast was.

Fresco in het portaal van de Hiëronymuskerk, Štrigova

De **Hiëronymuskerk** (Sv. Jerolim) staat op een heuvel aan de rand van het dorp. Bij een restauratie zijn fresco's in het portaal en in de nissen van de gevel tevoorschijn gekomen. De gevel wordt geflankeerd door twee harmonieuze klokkentorens en culmineert in een gebogen fronton. In de kerk zijn tal van trompe-l'oeilschilderingen van de Tiroolse kunstenaar Ivar Ranger *(blz. 210)* te zien, onder andere *Engelen*, de *Evangelisten* en het *Leven van St.-Hiëronymus*. Ook staan er beelden die de kerkvaders voorstellen.

De met fresco's versierde gevel van de Hiëronymuskerk, Štrigova

❹ Vinica

Kaart D1. 1200. van Varaždin. Trg Matije Gupca 14, 042-722233.

Dit dorp aan de voet van met wijngaarden bedekte heuvels wordt voor het eerst vermeld in een document uit 1353 als de plaats van een middeleeuwse vesting. Het was ooit bekend vanwege het grote paleis dat de graven van Patačić er lieten bouwen op de plaats van hun oude kasteel. Het paleis is nu een ruïne, evenals dat van de graven van Drašković.

Eind 19de eeuw liet graaf Marko Bombelles 2 km ten zuiden van Vinica het **Opekapark** aanleggen. Dit grote arboretum was in die tijd enig in zijn soort in Kroatië. Bombelles plantte er op zowel vlak als heuvelachtig terrein exotische bomen en planten uit alle delen van de wereld, onder andere Noord- en Zuid-Amerika, Japan, Tibet en de Kaukasus.

Naast dit fraaie park, dat in 1961 is uitgeroepen tot beschermd natuurreservaat, is tegenwoordig een tuinbouwschool gevestigd, met diverse kassen en een grote tuin met bloeiende planten.

Opekapark
Open altijd.

Lentebloemen in het Opekapark, vlak bij Vinica

Koorbanken in de Mariakerk, met fresco's van Ivan Ranger

❺ Lepoglava

Kaart D1. 42 250. 042-791193. naar Ivanec. Lokaal: Hrvatskih pavlina 7, 042-494317. Internationaal Kantfestival (sept.).
lepoglava-info.hr

Lepoglava is een vriendelijk stadje aan de Bednjarivier, verscholen tussen de beboste hellingen van twee bergen. Vanaf 1400 begon de bloei van de stad, toen de paulijnse orde hier een kerk en klooster bouwde, die uitgroeiden tot een toonaangevend centrum voor onderwijs en beurzen. Halverwege de 17de eeuw werd het klooster een van de eerste universiteiten van Kroatië en werd de kerk, gewijd aan **Maria** (Sv. Marije), vergroot en verfraaid. Het is een barok-gotisch gebouw met een rijk interieur. Vooral het orgel uit 1649 dat nog steeds speelt en de prachtige serie fresco's van Ivan Ranger zijn heel bijzonder. Ook de preekstoel en het altaar van St.-Anna, gemaakt door de paulijnse monnik en beeldhouwer Aleksije Köninger, zijn interessant.

In 1854, na het opheffen van de paulijnse orde, ging het klooster van Lepoglava een duisterdere periode in. Het werd een gevangenis, waar menige Kroatische revolutionair, dissident of activist in de 20ste eeuw gevangen werd gezet, onder wie Josip Broz (Tito), Moša Pijade, aartsbisschop Alojzije Stepinac en Franjo Tuđman. In het begin van de 21ste eeuw werd er een nieuwe gevangenis gebouwd en de kloostergebouwen werden teruggegeven aan de kerk.

Aan de paulijnse orde kan nog een ander wapenfeit van Lepoglava worden toegeschreven: de productie van prachtig, ingewikkeld kantwerk, een eeuwenoude traditie en de oprichting van de oude Kantschool. Samen met het kant van Pag en Hvar is het op de Unescolijst van immaterieel erfgoed geplaatst Elk jaar in september wordt er in Lepoglava een internationaal kantfestival gehouden.

Kantwerk uit Lepoglava

Mariakerk
Trg 1. hrvatskog sveučilišta 3.
Tel. 042-792566. **Open** op afspraak.

❻ Trakošćan

Kaart D1. naar Trakošćan. Trakošćan, 042-79628.
trakoscan.hr

Door de mooie omgeving van het **Kasteel van Trakošćan** en de voortreffelijke staat waarin het bouwwerk verkeert, is dit een van de toeristische trekpleisters van Zagorje. Het kasteel bewaakte de weg van Ptuj naar het dal van de Sava en hoorde bij de bezittingen die Sigismund van Oostenrijk in 1434 aan de graaf van Celje in leen gaf. Het kasteel behield zijn defensieve functie tot het einde van de Turkse overheersing.

In 1568 werd het eigendom van de graven van Drašković. In de tweede helft van de 19de eeuw

Ivan Ranger (Johannes Baptiste Ranger)

Ivan Ranger werd in 1700 in Götzens, in de buurt van het Oostenrijkse Innsbruck, geboren en trad op zeer jonge leeftijd toe tot de paulijnse orde. Over zijn vroege jaren is niet veel bekend, maar het staat vast dat hij een tijd in Italië woonde en in Venetië, Rome, Bologna en Mantua kennismaakte met de barokstijl. Op 30-jarige leeftijd werd hij naar Lepoglava gehaald, het toenmalige hoofdkwartier van de orde, die hij tot zijn dood in 1753 trouw bleef. Hij werkte ook in naburige plaatsen en in Slovenië (in het klooster van Olimje en het kasteel-klooster Sveti Jernej in Rogatec). Geheel in de lijn van de paulinische principes stichtte hij een school van frescoschilders. Met deze kunstenaars maakte hij frescocycli die rijk aan expressie waren (de trompe-l'oeils verraadden ook een grote technische vaardigheid). Hij schilderde altijd religieuze thema's en vond veel navolging.

Fresco van de paulijnse monnik Ivan Ranger

Voor hotels en restaurants in deze streek zie blz. 231 en blz. 248–249

Het kasteel van Trakošćan, nu een museum

liet Juraj Drašković het kasteel verbouwen tot een schitterende neogotische residentie. Hij liet ook een kunstmatig meer, een park en tuinen aanleggen. Wel bleven enkele militaire aspecten van het kasteel gehandhaafd. Het staat op een beboste heuvel en wordt omgeven door een hoge muur met een toren. Alle 32 vertrekken zijn nu in gebruik als **museum**, waar meubels, wapens, kleding en schilderijen te zien zijn, plus een zeldzame serie portretten van de familie Drašković.

Kasteel en museum
Tel. 042-796422. **Open** april–okt.: dag. 9.00–18.00 uur; nov.–maart: dag. 9.00–16.00 uur.

7 Krapina

Kaart D1. 4500. Frana Galovića bb, 049-328028. A. Starčevića, 049-315018. Magistratska 28, 049-371330. Week van de Muziek en Kajkaviana-cultuur (sept.).
tzg-krapina.hr

Deze plaats is in bepaalde wetenschappelijke kringen bekend omdat hier in de omgeving resten van de uit het paleolithicum stammende Krapinamens, *Homo krapinensis*, zijn gevonden. Het Neanderthalerskelet dat in 1899 in een grot in een heuvel werd ontdekt, is nu te zien in het Archeologisch Museum in Zagreb. Het **Neanderthalmuseum** is een van de modernste musea in Kroatië. Het leven en de cultuur van de neanderthaler worden uitgelegd aan de hand van multimediale presentaties en tentoonstellingen. Krapina wordt in 1193 voor het eerst genoemd als de plaats waar een – inmiddels verwoest – kasteel stond dat de gelijknamige rivier bewaakte. Nadat het gevaar van een Turkse aanval was verdwenen, werd het toegewezen aan de graven van Keglević en ontwikkelde het zich tot een bestuurlijk centrum. Het werd ook een religieus centrum. Halverwege de 17de eeuw werden een franciscanenklooster en de barokke **Catharinakerk** gebouwd. De sacristie en enkele kloostervertrekken zijn versierd met levendige fresco's van Ivan Ranger. Op een van de pleinen staat een borstbeeld van de in 1809 in Krapina geboren Ljudevit Gaj, in de eerste helft van de 19de eeuw een leidende figuur binnen het Kroatisch Reveil.

Borstbeeld van Ljudevit Gaj, Krapina

Neanderthalmuseum
Šetalište V Sluge bb. **Tel.** 049-371491. **Open** maart en okt.: di–zo 9.00–18.00 uur; april–juni en sept.: di–zo 9.00–19.00 uur; juli en aug.: di–vr 9.00–18.00, za en zo 9.00–19.00 uur; nov.–feb.: di–vr 9.00–16.00, za, zo 9.00–17.00 uur. op afspraak.

Omgeving
Ten noordoosten van Krapina ligt in Trški Vrh het heiligdom van de **Madonna van Jeruzalem**, een fraai voorbeeld van barokkunst in Kroatië. Het in 1750–1761 op een vierkant grondplan opgetrokken bouwwerk heeft een klokkentoren met een uivormige koepel. Binnen ziet u een bogengalerij met afgeronde hoeken en vier kapellen in de trant van de toren. De wanden, plafonds en koepel van de kerk zijn versierd met fresco's gewijd aan bijbelse onderwerpen en episoden uit het leven van Maria, gemaakt door Anton Lerchinger. Het rijk bewerkte hoogaltaar (met een Mariabeeld dat in 1669 is meegebracht uit Jeruzalem) is van de beeldhouwer Filip Jacob Straub uit Graz. De preekstoel en drie andere altaren zijn van Anton Mersi.

Fresco in de barokke Kerk van de Madonna van Jeruzalem in Trški Vrh

❽ Pregrada

Kaart C1. 1700. Trg Gospe Kunagorske 3, 049-377050. Carnaval (feb.); Branje grožđa, druivenoogst (sept.). **pregrada.hr**

De dorpskerk gaat zeer ver terug, maar zijn huidige voorkomen, met een door twee spitse klokkentorens geflankeerde gevel, is 19de-eeuws. Binnen ziet u behalve de graven van de families Keglević en Gorup ook een enorm orgel, dat ooit in de kathedraal van Zagreb stond. Op de plaats van een eerder middeleeuws kasteel in het Hrvatsko Zagorjebos, langs de Wijnroute, staat het **Goricakasteel**, dat in de feodale tijd eigendom was van de familie Keglević. Aan weerszijden van de bewerkte gevel staan twee ronde torens. De gebouwen achter de torens zijn nu in gebruik als wijnmakerij.

Omgeving
Op een met wijngaarden bedekte heuvel 7 km ten westen van Pregrada, in **Vinagora**, staat een ongewoon heiligdom. De uit een ver verleden stammende Onze-Lieve-Vrouwe-Visitatiekerk (Sv. Marija od Pohoda) werd in 1780 een parochiekerk. Het gebouw herbergt gotische beelden en heeft een rijke aankleding. De kerk wordt omgeven door een muur die om de top

In de Onze-Lieve-Vrouwe-Visitatiekerk, Vinagora

van de heuvel loopt. Twee ronde torens bewaken de ingang van het heiligdom, dat ook een ophaalbrug heeft. Deze torens worden nu als kapel gebruikt.

❾ Veliki Tabor

Kaart C1. van Krapina of Zagreb naar Desinić. Košnički Hum 1, Desinić, 049-374970. Riddertoernooi (sept.). **veliki-tabor.hr**

Een van de beroemdste en best bewaard gebleven kastelen van Kroatië ligt op een kale heuveltop en is van verre zichtbaar. Het was in de 14de eeuw, ten tijde van koning Matthias Corvinus I, koninklijk bezit (het feit dat het koninklijk bezit was, rechtvaardigde het imposante voorkomen van het kasteel). Nadat het aan de graven van Ratkaj was geschonken, werd het in de 16de eeuw verbouwd tot een residentieel paleis. Muren met vier halfronde torens omgeven het hoofdgebouw, dat een vijfhoekige plattegrond heeft. Twee verdiepingen met zuilengangen kijken uit op de centrale binnenplaats. De inmiddels verdwenen bastions maakten Veliki Tabor tot een gevreesde vesting. Het kasteel is nu een museum.

Kasteel
Košnički Hum 1, Desinić. **Tel.** 049-3749 70. **Open** april–sept.: di–vr 9.00–17.00, za en zo 9.00–19.00 uur; maart en okt.: di–vr 9.00 16.00, za en zo 9.00–17.00 uur; nov.–feb. : di–zo 9.00–16.00 uur.

Omgeving
In **Miljana**, net ten zuidwesten van Veliki Tabor, staat een van de meest pittoreske barokke kastelen van Kroatië. De bouw ervan duurde van de 17de eeuw tot halverwege de 19de eeuw. Die tijdsspanne heeft geresulteerd in een verscheidenheid aan stijlen. Sommige vertrekken zijn verfraaid met spectaculaire rococofresco's.

Veliki Tabor, een van de best bewaard gebleven kastelen van Kroatië

❿ Kumrovec

Kaart C1. 300. 049-553129. van Zagreb. Ulica Josipa Broza 12, 049-553728. Bruiloft van Zagorje (sept.). **kumrovec.hr**

In dit dorp werd maarschalk Tito in 1892 geboren als Josip Broz. Zijn huis, dat uit 1860 stamt, werd in 1953 een museum. Te zien zijn de meubels en alledaagse voorwerpen die aan zijn familie toebehoorden.
Op het plein voor het huis staat een monument voor Tito, dat in 1948 is gemaakt door Antun Augustinčić. Samen met andere dorpshuizen maakt het geboortehuis van Tito nu deel uit van een volksmuseum, het **Etnologisch Museum – Staro Selo**, wat 'oud dorp' betekent. De oude rietgedekte huizen zijn uitgerust met oude gebruiksvoorwerpen.

◀ Het kasteel Trakošćan, dat rond 1334 werd gebouwd als deel van de noordwestelijke vestingwerken van Kroatië

Geboortehuis van Tito, onderdeel van het Staro Selomuseum in Kumrovec

Er zijn ook werkplaatsen waarin oude ambachten zoals het weven van hennep en vlas worden uitgeoefend.

Etnologisch Museum – Staro Selo
Kumrovec, bb. **Tel.** 049-225830. **Open** april–sept.: dag. 9.00–19.00 uur; maart en okt.: ma–vr 9.00–16.00, za en zo 9.00–18.00 uur; nov.–feb.: dag. 9.00–16.00 uur.

⓫ Klanjec

Kaart C1. 600. 049-550404. van Zagreb, Krapina, Zabok. Trg A Mihanovića 2, 049-551002. Dankfeest voor de Herfst (okt.). **klanjec.hr**

Antun Augustinčić (1900–1979) is een van de belangrijkste Kroatische beeldhouwers van de 20ste eeuw en zijn werk is overal ter wereld te zien. Hij werd hier geboren en in het **Antun Augustinčićmuseum** is werk van hem te zien.

Beeld van Antun Mihanović, Klanjec

Mooi zijn verder het franciscanenklooster en de bijbehorende Mariakerk, beide in de 17de eeuw gebouwd in opdracht van de machtige familie Erdödy, wier graven hier te vinden zijn. Voor een rondleiding gaat u naar het toeristenbureau.
Op het plein staat een monument van de hand van Robert Frangeš-Mihanović, gewijd aan de dichter Antun Mihanović, de auteur van het Kroatische volkslied. Een ander monument voor Antun Mihanović is een 9 m hoge gedenksteen in Zelenjak, 3 km ten noorden van Klanjec, richting Kumrovec.

Antun Augustinčićmuseum
Trg A Mihanovića 10.
Tel. 049-550343.
Open april–sept.: dag. 9.00–17.00 uur; okt.–maart: di–zo 9.00–15.00 uur.

⓬ Bedekovčina

Kaart D1. 3500. Trg AStarčevića 12, 049-213106. van Zagreb. Regionaal: Magistratska 3, Krapina, 049-233653. Wijnbeurs (juni).

Dit plaatsje heeft een zeer fraa kasteel annex paleis, een van de vele bouwwerken die zijn opgetrokken op de ruïnes van oude kastelen in de heuvels van Zagorje. De meeste kastelen zijn verwoest tijdens de oorlogen tegen de Turken. Dit kasteel stamt uit het begin van de 18de eeuw en herbergt tegenwoordig overheidskantoren.
Het kasteel is op twee niveaus gebouwd op een rechthoekig grondplan en heeft een schuin dak. Boven de ingang zijn wapenschilden te zien.

⓭ Marija Bistrica

Kaart D1. 1000. Zlatar Bistrica, 5 km. van Zagreb. Zagrebačka bb, 049-468380. Zomer in Marija Bistrica (juni–aug.). **tz-marija-bistrica.hr**

Dit dorpje op de noordelijke helling van de berg Medvednica biedt plaats aan het **Onze-Lieve-Vrouwe van de Sneeuwheiligdom** (Majke Božje Bistričke), een van de bekendste pelgrimsoorden van Kroatië. Er heeft op deze plaats al vanaf 1334 een kerk gestaan. Halverwege de 16de eeuw, toen een Turkse invasie ophanden leek, werd een houten *Zwarte Madonna met Kind* in de kerk verstopt. Enkele tientallen jaren later kwam het op wonderbaarlijke wijze weer tevoorschijn, tot grote vreugde en commotie. Het beeld roept nog steeds een geweldige devotie op.
De kerk is diverse keren vergroot en werd als eerste door het parlement tot een heiligdom van Kroatië uitgeroepen (1715). In 1883 werd de kerk door de architect Hermann Bollé herbouwd. Diens eclectische ontwerp combineert romaanse, gotische en barokke stijlelementen. De kerk heeft ook een grote porticus met fresco's. Het heiligdom bezit een rijke kerkschat: gouden en zilveren voorwerpen, kerkmeubilair en priestergewaden met goudborduursels. Sommige voorwerpen zijn nu te zien in het Bisschoppelijk Museum in Zagreb.

Onze-Lieve-Vrouwe van de Sneeuwheiligdom
Trg pape Ivana Pavla II 32. **Tel.** 049-469156. **Open** op afspraak.

Het Onze-Lieve-Vrouwe van de Sneeuwheiligdom in Marija Bistrica

⑭ Kuuroordenroute

Tussen Varaždin en Zagreb liggen zes kuuroorden, stammend uit verschillende perioden. Ze liggen in een aangenaam heuvellandschap met wijngaarden en bossen, en zijn populair bij Kroaten en mensen uit omliggende Europese landen. Afgezien van de goed uitgeruste kuurcentra trekken ook de steden en dorpen in de omgeving bezoekers aan. De aantrekkelijkheid van het gebied wordt nog verhoogd door een groot aantal kastelen, heiligdommen, kerken en musea.

Decoratief detail uit de Romeinse baden, Varaždinske Toplice

④ Krapinske Toplice
Dit kuuroord verrees in de tweede helft van de 19de eeuw bij een warmwaterbron die rijk aan calcium, magnesium en carbonaat is. Het ziekenhuis behandelt mensen met reuma, hart- en vaatziekten en neurologische klachten in drie binnenbaden (het hotel heeft ook buitenbaden en een jacuzzi) en modderbaden.

⑤ Sutinske Toplice
Deze plaats 8 km ten noordwesten van Zlatar ligt op een hoogte van 170 m en is al vanaf de 13de eeuw beroemd om zijn geneeskrachtige water, dat licht radioactief is en rijk aan mineralen, met name calcium en magnesium. Vooral modderbaden zijn effectief bij de behandeling van diverse aandoeningen.

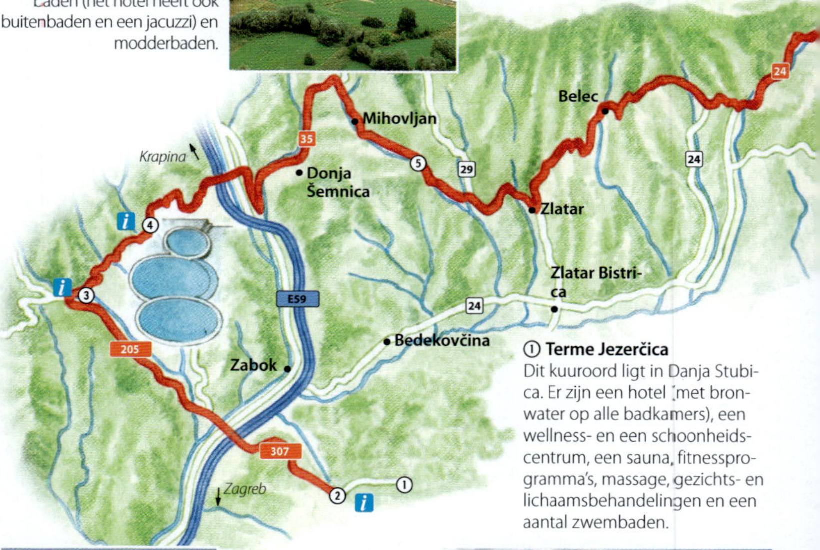

① Terme Jezerčica
Dit kuuroord ligt in Danja Stubica. Er zijn een hotel (met bronwater op alle badkamers), een wellness- en een schoonheidscentrum, een sauna, fitnessprogramma's, massage, gezichts- en lichaamsbehandelingen en een aantal zwembaden.

Symbolen
- Route
- Snelweg
- Andere wegen

③ Terme Tuhelj
Dit kuurstadje ligt 40 km van Zagreb. In het hotel met zijn acht zwembaden worden reumatische, ademhalings-, urologische en gynaecologische klachten behandeld.

② Stubičke Toplice
Dit kuuroord ligt aan de voet van de berg Medvednica, 3 km van Donja Stubica. Het dateert uit 1776. Er is hier een ziekenhuis dat is gespecialiseerd in de behandeling van aandoeningen aan de gewrichten en ruggengraat. De watertemperatuur is bij de bron 69 °C.

Voor hotels en restaurants in deze streek zie blz. 231 en blz. 248–249

Tips voor onderweg

Lengte: 100 km.
Stopplaatsen: Toplice Hotel, A Mikanovića 2, Krapinske T 049-202202, Hotel Minerva, Trg slobode 1, Varaždinske T, 042-630534.
i Stubičke T, V Šipeka 24, 049-282727; Krapinske T, Zagrebačka 4, 049-232106; Terme Tuhelj, Gajeva 4, 049-203000; Sutinske T, 049-466627; Varaždinske T, 042-633133.

0 km 5

⑥ **Varaždinske Toplice**
Het kuurcomplex in Varaždinske Toplice is een van de oudste van Kroatië, gesticht door de Romeinen. De eerste baden van het huidige complex dateren uit het eind van de 18de eeuw, en het eerste kuurcentrum werd opengesteld in 1820. Het water wordt gebruikt voor de behandeling van reumatische en orthopedische klachten.

Het rijke interieur van de Onze-Lieve-Vrouwe van de Sneeuwkerk, Belec

⑮ Belec

Kaart D1. 500. van Zabok. **i** Regionaal: D G Krambergera 1, Krapina, 049-233653.

In het heuvelachtige Zagorje ligt het dorp Belec, bij kunsthistorici geliefd omdat aan de rand ervan de kleine **Sint-Joriskerk** (Sv. Jurja), staat, een van de weinige romaanse kerken die in het binnenland van Kroatië bewaard zijn gebleven. De klokkentoren neemt bijna de hele gevel in beslag (hij lijkt meer op een verdedigingstoren dan op een campanile). Rechts ervan ziet u een kleine porticus met twee dunne zuilen. Deze leidt naar het interieur, met een rijkversierd gotisch altaar en interessante fresco's uit de tijd dat de kerk werd gebouwd.
Lager tegen de heuvel heeft de familie Keglević in 1674 de **Onze-Lieve-Vrouwe van de Sneeuwkerk** (Sv. Marija Snježna) laten bouwen, een hoogtepunt van de Kroatische barok, met zijn weelderig versierde interieur. De monnik en kunstenaar Ivan Ranger *(blz. 210)* schilderde hier enkele van zijn trompe-l'oeil-meesterwerken, waaronder *Tafe-relen uit het Oude Testament* en *Episoden uit het leven van Maria*. De kerk bezit een magnifiek hoogaltaar, omringd door cherubijnen en heiligen.

Onze-Lieve-Vrouwe van de Sneeuwkerk
Tel. 049-460040.
Open op afspraak.

⑯ Varaždinske Toplice

Kaart D1. 2000. van Zagreb en Novi Marof. van Zagreb. **i** Trg slobode 16, 042-633133.
W toplice-vz.hr

Het water uit de zwavelhoudende bron aan de voet van de heuvel ten zuiden van Varaždin was in de 3de eeuw v.C. al bekend bij de Jasi, een Illyrische stam. De plaats stond bij de Romeinen bekend als Aquae Jasae, en er ontwikkelde zich al snel een kuuroord, zoals blijkt uit talloze archeologische vondsten. De baden waren in gebruik tot de tijd van de invasie door de Goten. Later werden ze door een aardverschuiving onder modder bedolven en raakten in de vergetelheid.
In de 12de eeuw werd hier onder het gezag van de bisschop van Zagreb een dorp gesticht met de naam Toplissa, en de bewoners maakten weer gebruik van het warme bronwater. Tijdens de bouw van het huidige kuurcomplex werd het Romeinse stadje herontdekt.
Varaždinske Toplice heeft nog een middeleeuws gedeelte, met een kasteel dat het **Historisch Museum** herbergt. In een kleine vesting staat de parochiekerk, met een orgel uit 1766 en twee altaren van Francesco Robba. In een park vlakbij staat Seoska Kuća, een authentiek ingericht 19de-eeuws plattelandshuis.

Het aan de Drie-eenheid gewijde heiligdom in Ludbreg

⓱ Ludbreg

Kaart D1. 3800. van Zagreb via Koprivnica of Varaždin. van Zagreb. Trg sv. Trojstva 14, 042-810690. Viering van het Wonderdadige Bloed (1ste zo in sept.).
visitludbreg.hr

Tal van overblijfselen uit de Romeinse tijd, zoals muren en baden, zijn hier gevonden. Op grond van deze vondsten menen sommige historici dat Ludbreg op de plaats van het Romeinse Jovia ligt.
Deze plaats werd later een van de eerste bisschopszetels in het Kroatische binnenland. In 1411 zag een priester tijdens de mis de wijn in de kelk in bloed veranderen, en het kerkje waar dit wonder plaatsvond werd een bedevaartskerk. In 1513 riep paus Leo X de kerk van Ludbreg uit tot het enige **Heiligdom van de Drie-eenheid** (Sv. Trojstvo) in Kroatië. De van oorsprong gotische kerk werd in 1829 verbouwd en bezit nu een barok altaar en fresco's van M. Rački (1937). De porticus, uit 1779, is kenmerkend voor bedevaartskerken. In 1739 stemde het parlement voor de bouw van een grote kapel gewijd aan het Edele Bloed van Christus, als passend onderkomen voor de wonderdadige miskelk. Deze kapel werd uiteindelijk pas gewijd in 1994.
Een deels barok, deels classicistisch herenhuis dat in 1745 voor de familie Battahyany werd gebouwd, herbergt nu de werkplaatsen van het Kroatisch Restauratie-instituut.

⓲ Koprivnica

Kaart D1. 25.000. Kolodvorska 31, 060-305040. Zagrebačka ulica, 048-621282. Lokaal: Trg bana Jelačića 7, 048-621433. Regionaal: Nemčićeva 5, 048-624408. Podravski motivi, expositie van naïeve kunst (eerste week van juli); Renaissancefestival (laatste weekeinde in aug.).
koprivnicatourism.com

Het oude Kukaproncza is gesticht door de machtige familie Ernust. Het was een belangrijk handelscentrum voor de streek Podravina en vanaf 1356 een koninklijke vrijstad. Koprivnica werd in de 16de eeuw platgebrand door de Turken en in de 17de eeuw geleidelijk herbouwd. Het kreeg een barok voorkomen, met een brede avenue met de belangrijkste gebouwen erlangs. Aan het eind ervan staat het 19de-eeuwse Gewestshuis van Koprivnica en Križevci. Er wonen hier veel Servische immigranten, vandaar de aanwezigheid van de orthodoxe Heilige-Geestkerk (Sveti Duh, 18de eeuw). Een belangrijke gebeurtenis voor de stad was de stichting, in 1685, van een **franciscanenklooster** en de Antonius van Paduakerk.
Het klooster was een centrum van cultuur en wetenschap voor de hele regio en heeft deze rol recentelijk weer hervat. Vlakbij vindt u het **Gemeentemuseum** (Gradski muzej), met archeologische, historische en culturele collecties, en het **Koprivnicamuseum**, met een verzameling naïeve kunst uit de School van Hlebine *(blz. 25)*. Ernaast is in een voormalige brouwerij de populaire bierhal Kraluš *(blz. 249)* gevestigd.

Gemeentemuseum
Trg Leandera Brozovića 1. **Tel.** 048-622307. **Open** ma–vr 8.00–15.00, 18.00–21.00, za 10.00–13.00 uur.

Koprivnicamuseum
Zrinski trg 9/1. **Tel.** 048-622564. **Open** di–vr 8.00–15.00, 18.00–21.00, za en zo 10.00–13.00 uur.

Omgeving
Hlebine, 13 km ten oosten van Koprivnica, werd beroemd door een groep schilderende boeren over wie de kunstenaar Krsto Hegedušić zich had ontfermd. Vanaf 1930 maakte deze 'School van Hlebine' *(blz. 25)* een geheel eigen soort naïeve kunst waarin het landschap en de mensen uit deze streek centraal stonden. Hun werk is te zien in het **Museum van Hlebine** en het Koprivnicamuseum.

Museum van Hlebine
Trg Ivana Generalića 15.
Tel. 048-836075. **Open** di–vr 10.00–16.00, za en zo 10.00–14.00 uur.

Naïef schilderij uit de School van Hlebine in het Koprivnicamuseum

Het middeleeuwse kasteel van Đurđevac, nu een museum

⑲ Đurđevac

Kaart E1. 6500. Kolodvorska 21, 048-813089. 048-812002. Sjtepana Radića 1, 048-812046. Đurđevo, Stadsdag (23 april); Legende van de Picoki, cultureel en folkloristisch spektakel (laatste week van juni). **visitdjurdjevac.hr**

Hoewel de naam van dit stadje verwijst naar een oud, aan St.-Joris (Sv. Jurai) gewijd religieus gebouw, is het nu bekend vanwege het **kasteel** (Stari grad), waarvan de vroegere naam 'Wasserburg' luidde – kasteel in het water. In de middeleeuwen was het bouwwerk veel groter (opgravingen tonen een rechthoekig complex, met ophaalbrug en toren). Het enige dat rest is een achthoekig gebouw met een binnenplaats. Er is een museum op de eerste verdieping.

⑳ Bjelovar

Kaart D1. 28.000. Masarykova ulica, 043-241263. Masarykova ulica, 043-241269. Lokaal: Trg Eugena Kvaternika 2, 043-243944; Regionaal: Dr. Ante Starčevića 8, 043-221928. Terezijana, cultureel evenement (juni). **turizam-bilogorabjelovar.com.hr.hr**

In de middeleeuwen was hier een vesting met de naam Wellowar. Het belang ervan nam toe toen Maria Theresia van Oostenrijk er in 1756 een fort liet bouwen. Bjelovar werd een legerplaats, met een achthoekige plattegrond rond twee elkaar kruisende hoofdstraten, waaraan nu de Theresiakathedraal, scholen, de orthodoxe Drievuldigheidskerk en de kazernes liggen. Het **Gemeentemuseum** (Gradski muzej) heeft een rijke en uitgebreide collectie.

Gemeentemuseum
Trg Eugena Kvaternika 1. **Tel.** 043-244207. **Open** di–vr 10.00–19.00, za en zo 10.00–14.00 uur.

De iconostase van de Drievuldigheidskerk, Križevci

㉑ Križevci

Kaart D1. 12.000. 048-716193. Trg J.J. Strossmayera 5, 048-681199. Križevačko veliko spravišće, cultureel en gastronomisch evenement (half juni). **tz-krizevacka.hr**

Deze stad wordt voor het eerst genoemd in akten uit begin 12de eeuw. In 1252 werd Križevci een koninklijke vrijstad en later was de stad een paar keer de zetel van het Kroatische parlement. Tijdens een bijeenkomst in 1397 werden bepaalde edelen, die voor verraders van koning Sigismund werden gehouden, vermoord. Een van hen was de paltsgraaf Stjepan Lacković. De stad werd later versterkt, maar na de Turkse overheersing resteerden alleen nog de fundamenten van de torens en stukken van de muur. Na de aanleg van een spoorweg in 1871 kwam de stad weer tot bloei.

Het oudste gebouw is de van oorsprong middeleeuwse **Heilig-Kruiskerk** (Sv. Križ), maar alleen het zijportaal stamt nog uit die tijd. De kerk is in de tweede helft van de 18de eeuw in barokstijl verbouwd. Het Heilig-Kruisaltaar werd in 1756 door Francesco Robba gemaakt voor de kathedraal van Zagreb.

De Grieks-katholieke Drievuldigheidskerk (Sv. Trojstvo) heeft een iconostase, vroeg-19de-eeuwse fresco's van Celestin Medović en Ivan Tišov en een 18de-eeuws hoogaltaar. In de 19de eeuw werd het gerestaureerd naar de tekeningen van Herman Bollé. Het aangrenzende klooster is nu het **Bisschoppelijk Paleis** (Biskupski dvor), met schilderijen, iconen, manuscripten en gewijde voorwerpen. Het interessante **Gemeentemuseum** (Gradski muzej) bezit archeologische en kunstcollecties.

Heilig-Kruiskerk
Ivana Dijankovečkog 1. **Tel.** 048-711711. **Open** op afspraak.

Bisschoppelijk Paleis
Tel. 048-712171. **Open** op afspraak.

Gemeentemuseum
Sermageova 2. **Tel.** 048-711210. **Open** ma–vr 10.00–13.00 uur of op afspraak.

Altaar van Francesco Robba in de Heilig-Kruiskerk, Križevci

TIPS VOOR DE REIZIGER

ACCOMMODATIE

Kroatië is al geruime tijd een populaire vakantiebestemming binnen Europa en de accommodatiemogelijkheden worden steeds uitgebreider en beter. Dit houdt in dat toeristen een ruime keuze hebben. Er zijn veel moderne hotels, appartementencomplexen en vakantiedorpen, met name langs de kust. Kamers en appartementen die verhuurd worden door particulieren zijn vaak een zeer voordelige optie. Het aantal B&B's en boetiekhotels gericht op rugzaktoeristen wordt ook steeds groter en er zijn veel campings met uitstekende faciliteiten op schitterende locaties aan de kust. Veel touroperators en reisbureaus bieden pakketreizen aan naar verschillende resorts in Kroatië, maar het is geen enkel probleem om zelf uw reis te plannen.
Accommodatie kunt u het best vooraf reserveren en als u van plan bent om in het hoogseizoen, in de maanden juni, juli of augustus, het land te bezoeken, is het verstandig om uw reis vooraf te plannen.

'Vogelkooi'-balkon, Lešić-Dimitri Palace hotel, Korčula *(blz. 229)*

Hotels

Het toerisme in Kroatië beleefde een bloeitijd in de jaren zeventig en tachtig van de 20ste eeuw, en de meeste hotels, vooral in de badplaatsen, dateren uit die periode. De faciliteiten zijn doorgaans vrij modern, maar de inrichting kan wat saai lijken. De afgelopen jaren zijn veel hotels gerenoveerd en opgeknapt en het aantal vier- en vijfsterrenaccommodaties is aanzienlijk toegenomen.
De fraaiere luxehotels uit het eind van de 19de en begin van de 20ste eeuw vindt u in Zagreb, de hoofdstad, en in Opatija, aan de Kvarnergolf. Opatija werd een populaire badplaats in de tijd van de Dubbelmonarchie, toen de Habsburgers er regelmatig verbleven, en heeft nog steeds verscheidene hotels uit die tijd. Er hangt een sfeer van vergane glorie die u elders aan de kust niet zult aantreffen. Zagreb en Dubrovnik hebben een aantal grote luxehotels, waarvan er diverse deel uitmaken van bekende internationale hotelketens. Ook zijn er steeds meer boetiek- en designhotels te vinden in hippe toeristenoorden, zoals Dubrovnik, Split en Hvar. De faciliteiten in deze hotels zijn voortreffelijk, maar de prijs is er uiteraard dan ook naar.

Prijzen

De prijzen voor accommodatie zijn in Kroatie afhankelijk van het seizoen: de laagste tarieven gelden in de winter en de hoogste treft u aan in het hoogseizoen, in de zomer. Tot voor kort waren de kamers alleen in juli en augustus duurder, maar nu geldt dit ook voor juni en september.
In het hoogseizoen zijn de prijzen in Kroatië net zo hoog of zelfs hoger dan die in andere mediterrane landen – met name in hippe oorden als Dubrovinik, Hvar en Split waar veel vakantiegangers naartoe komen. In de maanden april, mei en oktober zijn er volop aanbiedingen en de winter is sowieso een goedkopere tijd om te reizen. Houd er wel rekening mee dat veel hotels en restaurants aan de kust hun deuren sluiten gedurende een paar maanden in het laagseizoen.

Fresh*Sheets Kathedral Dubrovnik kijkt uit over een leuk pleintje in Dubrovnik *(blz. 228)*

Hotel Lone in Rovinj, Istrië, een vijfsterrenaccommodatie buiten de grote steden *(blz. 227)*

Classificatie

Kroatië heeft het sterrensysteem ingevoerd dat ook in andere Europese landen geldt, van één ster voor basisaccommodatie tot vijf sterren voor een luxehotel.

Hotels in de vijfsterrencategorie bieden een hoog niveau en een uitgebreid aanbod aan faciliteiten en diensten. Meestal zijn er een kuuroord en fitnessfaciliteiten, een zwembad en ten minste één fijnproeversrestaurant. Er zijn maar weinig vijfsterrenhotels in Kroatië – de meeste zijn te vinden in Dubrovnik en Zagreb. Viersterrenhotels bieden faciliteiten die vergelijkbaar zijn met die in vijfsterrenhotels, maar de aankleding is eenvoudiger en meer gestandaardiseerd, en er zijn minder faciliteiten.

De meeste hotels in Kroatië hebben drie sterren en bieden een goede mate van comfort. Tweesterrenhotels zijn over het algemeen goedkoper en Spartaanser ingericht. Ook bieden zij minder diensten en faciliteiten.

Het is in Kroatië gebruikelijk dat een hotel halfpension *(polupansion)* aanbiedt, waarbij in de prijs behalve een overnachting en ontbijt ook nog één andere maaltijd (meestal het diner) is inbegrepen.

De prijzen voor halfpension zijn heel redelijk, vaak niet veel meer dan u voor alleen de kamer zou betalen. Wel is het zo dat het eten dat deze hotelrestaurants voorschotelen vaak 'internationaal' van karakter is en niets lokaals heeft.

Kamers bij particulieren

Een goedkoop alternatief voor een verblijf in een hotel is een kamer *(privatne sobe)* of appartement *(apartmani)* huren bij particulieren.

Kamers bij particulieren zijn vaak tweepersoonskamers (alleenreizenden moeten vaak het volle pond betalen) in alle soorten en maten – de duurste hebben een eigen badkamer, maar de meeste zullen dat niet hebben. Ook appartementen zijn er in allerlei groottes, van tweepersoonsstudio's tot gezinsappartementen voor zes personen. Voor mensen die als gezin of als groep reizen bieden deze appartementen een voordelig alternatief voor hotels. Appartementen zijn vaak voorzien van een goed ingerichte keuken waarin gasten zelf kunnen koken, en in de buurt is meestal wel een lokale markt of supermarkt te vinden. Kamers en appartementen worden vaak door de eigenaren zelf verhuurd via internationale websites als **Booking** en **Airbnb**. U kunt ze ook boeken bij bureaus die in alle toeristencentra te vinden zijn. U betaalt toeristenbelasting en een commissie, en in de zomermaanden kan een verblijf van minimaal vier nachten verplicht zijn.

Op busstations en aanlegplaatsen voor veerboten staan vaak hospita's die kamers te huur aanbieden. Het is over het algemeen een veilige manier om een kamer te huren, maar het is aan te raden eerst kennis te nemen van de locatie en de prijs voor u akkoord gaat.

Een andere manier om op eigen houtje accommodatie te vinden, is af te gaan op de bordjes die aangeven dat er kamers te huur zijn – *sobe* in het Kroatisch, *Zimmer* in het Duits, *camere* in het Italiaans, *rooms* in het Engels. Ga vroeg op de dag op zoek. Als u iets ziet wat u bevalt, kunt u vragen of u de kamer mag zien, en als die u ook bevalt, kunt u de voorwaarden en de prijs van uw verblijf bespreken. Buiten het seizoen kan er wellicht over de prijs worden onderhandeld. Er wordt zelden ontbijt geser-

Karmens appartementen met keukenfaciliteiten in een historisch pand in Dubrovnik *(blz. 228)*

Het iconische Esplanade Zagreb Hotel *(blz. 231)*

veerd, maar u kunt natuurlijk altijd informeren of dit mogelijk is – steeds meer verhuurders bieden ontbijt aan.

B&B's en pensions

Het concept bed-and-breakfast is relatief nieuw in Kroatië, maar er zijn er steeds meer in Zagreb, langs de kust en in de nationale parken waar vooral het plattelandstoerisme groeit. Vaak zijn dit soort kamers eenvoudig ingericht, maar sommige B&B's zijn behoorlijk chic en doen denken aan boetiekhotels. Pensions *(pansion)* zijn kleine, door een familie gerunde hotels waar ontbijt wordt geserveerd en vaak ook de mogelijkheid is voor halfpension.

Campings

Er zijn meer dan genoeg kampeerterreinen in Kroatië. Ze variëren van kleine, vaak door particulieren gerunde campings met kleine plaatsen onder een olijfboom, tot grote kampeerterreinen met allerlei faciliteiten, zoals sportterreinen, restaurants en winkels. Veel Kroatische campings liggen in een bos aan zee, waar de bomen op warme zomerdagen schaduw en verkoeling bieden. Er zijn tal van kampeerterreinen aan de Adriatische kust en op de eilanden, maar landinwaarts zijn er minder campings. **Kamping Udruženje Hrvatske** (de Kroatische Kampeercentrale) biedt op de website uitstekende aanwijzingen. Alle campings zijn in ieder geval geopend in de zomermaanden juni, juli en augustus en de eerste helft van september, maar als u in mei of eind september wilt kamperen, kunt u het beste van tevoren contact opnemen met de betreffende camping, want de openingsperioden verschillen van jaar tot jaar.

Enkele heel mooie campings, op afgelegen of besloten locaties, worden beheerd door de naturistenorganisatie FKK *(blz. 266)* en zijn uitsluitend toegankelijk voor naturisten.

Vrij kamperen is verboden in Kroatië, dus laat u niet verleiden zomaar uw tent op te slaan in een bos of op het strand.

Hostels

Er komen steeds meer hostels voor rugzaktoeristen in Kroatië die goedkope, eenvoudige slaapzalen hebben in leuke, informele omgevingen. U kunt een bed boeken via de website van het hostel of op gespecialiseerde websites, zoals die van **Hostelworld**. Veel hostels bieden zowel tweepersoons-, driepersoons-, en vierpersoonskamers als slaapzalen, en die zijn vooral geliefd bij stelletjes of gezinnen die houden van de sociale aspecten van de rugzakcultuur, maar toch graag een eigen kamer willen. Sommige hostels hebben veel geïnvesteerd in modern design en comfort, en lijken op boetiekhotels. Bij sommige Kroatische hostels, maar lang niet bij alle, wordt ook een ontbijt geserveerd. Vraag dit na wanneer u de boeking uitvoert.

Boeken

Met de vele internetsites is het tegenwoordig heel gemakkelijk om zelf een kamer te boeken in Kroatië. Vanaf juni moet u echter rekening houden met een grote drukte, dus boek ruim op tijd en voorkom dat u achter het net vist bij de accommodatie van uw keuze.

Bij het **Kroatische Nationale Toeristenbureau** *(blz. 267)* kunt u voorafgaand aan uw reis informatie opvragen. Na aankomst kunt u terecht bij de lokale toeristenbureaus (in elke stad is er wel een) die u helpen bij het vinden van een kamer of u verwijzen naar een agentschap.

Gehandicapte reizigers

Er bestaat in Kroatië veel aandacht voor gehandicapten, om de eenvoudige, grimmige reden dat het aantal gehandicapten door de oorlog van 1991–1995 aanzienlijk is toegenomen. Ondanks die aandacht zal het echter nog een tijd duren voor alle relevante gebouwen, zoals hotels en restaurants, rolstoeltoegankelijk zijn gemaakt. Veel hotels zijn niet geschikt voor mensen met een beperkte mobiliteit.

Over het algemeen hebben hotels met vier sterren of meer goede faciliteiten voor gehandicapten. Goedkopere plekken meestal niet. Neem voor meer informatie contact op met **Hrvatski Savez Udruga Tjelesnih Invalida**, de vereniging van gehandicaptenorganisaties in Kroatië, of Stichting TTFA in Nederland *(blz. 267)*.

Vuurtorens

Een fantastische en ongewone vorm van accommodatie in Kroatië is overnachten in een van de vuurtorens die zich op strategische punten op de eilanden en op rotsachtige kapen langs de kust verheffen. De meeste vuurtorens beschikken over een of twee appartementen en liggen op onbewoonde eilandjes. Ze zijn geschikt voor mensen die op zoek zijn naar rust, ongerepte natuur en onbelemmerd uitzicht over zee. Diverse agentschappen bieden vakanties in vuurtorens aan. Zij zorgen ook voor de overtocht per boot en boodschappen voor de duur van uw verblijf. Ga voor meer informatie en boekingen naar **Lighthouses of Croatia** of **Atlas**. Een van de beroemdste vuurtorens is **Savudrija**, gelegen op 9 km van Umag. Het is de oudste vuurtoren van de Adriatische Zee, gebouwd op een plek die ideaal is voor windsurfers. **Sveti Ivan na pučini**, op een eiland dat deel uitmaakt van de archipel uit de kust van Rovinj, dat 3,5 km verderop ligt, is een ideale keuze voor wie van vissen en duiken houdt. De **Porervuurtoren** staat op het gelijknamige eiland 20 km van Pula. Het biedt, op een volkomen geïsoleerde locatie, een spectaculair uitzicht. **Tajer**, 28 km ten zuiden van Zadar, werd in 1876 gebouwd. Het is een stenen gebouw met een stalen toren. Het uitzicht over de Kornati-eilanden is fabuleus. **Veli Rat** staat tussen pijnbomen op de noordwestpunt van het eiland Dugi Otok, 35 km van Zadar, en bij de ingang van de haven van Makarska, vlak bij een van de mooiste stranden van de Adriatische kust, staat de **Sveti Petarvuurtoren**.

De vuurtoren **Pločica** ligt op het gelijknamige eiland tussen de eilanden van Hvarand en Korčula en het schiereiland Pelješac. De vuurtoren **Sušac** is in

Zicht vanuit Hotel Mozart, Opatija, gekozen vanwege de historische sfeer *(blz. 227)*

1887 gebouwd op het gelijknamige eiland 40 km van Hvar. H j staat 100 m boven zeeniveau en kijkt prachtig uit over open zee. Er zijn talloze wandelpaden op het eiland en bij de rotsen aan de zuidkant kunt u du - ken.

De vuurtoren van **Palagruža** staat 68 km bij Split vandaan, tussen de Italiaanse en de Kroatische kust, terwijl het eiland Lastovo, 80 km van Split, plaats biedt aan de **Strugavuurtoren**, gebouwd in 1839. Dit is een geweldige locatie voor liefhebbers van sportvissen.

De **Sveti Andrijavuurtoren** staat op een eiland met dezelfde naam, ongeveer 10 km van Dubrovnik. Ten slotte is er nog de **Prišnjakvuurtoren** op het eiland Murter. Deze wordt omgeven door een dicht naaldbos.

Modern en minimalistisch hotel in een Romeins paleis: Vestibul Palace, Split *(blz. 230)*

Aanbevolen hotels

De hotels op de volgende bladzijden zijn om diverse redenen opgenomen. Ze zijn alle representatief voor hun omgeving, of dat nu het levendige Split, het sprookjesachtige Dubrovnik, de strandresorts aan de Adriatische kust of de leuke haventjes van de Dalmatische eilanden betreft. Ze hebben stuk voor stuk hun sporen verdiend met hun gastvrijheid en charme.

In de lijst komen allerlei accommodaties voor: eenvoudige boerderijen, chique resorts, gezins-B&B's, moderne designhotels en luxueuze paleizen.

Met een warme ontvangst verdienen de hotels al het nodige krediet, en ook extra's als koffie en thee op de kamer, en het gebruik van keukenvoorzieningen tellen mee.

Het predikaat Capitools keuze geeft aan dat het hotel hoe dan ook bijzonder is. Er kan sprake zijn van een mooi uitzicht, een prachtige omgeving, een historisch gebouw, een opmerkelijke bediening, een grandioze spa, of aandacht voor duurzaamheid. Wat de reden ook is, ze zorgen gegarandeerd voor een overgetelijke vakantie.

ADRESSEN

Internetsites voor reserveringen

Airbnb
W airbnb.com

Booking
W booking.com

Hostelworld
W hostelworld.com

Campings

Kamping Udruženje Hrvatske (Kroatische Kampeercentrale)
W camping.hr

Vuurtorens

Atlas
W atlas.hr

Lighthouses of Croatia
W lighthouses-croatia.com

Accommodatie

Istrië en Kvarner

BUZET: Hotel Vela Vrata ㉿
Boetiek **Kaart** B2
Šetalište Vladimira Gortana 7
Tel. *052-494750*
W velavrata.net
Leuk hotel aan de poort van de oude stad van Buzet, met knusse kamers en moderne faciliteiten. Gesloten jan. en feb.

BUZET: Kotli ㉿
Historisch **Kaart** B2
Kotli
Tel. *098-228432*
W istra-kotli.com
Deze straat met stenen huizen in het traditionele dorp Kotli, een cultureel erfgoed, 13 km van Buzet, is verbouwd tot sfeervolle gezinsappartementen met prima faciliteiten.

CRES: Kimen ㉿
Resort **Kaart** B3
Melin 1/16
Tel. *051-573305*
W hotel-kimen.com
Kimen is een groot, gastvrij hotel met tal van faciliteiten en 's avonds livemuziek. Gesloten nov.–maart.

CRIKVENICA: Hotel Kaštel ㉿
Resort **Kaart** B2
Frankopanska 22
Tel. *051-241044*
W jadran-crikvenica.hr
Eenvoudige kamers in een 14de-eeuws klooster, direct aan de rivier en vlak bij het strand.

KRK: Valamar Koralj ㉿㉿
Resort **Kaart** B3
V. Tomašića bb
Tel. *052-465120*
W valamar.com/hr/hoteli-krk
Groot hotel vlak bij een prachtige baai, met comfortabele kamers en volop faciliteiten.

KRK: Marina ㉿㉿㉿
Boetiek **Kaart** B3
Obala hrvatske mornarice 8
Tel. *051-221128*
W hotelmarina.hr
Charmant en goedgerund hotel in de gezellige haven. Vanaf het terras van het café-restaurant is het heerlijk om naar mensen te kijken.

LOŠINJ: Apoksiomen ㉿㉿
Boetiek **Kaart** B3
Riva lošinjskih kapetana 1
Tel. *051-520820*
W apoksiomen.com
In dit heerlijke hotel aan de haven kunt genieten van een ingetogen gevoel voor stijl. Het is ingericht met oog voor detail.

Capitools keuze

LOŠINJ: Vitality Hotel Punta ㉿㉿
Spa **Kaart** B3
Šestavine 17, Veli Lošinj
Tel. *051-662000*
W losinj-hotels.com
Goed uitgerust en ontspannen resorthotel, gebouwd op de rotsen met uitzicht op zee en geflankeerd door geurige pijnbomen. De vissershaven Veli Lošinj ligt op 5 minuten lopen en de vakantieplaats Mali Lošinj ligt 20 minuten de andere kant op. Punta's andere pluspunt is het kuuroord, met een zwembad, massagefaciliteiten en tal van schoonheidsbehandelingen en sportieve workouts.

LOŠINJ: Wellness Hotel Aurora ㉿㉿
Resort **Kaart** B3
Sunčana uvala 4, Mali Lošinj
Tel. *051-667200*
W losinj-hotels.com
Groot, efficiënt strandhotel met een keur aan diverse faciliteiten en schoonheidsbehandelingen.

LOŠINJ: Bellevue ㉿㉿㉿
Luxueus **Kaart** B3
Čikat 9, Mali Lošinj
Tel. *051-231268*
W losinj-hotels.com
Schitterend uitgerust vijfsterrenhotel met een uitstekende service van zeer hoog niveau. Vlak bij de stranden van de Čikatbaai.

Groot en modern, met talloze faciliteiten: Wellness Hotel Aurora, Lošinj

Prijsklassen
Prijzen zijn voor een verblijf van één nacht in het hoogseizoen in een standaard tweepersoonskamer, inclusief toeslagen.

㉿	tot 800 kuna
㉿㉿	800–1300 kuna
㉿㉿㉿	vanaf 1300 kuna

LOVRAN: Bristol ㉿
Historisch **Kaart** B2
Šetalište maršala Tita 27
Tel. *051-710444*
W remisens.com
Bristol is een aantrekkelijk, eind 19de-eeuws protserig gebouw aan de promenade, met hoge kamers.

MOTOVUN: Hotel Kaštel ㉿
Boetiek **Kaart** A2
Trg Andrea Antico 7
Tel. *052-681607*
W hotel-kastel-motovun.hr
Verbouwd 17de-eeuws herenhuis in het centrum van een mooi plaatsje op een heuvel, met tal van knusse kamers.

OPATIJA: Palace-Bellevue ㉿
Historisch **Kaart** B2
Maršala Tita 144
Tel. *051-710444*
W remisens.com
Twee indrukwekkende 19de-eeuwse gebouwen vlak bij het strand. De kamers zijn eenvoudig, maar de algemene ruimten, met marmeren zuilen en kroonluchters, zijn geweldig.

OPATIJA: Galeb ㉿㉿
Historisch **Kaart** B2
Maršala Tita 160
Tel. *051-271177*
W hotel-galeb.hr
Leuk hotelletje in het centrum van de stad, met schone, ruime kamers met zeezicht. Gesloten nov.–april.

OPATIJA: Villa Ariston ㉿㉿
Boetiek **Kaart** B2
Maršala Tita 179
Tel. *051-271379*
W villa-ariston.hr
Deze villa aan de kust is qua architectuur zeer statig en qua sfeer gezellig. Een ontspannen en stijlvol adres.

OPATIJA: Hotel Milenij ㉿㉿㉿
Luxueus **Kaart** B2
Maršala Tita 109
Tel. *051-278007*
W milenijhoteli.com
Dit hotel is gevestigd in indrukwekkende gebouwen aan zee. Er is op de begane grond een gezellig café en het hotel biedt spafaciliteiten.

Zicht op de haven, Hotel Marina, Krk

OPATIJA: Hotel Mozart ⓚⓚⓚ
Luxueus **Kaart** B2
Maršala Tita 138
Tel. *051-718260*
W hotel-mozart.hr
Prachtig verbouwd 19de-eeuws gebouw met replica periodemeubels.

PLITVICE: Plitvice ⓚⓚ
Resort **Kaart** C3
Plitvička jezera
Tel. *053-751200*
W np-plitvicka-jezera.hr
Modern en comfortabel hotel midden in Nationaal Park Plitvice, met goede faciliteiten.

POREČ: Laguna Parentium ⓚⓚⓚ
Resort **Kaart** A2
Zelena Laguna
Tel. *052-411500*
W lagunaporec.com
Groot hotel op een eigen schiereiland te midden van pijnbomen. Gericht op volwassenen, met een keur aan spa-, sport- en ontspanningsfaciliteiten.

POREČ: Valamar Club Tamaris ⓚⓚⓚ
Resort **Kaart** A2
Lanterna 6
Tel. *052-401000*
W valamar.com
Appartementencomplex 10 km buiten Poreč met een paar mooie kiezelstranden.

PULA: Hotel Riviera ⓚ
Historisch **Kaart** A3
Splitska 1
Tel. *052-211166*
W arenaturist.com
Schitterend 19de-eeuws gebouw dat vanbinnen maar weinig is veranderd – de hoge kamers zijn eenvoudig en goedkoop.

PULA: Hotel Scaletta ⓚ
Boetiek **Kaart** A3
Flavijevska 26
Tel. *052-541599*
W hotel-scaletta.com
Smaakvol ingericht familiehotel vlak bij het beroemde amfitheater van Pula.

PULA: Hotel Park Plaza Histria ⓚⓚⓚ
Resort **Kaart** A3
Verudela 17
Tel. *052-590000*
W arenaturist.com
Dit grote en goed uitgeruste resort is omgeven door mooie kiezelstranden.

PULA: Hotel Valsabbion ⓚⓚⓚ
Boetiek **Kaart** A3
Pješčana uvala IX/26
Tel. *052-218033*
W valsabbion.hr
Chic, karakteristiek familiehotel met smaakvol ingerichte kamers en een intieme spa.

RAB: Grand Hotel Imperial ⓚⓚ
Historisch **Kaart** B3
Palit bb
Tel. *051-667788*
W imperialrab.com
Mooi, niet al te opzichtig hotel, oorspronkelijk gebouwd door de Habsburgers, omgeven door groen.

RAB: Padova ⓚⓚ
Resort **Kaart** B3
Banjol bb
Tel. *051-667788*
W imperialrab.com
Groot, modern hotel aan de haven van Rab, met tal van faciliteiten en een uitstekend uitzicht op de Oude Stad over de baai.

RABAC: Albona ⓚⓚ
Resort **Kaart** B3
Rabac bb
Tel. *052-465120*
W valamar.com
Rabacs veelzijdigste resorthotel, met volop faciliteiten voor kinderen en uitzicht op zee.

RABAC: Villa Annette ⓚⓚⓚ
Boetiek **Kaart** B3
Raška 24
Tel. *052-884222*
W villa-annette.com
Modernistavilla op een heuvel met zicht op de kust, een vriendelijk en aantrekkelijk alternatief voor de enorme resorthotels.

RIJEKA: Neboder ⓚ
Historisch **Kaart** B3
J.J. Strossmayera 1
Tel. *051-373538*
W jadran-hoteli.hr
Deze smalle grijze toren uit de jaren dertig is een modernistaklassieker. De kamers zijn meesterwerken van minimalisme.

RIJEKA: Grand Hotel Bonavia ⓚⓚ
Luxueus **Kaart** B3
Dolac 4
Tel. *051-357100*
W bonavia.hr
Bonavia biedt eersteklas service, de gebruikelijke faciliteiten en een uitstekend restaurant. Dit chique, op zakenmensen gerichte hotel ligt midden in het centrum.

RIJEKA: Jadran ⓚⓚ
Luxueus **Kaart** B3
Šetalište XIII divizije 46
Tel. *051-216600*
W jadran-hoteli.hr
Dit elegante modernistagebouw ligt direct aan zee. Veel van de grote, opnieuw ingerichte kamers hebben mooi zeezicht.

ROVINJ: Hotel Adriatic ⓚⓚ
Historisch **Kaart** A3
Obala Pina Budicina 16
Tel. *052-800250*
W maistra.com/adriatic_rovinj
Oudste hotel van Rovinj, gevestigd in een 19de-eeuws gebouw aan de haven. Een charmant adres in het centrum.

ROVINJ: Park ⓚⓚ
Resort **Kaart** A3
I.M. Ronjgova 11
Tel. *052-800250*
W maistra.com/park_rovinj
Net boven de kustpromenade, vlak bij het oude centrum, ligt dit hotel met wellness- en spafaciliteiten en binnen- en buitenzwembaden.

Capitools keuze

ROVINJ: Hotel Lone ⓚⓚⓚ
Luxueus **Kaart** A3
Luje Adamovića 31
Tel. *052-800250*
W lonehotel.com
Designhotel dat waarmaakt waar het voor staat. Het is hypermodern, gevestigd aan de Lonebaai. Elk detail in de inrichting is het werk van Kroatische ontwerpers en kunstenaars, van de abstracte sculpturen en muurdecoraties tot aan de kleding van het personeel. De kamers zijn mooi uitgerust en de openbare ruimten rondom een grote wenteltrap, zijn een weldaad om in te vertoeven.

Meer informatie over soorten accommodatie *zie blz. 222–225*

ROVINJ: Monte Mulini KnKnKn
Luxueus **Kaart** A3
A. Smareglia 3
Tel. *052-800250*
W montemulinihotel.com
Stijlvol, goed uitgerust en perfect gelegen vijfsterrenhotel, met uitzicht op de stranden van Lonebaai.

UMAG: Kempinski Hotel Adriatic KnKnKn
Luxueus **Kaart** A2
Alberi 300A, Savudrija
Tel. *052-707000*
W kempinski.com
Chic hotel aan de grens met Slovenië. Het biedt geweldige faciliteiten en er is een 18 holes-golfbaan vlakbij.

VRSAR: Petalon KnKn
Resort **Kaart** A3
Petalon 5
Tel. *052-800250*
W maistra.com/petalon_vrsar
Appartementenhotel op een schiereiland met kiezelstranden. Met een uitgebreid aanbod aan sport- en recreatiefaciliteiten.

Dalmatië

BRAČ: Bluesun Hotel Elaphusa KnKn
Resort **Kaart** D5
Put Zlatnog rata 46, Bol
Tel. *021-306200*
W hotelelaphusabrac.com
Gasten kunnen genieten van schoonheidsbehandelingen en sportfaciliteiten. In een dennenbos, vlak bij strand en stad.

BRAČ: Villa Adriatica KnKn
Boetiek **Kaart** D5
Put Vele Luke 31, Supetar
Tel. *021-755010*
W villaadriatica.com
Een chic familiehotel, goed alternatief voor de grote resorthotels, met een zwembad en hottub, in een rustige buurt vlak bij het strand. Gesloten okt.–april.

BRAČ: Bluesun Hotel Borak KnKnKn
Resort **Kaart** D5
Put Zlatnog rata 42, Bol
Tel. *021-306202*
W brachotelborak.com
Een van de betere resorthotels op Brač, gelegen tussen de cypressen vlak bij de beroemde stranden en surflocaties van Bol.

CAVTAT: Hotel Supetar KnKn
Historisch **Kaart** F6
Obala A. Starčevića 27
Tel. *020-300300*
W adriaticluxuryhotels.com
Gevestigd in een oud stenen huis aan de leuke haven van Cavtat. Geweldige charme, ligging en prijs. Gesloten nov.–maart.

DUBROVNIK: Adriatic Kn
Resort **Kaart** F6
Masarykov put 9
Tel. *020-433609*
Adriatic is een voordelig hotel, gelegen aan de Lapadbaai met kiezelstrand, 4 km van de Oude Stad.

DUBROVNIK: Karmen Kn
B&B **Kaart** F6
Bandureva 1
Tel. *020-323433*
W karmendu.com
Comfortabele appartementen in een van de sfeervolste delen van de Oude Stad. Karmen is aantrekkelijk ingericht met antiek meubilair.

Capitools keuze

DUBROVNIK: Fresh*Sheets Kathedral Dubrovnik KnKn
B&B **Kaart** F6
Bunićeva poljana 6
Tel. *091-8967509*
W freshsheetsbedandbreakfast.com
Gevestigd in een historisch gebouw van de kerk, op een unieke locatie achter de kathedraal. Fresh*Sheets biedt tweepersoonskamers, familiekamers en appartementen, ingericht met moderne faciliteiten en een zee aan licht. Het ontbijt wordt beneden op het plein geserveerd. Ervaar hoe het is om te ontwaken in Dubrovnik voor de toergroepen er zijn.

DUBROVNIK: Excelsior KnKnKn
Luxueus **Kaart** F6
Frana Supila 12
Tel. *020-300300*
W www.adriaticluxuryhotels.com
Eersteklas historisch hotel op een klif, op korte afstand van de Oude Stad, met een eigen strand en een prachtig uitzicht.

DUBROVNIK: The Pucić Palace KnKnKn
Luxueus **Kaart** F6
Od Puča 1
Tel. *020-326222*
W thepucicpalace.com
Op en top luxe en sfeer in een 17de-eeuws paleis met zicht op de markt van de Oude Stad.

DUBROVNIK: Stari Grad KnKnKn
Boetiek **Kaart** F6
Od Sigurate 4
Tel. *020-322244*
W hotelstarigrad.com
Intiem designerhotel met acht kamers op een mooie locatie in de Oude Stad. Fraai uitzicht vanuit het dakrestaurant. Gesloten half nov.–feb.

DUGI OTOK: Hotel Lavanda KnKnKn
Resort **Kaart** C4
Božava bb
Tel. *023-291291*
W hoteli-bozava.hr
Klein complex met zeezicht, met uitstekende sportfaciliteiten en veel groen eromheen.

HVAR: Adriatiq Resort Fontana Kn
Resort **Kaart** D5
Vitarnja bb, Jelsa
Tel. *021-761810*
W resortfontana-adriatiq.com
Dit hooggelegen complex ligt op een paar minuten van kiezelstranden en het centrum van Jelsa.

HVAR: Palace KnKn
Historisch **Kaart** D5
Trg svetog Stjepana 5
Tel. *021-741966*
W suncanihvar.com
Palace is het oudste hotel in Hvar, met gemoderniseerde kamers. Het is gelegen achter de zuilen van de loggia van de stad.

HVAR: Amfora KnKnKn
Resort **Kaart** D5
Jurja Dubokovića 5
Tel. *021-750300*
W suncanihvar.com
Groot resorthotel aan de baai vanuit Hvar-stad. Amfora heeft

Frisse kamers met uitzicht op zee, Monte Mulini, Rovinj

Verklaring van de prijsklassen *zie blz. 226*

Elegant en modern ingerichte kamer, Excelsior Hotel, Dubrovnik

chique kamers, een kiezelstrand en volop modern comfort.

HVAR: Hotel Podstine Kn Kn Kn
Boetiek **Kaart** D5
Put Podstina 11
Tel. *021-740400*
W podstine.com
Modern boetiekhotel met elegantie en charme, hooggelegen boven zee op zo'n kilometer vanaf Hvar-stad.

KORČULA: Bon Repos Kn
Resort **Kaart** E6
Dubrovačka cesta 19
Tel. *020-726880*
W korcula-hotels.com
Dit grote hotel ligt in een idyllische omgeving, op enige afstand van de Oude Stad, maar wel aan zee. Eenvoudige, maar nieuw ingerichte kamers.

KORČULA:
Korčula De La Ville Kn Kn
Historisch **Kaart** E6
Obala dr. Franje Tuđmana 5
Tel. *020-726900*
W korcula-hotels.com
Elegant hotel van voor WO I aan de haven, met comfortabele kamers. Het café op de begane grond heeft een schitterend terras aan de Adriatische Zee.

Capitools keuze

KORČULA:
Lešić-Dimitri Palace Kn Kn Kn
Boetiek **Kaart** E6
Don Pavla Poše 1–6
Tel. *021-715560*
W lesic-dimitri.com
Een paar luxueuze appartementen, allemaal verschillend, gevestigd in een rij mooi gerenoveerde huizen in een sfeervol steegje in het centrum van Korčula. Elk appartement heeft een keuken en een moderne badkamer. Het ontbijt wordt vlakbij aan zee geserveerd. Het vriendelijke personeel denkt aan alles.

MAKARSKA: Biokovo Kn Kn
Historisch **Kaart** E5
Obala kralja Tomislava 14
Tel. *021-615244*
W holidaymakarska.com
Sommige kamers in dit knusse hotel in het centrum van Makarska kijken uit op de gezellige haven

MAKARSKA: Hotel Meteor Kn Kn
Resort **Kaart** E5
Kralja Petra Krešimira IV 19
Tel. *021-564200*
W hoteli-makarska.hr
Deze klassieker van Adriatisch modernisme grenst direct aan de promenade en biedt een keur aan faciliteiten.

METKOVIĆ: Villa Neretva Kn
B&B **Kaart** E6
Splitska 14, Krvavac
Tel. *020-672200*
W hotel-villa-neretva.com
Dit familiepension tussen de mandarijnboomgaarden in de Neretvadelta biedt knusse kamers boven een befaamd restaurant.

MLJET: Hotel Odisej Kn
Resort **Kaart** E6
Pomena bb
Tel. *020-300300*
W adriaticluxuryhotels.com
Ideaal voor het verkennen van de meren en bossen van Nationaal Park Mljet. Modern, met een strand en goede sportfaciliteiten.

OREBIĆ: Aminess Grand Azur Hotel Kn Kn
Resort **Kaart** E6
Kralja Petra Krešimira IV 107
Tel. *052-858600*
W aminess.com
Groot hotel aan een schaduwrijk strand met tal van activiteiten en sportfaciliteiten.

OREBIĆ: Hotel Bellevue Kn Kn
Resort **Kaart** E6
Obala pomoraca 36
Tel. *020-713193*
W orebic-hotels.hr
Op een steenworp afstand van een breed kiezelstrand, met voordelige kamers zonder poespas en enkele uitstekende faciliteiten.

PAG: Pagus Kn Kn Kn
Resort **Kaart** C4
Ante Starčevića 1
Tel. *023-611310*
W hotel-pagus.hr
Hotel aan een kiezelstrand, met grote kamers en mooi zeezicht.

PRIMOŠTEN:
Adriatiq Hotel Zora Kn Kn
Resort **Kaart** D5
Raduča 11
Tel. *022-570048*
W hotelzora-adriatiq.com
Resortachtig complex in een dicht woud aan pijnbomen en cypressen, met tal van voorzieningen. Leuk voor gezinnen.

ŠIBENIK: Solaris Lifestyle Hotel Jure Kn Kn
Resort **Kaart** D5
Solaris
Tel. *022-361001*
W www.solarishotelsresort.com
Strandhotel in het resort Solaris, omgeven door een park. Er zijn een spa en diverse zwembaden.

ŠIBENIK: Solaris Beach Hotel Jakov Kn Kn Kn
Resort **Kaart** D5
Solaris
Tel. *022-361001*
W www.solarishotelsresort.com
Kindvriendelijk hotel in het Solariscomplex, 6 km buiten de stad, met veel faciliteiten en een groot strand.

ŠOLTA: Martinis Marchi Kn Kn Kn
Luxueus **Kaart** D5
Put svetog Nikole 51, Maslinica
Tel. *021-572768*
W martinis-marchi.com
Weldadige luxe in een gerestaureerd kasteel, met ruime suites rond een binnenplaats met zwembad.

Capitools keuze

SPLIT: Goli&Bosi Kn Kn
Hostel **Kaart** D5
Morpurgova poljana 2
Tel. *021-510999*
W gollybossy.com
Dit verbouwde warenhuis huisvest een innovatief designhostel, gekarakteriseerd door de kleurstelling geel, wit en zwart. De bedden op de slaapzalen staan in een alkoof zodat er aardig wat privay is. Er zijn ook tweepersoonskamers met badkamer en gezinskamers op de bovenste verdieping. Het café-restaurant heeft in de zomer een terras op de piazza.

Meer informatie over soorten accommodatie *zie blz. 222–225*

Moderne wellnesstempel: Hotel Iadera, aan de kust net buiten Zadar

SPLIT: Hotel Peristil Kn Kn Kn
Boetiek **Kaart** D5
Poljana kraljice Jelene 5
Tel. *021-329070*
W hotelperistil.com
Een schitterende locatie midden in het paleis van Diocletianus. In enkele kamers is het oude metselwerk nog zichtbaar.

SPLIT: Split Radisson Blu Resort Kn Kn Kn
Resort **Kaart** D5
Put Trsteника 19
Tel. *021-303030*
W radissonblu.com/resort-split
Dit resort ligt 3 km ten oosten van het centrum. Met kiezelstrand en fijne kamers.

SPLIT: Vestibul Palace Kn Kn Kn
Boetiek **Kaart** D5
Iza Vestibula 4
Tel. *021-329329*
W vestibulpalace.com
Spectaculair hotel met modern design en Romeins steenwerk, in het oude paleis van Diocletianus.

STON: Hotel Ostrea Kn Kn
B&B **Kaart** E6
Mali Ston
Tel. *020-754555*
W ostrea.hr
Familiehotel aan de haven, met grote kamers, een prima service en een geweldig restaurant.

TROGIR: Hotel Concordia Kn
B&B **Kaart** D5
Obala bana Berislavića 22
Tel. *021-885400*
W concordia-hotel.net
Indrukwekkend 18de-eeuws stadhuis met knusse kamers en een attente bediening.

TROGIR: Villa Sikaa Kn Kn
B&B **Kaart** D5
Obala kralja Zvonimira 13
Tel. *021-881223*
W vila-sikaa-r.com
Dit kleine hotel ligt aan zee tegenover de Oude Stad. Met ruime kamers en vriendelijk, hulpvaardig personeel.

VIS: Dionis Kn
B&B **Kaart** D6
Matije Gubca 1
Tel. *021-711963*
W dionis.hr
Familie-B&B boven een pizzeria, met knusse kamers, waarvan vele met schuin dak.

VIS: Issa Kn
Resort **Kaart** D6
Šetalište Apolonija Zanelle 5
Tel. *021-711164*
W hotelsvis.com
Uitkijkend op een kiezelstrand aan de rand van Vis-stad en met een keur aan sportfaciliteiten.

VIS: Hotel San Giorgio Kn Kn
Boetiek **Kaart** D6
Petra Hektorovića 2
Tel. *021-711362*
W hotelsangiorgiovis.com
Een oud stenen huis in een steeg, met knusse moderne kamers en een ommuurde boomgaard. Gesloten nov.–maart.

VIS: Hotel Tamaris Kn Kn
Historisch **Kaart** D6
Obala sv. Jurja 20
Tel. *021-711164*
W hotelsvis.com
Deze 19de-eeuwse villa ligt aan de haven. Hoge plafonds en een druk café op de eerste etage.

ZADAR: Boetiek Hostel Forum Kn Kn
Hostel **Kaart** C4
Široka 20
Tel. *023-250705*
W hostelforumzadar.com
Dit nieuwe superhostel, ingericht door een topontwerper, heeft een paar tweepersoonskamers.

ZADAR: Club Funimation Borik Kn Kn Kn
Resort **Kaart** C4
Majstora Radovana 7
Tel. *023-555600*
W falkensteiner.com
Kindvriendelijk hotel ten westen van de stad, met sportfaciliteiten, crèches en een kiezelstrand.

Capitools keuze

ZADAR: Iadera Kn Kn Kn
Spa **Kaart** C4
Punta Skala, Petrčane
Tel. *023-555601*
W falkensteiner.com
Dit luxueuze spahotel, 10 km ten noorden van Zadar net buiten het authentieke kustdorpje Petrčane, biedt een keur aan ultramoderne faciliteiten, met binnenzwembaden, talloze therapeutische programma's en volop schoonheidsbehandelingen. Het hotel is omgeven door pijnbomen en gazons. Kiezelstrand op loopafstand.

Zagreb

ZAGREB: Hostel Shappy Kn
Hostel **Kaart** D2
Varšavska 8
Tel. *01-4830483*
W hostel-shappy.com
Shappy is een stijlvol en weldadig hostel in het centrum, met slaapzalen, tweepersoonskamers en quads.

ZAGREB: Studio Kairos Kn
B&B **Kaart** D2
Vlaška 92
Tel. *01-4640680*
W studio-kairos.com
Knusse B&B met kleine, kunstzinnig ingerichte kamers, elk met een thema uit de geschiedenis van Zagreb.

ZAGREB: Hotel Palace Kn Kn
Historisch **Kaart** D2
Trg J J Strossmayera 10
Tel. *01-4899600*
W palace.hr
Elegant herenhuis van voor WO I, met retromeubels en art-deco-accenten.

ZAGREB: Sheraton Zagreb Kn Kn
Luxueus **Kaart** D2
Kneza Borne 2
Tel. *01-4553535*
W hotel-sheratonzagreb.com
Dit internationale ketenhotel met alle denkbare comfort en service ligt op 10 minuten lopen van het grote plein.

ZAGREB: The Westin Zagreb Kn Kn
Luxueus **Kaart** D2
Izidora Kršnjavog 1
Tel. *01-4892000*
W westinzagreb.com
Weelderig vijfsterrenhotel met alle faciliteiten op een geweldige locatie. Het hotel torent uit boven een plaza in de Benedenstad.

Verklaring van de prijsklassen *zie blz. 226*

Capitools keuze

ZAGREB: Esplanade Zagreb Hotel KnKnKn
Historisch **Kaart** D2
Mihanovićeva 1
Tel. *01-4566666*
W **esplanade.hr**
Het superstijlvolle Esplanade Zagreb Hotel, in 1925 geopend voor passagiers van de Orient Express, is een architectonische parel. Vlak bij grote bezienswaardigheden als de kathedraal en het Art Pavilion. Het meest iconische hotel van de stad combineert art-decoglamour met alle moderne gemakken.

Midden-Kroatië

ČIGOĆ: Tradicije Čigoć Kn
B&B **Kaart** D2
Čigoć 7a
Tel. *044-715124*
W **tradicije-cigoc.hr**
Traditioneel houten huis midden in natuurpark Lonjsko Polje, met knusse rustieke kamers en modern comfort.

KARLOVAC: Hotel Korana Srakovčić KnKn
Luxueus **Kaart** C2
Perivoosipa Vrbanića 8
Tel. *047-609090*
W **hotelkorana.hr**
Statige villa op een mooie locatie aan de rivier, stijlvol en verfijnd, met volop sportmogelijkheden.

KRAPJE: Ekoetno Selo Strug Kn
B&B **Kaart** D2
Plesmo 26
Tel. *044-611215*
W **ekoetno-selo-strug.hr**
Moderne bungalows in een traditionele plattelandsstijl in een rustiek parkdorp in Lonjsko Polje.

Hotel Vestibul Palace in Split, gevestigd in een Romeinse keizerlijke residentie

SAMOBOR: Hotel Livadić Kn
Historisch **Kaart** C2
Trg kralja Tomislava 1
Tel. *01-3365850*
W **hotel-livadic.hr**
Heerlijk klein hotel aan een leuk plein, met antieke meubels en een prettig café.

Slavonië en Baranja

Capitools keuze

BILJE: Crvendać Kn
B&B **Kaart** F2
Biljske satnije 5
Tel. *031-750264, 091-5515711*
W **crvendac.com**
Gastvrije familie-B&B in het vredige dorpje Bilje, ten noorden van Osijek. Crvendać (roodborstje), omgeven door een verzorgde tuin, heeft een rood-witte kleurstelling die terugkomt in de kamers en de gemeenschappelijke ruimten. De eigenaar verhuurt fietsen, waarmee u het nabijgelegen natuurpark Kopački Rit kunt verkennen.

DARUVAR: Balise Kn
B&B **Kaart** E2
Trg kralja Tomislava 22
Tel. *043-440220*
W **hotel-balise.hr**
Balise is een klein, centraal gelegen hotel met eenvoudig ingerichte, maar door de airco heerlijk koele kamers.

ILOK: Villa Iva Kn
B&B **Kaart** G2
Stjepana Radića 23
Tel. *032-591011*
W **villa-iva-ilok.com**
Nette, lichte kamers rond een binnenplaats met een mooie zuilengang, in het centrum van dit kleine wijndorpje.

OSIJEK: Vienna Apartments Kn
B&B **Kaart** F2
Radićeva 26a
Tel. *031-214026*
W **vienna-smjestaj.com**
Kleine, maar knusse, goed uitgeruste kamers aan een rustige binnenhof net buiten de drukke straat.

OSIJEK: Hotel Osijek KnKn
Luxueus **Kaart** F2
Šamačka 4
Tel. *031-230333*
W **hotelosijek.hr**
Dit grote, moderne hotel torent uit boven de Drau. De kamers zijn mooi en ruim en u kunt er genieten van een spa.

OSIJEK: Hotel Waldinger KnKn
Historisch **Kaart** F2
Županijska 8
Tel. *031-250450*
W **waldinger.hr**
19de-eeuws gebouw in het centrum, ingericht in een Bourgondische sfeer en voorzien van moderne badkamers.

ŠPIŠIĆ BUKOVICA: Hotel Mozart Kn
B&B **Kaart** E2
Kinkovo bb
Tel. *033-801000*
W **hotelmozart.hr**
Hotel in countrystijl op het platteland, met pure luxe in een idyllische, ongerepte omgeving.

VUKOVAR: Hotel Lav KnKn
Luxueus **Kaart** G2
J J Strossmayera 18
Tel. *032-445100*
W **hotel-lav.hr**
Stijlvol, modern hotel met viersterrenkamers, een goede service en gelegen aan de rivier.

De Noordelijke gewesten

KRAPINSKE TOPLICE: Villa Magdalena KnKn
Spa **Kaart** D1
Mirna ulica 1
Tel. *049-233333*
W **villa-magdalena.net**
De jacuzzi's in de kamers en de spa van dit bekroonde wellnesshotel worden gevoed door termale bronnen.

TRAKOŠĆAN: Trakošćan KnKn
Resort **Kaart** D1
Trakošćan bb
Tel. *042-440800*
W **hotel-trakoscan.hr**
Modern hotel naast kasteel Trakošćan en het meer, met tal van sportfaciliteiten.

TUHELJSKE TOPLICE: Hotel Well KnKn
Spa **Kaart** C1
Ljudevita Gaja 4
Tel. *049-203750*
W **terme-tuhelj.hr**
Weelderige kamers en een moderne architectuur in een hartelijke omgeving.

VARAŽDIN: Pansion Garestin Kn
B&B **Kaart** D1
Zagrebačka 34
Tel. 042 214 314
W **gastrocom-ugostiteljstvo.com**
Ontdek de eenvoudige, maar goed uitgeruste kamers boven een restaurant, op 10 minuten lopen van het centrum.

Meer informatie over soorten accommodatie *zie blz. 222–225*

RESTAURANTS EN CAFÉS

Het eten in Kroatië varieert van verse vis en zeevruchten aan de kust tot Midden-Europese gerechten met kalfs- en varkensvlees en gevogelte, die vooral in het binnenland van Kroatië worden gegeten. Door de ligging vlak bij de Balkan zijn er overal wel gegrild vlees en heerlijke gebakjes te vinden. Aan de Kroatische kust overheerst de smaakvolle en gezonde mediterrane keuken, met (inkt)vis, maar ook met lam, verse groenten en olijfolie. In het oosten zijn goulashachtige schotels met veel paprika's populair. Pasta's en pizza's (met dunne bodems) zijn overal verkrijgbaar. Maar waar u ook eet: verse producten en lokale ingrediënten voeren de boventoon. Kroatische specialiteiten zijn onder meer de schapenkaas *(paški sir)* van Pag, aan de lucht gedroogde ham *pršut*, en truffels uit Istrië. De prijzen zijn gemiddeld lager dan in andere Europese landen, wat uit eten gaan in Kroatië extra aantrekkelijk maakt.

Moderne eetgelegenheid in een glazen paviljoen in Bevanda, Opatija

Taveernes en restaurants

Het Kroatische woord *restoran* heeft vrijwel dezelfde betekenis als ons woord restaurant. Er wordt mee verwezen naar een plek waar men wat uitgebreider kan dineren, vergeleken met een eenvoudig eethuis of een café. En dat kan dan een luxe *restoran* in de hogere prijsklasse bij een hotel zijn, of een goedkoper familierestaurant waar men een eenvoudig menu serveert. De prijzen kunnen tegelijkertijd ook uiteenlopen van zeer duur tot goedkopere mogelijkheden.

Minder formele eetgelegenheden zijn *gostionica* of *konoba* (beide te vergelijken met een trattoria of taveerne). Ze worden meestal door een familie gedreven en serveren lokale, traditionele gerechten.

In een *konoba* staan vaak gerechten op het menu als risotto *(rižoto* of *rižot)* afhankelijk van de regio), *lignje* (inktvisringen), *grah* of *fažol* (bonensoep) en vleesgerechten als *ćevapi* (worstjes van gehakt in een broodje. Het aantal Aziatische restaurants groeit, met name de sushibars, en ook de moderne bistro's met internationale keuken nemen in aantal toe.

De meeste *gostionica* en *konoba* vallen qua prijs in de middenklasse en sommige zijn zelfs goedkoop voor wat ze bieden. Een gemiddelde maaltijd kost 150 tot 220 kuna (20–30 euro). Voor dat geld krijgt u een voorgerecht, een hoofdgerecht (altijd met een groente geserveerd) en een dessert. De prijzen variëren al naar gelang de kwaliteit en de locatie van het etablissement. Een *gostionica* of *konoba* aan de kust zal bijna altijd duurder zijn dan die in het binnenland. Soms wordt het brood apart in rekening gebracht, maar het bedieningsgeld is meestal bij de prijs van elk gerecht inbegrepen.

Vis is aan de kust volop vers verkrijgbaar, maar niet goedkoop. Op de menu's wordt voor vis en zeevruchten meestal een kiloprijs opgegeven. Een handige vuistregel is dat een flinke portie vis of zeevruchten ongeveer 250 gram weegt. Daarmee kunt u ruwweg schatten hoeveel een gerecht u zal kosten. Het aanbod van vis en zeevruchten zal per dag verschillen, afhankelijk van wat er gevangen wordt.

Bij een maaltijd in een restaurant wordt in Kroatië vaak wijn gedronken (zie *blz. 236–237* voor een overzicht van Kroatische wijnen), maar het komt ook voor dat men een mengsel van wijn en water *(bevanda)* serveert, of *gemišt*, dat is mineraalwater en lokale wijn, apart geserveerd om zelf te mengen.

In veel Kroatische cafés (*kafić* of *kavana*) kunt u helemaal niet eten, maar in steeds meer gelegenheden kunt u tegenwoordig wel gebak of broodjes bestellen. Bij ijssalons en patisserieën, *slastičarnica* genaamd, kunt u terecht voor ijsjes en allerhande zoet gebak.

Pizzeria's en bistro's

Pizza is in Kroatië altijd een goede keus voor wie zuinig aan moet doen. Kroatische pizza's zijn uitstekend en doen niet onder voor de Italiaanse. De prijzen zijn altijd heel redelijk en liggen

Giaxa, in een prachtig renaissancelandhuis in Hvar, op het eiland Hvar *(blz. 242)*

De keuze van de naam van 360° in Dubrovnik wordt meteen duidelijk *(blz. 241)*

gemiddeld 30 tot 40 procent lager dan die voor een soortgelijk maal in andere Europese landen.

Picknicken en zelf koken

Spullen voor een picknick koopt u gewoon bij de lokale winkelier, supermarkt of op een markt, waar allerlei soorten salami, kaas, brood en olijven, vers fruit en dranken te koop zijn.
Etenswaren zijn heel redelijk geprijsd en winkeliers zijn doorgaans behulpzaam. Kant-en-klaar belegde broodjes zijn steeds populairder in Kroatië, maar u kunt ook vragen of de winkelier een broodje voor u wil beleggen. Soms zijn er ook eenvoudige snacks verkrijgbaar, zoals *burek*. Dit is een smakelijke pastei met een vulling van vlees *(meso)*, kaas *(sir)*, spinazie *(špinat)* of aardappel *(krumpir)*, in de oven gebakken. Bakkerijen die *burek* en andere hartige snacks verkopen, vindt u in elke winkelstraat in Kroatië.
Ook voor gezinnen of groepen in appartementen hoeven boodschappen geen enkel probleem op te leveren. Bij veel hotels met appartementen is ook een minisupermarkt.

Vegetarisch eten

Er komen steeds meer restaurants die vegetarische maaltijden serveren en er zijn zelfs een paar echt vegetarische restaurants in Kroatië. Bedenk echter dat gerechten die vegetarisch lijken, zoals *manistra* (groentesoep), vaak toch vlees(bouillon) kunnen bevatten. Restaurants, pizzeria's en cafés die Italiaans eten serveren, kunnen echter altijd zorgen voor een pizza of pasta zonder vlees. U kunt ook verscheidene groentebijgerechten bestellen, of een omelet *(omlet)*. In de herfst, het paddenstoelenseizoen, is met name in Istrië het vegetarische aanbod iets groter.

Betalen

Met een creditcard betalen kan in bijna alle restaurants en hotelrestaurants, hoewel het zeker nog wel kan voorkomen dat de rekening contant, in kuna, moet worden betaald. Creditcards worden vrijwel zeker niet geaccepteerd in cafés of in eetgelegenheden op het platteland, dus zorg dat u genoeg contant geld bij u hebt.

Openingstijden

Horecagelegenheden hebben flexibele openingstijden, en het is mogelijk om op elk tijdstip van de dag iets te eten te krijgen, vooral in de toeristenplaatsen. De etenstijden van de plaatselijke bevolking verschillen nauwelijks van die in andere delen van het Middellandse Zeegebied. De lunch wordt ongeveer van 12.00 tot 14.00 uur geserveerd, het diner ongeveer van 20.00 tot 22.00 uur.

Aanbevolen restaurants

Restaurants die in deze gids worden genoemd voldoen aan diverse criteria. Ze zijn representatief voor hun eigen omgeving, of ze nu liggen in een drukke stad, op de Dalmatische eilanden of op de vlakten in het binnenland. Elk restaurant is uniek en heeft een goede reputatie.
In de opsomming vindt u een grote variëteit aan eetgelegenheden, van eenvoudige familietaveernes, cafés en gebakszaken tot stijlvolle bistro's en restaurants met witte damasten tafelkleden. Er wordt vooral gelet op regionale specialiteiten *(blz. 234–235)*, zoals verse vis uit de Adriatische Zee of pittige paprikagerechten uit Slovenië. Ook zijn er gerechten uit Bosnië-Herzegovina, sterk beïnvloed door de Turkse en Oosterse keuken.
Het predikaat Capitools keuze betekent dat het restaurant uitstekend is en wordt aanbevolen. Het kan daarbij gaan om de goede kwaliteit van de lokale specialiteiten, de voordelige prijs, de prachtige omgeving, het historische gebouw of de romantische sfeer. U bent in elk geval verzekerd van een onvergetelijke ervaring.

Heerlijke verse vis en zeevruchten bij Proto, Dubrovnik

De smaken van Kroatië

Kroatië kan ruwweg worden verdeeld in vier culinaire regio's. De Istrische keuken is trots op zijn Italiaanse wortels en kent elegante pasta-, gnocchi- en truffelgerechten. De Dalmatische keuken gaat uit van vis en heeft Venetiaanse trekjes. Het vruchtbare boerenland van Slavonië kent meer Hongaarse invloeden, met paprika en specerijen. En Midden-Kroatië heeft nog Oostenrijkse voorkeuren voor schnitzel, desserts en taarten. Maar er zijn ook gemeenschappelijke kenmerken. Brood staat centraal en wordt altijd vers gebakken, thuis of bij de lokale bakker *(pekara)*. Vis is in het hele land belangrijk, gezien de lange kustlijn en de vele meren en rivieren. Grillen is de bereidingswijze.

Wilde asperge

Sardines en ander zeebanket op de drukke vismarkt van Split

Istria

Met de duidelijk Italiaanse keuken wordt eten in Istrië serieuzer genomen dan waar dan ook buiten Zagreb. De truffel, *tartufi*, wordt hier vereerd. Hoewel ze in de herfst het meest vers zijn, wordt het gedroogd het hele jaar door gebruikt in risotto's en pastaschotels, zoals *mare monti* (een 'surf and turf'-combinatie van paddenstoelen en schaal- en schelpdieren). Veel restaurantkeukens roosteren in een *peka* – een afgesloten pot in de hete as – om alle smaak en sappen te behouden. Kijk uit naar *srnetina*, wildstoofpot met gnocchi, of geroosterd weidelam. Een andere heerlijkheid is de zachte, Istrische gerookte ham (*pršut*). Mis ook de beste oesters en mosselen in Kroatië niet, uit het schone water van de Limskizeearm.

Dalmatië

De Adriatische zee levert Kroatië veel van haar vis. Goudbrasem, rode mul, tong en zonnevis komen veel voor, net als kokkels, mosselen, oesters, pijlinktvis, inktvis, garnalen en zelfs krab en kreeft. De zeearmen die zijn ontstaan door de honderden eilanden zijn perfect voor het kweken van schaaldieren. Vis wordt snel gebakken, gegrild

Selectie heerlijke gerechten in een restaurant in Istrië

Kroatische gerechten en specialiteiten

Pršut – gerookte ham

Veel van de religieuze en volksfeesten in Kroatië zijn verbonden met een bepaald gerecht. *Bakalar* (zoute kabeljauw) wordt bijvoorbeeld gegeten op kerstavond en Goede Vrijdag, *kulen* (pittige salami) is een gerecht voor Dankdag voor Gewas en *guska* (gans) met kastanjes is een traktatie voor St.-Maarten. De Turkse bezetting van 200 jaar geleden heeft gegrild vlees en kebabs nagelaten, *sarma* (koolblad gevuld met rijst en gehakt), *burek* (filodeeg gevuld met vlees of wrongelkaas) en *baklava* (gebak met noten in zoete siroop). Kustspecialiteiten zijn *brudet* (visstoofschotel met polenta), *crni rižot* (zeekatinktrisotto) en *lignje* (pijlinktvis), lichtgebakken in broodkruim, of *na žaru* (in z'n geheel gegrild).

Maneštra stevige soep van gerookt vlees, bonen, pasta en groenten. Een Istrische minestrone.

Vers gebakken brood en gebak bij een Kroatische bakker *(pekara)*

of gekookt, en eenvoudig met olijfolie, knoflook en kruiden opgediend. De simpele Italiaanse keuken van risotto, pizza en pasta heerst hier door de geschiedenis, de nabijheid en het grote aantal Italiaanse bezoekers. Probeer de Dalmatische *pršut*, steviger dan de Istrische, of *janjetina*: met gras en kruiden gevoed lam. Heerlijk van het spit.

Midden- en Noord-Kroatië

In het binnenland is het eten veel machtiger: geen olijfolie maar boter, reuzel of braadvet. De menu's gaan uit van vlees, met stevige garnituur zoals deegballetjes of noedels, nog uit de Oostenrijkse tijd. Zagreb kent een verfijnde gastronomie, maar buiten de hoofdstad gelden rustieke smaken en stijlen, met meer kalf en wild. Behalve gegrild wordt vlees vaak bereid in een stoofschotel of geroosterd aan het spit *(pečenje)*. Gans, eend, lam, wild zwijn en hert zijn favoriet. Maar het meest Venetiaans zijn de desserts: pannenkoeken, strudels en stevige *štrukli*.

Kaaswinkel, met vele soorten zachte, harde en geitenkaas

Slavonië en Baranja

Het Oostenrijks-Hongaarse Keizerrijk heeft ook het Slavonische koken beïnvloed, maar met een Hongaars tintje. Grote porties warm eten houden de boerenbevolking overeind in een koud, nat, vaak winters klimaat. Reken op vlees of vis in machtige sauzen, met paprika. De Dravarivier levert genoeg zoetwater voor vis als snoek en karper. Probeer een paar plakjes van de fameuze *kulen*. Deze gerookte gedroogde salami met chili en paprika wordt vaak geserveerd met pepers, tomaten *turšija* (zoetzure groenten) en soms wrongelkaas.

OP HET MENU

Fiš paprikaš: Krachtige visstoofpot uit Slavonië, vaak van karper en met paprika.

Zagrebački odrezak: Kalf, ham en kaas, gebakken in broodkruim: een superschnitzel.

Ajvar: Een hartige rodepepersaus; iedereen heeft een eigen recept.

Čevapčići: Turks erfgoed: pittige gehaktballen, geserveerd met rauwe ui, toast en ajvar.

Blitva s krumpirom: Bijgerecht van snijbiet met aardappel, olijfolie en knoflook.

Palačinke: Een van de topdesserts: pannenkoeken met jam, chocola en walnoten.

Škampi na buzaru Hele scampi's worden zacht gekookt in wijn, tomaten, knoflook en kruiden, onder broodkruim.

Pašticada Vlees en seizoensgroenten worden langzaam gestoofd in wijn, soms met gedroogde pruimen.

Štrukli Noord-Kroatische schotel van stukjes wrongel, gekookt en dan gebakken; kan zowel zoet als hartig zijn.

Wat drinkt u in Kroatië

Er is in Kroatië een heel scala van lokaal gemaakte dranken verkrijgbaar, van bier en wijn tot allerlei soorten eau-de-vie. De meeste Kroatische biersoorten zijn blond, maar er wordt ook donker bier gebrouwen. Buitenlandse merken als Stella Artois, Tuborg, Beck's en Carlsberg worden in Kroatië onder licensie gebrouwen, en er zijn Ierse pubs waar Guinness wordt geschonken. De verschillende soorten rode en witte wijn die in Kroatië worden gemaakt, komt men in het buitenland zelden tegen. Sterke drank op basis van druiven is populair als aperitief, en niet zozeer als digestief, evenals eau-de-vie gemaakt van pruimen of peren. Ook brandewijn op smaak gebracht met kruiden, walnoten of honing is populair. Het leidingwater is drinkbaar, maar voor wie de smaak niet bevalt is er een grote keus aan mineraalwater.

Typisch uithangbord van een café, *pivnica* in het Kroatisch

Traditioneel gerei voor de bereiding van sterke Turkse koffie

Koffie en thee

Koffie *(kava)* wordt overal in Kroatië gedronken. Hij wordt heel sterk en zwart in kleine kopjes geserveerd, net als espresso. Als hij te sterk is naar uw smaak kunt u er een beetje melk aan toevoegen, of een met vers gemalen koffie bereide cappuccino bestellen. Hier en daar kunt u ook sterke Turkse koffie krijgen. Thee *(čaj)* is meestal kruidenthee, maar gewone Indiase thee is ook verkrijgbaar en wordt meestal geserveerd met citroen.

Bier

Een andere populaire drank is bier *(pivo)*, dat altijd heel koud wordt geserveerd. Er zijn ook donkere biersoorten verkrijgbaar, maar het meeste bier in flesjes is blond bier. Bekende merken zijn Ožujsko, uit Zagreb, en Karlovačko (Karlovac). Een ander bekend merk is Pan. Bekende internationale bieren als Stella Artois zijn ook overal verkrijgbaar (sommige worden onder licensie in Kroatië gebrouwen), maar zijn duurder dan lokale merken.

Karlovačko-bier

Ožujsko-bier

Sterke drank

Kroatië is een land waar sterke drank hogelijk wordt gewaardeerd, vooral de verschillende soorten van fruit gestookte eau-de-vie. Een van de populairste dranken is de uit Slavonië afkomstige pruimenbrandewijn die bekendstaat onder de naam *Šljivovica* en die in het hele land wordt verkocht. *Loza* is een eau-de-vie op basis van druiven, met een hoog alcoholpercentage, en *Travarica* is een sterke drank op basis van kruiden. *Vinjak* is brandewijn, *Pelinkovac* is een kruidenlikeur en *Maraskino* is een likeur uit Zadar op basis van maraskinokersen. Sterke drank wordt doorgaans als aperitief gedronken. *Bermet* is een drank uit Samobor, bij Zagreb, gemaakt volgens een oud, geheim recept en als aperitief gedronken, met ijs en een schijfje citroen.

Pelinkovac-likeur

Zrinski-brandewijn

Šljivovica

Flessen eau-de-vie met fruit, zoals ze overal in Kroatië door de mensen thuis worden gemaakt

Mineraalwater, frisdrank en vruchtensap

Mineraalwater

Sinaasappelsap

Alle cafés verkopen een grote keus aan vruchtensappen, plus de bekende internationale frisdranken, zoals cola. Leidingwater is in heel Kroatië geschikt om te drinken, maar er is ook volop gebotteld mineraalwater *(mineralna voda)* verkrijgbaar. De bekendste merken mineraalwater zijn Studena, Jamnica en Jana, maar daarnaast worden er ook allerlei geïmporteerde merken verkocht. Bestel *gazirana* (koolzuurhoudend) *voda* voor water met prik of *negazirane* als u geen prik wilt.

Restaurant aan het zwembad van de promenade, Hvar

Drinkgewoonten in Kroatië

Bars en cafés zijn niet alleen plekken waar men op verschillende tijdstippen van de dag naar binnen stapt voor een versnapering, ze spelen ook een belangrijke rol in het sociale leven van de Kroaten. Een typisch Kroatische traditie is het mengen van wijn met een andere drank, zoals mineraalwater of zelfs cola. Een *bevanda* is rode of witte wijn met gewoon water, terwijl *gemišt* een mengsel is van witte wijn en koolzuurhoudend mineraalwater. Een van de populairste zomerdrankjes is rode wijn met een bruisend soort cola, een drankje dat *bambus* heet. Kroaten mogen graag iets drinken, zoals wordt geïllustreerd door het Slavonische gebruik om wijn te drinken wanneer men onder vrienden is. Dit traditionele ritueel vereist een zekere bestendigheid tegen alcohol. Het bestaat uit drie fasen. Tijdens de eerste fase, de *Dočekuša*, wordt er nog geen wijn gedronken, maar dan volgt al gauw de *Razgovoruša*, waarbij er druk wordt gepraat onder het genot van minstens zeven glazen wijn per persoon. De laatste fase heet de *Putnička* en staat in het teken van het afscheid nemen, waarbij nog eens menig glas wordt geleegd voor men definitief vertrekt.

Wijn

Zlahtina

Kroatië is ook een land van wijngaarden, die te vinden zijn op de heuvelhellingen in het binnenland en op stukjes stenige grond aan de kust en op de eilanden. De kwaliteit varieert, maar sommige wijnen zijn heel behoorlijk. De Kvarnerregio produceert de witte wijn Žlahtina (uit Vrbnik op Krk), rode Cabernet (uit Poreč) en Teran (uit Buzet), een lichte rode. Dalmatië staat bekend om zijn Pošip en Grk uit Korčula (allebei wit), Dingač (een van de beste Kroatische rode wijnen) en Postup van het Pelješacschiereiland. Plavac (rood) komt uit Brač en Malmsey uit Dubrovnik. Uit Slavonië ten slotte komen Kutjevačka Graševina, Kutjevo Chardonnay en Riesling, en Krauthaker Graševina.

Dingač

Postup

Waar drinkt u

Er zijn verschillende soorten gelegenheden waar u terecht kunt om iets te drinken en het is handig om de belangrijkste categorieën te kennen. Een *kavana* of *kafić* is het equivalent van een café en serveert zowel alcoholische als non-alcoholische dranken, terwijl een *pivnica* voornamelijk bier serveert. Ook zijn er Ierse pubs te vinden, waar Guinness en ander Iers bier wordt geschonken. Langs de kust wordt wijn meestal gedronken in een *konoba*. In grotere plaatsen kunt u een snack bij uw drankje krijgen in een *bife*, het Kroatische equivalent van een cafetaria. Er bestaat echter geen strikt onderscheid tussen de soorten drank die in deze gelegenheden worden geschonken. Cafés gaan heel vroeg open en sluiten rond 23.00 uur of later in de zomer. Drankjes (maar zelden alcohol) zijn ook verkrijgbaar in Konditorei-achtige zaken – *slastičarnica*. Onder invloed van Oostenrijk, vooral Wenen, is er in Kroatië een uitstekende bankettraditie ontstaan. Ook wordt er heerlijk *sladoled* (ijs) gemaakt. *Slasticarna* gaan in het algemeen vroeger dicht dan cafés.

Snackbar met terras in het kustplaatsje Fažana

Restaurants en cafés

Istrië en Kvarner

BUZET: Toklarija Kn Kn Kn
Fijnproeversrestaurant **Kaart** B2
Sovinjsko polje 11
Tel. *091-9266769* **Gesloten** *Di*
Dit bekroonde restaurant in een klein dorp gebruikt de beste streekingrediënten zoals asperges, truffels en paddenstoelen, en verwerken deze tot haute cuisine. Alles met zorg bereid, hoge kwaliteit, hoge prijzen.

CRES: Gostionica Belona Kn
Vis **Kaart** B3
Šetalište 23 travnja 24
Tel. *051-571203* **Gesloten**
Dec.–feb.
Rustiek adres dat populair is bij de lokale bevolking en 's avonds lekker druk. Voornamelijk visgerechten waaronder uitstekende inktvis, maar ook eenvoudige pasta en gegrild vlees.

CRES: Riva Kn Kn
Vis **Kaart** B3
Riva creskih kapetana 13
Tel. *051-571107* **Gesloten**
Nov.–maart
Riva kijkt aan de ene kant uit op het plein en aan de andere kant op de haven en serveert goede, verse vis – proef de zeebaars, garnalen of visrisotto.

HUM: Humska konoba Kn
Traditioneel **Kaart** B2
Hum 2, Roč
Tel. *052-660005* **Gesloten**
weekdagen, nov.–maart
Deze kleine dorpstaveerne met een prachtig terras serveert smakelijke gerechten uit het binnenland van Istrië. Proef de worstjes met zuurkool of de huisgemaakte pasta met truffels.

KASTAV: Kukuriku Kn Kn Kn
Mediterraan **Kaart** B2
Trg Lokvina 3
Tel. *051-691519*
Befaamd om de traditionele Kroatische en mediterrane gerechten in moderne hautecuisinestijl, met elk seizoen wisselende vijfgangenmenu's, vergezeld door passende wijnen.

KRK: Konoba Nono Kn Kn
Traditioneel **Kaart** B3
Krčkih iseljenika 8
Tel. *051-222221* **Gesloten**
Nov.–maart
Traditioneel restaurant dat is gespecialiseerd in lokale vis- en Krkgerechten – proef de *šurlice*, pastabuisjes, gedrenkt in goulash of vissaus.

KRK: Konoba Šime Kn Kn
Vis **Kaart** B3
A. Mahnića 1
Tel. *051-220042*
Het is binnen vrij donker in dit betrouwbare havenrestaurant, maar buiten is een licht terras, waar u verse vis (de gepaneerde inktvis en zwarte risotto zijn populair) en gegrild vlees Balkanstijl kunt eten.

LIMSKI KANAL: Viking Kn Kn Kn
Regionaal **Kaart** A3
Limski kanal 1, Sveti Lovreč
Tel. *052-448223*
Viking, genoemd naar een film die hier is opgenomen, ligt prachtig aan natuurreservaat Limski Kanal, serveert lokaal gekweekte paddenstoelen, oesters en andere schelpdieren, en vis.

LOŠINJ: Marina Kn Kn
Vis **Kaart** B3
Obala maršala Tita 38, Veli Lošinj
Tel. *051-236178* **Gesloten**
Nov.–maart
Door de schitterende ligging aan de haven van Lošinj en het accent op de verse producten is dit een van de beste adressen op het eiland om vis te eten.

LOŠINJ: Bora Bar Kn Kn Kn
Mediterraan **Kaart** B3
Rovenska 3, Veli Lošinj
Tel. *051-867544* **Gesloten**
Nov.–maart
Bora Bar, geleid door een enthousiaste truffelfan, is gespecialiseerd in truffelgerechten. Ook zijn er andere pasta- en visgerechten. De zelfgemaakte citroenlikeur is een leuk souvenir.

Terras met kleurig geverfde tafels en stoelen van Bora Bar, Lošinj

Prijsklassen
Prijzen zijn voor een driegangenmenu voor één persoon met een glas huiswijn, inclusief toeslagen en 10–15% fooi.

Kn	tot 120 kuna
Kn Kn	120–300 kuna
Kn Kn Kn	vanaf 300 kuna

LOVRAN: Draga di Lovrana Kn Kn
Mediterraan **Kaart** B2
Lovranska draga 1
Tel. *051-294166*
Restaurant op een groene heuvel met zicht op de Kvarner, brengt verse producten – zowel uit het woud als uit zee – direct op tafel.

MOŠĆENIČKA DRAGA: Johnson Kn Kn
Mediterraan **Kaart** B2
Majčevo 29b, Mošćenička Draga
Tel. *051-737578* **Gesloten**
April–juni; sept. en okt. di; nov.–maart: ma–wo
De hele familie werkt mee in de keuken, de bediening en aan de dagelijkse aanvoer van verse vis die het menu van de dag bepaalt.

MOTOVUN: Mondo Kn Kn Kn
Regionaal **Kaart** A2
Barbacan 1
Tel. *052-681791*
Romantisch, met kaarslicht verlicht restaurant met een uitstekende prijs-kwaliteitverhouding, een mooi terras en een menu met Istrische truffels.

MOTOVUN: Zigante Kn Kn Kn
Regionaal **Kaart** A2
Livade 7
Tel. *052-664302*
Dit restaurant is eigendom van een truffelboerderij en legt vanzelfsprekend het accent op deze populaire zwam. Truffelpasta's, truffelomeletten en truffelsteaks bepalen het menu.

NOVIGRAD: Damir i Ornella Kn Kn Kn
Vis **Kaart** A2
Zidine 5
Tel. *052-758134* **Gesloten**
Nov.–feb.
Dit kleine en intieme restaurant, een soort pelgrimsoord voor visliefhebbers, serveert heerlijke vis waaronder enkele sashimi-achtige rauwevisgerechten.

NOVIGRAD: Marina Kn Kn Kn
Vis **Kaart** A2
Sv Antona 38
Tel. *052-726691*
Toegewijd visrestaurant naast de jachthaven, met fantasierijke visgerechten en uitstekende streekwijnen.

NOVIGRAD: Pepenero Kn Kn Kn
Fijnproevers **Kaart** A2
Porporela bb
Tel. *052-757706*
Het thema van dit toprestaurant is vis uit de Adriatische Zee, hoewel de meeste gerechten een combinatie van verschillende culinaire tradities zijn; het zevengangenproefmenu is een uitdaging.

OPATIJA: Istranka Kn
Traditioneel **Kaart** B2
Bože Milanovića 2
Tel. *051-271835*
Volksrestaurant met geruite tafelkleedjes vlak bij de hoofdstraat, met voedzame soepen, voordelige vis en lekkere worst.

OPATIJA: Tramerka Kn Kn
Vis **Kaart** B2
Dr A. Mohorovičića 15
Tel. *051-701707*
Tramerka is gevestigd in een smal steegje boven de haven van Volosko en combineert de knusheid van een taveerne met de lekkerste vis, met het accent op de vangst van de dag en de versheid van de vis.

OPATIJA: Bevanda Kn Kn Kn
Vis **Kaart** B2
Zert 8
Tel. *051-493888*
Visrestaurant met eersteklas gerechten en een uitmuntende service, gevestigd in een chic zeepaviljoen met een terras dat omgeven wordt door glazen wanden.

OPATIJA: Le Mandrać Kn Kn Kn
Fijnproevers **Kaart** B2
Obala Frana Supila 10
Tel. *051-701357*
Modern glazen paviljoen aan de haven van Volosko, befaamd om de combinatie van Adriatische gerechten en moderne, creatieve kooktechnieken. Bekijk de lunch- en de meergangenproefmenu's.

Capitools keuze

OPATIJA: Plavi podrum Kn Kn Kn
Vis **Kaart** B2
Obala Frana Supila 12
Tel. *051-701223*
Verfijnd restaurant aan de pittoreske haven van Volosko, met een landelijke reputatie vanwege de creatieve visgerechten. Het is het perfecte adres voor Kvarnergarnalen, op verschillende manieren bereid. In de wijnkelder liggen uitstekende internationale en streekwijnen die per fles of per glas worden geschonken; de eigenaar is ook een gewaardeerde sommelier.

Dineren met breed zicht op het water, Bevanda restaurant, Opatija

POREČ: Nono Kn
Pizzeria **Kaart** A2
Zagrebačka 4
Tel. *052-453088*
Nono serveert heerlijke en zeker de grootste pizza's van Istrië, goede steaks, gegrilde inktvis en andere Adriatische gerechten. Het restaurant is klein en vaak vol, maar het wachten zeker waard.

POREČ: Konoba Ulixes Kn Kn
Traditioneel **Kaart** A2
Decumanus 2
Tel. *052-451132* **Gesloten** *Nov.–april*
Rustieke en maritieme voorwerpen sieren het interieur van dit klassieke kleine restaurant met redelijk geprijsde vis-, pasta- en truffelgerechten.

POREČ: Sveti Nikola Kn Kn Kn
Vis **Kaart** A2
Obala maršala Tita 23
Tel. *052-423018*
Ervaar een stijlvol diner aan de haven van Poreč, met verfijnd bereide visgerechten en heerlijke risotto's, vergezeld door zorgvuldig gekozen wijnen.

PULA: Amfiteatar Kn
Mediterraan **Kaart** A3
Amfiteatarska 6
Tel. *052-375600*
Dit restaurant in het chique Amfiteatar Hotel haalt het beste uit de mediterrane keuken en presenteert de gerechten op een creatieve en betaalbare manier.

PULA: Jupiter Kn
Pizzeria **Kaart** A3
Castropola 42
Tel. *052-214333*
Een gastvrije pizzeria in het centrum van de stad, met een betaalbare keuze in grote, knapperige pizza's, maar men serveert ook soepen, salades en snacks van gegrild vlees.

PULA: Vodnjanka Kn
Traditioneel **Kaart** A3
D. Vitezića 4
Tel. *052-210655* **Gesloten** *Zo*
Het huiselijke Vodnjanka ligt iets uit het centrum maar is de gang zeker waard, met huisgemaakte pasta, gemarineerde vis en geroosterd vlees, alles zeer betaalbaar.

PULA: Batelina Kn Kn
Vis **Kaart** A3
Čimulje 25
Tel. *052-573767*
Dit familierestaurant, 3 km ten zuiden van Pula, is befaamd vanwege de geweldige, vaak creatieve kookstijl, altijd met versgevangen vis en schaaldieren. Reserveren is nodig.

PULA: Milan Kn Kn Kn
Vis **Kaart** A3
Stoja 4
Tel. *052-300200*
Een elegante locatie om de lekkerste vis te proeven. Milan serveert deze gegrild of gebakken. De desserttrolley is een en al verleiding.

PULA: Velanera Kn Kn Kn
Mediterraan **Kaart** A3
Franje Mošnja 3b, Šišan
Tel. *052-300621*
Dit chique hotel-restaurant is gevestigd in Šišan, 7 km buiten het centrum van Pula. Men serveert mediterrane en internationale gerechten met een vleugje Istrië.

RAB: Konoba Riva Kn Kn
Traditioneel **Kaart** B3
Ulica biskupa Draga 3
Tel. *051-725887*
Riva is aantrekkelijk ingericht met nautische voorwerpen, houten balken en steen en is een geweldig adres om te genieten van Adriatische vis van hoge kwaliteit tegen een redelijke prijs.

Meer informatie over soorten restaurants *blz. 232–233*

RAB: Astoria (Kn)(Kn)(Kn)
Vis **Kaart** B3
Trg Municipium Arba 7
Tel. *051-774844* **Gesloten** *Half okt.–april*
Restaurant op de eerste verdieping met zicht op het plein, met verse vis en zeebanket geserveerd met stijl en flair, gevolgd door enkele heerlijke desserts.

RAB: Marco Polo (Kn)(Kn)(Kn)
Vis **Kaart** B3
Banjol 486
Tel. *051-725846*
Marco Polo is gevestigd in de buitenwijk Banjol en biedt Adriatische vis met een fantasierijk accent, geserveerd in een elegante eetruimte of op het terras.

RIJEKA: Bracera (Kn)
Pizzeria **Kaart** B2
Kružna 12
Tel. *051-213782*
Populaire, leuke pizzeria net buiten het centrum van Korzo. Bracera heeft een nautische inrichting en een prima menu met voordelige pasta's, pizza's en risotto's, en vlees van de houtskoolgrill.

RIJEKA: Konoba Tarsa (Kn)
Traditioneel **Kaart** B2
Josipa Kulfaneka 10
Tel. *051-452089*
Tarsa, heuvelopwaarts vanuit het centrum van Trsat, biedt een uitgebreid menu met pasta- en vleesgerechten, een keur aan Kroatische wijnen en een sfeervol, rustiek interieur.

RIJEKA: Kuća istarskog pršuta (Kn)
Bistro **Kaart** B2
Riva Boduli 3a
Tel. *051-211129*
Deze kleine bistro aan de haven met slechts een paar tafels, serveert soep, kazen, huisgerookte ham *(pršut)* en wijn uit het vat.

RIJEKA: Bistro La Rose (Kn)(Kn)
Frans **Kaart** B2
Andrije Medulića 8
Tel. *051-315504* **Gesloten** *Zo*
Gastvrij restaurant in de stijl van een 19de-eeuwse woonkamer, met op Franse leest gestoelde soepen, quiches en stoofpotten, maar ook visgerechten.

RIJEKA: Kamov (Kn)(Kn)(Kn)
Europees **Kaart** B2
Dolac 4
Tel. *051-357980*
Het restaurant van hotel Bonavia heeft een chic modern interieur, een bediening zoals het hoort en een menu met Kroatische vlees- en visklassiekers met een creatieve, moderne Europese draai.

Knusse verlichting in Wine Vault, Rovinj

ROVINJ: Giannino (Kn)(Kn)
Vis **Kaart** A3
Augusta Ferrija 38
Tel. *052-813402* **Gesloten** *Di*
Giannino, gevestigd in een sfeervol steegje, biedt heerlijke pasta- en visgerechten in een eetruimte vol kunstwerken of op het schaduwrijke terras aan de straat.

ROVINJ: Kantinon (Kn)(Kn)
Traditioneel **Kaart** A3
Obala Aldo Rismondo bb
Tel. *052-816075*
Taveerne met Istrische specialiteiten in een oude wijnkelder met hoge plafonds aan de haven. Serveert het lekkerste vlees en de beste vis, bereid naar recepten uit oude lokale kookboeken.

ROVINJ: La Puntulina (Kn)(Kn)
Vis **Kaart** A3
Svetog Križa 38
Tel. *052-813186*
La Puntulina, gevestigd in een hooggelegen stenen gebouw dat is ingericht met kunstzinnige voorwerpen, munt uit in fantasierijke visgerechten, vispasta's en risotto's. De aangrenzende cocktailbar heeft een terras.

ROVINJ: Veli Jože (Kn)(Kn)
Traditioneel **Kaart** A3
Svetog Križa 1
Tel. *052-816337*
Houten banken en quasi-antiek kenmerken dit leuke restaurant met vis, pasta's en vlees. Vaak druk, maar het wachten waard.

ROVINJ: L (Kn)(Kn)(Kn)
Fijnproevers **Kaart** A3
Luje Adamovića 31
Tel. *052-632000*
Dit restaurant, gehuisvest in het futuristische hotel Lone, mengt Adriatische ingrediënten met internationale kruiden en specerijen voor lichte, gezonde, exotische gerechten die net zo mooi zijn ontworpen als het gebouw.

ROVINJ: Monte (Kn)(Kn)(Kn)
Mediterraan **Kaart** A3
Montalbano 75
Tel. *052-830203* **Gesloten** *Half okt.–half april*
Monte biedt eersteklas gerechten met een vriendelijke, informele bediening. Ultraverse vis en meergangenproefmenu's vertegenwoordigen een creatieve mediterrane keuken.

ROVINJ: Wine Vault (Kn)(Kn)(Kn)
Frans **Kaart** A3
A. Smareglia 3
Tel. *052-636017*
Wine Vault, gevestigd in hotel Monte Mulini, is befaamd om de eersteklas Franse cuisine en de meergangenproefmenu's die een paar uur in beslag nemen.

UMAG: Badi (Kn)(Kn)
Vis **Kaart** A2
Lovrečica
Tel. *052-756293* **Gesloten** *Nov.–maart; wo*
Dit mooie restaurant in het dorp Lovrečica, ligt vlak bij Umag. Heerlijke vis en sublieme desserts in een groene omgeving.

Dalmatië

BRAČ: Bistro Palute (Kn)
Traditioneel **Kaart** D5
Porat 4, Supetar
Tel. *021-631730*
Bij Palute, gevestigd aan de haven van Supetar, geniet u van verse vis en voordelige gerechten zoals pasta en gegrild vlees.

BRAČ: Taverna Riva (Kn)
Regionaal **Kaart** D5
Frane Radića 5, Bol
Tel. *021-635236*
Lamsvlees, kalfsvlees, inktvis en *vitalac* (schapeningewanden) zijn specialiteiten van deze taveerne aan de kust bij Bol.

BRAČ: Konoba Mlin KnKn
Regionaal **Kaart** D5
Ante Starčevića 11, Bol
Tel. *021-635376* **Gesloten** *Nov.–maart*
Dit restaurant is gevestigd in een oude molen in een prachtig deel van Bol en serveert traditionele Dalmatische vis- en vleesgerechten op een terras met mooi zicht.

BRAČ: Ribarska kućica KnKn
Vis **Kaart** D5
Ante Starčevića bb, Bol
Tel. *021-635033*
Het stenen interieur en terras aan zee vormen een ideaal decor om te genieten van vissoepen, schaaldieren, garnalen, kreeft en andere Adriatische lekkernijen.

CAVTAT: Kolona KnKn
Vis **Kaart** F6
Put Tihe 2
Tel. *020-478787* **Gesloten** *Nov.–maart*
Knus restaurant met een schaduwrijk terras en traditionele visspecialiteiten en een oprecht vriendelijke bediening. De eigenaar is visser, dus versheid is gegarandeerd.

CAVTAT: Galija KnKnKn
Vis **Kaart** F6
Vulićevićeva 1
Tel. *020-478566*
Gebakken vis met aardappelen is maar één specialiteit van Cavtats gerenommeerde visrestaurant, met terras met zicht op zee.

DUBROVNIK: Gradska kavana Kn
Café **Kaart** F6
Pred dvorom 1
Tel. *020-321202*
Dé ontmoetingsplek voor koffieminnende lokale bewoners, met een aantrekkelijke keur aan traditionele desserts waaronder *torta od makarule*, een befaamde, rijke pasta-walnotentaart.

DUBROVNIK: Komarda Kn
Grill **Kaart** F6
Frana Supila bb
Tel. *020-311393*
Komarda is gevestigd onder aan de trap net buiten de oostelijke ingang van de Oude Stad en bereidt het vlees en de vis boven een open grill. Vraag een tafeltje op het terras aan zee.

DUBROVNIK: Tabasco Kn
Italiaans **Kaart** F6
Hvarska 48a
Tel. *020-429595*
Tabasco zit onderaan bij de kabelbaan van Dubrovnik en biedt krokante houtovenpizza's, geserveerd op een schaduwrijk, beschut terras.

DUBROVNIK: Dalmatino KnKn
Vis **Kaart** F6
Miha Pracata 6
Tel. *020-323070* **Gesloten** *Jan. en feb.*
Rijk ingericht restaurant in de Oude Stad, met geweldige vis en uitmuntende desserts. Ook streekwijnen.

DUBROVNIK: Glorijet KnKn
Vis **Kaart** F6
Obala Stjepana Radića 16
Tel. *020-419788* **Gesloten** *Zo*
Dit comfortabele restaurant naast de vismarkt in Gruž is het ideale adres voor gemarineerde ansjovis, gegrilde inktvis, visrisotto's en andere Adriatische lekkernijen.

DUBROVNIK: Kopun KnKn
Regionaal **Kaart** F6
Poljana Ruđera Boškovića 7
Tel. *020-323969* **Gesloten** *Dec. en jan.*
Geroosterde kapoen en traditionele streekgerechten zijn de specialiteiten van dit restaurant met schaduwrijk terras aan een leuk plein naast de jezuïetenkerk.

DUBROVNIK: Lady Pi Pi KnKn
Grill **Kaart** F6
Peline bb **Gesloten** *Nov.–maart*
De Lady zit knus onder aan de stadsmuur en serveert heerlijke vis en vlees, vakkundig gegrild en opgediend op een ommuurd tuinterras. Reserveren niet mogelijk, dus verwacht een rij.

DUBROVNIK: Lokanda Peskarija KnKn
Vis **Kaart** F6
Na ponti bb
Tel. *020-324750*
Met een terras op de havenkade is dit een betrouwbaar adres voor gegrilde inktvis, visrisotto en andere Adriatische kost.

Capitools keuze

DUBROVNIK: Nishta KnKn
Vegetarisch **Kaart** F6
Prijeko bb
Tel. *020-322088* **Gesloten** *Zo*
Nishta veroorzaakte met de opening van dit uitsluitend vegetarische restaurant midden in de Oude Stad van Dubrovnik een soort culinaire revolutie in het op vis en vlees gerichte Dalmatië. Het menu combineert Thaise, Indiase, Mexicaanse en mediterrane invloeden waarmee heerlijke en gevarieerde gerechten (ook glutenvrij en geschikt voor veganisten) worden bereid die verrassen qua creativiteit en smaak. Slechts een paar tafels, dus reserveer.

DUBROVNIK: Orhan KnKn
Vis **Kaart** F6
Od Tabakarije 1
Tel. *020-411918*
Orhan, aan een rotsachtig stuk kust onder aan fort Lovrijenac, is een romantische locatie buiten de geëffende paden, waar u kunt genieten van gegrilde vis en steaks en eersteklas streekwijnen.

DUBROVNIK: Taj Mahal KnKn
Bosnisch **Kaart** F6
Nikole Gučetića 2
Tel. *020-323221*
Laat u niet misleiden door de naam: hier vindt u heerlijke Bosnische gerechten: gegrild vlees, stoofpotten en versgebakken broodjes gevuld met gehakt, zachte spinazie of pittige witte kaas.

DUBROVNIK: 360° KnKnKn
Europees **Kaart** F6
Svetog Dominika 1
Tel. *020-322222* **Gesloten** *Jan.–maart*
In dit romantisch gelegen restaurant, gevestigd in een deel van de versterkingen van de Oude Stad, vindt u een Europese cuisine, een enorme wijnkaart en extravagante cocktails.

DUBROVNIK: Bota Oyster and Sushi Bar KnKnKn
Regionaal/Japans **Kaart** F6
Od Pustijerne bb
Tel. *020-324034*
Verse oesters van de nabijgelegen oesterbedden bij Ston en fantasierijke sushi met streekingrediënten, in de sfeervolle omgeving van de Oude Stad.

Sfeervol dineren op de oude stadsmuur, bij 360° in Dubrovnik

Capitools keuze

DUBROVNIK: Fish Restaurant Proto Kn Kn Kn
Vis **Kaart** F6
Široka 1
Tel. *020-323234* **Gesloten** *Nov.–maart*
Traditionele Dalmatische visgerechten worden met zorg en fantasie opgediend in dit elegante restaurant vlak bij de hoofdstraat van de Oude Stad. Als lunch zijn er betaalbare dagschotels en er is een uitstekende wijnkaart met streekwijnen. Door het terras op de eerste verdieping is dit een van de aantrekkelijkste eetgelegenheden van de stad.

DUBROVNIK: Levanat Kn Kn Kn
Vis **Kaart** F6
Nika i Meda Pucića 15
Tel. *020-435352*
De vis wordt gegrild of gebakken, en geserveerd met fantasierijke sauzen in dit prachtig gelegen restaurant aan de kustweg tussen Lapad en Babin kuk.

DUBROVNIK: Nautika Kn Kn Kn
Vis **Kaart** F6
Brsalje 3
Tel. *020-442526* **Gesloten** *Nov.–maart*
Bij Nautika kunt u stijlvol dineren in een elegante omgeving. Verse vis wordt gecombineerd met de finesse van de moderne Europese cuisine. De bediening is uitstekend.

DUGI OTOK: Spageritimo Kn
Traditionee **Kaart** C4
Haven, Sali
Tel. *023-377227*
Dit restaurant ligt in een kleine haven aan zee. Heerlijke vis en zeevruchten, zoals inktvis, maar ook vleesgerechten.

HVAR: Jurin podrum Kn
Vis **Kaart** D5
Donja kola 11, Stari Grad
Tel. *021-765448* **Gesloten** *Nov.–april*
Restaurant in een stenen gebouw in het oude Stari Grad. Men combineert streekfavorieten zoals inktvisstoofpot of schaaldieren in wijnsaus met internationale grilgerechten, pasta's en salades.

HVAR: Kod Kapetana Kn
Vis **Kaart** D5
Fabrika 30, Hvar town
Tel. *021-742230*
Deze leuke plek aan de haven is populair bij de lokale bevolking vanwege de verse vis en inktvis, die vakkundig wordt gegrild.

HVAR: Pizzeria Kogo Kn
Pizzeria **Kaart** D5
Trg svetog Stjepana 34, Hvar-stad
Tel. *021-742136*
Kogo is een pizzeria op het plein met betrouwbare en voordelige krokante pizza's en goedkope Dalmatische snacks en dagschotels.

HVAR: Turan Kn
Regionaal **Kaart** D5
Jelsa
Tel. *021-761441*
Proef de perfect bereide streekgerechten zoals inktvisstoofpot, gegrilde vis en malse verse inktvis, gecombineerd met een eersteklas huiswijn.

HVAR: Eremitaž Kn Kn
Vis **Kaart** D5
Obala hrvastskih branitelja 2, Stari Grad
Tel. *091-5428395*
Dit familierestaurant is gevestigd in wat ooit een ziekenhuis was voor zeelieden in quarantaine. Men serveert een keur aan uitstekende visspecialiteiten.

HVAR: Antika Kn Kn Kn
Vis **Kaart** D5
Donja kola 24, Stari Grad
Tel. *021-765479*
In het mooie keistenen centrum van het oude Stari Grad vindt u dit sfeervolle café-restaurant, waar men alles serveert van tonijnsteaks en visrisotto's tot gebak en cocktails.

HVAR: Gariful Kn Kn Kn
Vis **Kaart** D5
Riva, Hvar-stad
Tel. *021-742999* **Gesloten** *Buiten het seizoen*
Familierestaurant met een fabuleus zicht op de Pakleni-eilanden en een geweldig vloeraquarium. Men serveert verse vis met finesse – al zijn de prijzen niet echt alledaags.

Visrestaurant Proto, Dubrovnik, met zowel boven als beneden een terras

HVAR: Giaxa Kn Kn Kn
Mediterraan **Kaart** D5
Petra Hektorovića 11, Hvar-stad
Tel. *021-741073* **Gesloten** *Nov.–half april*
Hoewel de ingrediënten uit de streek komen, ligt het accent van Giaxa op de inventieve Europese cuisine. De locatie, in een verbouwd renaissancehuis, is geweldig.

Capitools keuze

HVAR: Macondo Kn Kn Kn
Vis **Kaart** D5
Groda bb, Hvar-stad
Tel. *021-742850*
Dit prima restaurant, vanaf het plein iets heuvelopwaarts, werd lange tijd beschouwd als een van de beste adressen op het eiland voor uitstekende vis, geserveerd in een informele en vriendelijke sfeer. De spaghetti met kreeft of de garnalen in buzarasaus zijn de moeite waard. De kaart met streekwijnen vormt een mooie introductie op de zich ontwikkelende wijncultuur van het eiland. Het terras ligt in een sfeervol steegje.

KORČULA: Adio Mare Kn Kn
Regionaal **Kaart** E6
Marka Pola 2
Tel. *020-711253* **Gesloten** *Nov.–maart*
Geniet op het terras van heerlijke verse vis en zeevruchten, vergezeld van een glas streekwijn. De risotto en Dalmatische *pašticada* (stoofpot met gemarineerd vlees) zijn niet te versmaden.

KORČULA: Konoba Mate Kn Kn
Mediterraan **Kaart** E6
Pupnat 28, Pupnat
Tel. *020-717109* **Gesloten** *Zo*
In dit familierestaurant worden met ingrediënten uit eigen tuin topgerechten bereid. Probeer de 'arbeidersschotel': gerookte ham met geitenkaas, olijven, gemarineerde aubergines en kappertjes.

KORČULA: LD Kn Kn Kn
Regionaal **Kaart** E6
Don Pavla Poše 1–6
Tel. *020-715560*
Vlees en vis krijgen een inventieve draai in dit stijlvolle restaurant met terras aan de promenade van Korčula. Het is ook een ideaal adres om de lekkerste streekwijn en olijfolie te proeven.

Verklaring van de prijsklassen *zie blz. 238*

MAKARSKA: Jež Ⓚⓝ Ⓚⓝ Ⓚⓝ
Mediterraan **Kaart** E5
Petra Krešimira IV 90
Tel. *021-611741*
Traditionele Dalmatische cuisine in een moderne, lichte omgeving. De visgerechten zijn uitstekend en de desserts goddelijk.

METKOVIĆ: Villa Neretva Ⓚⓝ Ⓚⓝ
Regionaal **Kaart** E6
Splitska 14, Krvavac II
Tel. *020-672200*
Dit hotel-restaurant is befaamd om zijn specialiteit uit de Neretvadelta: kikkerbilletjes op diverse manieren bereid, of gecombineerd met stukjes paling voor een *brodet*, een pittige rode soep.

OREBIĆ: Saints Hills Vinaria Ⓚⓝ Ⓚⓝ Ⓚⓝ
Regionaal **Kaart** E6
Zagruda
Tel. *020-742113*
In een stenen huis, omgeven door wijnranken, worden innovatieve varianten op traditionele Dalmatische gerechten geserveerd. Groenten en kruiden uit eigen tuin. Reserveren.

PAG: Konoba Bodulo Ⓚⓝ
Traditioneel **Kaart** C4
Vangrada 19
Tel. *091-5648212* **Gesloten** *Okt.–maart*
Verse, eenvoudige gerechten in de welkome schaduw van druivenranken. Op het menu staan allerlei soorten vis-, pasta- en vleesgerechten. De vissoep *(brodet)* is heerlijk, evenals de toetjes.

PAG: Boškinac Ⓚⓝ Ⓚⓝ Ⓚⓝ
Traditioneel **Kaart** C4
Škopalska ulica 220
Tel. *053-663500* **Gesloten** *Half nov.–half maart*
Boetiekhotel-restaurant serveert eilandproducten, zoals lamsvlees, vis en de beroemde kaas. Stijlvol en in een mooie omgeving.

Tafeltjes onder de oude stenen bogen bij Giaxa, Hvar-stad

Restaurant Nautika in Dubrovnik, aan de westingang van de Oude Stad

ŠIBENIK: Tinel Ⓚⓝ
Traditioneel **Kaart** D5
Trg pučkih kapetana 1
Tel. *098-870080*
Dit restaurant, op een klein plein in de Oude Stad, omvat twee verdiepingen en serveert een keur aan Dalmatische klassiekers: vis, gegrild vlees en stoofpotten.

ŠIBENIK: Uzorita Ⓚⓝ Ⓚⓝ
Regionaal **Kaart** D5
Bana Josipa Jelačića 58
Tel. *022-213660*
Het strakke interieur en de moderne patio geven dit traditionele restaurant, gespecialiseerd in lokaal geteelde mosselen, vis en geroosterd vlees, een moderne sfeer.

ŠIBENIK: Pelegrini Ⓚⓝ Ⓚⓝ Ⓚⓝ
Mediterraan **Kaart** D5
Jurja Dalmatinca 1
Tel. *022-213701* **Gesloten** *Ma; jan. en feb.*
Pelegrini, in een 700 jaar oude villa naast de kathedraal, geeft streekproducten en -specialiteiten een moderne draai en een eigentijdse presentatie. Op de uitstekende wijnkaart staan de beste Kroatische wijnen. Het attente personeel serveert tongstrelend eten in een mooie omgeving.

SPLIT: Bobis Ⓚⓝ
Café **Kaart** D5
Obala Hrvatskog narodnog preporoda 20
Bobis is een instituut in Split, dat al vele generaties inwoners voorziet van koffie en gebak. Een goed adres voor streekspecialiteiten zoals *krostata* (vruchtenvlaai).

SPLIT: Bufet Fife Ⓚⓝ
Traditioneel **Kaart** D5
Trumbićeva obala 11
Tel. *021-345223*
Fife is een legende in de lokale culinaire scene en serveert grote, voordelige porties Dalmatische vis en stoofpotten. Ondanks de groeiende populariteit blijft alles zoals het altijd was.

SPLIT: Galija Ⓚⓝ
Pizzeria **Kaart** D5
Kamila Tončića 12
Tel. *021-347932*
Al jarenlang is Galija populair bij de lokale bevolking. Men serveert goedkope, krokante pizza's op een knusse straathoek, op korte loopafstand van het paleis van Diocletianus.

SPLIT: Kod Joze Ⓚⓝ
Traditioneel **Kaart** D5
Sredmanuška 4
Tel. *021-347397*
De traditionele inrichting van stenen muren en visnetten vormt een ideaal decor voor een betrouwbaar menu van lekkere, voordelige vis.

SPLIT: Marjan Ⓚⓝ
Vis **Kaart** D5
Senjska 1
Tel. *098-9346848*
Kleine familietaveerne met verse vis en traditionele stoofpotten. Populair bij de lokale bevolking en toeristen – in de zomer moet u vaak wachten op een tafeltje.

SPLIT: UpCafé Ⓚⓝ
Vegetarisch **Kaart** D5
Domovinskog rata 29a
Dit café met twee verdiepingen, vlak bij de Oude Stad, is de moeite waard vanwege de keur aan veganistische gerechten en de lekkere desserts.

SPLIT: Varoš Ⓚⓝ
Traditioneel **Kaart** D5
Ban Mladenova 7
Tel. *021-396138*
Traditioneel restaurant, populair bij het lunchpubliek, met een uitgebreid menu met Dalmatische vis en gegrild vlees, vergezeld door een robuuste huiswijn.

Meer informatie over soorten restaurants *blz. 232–233*

SPLIT: Bajamonti KnKn
Mediterraan **Kaart** D5
Trg republike 1
Tel. *021-341033*
In dit elegante eethuis kunt u terecht voor koffie-met-gebak, maar ook voor malse steaks of kreeft direct uit het aquarium. Er is een terras op het plein in Venetiaanse stijl.

SPLIT: Noštromo KnKn
Vis **Kaart** D5
Kraj sv. Marije 10
Tel. *091-4056666*
Nostromo, naast de vismarkt, is een betrouwbaar adres voor verse vis, met flair en fantasie bereid. Boven is een formeel restaurant, beneden een bar.

SPLIT: Stellon KnKn
Regionaal **Kaart** D5
Uvala Bačvice bb
Tel. *021-489200*
Stellon, een modern bar-restaurant bij het strand van Bačvice, serveert pasta's en Europese klassiekers aan een jong en hip publiek.

SPLIT: Boban KnKnKn
Europees **Kaart** D5
Hektorovićeva 49
Tel. *021-543300*
Boban zit verscholen in een gewone straat met huizen en heeft een gerenommeerde reputatie vanwege de eersteklas Adriatische en Europese gerechten. De voordelige dagschotels zijn populair bij het lunchpubliek.

SPLIT: Kadena KnKnKn
Vis **Kaart** D5
Ivana pl. Zajca 4
Tel. *021-389400*
Kadena heeft een terras met zicht op boulevard en de jachthaven en is gespecialiseerd in verse vis en schaaldieren, bereid met een haute-cuisineflair.

SPLIT: Oyster & Sushi Bar Bota KnKnKn
Vis **Kaart** D5
Obala Hrvatskog narodnog preporoda 6
Tel. *021-488648*
Gevestigd in een fraai modern paviljoen achter Bačvicestrand is dit hét adres voor vakkundig gegrilde verse vis, sushi op Dalmatische wijzen en kakelverse oesters uit Ston.

SPLIT: Uje Oil Bar KnKnKn
Bistro **Kaart** D5
Dominisova 3
Tel. *095-2008008*
Uje staat aangeschreven als een olijfoliebar en biedt eersteklas tapasachtige hapjes van traditionele Dalmatische ingrediënten, vergezeld door een indrukwekkende wijnkaart – plus de kans om de echte Dalmatische olijfolie te proeven.

Overdekt terras van Foša in Zadar

STON: Konoba Bakus KnKn
Regionaal **Kaart** E6
Angeli Radovani 5
Tel. *020-754270*
Traditioneel familierestaurant waar vis op knappe wijze wordt bereid en opgediend – oesters uit Mali Ston en desserts uit de regio Dubrovnik zijn specialiteiten.

STON: Kapetanova kuća KnKnKn
Regionaal **Kaart** E6
Mali Ston
Tel. *020-754555*
Mali Stonbaai is beroemd om zijn oesters, die in dit elegante restaurant aan het water op diverse wijze worden bereid.

TROGIR: Fontana KnKn
Vis **Kaart** D5
Obrov 1
Tel. *021-885744*
Met zijn terras aan de haven is Fontana gespecialiseerd in verse vis, maar u kunt er ook genieten van pizza's en mals gegrild vlees.

TROGIR: Kamerlengo KnKn
Vis **Kaart** D5
Vukovarska 2
Tel. *021-884772*
Kamerlengo, midden in de Oude Stad en met een mooie ommuurde tuin, serveert voornamelijk vis, maar ook het gegrilde vlees is een specialiteit.

VIS: Karijola Kn
Pizzeria **Kaart** D6
Šetalište viškog boja 4, Vis
Tel. *021-711358* **Gesloten** *Okt.–april*
Filiaal van de Karijolapizzeria uit Zagreb. Dit adres heeft een terras aan zee en serveert degelijke, krokante pizza's.

VIS: Jastožera KnKnKn
Regionaal **Kaart** D6
Gundulićeva 6, Komiža
Tel. *090-6707755*
Verse kreeft is het visitekaartje van dit sfeervolle restaurant, gevestigd in een houten paviljoen met zicht op de kreeftenkooien voor de kust. Ook een keur aan verse vis.

Capitools keuze

VIS: Pojoda KnKnKn
Regionaal **Kaart** D6
Don Cvjetka Marasovića 8, Vis
Tel. *021-711575*
Pojoda, in een ommuurde tuin met sinaasappelbomen in de bekoorlijke wijk Kut, geniet een landelijke reputatie vanwege hun kijk op traditionele Adriatische eilandrecepten. De kreeft, inktvis en schaaldieren zijn top. U kunt er ook nog genieten van tal van authentieke gerechten die vis combineren met gerst, linzen en kikkererwten. In de zomer is het een populair adres, dus reserveer op tijd.

VIS: Villa Kaliopa KnKnKn
Vis **Kaart** D6
Vladimira Nazora 32, Vis
Tel. *021-711755*
Kaliopa is gevestigd in een ommuurde tuin met palmbomen en is een van de meest romantische plekken om te dineren aan de Adriatische kust. De verse vis is uitstekend, zij het aan de dure kant.

ZADAR: Na Po Ure Kn
Traditioneel **Kaart** C4
Špire Brusine 8
Tel. *023-312004*
Dalmatische gerechten zoals vis, inktvis en *pašticada* (met pruimen gestoofd rundvlees) in deze huiselijke en voordelige bistro in de Oude Stad.

ZADAR: Šime Kn
Pizzera **Kaart** C4
Matije Gupca 15
Tel. *023-334848*
Het prettige Šime in de kustwijk Borik biedt uitstekende pizza's en pasta's op een groot terras vol houten banken.

ZADAR: Pet bunara KnKn
Regionaal **Kaart** C4
Stratico bb
Tel. *023-224010*
Met zijn streekingrediënten, een modern-Europees gevoel voor creativiteit en traditionele recepten die elders in de vergetelheid zijn geraakt is dit een van de beste adressen voor Dalmatische cuisine.

ZADAR: Foša KnKnKn
Vis **Kaart** C4
Kralja Dmitra Zvonimira 2
Tel. *023-314421*
Foša is gevestigd in een stenen gebouw aan een kleine haven en serveert vakkundig bereide verse vis, eenvoudig gegrild of opgediend met lekkere sauzen.

Zagreb

Agava Kn
Mediterraan **Kaart** D2
Ikalčićeva 39
Tel. *01-4829826*
Via een nauwe trap komt u in dit innovatieve restaurant, in een van de gezelligste straten van Zagreb. Probeer de Black Angus steak.

Chocolat 041 Kn
Café **Kaart** D2
Masarykova 25
Tel. *01-4855382*
Dit centraal gelegen café met een new-wavethema uit de jaren tachtig is beroemd om het heerlijke ijs en de gevaarlijk lekkere chocoladetaarten.

Ivek i Marek Kn
Café **Kaart** D2
Tkalčićeva 70
Tel. *01-4828999*
Licht, volkscafé met lekkere taarten, allemaal gemaakt van volkoren bloem. Proef een stuk *Međimurska gibanica*, voedzaam laagjesgebak.

Kaptolska klet Kn
Midden-Europees **Kaart** D2
Kaptol 5
Tel. *01-4876502*
Dit restaurant op een mooie binnenhof tegenover de kathedraal blinkt uit in schnitzelachtige gerechten en zoetwatervis.

Karijola Kn
Pizzeria **Kaart** D2
Vlaška 63
Tel. *01-5531016*
Aloude favoriet bij de lokale bevolking, met krokante pizza's met een keur aan traditionele Italiaanse en creatieve Kroatische toppings.

Lari & Penati Kn
Bistro **Kaart** D2
Petrinjska 42a
Tel. *01-4655776*
Eersteklas maar betaalbare bistrogerechten, gebaseerd op wat de kok vers op de markt vindt, met traditioneel Kroatische kost, gelardeerd met wereldsmaken.

Millennium Kn
Café **Kaart** D2
Bogovićeva 7
Tel. *01-4810850*
Een van de populairste adressen aan de caféstraat Bogovićeva, met een keur aan onweerstaanbaar ijs, maar ook taart, desserts en gebak.

Nokturno Kn
Italiaans **Kaart** D2
Skalinska 4
Tel. *01-4813394*
Bij Nokturno staan de tafeltjes leuk opgesteld in een hellend steegje. Het is populair vanwege de goede, goedkope pizza's en de grote voedzame salades.

Oranž Kn
Café/Wijnbar **Kaart** D2
Ilica 7
Tel. *01-7787300*
Dit stijlvolle, chique etablissement in het centrum heeft een indrukwekkend assortiment gebak en serveert ook lekkere hartige opties zoals quiches, sandwiches, hamburgers, steaks, tapas en salades.

Pauza Kn
Bistro **Kaart** D2
Preradovićeva 34
Tel. *01-4854598* **Gesloten** *Zo*
Adriatische vis en Aziatische kruiden zijn de toppers op het fantasierijke menu van Pauza, maar er staan ook soepen, pasta's en salades op.

Ribice i tri točkice Kn
Vis **Kaart** D2
Preradovićeva 7/1
Tel. *01-5635479*
Dit prettige restaurant is ingericht met maritieme muurschilderingen en gespecialiseerd in Adriatische visgerechten die goed zijn voor uw portemonnee, zoals filet, inktvis en inktvisstoofpotten en risotto's.

Sofra Kn
Bosnië-Herzegovina **Kaart** D2
Radnička cesta 52
Tel. *01-4111621*
Sofra is gevestigd in het winkelcentrum Green Gold en is een van de beste adressen in de stad voor traditioneel Balkanvlees, pittige kaas, spinazie en aardappelschotels.

La Štruk Kn
Traditioneel **Kaart** D2
Skalinska 5
Tel. *01-4837701*
Op de kaart van dit kleine restaurant staat alleen *štrukli* – een Noord-Kroatische specialiteit: deeg gevuld met Hüttenkäse. Probeer de authentieke versie of een moderne variant met pompoenzaadjes, pesto of paprika.

Torte i to Kn
Café **Kaart** D2
Centar Kaptol, Nova ves 11
Tel. *01-4860691*
Dit kleine café in een winkelcentrum op 10 minuten lopen van het plein van Zagreb, heeft de beroemdse kwarktaart van de stad. Zowel de klassieke als de creatieve versies zijn heerlijk.

Vallis Aurea Kn
Midden-Europees **Kaart** D2
Tomićeva 4
Tel. *01-4831305* **Gesloten** *Zo*
Traditionele Kroatische kost in een interieur met houten lambrisering. Op het vleesrijke menu staan onder meer Slavonische gerechten zoals *čobanac* (paprikastoofpot).

Vincek Kn
Café **Kaart** D2
Ilica 18
Tel. *01-4833612* **Gesloten** *Zo*
Vincek is terecht befaamd om zijn huisgemaakte ijs, maar dat niet alleen. Dit populaire café heeft ook heerlijk gebak.

Oud en nieuw gecombineerd in het interieur en op het menu van Pet bunara, Zadar

Meer informatie over soorten restaurants *blz. 232–233*

Tafeltjes op het overdekte terras van Vinodol, in het centrum van Zagreb

Apetit City KnKn
Internationaal **Kaart** D2
Masarykova 18
Tel. *01-4811077*
Op het menu staan vooral Midden-Europese en mediterrane soepen, zelfgemaakte pasta's, verse vis en klassieke vleesgerechten. Drink er een uitstekend glas wijn bij.

Boban KnKn
Italiaans **Kaart** D2
Gajeva 9
Tel. *01-4811549*
In een stenen kelder onder het gelijknamige café serveert Boban de lekkerste pasta van de stad, vergezeld met heerlijke Italiaanse wijnen.

Carpaccio KnKn
Italiaans **Kaart** D2
Teslina 14
Tel. *01-4822331*
Dit is een chic maar niet te formeel adres met de gebruikelijke Italiaanse gerechten, met vlees- en viscarpaccio's als voorgerecht, kalfsfilet als hoofdgerecht en enkele opzienbarende desserts.

Mali Bar KnKn
Bistro **Kaart** D2
Vlaška 63
Tel. *01-5531014*
Steek de binnenhof over en loop de trap op, dan komt u bij deze bistro met eersteklas Kroatisch-Europese gerechten in kleine maar heerlijke porties.

Mostovi KnKn
Bosnisch **Kaart** D2
Radnička cesta 1a
Tel. *01-6192178*
Groot, druk en zeer populair restaurant in het nieuwe zakendistrict van Zagreb. Mostovi serveert in de oven geroosterd vlees op Balkanmanier, hartige taarten en heerlijke desserts met siroop.

Nishta KnKn
Vegetarisch **Kaart** D2
Masarykova 11/1
Tel. *01-8897444* **Gesloten** *Ma*
Creatieve vegetarische kwaliteitsgerechten, maar ook veganistische en glutenvrije opties, worden geserveerd in een lichte, relaxte omgeving. Op de drankenkaart staan huisgemaakte limonades en lekkere biologische wijnen.

Pod gričkim topom KnKn
Midden-Europees **Kaart** D2
Zakmardijeve stube 5
Tel. *01-4833607*
In deze verborgen parel, in een ommuurde tuin bij de kabelbaan naar de Bovenstad, serveert men gerechten uit heel Kroatië.

Vinodol KnKn
Midden-Europees **Kaart** D2
Teslina 10
Tel. *01-4811427*
Gegrild vlees en geroosterd lamsvlees zijn de specialiteiten in dit populaire restaurant in het centrum, met een groot terras op de overdekte binnenplaats.

Nishta is een paradijs voor mensen die vegetarisch en glutenvrij willen eten in Zagreb

Baltazar KnKnKn
Grill **Kaart** D2
Nova ves 4
Tel. *01-4666999*
Baltazar is al lange tijd een absolute favoriet onder vleesliefhebbers, met traditioneel bereid varkensvlees en kalfsvlees, vakkundig gegrild en geserveerd op een sfeervolle binnenplaats.

Capitools keuze

Bistro Apetit KnKnKn
Internationaal **Kaart** D2
Jurjevska 65a
Tel. *01-4677335*
Het bekroonde Apetit, op korte loopafstand van de Bovenstad van Zagreb, is gespecialiseerd in creatieve mediterraan-Europese cuisine, met verse streekingrediënten die de ruggengraat vormen van het seizoensmenu. Men biedt een goede balans tussen vlees en vis. Er is een goede wijnkaart met Kroatische en internationale wijnen en de desserts zijn subliem. In de zomer kunt u in de tuin eten. Er is parkeergelegenheid voor gasten.

Dubravkin put KnKnKn
Mediterraan **Kaart** D2
Dubravkin put 2
Tel. *01-4834975* **Gesloten** *Zo*
Dubravkin is een culinair hoogtepunt. U kunt er terecht voor een lichte lunch, een heerlijk diner of een *dégustation*-menu dat dagelijks wisselt. Uitgebreide wijnkaart.

Mano KnKnKn
Internationaal **Kaart** D2
Medvedgradska 2
Tel. *01-4669432* **Gesloten** *Zo*
De bakstenen muren geven een industriële chic aan dit restaurant, gevestigd in een oude leerfabriek; in het gebouw is ook een museum. Het menu toont wat er verkrijgbaar is op de Dolacmarkt.

Okrugljak KnKnKn
Traditioneel **Kaart** D2
Mlinovi 28
Tel. *01-4674112*
Traditionele Kroatische gerechten worden met finesse bereid in dit instituut in Zagreb. Proef de populaire *štrukli*, of een van de andere vleesgerechten uit de regio.

Takenoko KnKnKn
Japans **Kaart** D2
Nova ves 17
Tel. *01-4860530*
Het Japanse Takenoko is veel meer dan een sushibar, met de meest inventieve fusiongerechten van het land, waaronder

Adriatische vis die wordt gekruid met oosterse ingrediënten.

Trilogija Ⓚⓝ Ⓚⓝ
Europees **Kaart** D2
Kamenita 5
Tel. *01-4851394* **Gesloten** *Zo*
Trilogija ligt bij de Stenen Poort. Het heeft een wisselend menu waarbij ingrediënten van de nabijgelegen Dolacmarkt worden gecombineerd. De wijnkaart, met ruime 100 labels uit de hele wereld, is indrukwekkend.

Zinfandel's Ⓚⓝ Ⓚⓝ Ⓚⓝ
Fijnproevers **Kaart** D2
Mihanovićeva 1
Tel. *01-4566644*
Moderne Europese cuisine is de standaard in dit elegante maar niet al te formele hotel-restaurant, met een art-decointerieur en een uitgebreide wijnkaart met internationale wijnen.

Midden-Kroatië

ČIGOĆ: Tradicije Čigoć Ⓚⓝ
Regionaal **Kaart** D2
Čigoć 7a
Tel. *044-715124*
Dit traditionele houten gebouw in het dorpje Lonjsko Polje aan de rivier vormt het perfecte decor voor een heerlijke maaltijd met zoetwatervis en lokaal wild.

GRABERJE IVANIĆKO: Kezele Ⓚⓝ Ⓚⓝ
Traditioneel **Kaart** D2
Vinogradska 6
Tel. *01-2820496*
Heerlijke plattelandsgerechten op een bedrijvige boerderij in een landelijke omgeving: tongstrelend geroosterd en gebakken vlees, geweldige desserttaarten en wijnen en likeuren van eigen huis.

JASTREBARSKO: K Lojzeku Ⓚⓝ
Midden-Europees **Kaart** C2
Strossmayerov trg 12
Tel. *01-6281129* **Gesloten** *Zo*
Gerenommeerd restaurant met traditionele Kroatische gerechten met een creatieve draai. Vooral veel geroosterd gevogelte en gegrild vlees.

KARLOVAC: Žganjer Ⓚⓝ Ⓚⓝ
Midden-Europees **Kaart** C2
Jelaši 41
Tel. *047-641333*
Dit wegrestaurant ten zuiden van Karlovac richting Plitvice kan bogen op traditionele specialiteiten zoals lam van het spit en speenvarken.

Kroatische tapas in Mali Bar, Zagreb

SAMOBOR: Samoborska klet Ⓚⓝ
Midden-Europees **Kaart** C2
Trg kralja Tomislava 7
Tel. *01-3326536*
Dit familierestaurant net buiten het plein serveert rechttoe rechtaan Kroatische kost: schnitzelachtige lapjes vlees, smakelijke worstjes en af en toe vis.

SAMOBOR: U prolazu Ⓚⓝ
Café **Kaart** C2
Trg kralja Tomislava 5
Tel. *01-3366420*
Een van de specialiteiten van Samobor is *kremšnita*, een soort tompouce. Dit populaire café met een terras op het plein is een van de beste adressen om het gebak te proberen.

SAMOBOR: Pri staroj vuri Ⓚⓝ Ⓚⓝ
Midden-Europees **Kaart** C2
Giznik 2
Tel. *01-3360548* **Gesloten** *Di*
'De Oude Klok', in een leuk huis met uitzicht op het plein, heeft de reputatie van voedzame plattelandsgerechten met veel kalfsvlees, varkensvlees en gevogelte.

SAMOBOR: Samoborski slapovi Ⓚⓝ Ⓚⓝ
Vis **Kaart** C2
Hamor 16
Tel. *01-3384234*
Samoborski slapovi, ten noordwesten van Samobor in een bosrijke vallei, is een viskwekerij met een eigen uitstekend restaurant – probeer de gebakken forel.

SISAK: Cocktail Ⓚⓝ Ⓚⓝ
Midden-Europees **Kaart** D2
A. Starčevića 27
Tel. *044-549137*
Dit populaire restaurant in het centrum van Sisak biedt een mengeling van traditionele Kroatische varkens- en kalfsvleesgerechten en mediterrane pasta's en salades.

ZVEČAJ: Zeleni kut Ⓚⓝ
Regionaal **Kaart** C2
Zvečaj 109
Tel. *047-866100*
Zoetwatervis uit eigen vijver en vlees uit de regio domineren het menu van dit eenvoudig ogende restaurant, idyllisch gelegen aan zacht klaterende watervallen. Er staan ook pizza's en vegetarische gerechten op het menu.

Slavonië en Baranja

BRODSKI STUPNIK: Stupnički dvori Ⓚⓝ Ⓚⓝ Ⓚⓝ
Traditioneel **Kaart** E2
Vinogradska 65
Tel. *035-427775*
Dineer (bijna) tussen de wijnranken in het restaurant van dit vredige hotel en wijngoed in een pittoresk wijndorp. Het hulpvaardige personeel kan helpen om bij de traditionele gerechten, zoals de zalige wijnsoep, een passende wijn te kiezen uit hun eigen of andere Kroatische kelder.

ĐAKOVO: Croatia Turist Ⓚⓝ Ⓚⓝ
Regionaal **Kaart** F2
Petra Preradovića 25
Tel. *031-813391*
Dit gezellige restaurant serveert het hele scala aan Slavonische gerechten, van pittige *kulen*-salami tot zoetwatervis en *čobanac* (heerlijke kruidige vleesstoofpot).

DARUVAR: Terasa Ⓚⓝ Ⓚⓝ
Midden-Europees **Kaart** E2
Julijev park 1
Tel. *043-331705*
Dit aangename restaurant, dat vlak bij de spa van Daruvar ligt, serveert zowel Kroatische, Hongaarse als Italiaanse gerechten in een sfeer van ouderwetse elegantie.

Meer informatie over soorten restaurants *blz. 232–233*

ILOK: Villa Iva Kn
Regionaal **Kaart** G2
Radićeva 23
Tel. *032-591011*
Dit populaire pension met een prima wijnkelder serveert vis vers uit de Donau, pasta's, salades en enkele heerlijke desserts.

ILOK: Dunav KnKn
Regionaal **Kaart** G2
Julija Benešića 62
Tel. *032-596500*
Dit hotel-restaurant aan een grasveld direct aan de Donau is befaamd om de verse vis. Men serveert de pittige stoofpot *fiš paprikaš* in metalen keteltjes.

ILOK: Stari podrum KnKn
Midden-Europees **Kaart** G2
Šetalište O M Barbarića 4
Tel. *032-590088*
Deze bekroonde wijnproducent heeft een restaurant in het middeleeuwse deel van de stad, met beneden gewelfde kelders met nieuwe wijnen en kostbare oude labels, passend bij traditonele zoetwatervis- en vleesgerechten.

Capitools keuze

KOPAČKI RIT: Kormoran KnKn
Traditioneel **Kaart** G2
Podunavlje bb
Tel. *031-753099*
De voedzame visstoofpot met huisgemaakte noedels, de karper van het spit en de wildgerechten zijn maar een paar heerlijkheden op het menu van dit rustieke complex in het natuurpark Kopački Rit. Met zijn relaxte taveerneachtige sfeer en ruime, veilige speelruimte buiten is het een ideaal pauzeplekje voor het gezin.

KUTJEVO: Schön Blick KnKn
Regionaal **Kaart** F2
Zagrebačka 18, Vetovo
Tel. *034-267108*
Schön Blick, in een idyllische plattelandsomgeving, serveert met een geweldige finesse bereide zoetwatervis en lekker gegrild vlees.

NAŠICE: Ribnjak Kn
Regionaal **Kaart** F2
Stjepana Radića 1
Tel. *031-607006*
Het Ribnjak (visvijver) zit op een charmante rustieke locatie op ongeveer 10 km buiten Našice aan de weg naar Osijek. Ribnjak (Kroatisch voor visvijver) is een uitstekend adres om te genieten van streekgerechten, waaronder zoetwatervis.

Gezellige, rustieke inrichting van Kod Ruže, Osijek

NOVA GRADIŠKA: Slavonski biser Kn
Midden-Europees **Kaart** E2
Teslina 2–4
Tel. *035-363259*
Dit eenvoudige maar gastvrije restaurant serveert goedbereide Midden-Europese standaardgerechten en een paar Slavonische varianten.

OSIJEK: Café Waldinger Kn
Café **Kaart** F2
Županijska 8
Tel. *031-250470*
Het elegantste café van Osijek is een ontmoetingsplek voor de lokale bevolking en een heerlijke plek om mensen te kijken. Men serveert een onweerstaanbaar assortiment gebak, taart en ijs.

OSIJEK: Rustika Kn
Pizzeria **Kaart** F2
Pavla Pejačevića 32
Tel. *031-369400*
Pizza is het populairst in dit grote familierestaurant, hoewel u ook kunt kiezen voor gegrild vlees, salades en pastagerechten.

OSIJEK: Kod Ruže KnKn
Regionaal **Kaart** F2
Kuhačeva 25a
Tel. *031-206066*
De inrichting van Kod Ruže past perfect bij de landelijke omgeving. Men serveert traditionele plattelandsgerechten zoals paprikastoofpotten rijk gevuld met wild of vis.

OSIJEK: Slavonska kuća KnKn
Regionaal **Kaart** F2
Kamila Firingera 26
Tel. *031-369955*
Slavonska kuća (Slavonisch huis) lijkt op een authentieke plattelandskeuken en is een van de beste adressen om zoetwatervis te proeven. Deze wordt gebakken geserveerd of als stoofpot, de pittige *fiš paprikaš*.

SLAVONSKI BROD: Onyx Kn
Pizzeria **Kaart** F3
Nikole Zrinskog 50
Tel. *035-445555*
Het lichte, gastvrije Onyx is voornamelijk een pizzeria, maar men serveert ook tal van traditionele Kroatische-Europese gerechten, van gegrild vlees tot gefrituurde inktvis en Wiener Schnitzel.

VUKOVAR: Vrške Kn
Regionaal **Kaart** G2
Parobrodarska 3
Tel. *032-441788*
Vrške, aan de rivier de Donau, is hét adres voor karper, meerval of snoekbaars, *au naturel*, gepaneerd of in beslag gebakken.

Capitools keuze

ZMAJEVAC: Josić KnKn
Regionaal **Kaart** G2
Planina 194
Tel. *031-734410* **Gesloten** *Ma, di*
Josić, in een kunstzinnig verbouwde *surduk*, een wijnkelder uitgehouwen in een heuvel, is een van de trendsetters in Baranja. U vindt er streekspecialiteiten zoals *fiš paprikaš* (paprikavisstoofpot) en wild, in een moderne omgeving. De eigenaar is een bekende wijnbouwer en serveert wijnen uit Josić en andere Kroatische delen.

De Noordelijke gewesten

ČAKOVEC: Mala hiža KnKn
Traditioneel **Kaart** D1
Balogovec 1, Mačkovec
Tel. *040-341101*
Het menu van dit fraai gerestaureerde traditionele gebouw is gebaseerd op de inheemse seizoenskeuken en gaat vergezeld met een uitgebreide wijnkaart.

Verklaring van de prijsklassen *zie blz. 238*

ČAKOVEC:
Međimurska hiža Kn Kn Kn
Regionaal **Kaart** D1
Gajeva 35
Tel. *040-390011* **Gesloten** *Zo*
Het centraal gelegen Muđimurje Huis is gespecialiseerd in wild, met gerechten als *bograč* (een soort goulashstoofpot).

KOPRIVNICA: Pivnica Kraluš Kn
Midden-Europees **Kaart** D1
Zrinski trg 10
Tel. *048-622302*
Kraluš, een bierhal uit de 18de eeuw, serveert voedzame gerechten zoals bierworst, gegrilde varkenskarbonade en *pečeni grah* (witte bonen in tomatensaus).

KOPRIVNICA: Podravska klet Kn
Regionaal **Kaart** D1
Prvomajska 46a, Stari grad
Tel. *048-634069* **Gesloten** *Ma*
Rustiek restaurant met rieten dak en houten tafels. Men serveert lekkere streekgerechten zoals huisgemaakte worst, romige kaas, wildstoofpot en wild zwijn.

Capitools keuze

KRAPINA: Vuglec breg Kn Kn
Regionaal **Kaart** D1
Škarićevo 151
Tel. *049-345015*
Rustiek, hooggelegen restaurant op 7 km ten westen van Krapina. Men is gespecialiseerd in traditionele Zagorjegerechten zoals kalkoen, gans, varkensvlees en kalfsschenkel, het lekkerst met huisgemaakte *mlinci* (in jus gedrenkte pastabladen). Op de wijnkaart staan de beste labels van Kroatië. De desserts zijn top en het uitzicht over de glooiende heuvels van Zagorje onnavolgbaar.

KRAPINSKE TOPLICE:
Zlatna Lisica Kn
Midden-Europees **Kaart** D1
Martinišće 29
Tel. *049-236627*
Dit eenvoudige restaurant met zicht over de glooiende heuvels serveert heerlijke plattelandsgerechten. Proef de worstjes, wildstoofpotten of het wild zwijn.

Capitools keuze

KRAPINSKE TOPLICE:
Villa Magdalena Kn Kn Kn
Regionaal **Kaart** D1
Mirna ulica 1
Tel. *049-233333*
De seizoensproducten en de streekspecialiteiten krijgen een moderne draai in het bekroonde Villa Magdalena, met zowel à-la-carte- als meergangenproefmenu's. Voor mensen die zich overgeven aan de geneugten van de spa zijn er ook vegetarische en macrobiotische opties. De omgeving, tussen de groene heuvels van Zagorje, is prachtig.

KUMROVEC:
Villa Zelenjak Kn
Traditioneel **Kaart** C1
Risvica 1
Tel. *049-550747*
Dit restaurant dat de culinaire traditie van Koratië volgt met klassieke gerechten en ingrediënten uit de streek ligt in een fraaie, groene omgeving.

MARIJA BISTRICA:
Restoran Academia Kn Kn Kn
Regionaal **Kaart** D1
Zagrebačka bb
Tel. *049-326600*
Dit stijlvolle restaurant, gevestigd in hotel Kaj, geeft een creatieve modern Europese draai aan de traditionele Zagorjerecepten van gevogelte, granen en pasta.

SVETI KRIŽ ZAČRETJE:
Klet Kozjak Kn Kn
Regionaal **Kaart** D1
Kozjak 18a, Sveti Križ Začretje
Tel. *049-228800*
Dit traditionele restaurant, gevestigd in een verbouwde boerderij op een heuvel, 10 km ten zuiden van Krapina, biedt geroosterd vlees en gevogelte met huisgemaakte pasta's, gevolgd door een keuze uit heerlijke strudels.

Vredige locatie op een heuvel in het traditionele Vuglec breg, Krapina

TRAKOŠĆAN: Trakošćan Kn Kn
Midden-Europees **Kaart** D1
Trakošćan bb
Tel. *042-440800*
Het Trakošćan, een hotel-restaurant in een landelijke omgeving, serveert Kroatische standaardgerechten met een regionaal accent – de voedzame soepen en vleesgerechten zijn top.

VARAŽDIN:
Kavana Grofica Marica Kn
Café **Kaart** D1
Trg kralja Tomislava 2
Tel. *042-320077*
Het terras op het plein van Grofica Marica is een ideale plek voor een kopje koffie; men serveert een keur aan gebak en taart, waarbij de eigen chocoladetaart hun visitekaartje is.

VARAŽDIN: Verglec Kn
Regionaal **Kaart** D1
Silvija Strahimira Kranjčevića 12
Tel. *042-211131*
Het centraal gelegen Verglec biedt het beste van twee culturen met een menu met zowel heerlijke pizza's als voedzame Noord-Kroatische gerechten. De geroosterde eend en het varkensvlees zijn specialiteiten.

VARAŽDIN: Turist Kn Kn
Midden-Europees **Kaart** D1
Aleja kralja Zvonimira 1
Tel. *042-395395*
Dit elegante hotel-restaurant serveert heerlijke gerechten uit elke regio van Kroatië, met wildgerechten, gegrild vlees en Adriatische vis, alles prachtig opgediend.

VELIKI TABOR:
Grešna Gorica Kn Kn
Regionaal **Kaart** C1
Taborgradska 35, Desinić
Tel. *049-343001*
Deze boerderij op een heuvel (met een vermakelijke kinderboerderij) biedt flinke porties gegrild en geroosterd vlees, gevogelte uit de regio en huisgemaakte pasta. Neem een tafeltje met uitzicht op kasteel Veliki Tabor.

ZABOK: Dvorac Gjalski Kn Kn
Midden-Europees **Kaart** D1
Gredice Zabočke 7
Tel. *049-201100*
Dit uitstekende hotel-restaurant is gevestigd in een oud kasteel en heeft een middeleeuws thema. Op het uitgebreide menu staat een keur aan Kroatische gerechten.

Meer informatie over soorten restaurants *blz. 232–233*

WINKELEN IN KROATIË

Kroatië doet zijn best om bezoekers aan te sporen tot winkelen (een belangrijke factor in de plaatselijke economie) en er is dan ook een groot aanbod van traditionele en typische kunstnijverheid. De prijzen van deze souvenirs zijn over het algemeen heel redelijk. Het winkelende publiek kan kiezen uit een heel scala van producten, van ambachtelijk kantwerk of handbeschilderde keramiek tot sieraden. Op het eiland Pag wordt schitterend kant gemaakt en in Osijek, dat trots is op zijn borduurtraditie, kunt u mooie poppen in klederdracht kopen. Stropdassen en vulpennen uit Kroatië zijn ook een aantrekkelijke aanschaf. In sommige toeristenplaatsen voorzien kunstenaars in hun levensonderhoud door aquarellen te verkopen. Lokale lekkernijen als honing of pruimenbrandewijn zijn uiteraard ook goede souvenirs.

Verschillende soorten honing, een specialiteit van het eiland Šolta

Openingstijden

Winkels en warenhuizen zijn meestal van maandag tot en met vrijdag van 8.00 tot 20.00 uur geopend (sommige van 7.00 uur tot 21.00 uur) en op zaterdag van 8.00 tot 14.00 of 15.00 uur. Houd er echter rekening mee dat kleinere winkels in kleinere plaatsen soms dicht zijn rond lunchtijd, 's zomers vaak van 12.00 tot 16.00 uur. Op zon- en feestdagen zijn de winkels gesloten, behalve in toeristenplaatsen in het hoogseizoen, waar ze vaak zeven dagen per week open zijn.

Prijzen

In de winkels staan de prijzen vast en is afdingen niet gebruikelijk, net als op markten en bij straatstalletjes, waar het ook niet gebruikelijk is om af te dingen. Op markten staan de prijzen meestal aangegeven, maar in sommige gevallen komen de aangegeven prijzen niet overeen met wat de plaatselijke bevolking betaalt. De reden dat toeristen soms meer moeten betalen is eenvoudig dat ze veel meer te besteden hebben dan de gemiddelde Kroaat.

Betalen

In warenhuizen, winkelcentra en grote winkelketens kunt u betalen met een internationale creditcard. In kleinere winkels en op plekken als markten wordt alleen contant geld (kuna) geaccepteerd.

Teruggave btw

Toeristen in Kroatië die voor één bepaald artikel meer dan 740 kuna betalen, hebben recht op teruggave van de btw (belasting over de toegevoegde waarde), in Kroatië bekend als PDV. Op het moment dat u uw aankoop doet, kunt u de verkoper om het betreffende formulier vragen (PDV–P of Tax free). Dit moet ter plaatse worden ingevuld en van een stempel voorzien. Het document moet wanneer u Kroatië verlaat aan de douane worden overhandigd, zodat duidelijk is dat het gekochte artikel werkelijk voor uitvoer bestemd is. U kunt uiterlijk drie maanden na aankoop de PDV in kuna terugkrijgen, ofwel gewoon in de winkel waar u het artikel hebt gekocht (in dat geval wordt het bedrag bij aankoop meteen teruggegeven), ofwel door de kassabon die door de douane is geverifieerd per post naar de betreffende winkel terug te sturen, samen met het bankrekeningnummer waarop het terug te betalen bedrag moet worden gestort. In dat geval wordt het bedrag binnen twee weken nadat de claim is ontvangen terugbetaald.

Markten

De markten in Kroatië zijn kleurig en levendig. De Dolac *(blz. 159)* in Zagreb is een dagelijkse markt waar onder rode parasols etenswaren worden verkocht. Er is ook een ondergronds gedeelte, waar vlees, zuivel en etenswaren worden aangeboden. In Split wordt elke dag op Pazar, net ten oosten van de paleismuren, een ochtendmarkt gehouden. Hier is echt van alles te koop: fruit, groenten, bloemen, schoenen, kleding en een groot assortiment souvenirs.

Fruit en groenten op de Dolac-markt in Zagreb

Een lokaal gezegde wil dat wat op die markt niet te vinden is, waarschijnlijk niet bestaat (in ieder geval niet in Split).

Winkelcentra

Grote winkelcentra zijn er ook in Kroatië, voornamelijk in de grotere plaatsen. Het gaat daarbij om een verzameling winkels onder één dak die uiteenlopende artikelen verkopen, meestal inclusief een warenhuis en een supermarkt. Een van de drukste en bekendste warenhuizen van Zagreb is **Nama**, midden in het centrum van de stad. Een ander handig winkelcentrum, eveneens in het centrum van de stad, is **Importanne Centar**. De **Importanne Galerija** is op werkdagen en op zaterdag geopend.
Avenue Mall is een van de andere winkelcentra, met meer dan 130 winkels, waaronder internationale namen als Benetton, Adidas, Esprit en Marks & Spencer. **Westgate Shopping City** is een enorm winkelcentrum net buiten Zagreb.

Traditionele kunstnijverheid

Bezoekers hebben volop gelegenheid om aantrekkelijke souvenirs te kopen in de vorm van typisch Kroatische, ambachtelijk vervaardigde artikelen of producten. Het land heeft een lange traditie op het gebied van kunstnijverheid en de keus is rijk en gevarieerd. De productie van deze artikelen wordt gestimuleerd en gesteund door de overheid, die hierin een goede manier ziet om het culturele erfgoed en de oude tradities en ambachten van het land te behouden.
In Zagreb kunt u bij **Etno butik Mara** kleding, tassen, modeaccessoires, kussenslopen en tafellinnen kopen, dat is geborduurd met Glagolitische (oude Slavische) letters en traditionele motieven. In Split is een breed scala aan souvenirs te vinden, onder andere voorwerpen die op de zee zijn geïnspireerd. In het ondergrondse deel van het Paleis van Diocletianus *(blz. 122)* zijn goede reproducties te koop van voorwerpen uit de Romeinse tijd.
In Osijek verkopen tal van winkels in het centrum van de stad het karakteristieke lokaal vervaardigde handwerk: mooie poppen gehuld in prachtig gemaakte traditionele kledij, speciaal kantwerk en bovenal stoffen met fijne borduursels van goud- en zilverdraad.

Beschilderde voorwerpen van keramiek uitgestald in een winkel

Borduurwerk en kant

Een van de belangrijkste typisch Kroatische vormen van kunstnijverheid is de kunst van het borduren, die zo ongeveer overal wordt beoefend.

Borduurwerk met gouddraad, afkomstig uit Osijek

Heel karakteristiek is een rood geometrisch patroon geborduurd op een witte ondergrond – u komt het tegen in de vorm van tafellakens, kussenslopen en bloezen.
In 2009 werden drie Kroatische technieken van kantklossen toegevoegd aan de Lijst van Meesterwerken van het Orale en Immateriële Erfgoed van de Mensheid van de Unesco: naaldkant uit Pag, kloskant uit Lepoglava en agavekant uit Hvar.
Het kant van het eiland Pag is terecht beroemd en wordt alom bewonderd. Het gaat terug tot de tijd van de renaissance, toen het werd gebruikt om de bloezen van de dames van Pag te verfraaien. Pas aan het begin van de 20ste eeuw werd het kant echter pas beroemd, dankzij een prachtig versierde bloes die door een edelvrouw aan aartshertogin Marie Josephine van Oostenrijk werd geschonken. Het cadeau viel zo in goede aarde dat de aartshertogin persoonlijk naar Pag ging om meer kledingstukken te bestellen. Omdat in die tijd het Oostenrijkse hof de belangrijkste trendsetter was, ging het kant van Pag op slag een gouden toekomst tegemoet.
Het kant wordt door zeer bedreven kantwerksters met eindeloos geduld gemaakt op een lang, cilindervormig kussen. In de patronen geven de kantwerksters hun eigen interpretatie van patronen en motieven die van generatie op genera-

Een kantwerkster uit Pag is bezig met een stuk kant

tie zijn doorgegeven. Daardoor kunnen de stukken kantwerk onderling aanzienlijk verschillen. Alle patronen zijn echter terug te voeren op één bepaalde geometrische structuur die de basis van al het kantwerk van Pag vormt.
Het kant van Pag is verrassend licht en tegelijkertijd sterk. Probeer als het even kan het kant op Pag zelf te kopen. Niet alleen bent u dan zeker goedkoper uit dan elders, u helpt ook een traditie levend te houden die al meer dan een eeuw oud is. De prijs is afhankelijk van het formaat van het stuk kant dat u koopt, maar reken op een flink bedrag: in een kleedje met een diameter van 10 cm gaat al ongeveer 24 uur werk zitten.
In Pag kunt u alleen kant kopen in de **Kantgalerie en winkel** in de oude stad.

Gelukssieraad

Er bestaat één bepaald sieraad dat alleen in Kroatië te vinden is, of preciezer: alleen in Rijeka. Dat is de *morčić*, een klein Moors figuurtje. Het zwarte figuurtje met een tulband op werd oorspronkelijk alleen vervaardigd in de vorm van oorbellen, maar tegenwoordig komt men het ook tegen als dasspeld of broche.
De *morčić* is het symbool van de stad geworden en werd in 1991 uitgeroepen tot de mascotte van Rijeka. Volgens een overlevering zou het figuurtje teruggaan op een onverwachte overwinning op de Turken die de stad in de 16de eeuw belegerden. Daarbij zou de bijdrage van de vrouwen van Rijeka van doorslaggevende betekenis zijn geweest. Men beweert dat de mannen toen besloten hun vrouwen oorbellen cadeau te doen in de vorm van de gevluchte belegeraars. Het lijkt echter waarschijnlijker dat de *morčić* in de 17de en 18de eeuw opdook als een lokale replica, gemaakt van goedkope materialen, van een met edelstenen bezet figuurtje dat populair was bij de Venetianen.
Het figuurtje stond voor de betrekkingen die Venetië onderhield met de Oriënt en voor het mysterie dat dat deel van de wereld in die periode symboliseerde.
De *morčić* werd al gauw een gelukssymbool voor de Istrische bevolking en werd steeds rijker en verfijnder. Uiteindelijk werd het figuurtje alleen nog maar door goudsmeden gemaakt. Het bestaat traditioneel uit geglazuurde keramiek en wordt op verzoek verfraaid met goud en edelsteentjes. Het beste adres in Rijeka om een *morčić* te kopen is de **Mala Galerija**.

Curiosa

Kroatië kan zich erop beroemen het land te zijn waar de stropdas vandaan komt. De stropdas is afgeleid van een bepaald soort sjaal dat tijdens de Dertigjarige Oorlog, die in de 17de eeuw in Europa woedde, door Kroatische cavaleristen werd gedragen om ze van andere soldaten te onderscheiden. De Fransen noemden de specifieke manier waarop die sjaal werd geknoopt *'à la cravate'*, oftewel: 'op z'n Kroatisch'. Nadien is de stropdas voor honderden miljoenen mannen over de hele wereld een symbool van gekleedheid geworden.

Een oorbel met de *morčić* van Rijeka

Nog steeds worden er in Kroatië de prachtigste stropdassen gemaakt, en als u op zoek bent naar een smaakvol souvenir is een das beslist een goede keus.
In het centrum van Zagreb zijn uitstekende kledingzaken te vinden met een ruime keus aan stropdassen, waaronder de chique **Boutique Croata**.

Een van de vele juwelierszaken in Kroatië

Wat maar weinig mensen weten is dat de uitvinder van de vulpen een ingenieur uit Zagreb was. In 1906 vroeg Eduard Slavoljub Penkala patent aan op een mechanisch potlood, en een jaar later op een pen met een inktreservoir, die de 'mechanische pen' werd genoemd en al gauw niet meer weg te denken was uit het moderne leven.
De uitvinder opende in 1911 in Zagreb de allereerste vulpenfabriek, die enorm succesrijk was. Zagreb werd een van de belangrijkste productiecentra voor schrijfgerei. Met name de vulpennen werden naar alle delen van de wereld geëxporteerd. Er is geen betere plaats om dit inmiddels doodgewone voorwerp te kopen dan Zagreb zelf.

Stropdassen in een winkel in het centrum van Zagreb

Streekproducten

De gastronomische specialiteiten en lokale producten van Kroatië zijn even gevarieerd als het Kroatische landschap.
Een van de belangrijkste natuurlijke producten die het land voortbrengt is lavendel. Dit kruid wordt gedroogd in kleine zakjes verkocht, of als essence in flesjes.
Het is min of meer in het hele land te vinden, maar wordt het sterkst geassocieerd met het eiland Hvar *(blz. 130–133)*, waar de geur en kleur ronduit overweldigend zijn wanneer de struiken in bloei staan.
De geur wordt bijna te veel

Paški sir, de schapenkaas van Pag, te koop op het eiland

als men langs de lavendelstalletjes bij de haven loopt, waar allerlei met lavendel bereide kosmetische producten worden aangeboden.
Ook de gastronomische specialiteiten van Kroatië zijn goede souvenirs. Te midden van de talloze lokale specialiteiten verdienen sommige producten bijzondere vermelding: mosterd (in traditionele potten) uit Samobor, vlak bij Zagreb, honing uit Grohote, op het eiland Šolta, en *cukarini*-koekjes uit Korčula.
Kroatië is ook beroemd om de olijfolie. Uje oleotecas is een winkelketen waar olijfolie, wijn, jam, traditionele Kroatische snoepjes en producten van olijfhout en aardewerk worden verkocht. Er zijn vestigingen in Zagreb, Osijek en de kuststeden.
Een andere delicatesse is de truffel (alleen verkrijgbaar in het seizoen), die wordt gevonden rond de plaats Buzet, die uitkijkt op de Mirnavallei in Istrië. Andere delicatessen zijn *pršut* (gerookte ham) en *kulen* (gerookte worst) uit Slavonië.
Het meest gewaardeerde product is echter kaas. Kroatië produceert veel eigen kazen. De bekendste is waarschijnlijk *paški sir*, een rijpe kaas van schapenmelk die wordt geproduceerd op het eiland Pag *(blz. 104–105)*.
Deze kaas wordt nog steeds op de traditionele manier gemaakt en men zegt dat hij zijn specifieke smaak dankt aan de aromatische kruiden die op de schapenweiden groeien.
Als u de kaas op het eiland wilt kopen, ga dan naar een boerderij waar een bordje met *'paški sir'* buiten staat.

ADRESSEN

Warenhuizen

Avenue Mall
Avenija Dubrovnik 16, Zagreb.
Tel. 01-6591050. **Open** dag. 8.00–22.00 uur (cafés, restaurants en bioscopen blijven langer open).

Importanne Centar
Starčevićev trg 7, Zagreb.
Tel. 01-4577076.
Open ma–za 9.00–21.00 uur.

Importanne Galerija
Iblerov trg 10, Zagreb.
Tel. 01-4619503.
Open ma–za 9.00–21.00 uur.

Nama
Ilica, vlak bij Trg bana Jelačića, Zagreb. **Tel.** 01-4803111.

Westgate Shopping City
Zaprešićka 2, Jablanovec, Donja Bistra (gratis bus vanuit Zagreb).
Tel. 01-5553333.

Winkels

Boutique Croata
Prolaz Oktogon, Ilica 5, Zagreb.
Tel. 01-6457052.

Etno butik Mara
Ilica 49, Zagreb.

Kantgalerie en winkel
Trg Petra Krešimira IV, Pag.

Mala Galerija
Užarska 25, Rijeka.
Tel. 051-335403.

Verkoopster van essence en zakjes lavendel op het eiland Hvar

AMUSEMENT IN KROATIË

Hoewel Kroaten een taal spreken die waarschijnlijk volslagen onbekend is voor de gemiddelde bezoeker, slaagt het land er toch in om een verrassend gevarieerd aanbod aan toegankelijk en innemend amusement te bieden voor alle leeftijden. De keus uit opera, ballet, volksmuziekfestivals, disco's, nachtclubs, bioscopen, casino's, tennis-, voetbal- en basketbalwedstrijden moet voldoende zijn om iedereen tevreden te stellen. De setting van amusement is vaak ook gedenkwaardig spectaculair. Gegevens over voorstellingen zijn volop te vinden in week- of maandbladen over uitgaan, bij toeristenbureaus en op websites. Kaartjes zijn meestal gemakkelijk verkrijgbaar en kunnen ter plekke worden gekocht of van tevoren bij het toeristenbureau. Lees vooraf wat er te doen is, wanneer en waar.

Het rijke interieur van het Kroatisch Nationaal Theater in Zagreb

Informatie en kaartjes

Voor informatie over reserveringen, data, tijden en prijzen van de diverse festivals, shows, theatervoorstellingen en musicals kunt u het best contact opnemen met het plaatselijke toeristenbureau in Kroatië. Alle bureaus kunnen inlichtingen verschaffen over de culturele evenementen in hun deel van het land.

Een andere goede bron van informatie is het internet. Kijk eens op de website van de Kroatische Nationale Toeristenorganisatie: www.croatia.hr

Posters die komende evenementen aankondigen worden vaak overal in de steden en dorpen opgehangen. Deze zijn vaak handig om te weten wat de belangrijkste en populairste shows zijn.

Voor informatie over theatervoorstellingen kunt u ook naar de kassa van het theater zelf gaan, waar u meestal dan ook ter plekke kaartjes kunt kopen voor een voorstelling.

Theater en dans

Toneelstukken worden veelal in het Kroatisch opgevoerd en tenzij u dat spreekt, maakt dat het theater alleen voor de vurigste toneelfans tot een optie voor een avond uit. Er is echter een uitstekende reden om toch na te gaan wat er in het theater speelt in de stad waar u bent. Voor topklasse voorstellingen van opera en ballet is onbekendheid met de taal namelijk geen bezwaar en die worden opgevoerd in het **Kroatisch Nationaal Theater**, Zadars **Kroatisch Nationaal Theater**, Rijeka's **Kroatisch Nationaal Theater Ivan pl. Zajc** en het **Kroatisch Nationaal Theater** in Split.

Er is nog een ongewonere vorm van drama, die bovendien het voordeel heeft van toegankelijkheid voor bezoekers, vooral voor gezinnen met kinderen. Hiervoor kunt u een bezoek overwegen aan het unieke poppentheater van Zagreb: het **Zagrebačko kazalište lutaka**. Daar zijn bijna ieder weekeinde voorstellingen.

Met de vele traditionele festivals zijn niet alleen bepaalde gerechten verbonden, maar ook dansen. De beroemdste is ongetwijfeld de zwaarddans van Korčula, traditioneel opgevoerd in het stadscentrum op de avond van St.-Theodorusdag, 29 juli. De aantrekkingskracht van de *Moreška*, zoals hij bekendstaat, is zo groot dat de gekostumeerde 15de-eeuwse dans nu ook op iedere maandag en donderdag in juli en augustus om 21.00 uur wordt opgevoerd, en soms zelfs ook in juni en september. Kaartjes, ter plekke of vooraf bij een agentschap, zijn niet erg duur. Het is natuurlijk toeristisch, maar toch de moeite waard om het zwaaien van de zwaarden te aanschouwen.

Bij iedere feestelijke gebeurtenis in Kroatië zijn er diverse beroemde volksdansen te verwachten: de *poskočica*, waar koppels zich in ingewikkelde patronen bewegen; de *kolo*, een pan-Slavische rondedans en de *drmeš*, een soort opgevoerde polka.

Kostuumdrama in Dubrovnik, in het Rectorspaleis

Muzikanten spelen traditionele Kroatische muziek

Muziek

Hoewel Kroatië klassieke componisten heeft voortgebracht en er vele ambitieuze rockbands zijn, hebben helaas maar weinig mensen buiten Kroatië van hen gehoord. Maar laat dat u er niet van weerhouden om ze eens te gaan beluisteren.

Kroatië heeft een rijke volksmuziektraditie en langs de hele Adriatische kust spelen bands bij zomerse openluchtconcerten, vakantiefestivals en zelfs in hotellobby's om de toeristen na het diner te vermaken.

Ongewone instrumenten om naar uit te kijken zijn de *tamburica*, een soort Turkse mandoline, in Slavonië en de *citra*, een aangrijpend klinkend type citer (een horizontaal snaarinstrument). U zult ook variaties op het volksthema tegenkomen, zoals *klapa* – vijf- tot tienstemmige samenzang, vooral door mannen – of levendige *linđo*-dansmuziek uit het gebied rond Dubrovnik begeleid door de *lijerica*, een instrument met drie snaren. De traditionele liederen van de Međimurje in het noorden van Kroatië zijn prachtig.

Voor een breed aanbod aan muzikale stijlen, mondiaal, lokaal en avantgarde, gaat u naar de **Aquarius Club** in Zagreb. Mis zeker niet de muziek en pyrotechniek van het **Zomerfestival van Dubrovnik**, vijf weken in juli en augustus, en alles wat er 's avonds gebeurt in Pula's oude **Romeinse amfitheater**.

Nachtclubs

Cafés, bars en pubs in Kroatië bieden vooral in het weekeinde livemuziek. Wie na een paar drankjes nog wil doorfeesten, moet in de hoofdstad of in de zomer aan de kust zijn. Entreeprijzen variëren van 50–100 kuna en de zaken gaan open om 22.00 uur hoewel de meesten chic laat komen, rond middernacht of daarna.

In de winter sluit men van zondag tot donderdag om 23.00 uur en op vrijdag en zaterdag om middernacht, maar in de zomer gaan de clubs door tot in de vroege uren. Openluchtbars aan de Adriatische zee zijn geopend tot 3.00 uur; openluchtdisco's stoppen pas om 5.00 uur. Jonge Kroaten hebben geen geld om zo vaak uit te gaan als ze willen, maar als er een Kroatische band optreedt in het weekeinde, verschijnen ze in groten getale, opgedirkt en opgemaakt. Doordeweekse feestjes in de kustresorts zijn er dus vooral voor vakantiegangers. Waar u wel bijna altijd veel lokale jeugd aantreft, zijn de multifunctionele vermaakscentra in Zagreb of Split, met café-bars, bioscopen, disco's en meer. Zagreb, Rijeka, Split, Pula en Dubrovnik hebben allemaal bekende disco's en nachtclubs, al wijzigen tijden en omstandigheden zo vaak dat u het van tevoren ter plaatse moet controleren.

Zagreb heeft de altijd populaire **Aquarius Club**. Deze ligt weliswaar 4 km van het centrum, maar u kunt er heerlijk dansen op commerciële, techno- en Kroatische bands, op een terras uitkijkend over het Jarunmeer. **Green Gold Club** is voor de diehardfeestvierder – vijf clubs in één, 24 uur per dag en 365 dagen per jaar geopend – de vipruimte wordt frequent bezocht door lokale sterren. **Boogaloo Club** is populair onder jongeren. De club probeert op Kroatisch en wereldniveau de laatste ontwikkelingen bij te houden en is een platform voor internationale dj's. **Močvara**, in een voormalige fabriek aan de rand van de rivier de Sava, is een trendy plek, met optredens, tentoonstellingen en performances van de alternatieve soort. **Palach Youth Cultural Centre** is de oudste rockclub in Rijeka. Er treden diverse rock- en alternatieve bands op uit Rijeka en

Het amfitheater in Pula, met spectaculaire concerten in de zomer

Strandclub Carpe Diem in Hvar

omgeving. Als u liever een grote technotent vol tieners hebt, dan moet u in het **Colosseum** zijn, in het verder zo bezadigde en statige Opatija.

Split heeft een aantal clubs met terrassen die uitkijken over zee, waarvan de beste de twee verdiepingen hoge **O'Hara** en de met palmen gevulde **Tropic Club** zijn. Bij de **Hemingway Bar** kunt u terecht voor allerlei drankjes, vooral cocktails, goede muziek en soms liveoptredens. **Rock Club Uljanik** heeft de levendigste altoconcerten van Pula, in een leegstaand gebouw boven de scheepswerven. Buiten de stad liggen **Aruba Club,** een loungebar en disco, en **Summer Club**, waar pop/housefeesten worden gehouden.

Dubrovnik heeft een divers aanbod: **Culture Club Revelin** laat high-volume techno klinken over de Ravelijnvesting; **Night Club Fuego** is ongedwongen en relaxed, en brengt allerlei soorten muziek; **Club Lazareti** is populair en organiseert concerten, feesten en evenementen.

Van de eilanden heeft Hvar een hip nachtleven gekregen en de naam van feesteiland. Vroeger op de avond gebeurt het rond de haven van Hvarstad in barclubs als **Carpe Diem**, waar de dansers zich opwarmen voor ze de beboste heuvel beklimmen naar een groot Venetiaans fort, dat een bijzonder podium is geworden met tenten. Hier worden toneelstukken en concerten opgevoerd en er is een openluchtnachtclub, **Veneranda**. Bij de **Papaya Club** aan het Zrćestrand op Pag draaien de belangrijkste dj's van de wereld. Minder hip, maar zeker zo leuk is de **Faces Club** op Brač, bij Bol.

Casino's

Zoals te verwachten vindt u de meeste casino's in de hoofdstad Zagreb en net als elders in Kroatië in de chiquere hotels. (Er zijn ook 'casino's' in mindere hotels maar die zijn geen bezoek waard.) Probeer die in **Hotel International**, **Hotel Westin** en het Golden Sun Casino in **Hotel Antunović**. Elk casino heeft rijen speelautomaten, naast een aantal kaarttafels met een relatief lage inzet. Normaal gesproken hoeft u alleen nette vrijetijdskleding te dragen en kunt u zo binnenlopen. Maar het is zinvol om even te bellen, want veel duurdere casino's zouden naar uw paspoort kunnen vragen voor u naar binnen mag.

Bioscopen

De meeste grotere steden hebben een bioscoop. Zagreb heeft een aantal bioscoopcomplexen, waaronder **Cinestar** aan de Avenue Mall en in het Branimir Centar en **Cineplexx** in City Center One East. In de **Kinoteca** draaien cult-, arthouse- en experimentele films. Kaartjes kosten tussen de 20 en 40 kuna en films worden in de originele taal vertoond, met Kroatische ondertitels. U kunt er de laatste Hollywoodhits zien. In kleinere steden kunnen de omstandigheden wat soberder zijn, soms met rijen houten stoelen, alsof u weer op school zit. Ook in de zomerse openluchtbioscopen is het niet zo luxueus. De films kunnen daar ook niet uw eerste keus zijn, maar het is wel heel sfeervol.

Kijksporten

Het naoorlogse Joegoslavië van Tito, waarvan Kroatië deel uitmaakte, had altijd sterke handbal-, voetbal-, basketbal- en waterpoloteams. Sinds 1991, toen Kroatië zich afscheidde en onafhankelijk werd, blinkt dit kleine land van 4,5 miljoen inwoners nog steeds uit in die sporten en is tennis daar nog bij gekomen. Als u van tennis houdt, gaat u naar www.croatia-open.hr voor het laatste nieuws over de ATP Open Kroatische Kampioenschappen, gehouden in Umag in juli.

Net als veel andere Europeanen zijn Kroaten dol op voetbal. In de jaren negentig werden

Hotel Westin in Zagreb, dat plaats biedt aan een casino

nu legendarische Kroatische spelers, zoals Štimac, Boban en Šuker, internationale sterren toen Kroatië voor het eerst een serieuze voetbalnatie werd: kwartfinalist op het EK van 1996 en twee jaar later derde bij het WK van 1998. Helaas hebben ze dat niveau niet meer gehaald. Als u een wedstrijd wilt zien tijdens uw verblijf, probeer dan Dinamo Zagreb in het **Maksimirstadion** in het oosten van de hoofdstad, of Hajduk Split in het **Poljudstadion** in Split. Wedstrijden worden meestal gehouden op zondagmiddag, het hele jaar door, met alleen een korte vakantie in de zomer. Net als bij voetbal komen de twee topbasketbalteams uit Split – KK Split, dat al vaak Europees clubkampioen is geweest – en Zagreb: de rivalen van Cibona. Wie bekend is met de sport, kent de namen van de lokale sterren als Ćosić, Petrović, Kukoč, Tabak en Rađa, en weet dat Kroatië derde werd bij het WK in 1994 in Toronto.
Als u graag een basketbalwedstrijd wilt meemaken, dan kunt u naar Cibona in Zagreb gaan. Deze club speelt zijn topwedstrijden in het **Dražen Petrović Basketbalcentrum**, elke zaterdagavond van oktober tot april. Toegangskaarten zijn te koop bij de ingang.

Wedstrijd van het basketbalteam van Cibona uit Zagreb

ADRESSEN

Theaters

Kroatisch Nationaal Theater
Trg Gaje Bulata 1, Split.
Tel. 021-306908.

Kroatisch Nationaal Theater
Široka ulica 8, Zadar.
Tel. 023-314586.

Kroatisch Nationaal Theater
Trg maršala Tita 15, Zagreb. **Tel.** 01-4888415.

Kroatisch Nationaal Theater Ivan pl. Zajc
Uljarska 1, Rijeka.
Tel. 051-337114.

Zagrebaïko kazalište lutaka
Ulica baruna Trenka 3, Zagreb. **Tel.** 01-4878445.

Muziek

Zomerfestival van Dubrovnik
Od Sigurata 1, Dubrovnik (kaartjes).
Tel. 020-326123.

Romeins amfitheater
Toeristenbureau: Forum 3, Pula. **Tel.** 052-219197.

Nachtclubs

Aquarius Club
Aleja Matije Ljubeka bb, Jarun, Zagreb.
Tel. 01-3640231.

Aruba Club
Šijanska cesta 1, Pula.

Boogaloo Club
Ulica grada Vukovara 68, Zagreb.
Tel. 01-6313022.

Carpe Diem
Riva, Hvar.

Club Lazareti
Frana Supila 8, Dubrovnik.

Colosseum
Ulica Maršala Tita 129.

Culture Club Revelin
Svetog Dominika 3, Dubrovnik.

Faces Club
Bij Bol, Brač.

Green Gold Club
Radnička cesta 52, Zagreb.
Tel. 099-2563323.

Hemingway Bar
8 Mediteranskih igara 5, Split. **Tel.** 099-2119993.

Močvara
Trnjanski nasip bb, Zagreb.
Tel. 01-6159667.

Night Club Fuego
Brsalje 8, bij Pilepoort, Dubrovnik.

O'Hara
Uvala Zenta 3, Split.
Tel. 095-5049909.

Palach Youth Cultural Centre
Kružna 8, Rijeka.

Papaya Club
Strand Zrće, Novalja, Pag.

Rock Club Uljanik
Dobrilina 2, Pula.

Summer Club
Medulin, Pula.

Tropic Club
Bačvice bb, Split.
Tel. 099-2039222.

Veneranda
Op de heuvel boven Riva, Hvarstad, Hvar.

Casino's

Hotel Antunović
Zagrebačka avenija 100a, Zagreb. **Tel.** 01-3870530.

Hotel International
Miramarska 24, Zagreb.
Tel. 01-6150025.

Hotel Westin
Izidora Kršnjavoga 1, Zagreb.
Tel. 01-5545271.

Bioscopen

Cineplexx
City Center One East, Slavonaska avenija 11d.
Tel. 01-5632400.

Cinestar Novi Zagreb
Avenue Mall, Avenija Dubrovnik 16, Zagreb.
Tel. 060-323233.

Cinestar Zagreb
Branimir Centar, Kneza Branimira 29, Zagreb.
Tel. 060-323233.

Kijksporten

Dražen Petrović Basketbalcentrum
Savska cesta 30, Zagreb.
Tel. 01-4843333.

Maksimirstadion
Maksimirska 128, Zagreb. **Tel.** 01-2386111.
W gnkdinamo.hr

Poljudstadion
8 Mediteranskih igara 2, 21000 Split.
Tel. 021-585200.
W hajduk.hr

BUITENACTIVITEITEN

Een sleutel tot het toeristische succes van Kroatië is dat het gezegend is met een overvloed aan natuurlijke bronnen: watervallen, eilanden, heuvels, rivieren, meren, ravijnen, bergen, pijnbossen en groene parken; en allemaal overgoten met betrouwbaar mediterraan zonlicht. Het pleit voor Kroatië dat het hierop heeft ingespeeld met een goede infrastructuur, ondersteund door vele organisaties, die de bezoekers in staat stelt te klimmen en raften, zeilen en surfen, wandelen en fietsen door de prachtig diverse topografie. Er is ook minder inspannend vermaak. Er zijn verscheidene thermale kuurcentra, die weliswaar wat kaal zijn, maar steeds beter worden. De kust en de talloze eilanden, ten slotte, hebben natuurlijk een flonkerende reeks stranden voor zonaanbidders.

Zeilen langs de Kroatische kust

Zeilen

De Kroatische kust heeft vele natuurlijke havens, havensteden en jachthavens, wat het land tot een haven voor zeilers maakt. Daarom kunt u de ruwe schoonheid van de Adriatische kust het best waarderen per jacht of motorboot, en niet per auto. Een schone, heldere zee, gelijkmatige kalme wind, niet al te diep water en goed toegeruste jachthavens, die het hele jaar open zijn, maken het leven in Kroatië makkelijk voor een zeeman. Vermijd juli en augustus als het even kan, tenzij u iedere zondagsadmiraal van Europa wilt ontmoeten. Mei, juni of september en oktober zijn rustiger, goedkoper en wat meer zegt: het weer is nog steeds goed.

De **Kroatische Nationale Dienst voor Toerisme** (www.croatia.hr) noemt meer dan 140 verhuurders met in totaal zo'n 2700 boten. Ze worden meestal per week verhuurd van 17.00 uur op zaterdag tot 9.00 de week erop. De belangrijkste beslissing die u moet nemen is of u 'met' of 'zonder' stuurman neemt. Het eerste vereist een geldig vaarbewijs met ten minste twee jaar ervaring en registratie van de bemanning. U mag dan alleen wegvaren. 'Met' betekent dat u voor nog eens 130 euro per dag, plus kost, een lokale stuurman aan het roer hebt. Prijzen variëren afhankelijk van de grootte van de boot en het seizoen. Zo levert het Engelse **Nautilus Yachting** een zespersoons 11-meter-boot 'zonder' voor zo'n 2200 euro per week. De Kroatische **Club Adriatic** heeft vierpersoons 10-meterboten voor rond de 1800 euro. Iedereen met een eigen boot van meer dan 3 m en een motor van meer dan 4 kW moet zich bij aankomst melden bij het dichtstbijzijnde havenmeesterkantoor.

Van Umag tot Dubrovnik heeft Kroatië vijftig jachthavens, met alles wat een zeeman maar wil: brandstof en reparatie, water en elektrische stroom, medische hulp en toezicht, cafés, bars en restaurants. Jachthavens zijn ingedeeld naar het dienstenniveau en hebben overeenkomstige tarieven. De **Adriatic Croatia International Club**, of **ACI Marinas**, heeft een keten van 22 jachthavens, waarvoor u een jaarcontract kunt afsluiten dat u recht geeft op alle faciliteiten en korting op slaapruimte. Daarnaast zijn er vele tijdelijke ligplaatsen voorhanden. U kunt ook gewoon overnachten in een verlaten baai.

Een andere manier om al zeilend de unieke kustlijn van Kroatië te ervaren is te leren varen op een speciale vakantie. **Bareboat Sailing Holidays** biedt vakanties voor zeilers van alle ervaringsniveaus, maar er zijn vele vergelijkbare organisaties. Radiostations aan de kust brengen weerberichten in zowel Kroatisch als Engels. Bruikbare stations zijn Radio Rijeka UKW kanaal 24, Radio Split UKW kanaal 07, 21, 23, 81

Ligplaats in de haven van Makarska

en Radio Dubrovnik UKW kanaal 07 en 04.

Windsurfen

De meeste kustresorts bieden windsurfcursussen en verhuren planken, maar serieuze surfers zullen vooral van twee plekken genieten: Bol, op het eiland Brač, en Viganj op het Pelješacschiereiland, dicht bij Orebić. Beide resorts hebben vele windsurfverenigingen, die materiaal en lessen verzorgen van beginner tot expert. Beide resorts zijn ook gastheer van internationale kampioenschappen, elk jaar in juli.

Het windsurfseizoen loopt van begin april tot eind oktober en de westenwind is op zijn top in de vroege middag. De omstandigheden zijn ideaal van eind mei tot begin juni en van eind juli tot begin augustus. Die laatste periode valt wel in het hoogseizoen.

Windsurfen, een zeer populaire sport langs de kust van Kroatië

Duiken

Hoewel Kroatië natuurlijk geen Caribisch gebied of Rode Zee is, heeft het toch de nodige interessante duikplekken. De natuur heeft langs de kust talloze onderwatergrotten gevormd in de poreuze kalksteen.

Daar komen nog de verdere attracties bij van zeemuren en scholen vis, en, wat dieper, scheepswrakken en koraal. Het eiland Lošinj heeft al die kenmerken en is waarschijnlijk de grootste duikplek van Kroatië.

Als u vissen mooi vindt, kunt u Vis proberen. Dankzij de mili-

Het heldere water bij Kroatië, rijk aan zeeleven en koraal

taire achtergrond is het eiland nooit commercieel bevist en het heeft daarom het rijkste zeeleven. De mooiste onderwatergrotten zijn te vinden rond de prachtige Kornati-eilanden.

Interessante scheepswrakken vindt u bij Rovinj (Baron Gautsch, 1914 veerboot), Dubrovnik (Taranto, 1943, koopvaardijschip) en het schiereiland Pelješac (S57, nog een koopvaardijslachtoffer van de oorlog, uit 1944).

Er zijn echter wel regels over wie waar mag duiken. U hebt in ieder geval een duikkaart van een internationaal erkende duikorganisatie nodig. Tegen een klein bedrag wordt die dan een jaar verlengd door de **Kroatische Duikfederatie** of een van haar vertegenwoordigers; dat kan een geautoriseerd toeristenagentschap zijn of de duikclub bij uw hotel. Er zijn veel duikverenigingen aan de Adriatische Zee en die zijn niet alleen handig om materiaal te huren, maar ook voor begeleid duiken met Engelssprekende instructeurs.

Rond militaire installaties, beschermde culturele monumenten en sommige natuurreservaten is duiken verboden. Zo mag het niet in het Krka- en het Brijunipark, maar is duiken wel toegestaan in het Nationaal Park Kornati en op de eilanden van Mljet als u een vergunning heeft. Controleer het van tevoren als u op avontuur gaat.

Vissen

De Adriatische Zee is een van de visrijkste in Europa en trekt allerlei soorten vissers. De benodigde vergunning wordt verstrekt door toeristenbureaus, geautoriseerde agentschappen en duikcentra en -clubs met toestemming van het Ministerie van Landbouw en Bosbeheer. De vergunning is niet erg prijzig en hangt af van de duur: u krijgt er een die geldig is voor één, drie, zeven of dertig dagen. Hiermee mag u vissen met hengel en lijn of met een speergeweer. Dat is overal toegestaan, behalve in de beschermde gebieden van de zeeparken (Kornati, de Brijuni-eilanden, Krka en Mljet). Naast de vergunning ontvangt u een lijst met gebieden die verboden zijn en een indicatie van de hoeveelheid vis die u per soort mag vangen.

Lokale vissers tonen de rijke verscheidenheid aan vis en schaaldieren

Wandelen in de bergen

Kriskras door Kroatië liggen ontelbaar veel wandelpaden en trektochtroutes, gemarkeerd door een witte stip in een rode cirkel op een boom of steen. Neem contact op met de **Kroatische Alpinistenvereniging (HPS)** voor informatie over de vele lokale wandelverenigingen, kaarten en de nationale locaties van berghutten voor eenvoudige overnachtingen. De beste tijd om te wandelen is tussen april en oktober. Wees echter gewaarschuwd dat er nog steeds naar onontplofte mijnen uit de oorlog van 1991–1995 wordt gezocht en wijk niet van de paden af. Zie de site van het Kroatische Mijnactiecentrum (www.hcr.hr) voor specifieke informatie. Toproutes zijn onder andere het pad over de kam van de Premužić, van 50 km op 914 m hoogte door het Velebitmassief, dicht bij de kust van Midden-Kroatië. U hebt adembenemende uitzichten op zowel zee als binnenland. U kunt ook de kloven en beukenbossen van het Nationaal Park Paklenica bekijken, 40 km ten noordoosten van Zadar. Verder zijn er de Ilijaberg boven Orebić voor een geweldig bergkustlandschap, de gefortificeerde heuveldorpen van het Istrische binnenland, Samobor en het Nationaal Park Risnjak in Midden-Kroatië, en de Zagorjekastelen in de noordelijke gewesten.

Vrij klimmen

Net als wandelen is klimmen het meest geschikt van april tot oktober. Daarna bestaat de kans op een plotselinge sneeuwbui of weggeblazen worden door de *bura*, een sterke, koude noordoostenwind. Kroaten mogen niet bekendstaan als alpinisten, maar ze hebben de Himalaya vaak gehaald, hebben hun eigen **Kroatische Alpinistenvereniging** en vele eigen berggebieden om de sport te beoefenen. Ook hiervoor is het Nationaal Park Paklenica populair, met meer dan 400 klimroutes om uit te kiezen. De Cetinavallei bij Omiš in Midden-Dalmatië is ook een topbestemming voor klimmers. Als u wilt klimmen, maar ook aan het strand wilt liggen, overweeg dan om naar de pieken te gaan op de eilanden Brač, Vis, Mljet, Krk, Hvar, Cres en Lošinj, of die op de schiereilanden Istrië en Pelješac.

Abseilen van een rotswand in de zomer

Bergbeklimmers bij de beroemde rots Anica Luka in Nationaal Park Paklenica

Fietsen

Fietsers krijgen, net als wandelaars, alles mee van de buitenlucht, rumoerige vogelzang en toevallige ontmoetingen met lokale bewoners. Regionale toeristenbureaus in Kroatië hebben hard gewerkt aan de promotie van een flinke reeks fietsroutes. De nationale parken en natuurreservaten bieden duidelijk aangegeven fietspaden, die u een ronde door het gebied laten maken De Plitvicemeren bieden enkele van de schilderachtigste fietsroutes van Europa. Dergelijke routes bestaan ook op Rab, Hvar en Mljet, waar afgelegen stranden en restaurants in beeld komen.

Het Istrische toeristenbureau is ook belangrijk geweest bij het werven van fietsers, door landelijke paden aan te leggen heen en terug naar Rovinj, Labin en Novigrad.

U vindt meer details op www.istra.hr Het huren van fietsen kan de beste manier zijn om op het eiland rond te reizen en afgezonderde baaien te vinden. Reken op 10 tot 15 euro per dag voor een fiets.

Tennis op gravel, een populaire sport in Kroatië

Tennis

Na voetbal is tennis de populairste sport in Kroatië. Bijna elke stad, vakantiehotel of camping heeft de benodigde faciliteiten: meestal vele uitstekende gravelbanen. Twee van de best toegeruste clubs zijn de **Tennisclub Pećine** in Rijeka en de **Tennisclub Smrikve** in Pula. Als u het leuk vindt om naar tennis te kijken: de Open Kroatische Kampioenschappen van de ATP zijn in juli in Umag. Bij elke tennisclub in Kroatië kunt u herinnerd worden aan de prestaties van hun beroemdste sportman: Goran Ivanišević, die waarschijnlijk het bekendst is vanwege zijn overwinning bij het herenenkelspel op Wimbledon in 2001.

Golf

Golf wordt steeds populairder in Kroatië. De vijf belangrijkste banen zijn: **Golf & Country Club Zagreb**, **Golf Centre Novi Dvori** bij Zagreb, **Golf Adriatic** bij Umag en **Lifeclass Terme Sveti Martin** en **Golf Brijuni** bij Čacovec, naast een aantal kleinere terreinen met goede golffaciliteiten.
Om op een Kroatische golfbaan te spelen hebt u soms een lidmaatschapskaart nodig van de bond uit uw thuisland. Daarop staat uw handicap aangegeven, en dat kan nodig zijn voor u afslaat. U kunt het best altijd van tevoren informeren welk identificatiebewijs u moet tonen.

Golfspelers op een oefenbaan

Wildwatervaren

Deze toegankelijkste extreme sport kwam in Kroatië eind jaren tachtig op, toen afgelegen ravijnen en rivieren opengingen, die daarvoor alleen bij kajakkers en vissers bekend waren. Het meest de moeite waard om te varen zijn de Dalmatische rivieren: de Zrmanja, bij Zadar en Cetina, bij Omiš, en de Dobra en de Kupa, bij Karlovac in Midden-Kroatië Zij bieden een wild landschap met water dat helder is tot op de bodem en zonder gevaarlijke stroomversnelllingen of hoge golven. Onder andere **Generalturist** in Zagreb organiseert tochten met gids en materiaal. Zie de website www.activeholidays-croatia.com

Ontspanning

Kuuroorden bieden natuurlijke bronnen en kuren. De nadruk ligt vaak meer op de ontspanning dan op de behandeling, maar u kunt er uitstekend sporten *(Kuuroordenroute, blz. 216–217)*.

ADRESSEN

Zeilen

ACI Marinas
M Tita 151, Opatija.
Tel. 051-271288.
w aci.hr

Bareboat Sailing Holidays
w bareboatsailingholidays.com

Club Adriatic
w clubadriatic.com

Nautilus Yachting
w nautilus.hr

Duiken

Kroatische Duikfederatie
Dalmatinska 12, Zagreb.
Tel. 01-4848765.
w diving-hrs.hr

Wandelen

Kroatische Alpinistenvereniging
Kozarčeva 22, Zagreb.
Tel. 01-4823624.
w hps.hr

Wildwatervaren

Kompas
w kompas.hr

Tennis

Tennisclub Pećine
Šetalište XIII divizije 33, Rijeka.
Tel. 051-421782.

Tennisclub Smrikve
Stinjanska cesta 91, Pula.
Tel. 052-517011.

Golf

Golf Adriatic
Tel. 052-707100.

Golf Brijuni
Tel. 052-525883.

Golf & Country Club Zagreb
Tel. 01-6531177.

Golf Centre Novi Dvori
Tel. 01-3340777.

Kempinski Golf Adriatic
Tel. 052-707371111.

Lifeclass Terme Sveti Martin
Tel. 040-371111.

WEGWIJS IN KROATIË

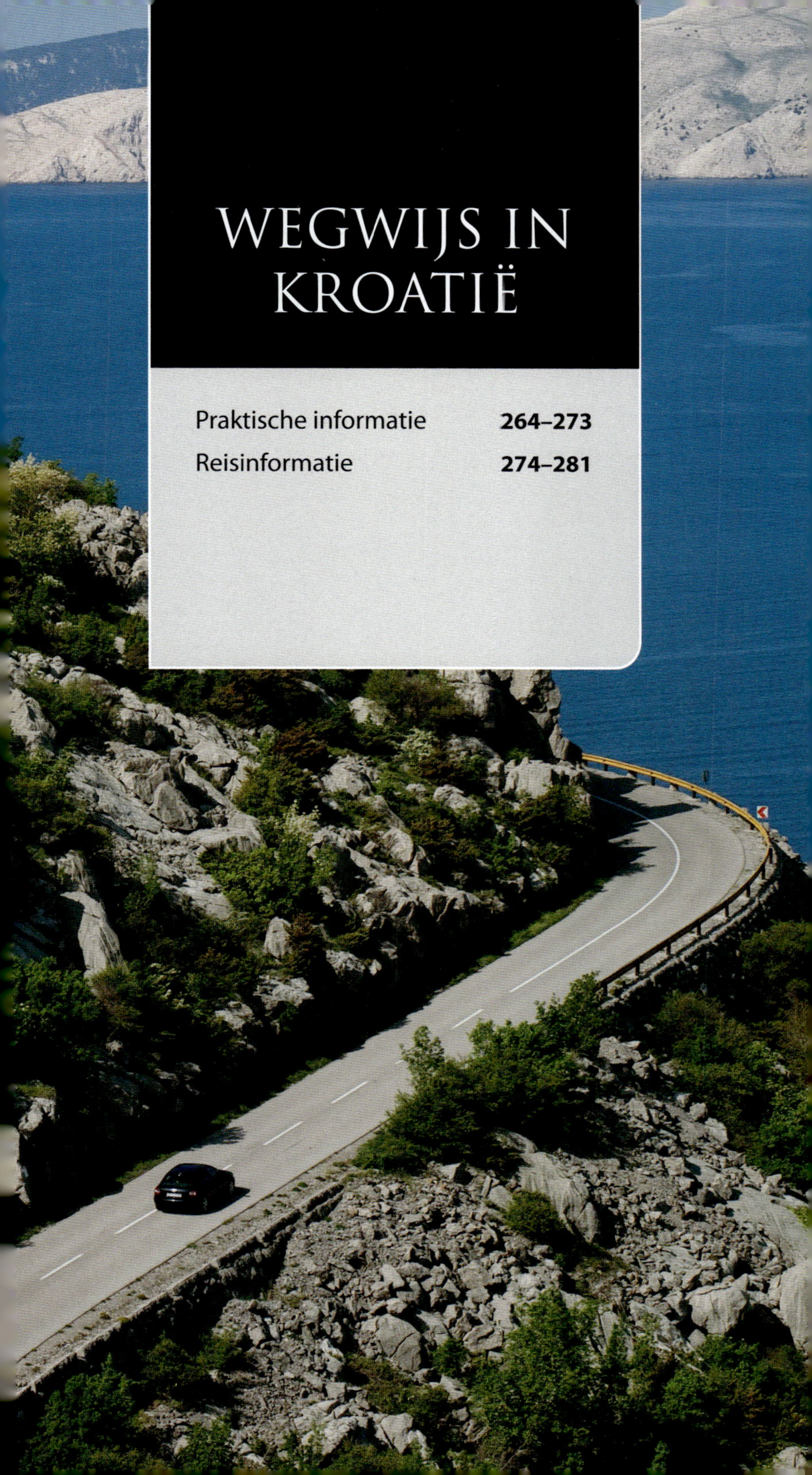

PRAKTISCHE INFORMATIE

Toerisme is een belangrijke bron van inkomsten (in 2014 was dat 15 procent van het bnp)en men doet al het mogelijke om de ontwikkeling van de branch te bevorderen. Sinds de onafhankelijkheid in 1991 is een aantal maatregelen getroffen om meer toeristen aan te trekken, zoals het vereenvoudigen van de grensformaliteiten en de teruggave van btw op artikelen die de grens over gaan. In de oorlog beschadigde hotels en historische gebouwen zijn hersteld en men is druk doende om de verbindingen over land en water, zowel intern als met de buurlanden, te verbeteren. Ook de openbare diensten worden verbeterd. Het land heeft zichzelf bewezen als een populaire vakantiebestemming, met faciliteiten die aan de internationale kwaliteitseisen voldoen, voor concurrerende prijzen. Kroatië werd pas in 2013 lid van de Europese Unie, maar qua regelgeving zat het land al wel op één lijn met de EU.

Een toeriste vraagt de weg

De beste reistijd

De drukste periode aan de Kroatische kust zijn de zomermaanden juli en augustus. Met zijn kristalheldere zee en zijn duizenden eilandjes en inhammen, waar men heerlijk kan zwemmen en die erom vragen te worden verkend, is de kust een geweldige trekpleister. In de zomer is het weer steevast zonnig – voor veel bezoekers een belangrijke factor.

In het hoogseizoen is het het drukst in de hotels en vakantieparken, dus als u een rustige vakantie op het oog hebt, kunt u beter in mei, juni of september gaan, wanneer het weer nog steeds mooi is. Een ander voordeel van een bezoek buiten het hoogseizoen is dat de prijzen vaak veel lager liggen. Het voorjaar en het najaar zijn de beste maanden om te gaan wandelen, klimmen of mountainbiken.

In het binnenland van Kroatië zijn ook kuuroorden te vinden, en het is mogelijk een paar dagen kuren of ontspannen *(blz. 216–217)* te combineren met een bezoek aan de stadjes in de omgeving, met hun rijke historische en artistieke erfgoed. Anders dan in het nabijgelegen Slovenië zijn de faciliteiten voor wintertoerisme in Kroatië nog niet goed ontwikkeld, al zijn er wel een paar skihellingen, met name in Platak en op de bergen Medvednica en Bjelolasica. Zagreb, de hoofdstad, biedt het hele jaar door een groot aantal attracties.

Reisdocumenten

Om Kroatië binnen te mogen moet u in het bezit zijn van een geldig paspoort of een identiteitskaart. Kinderen moeten ook een eigen identiteitskaart of paspoort hebben. Reizigers uit andere EU-landen, de VS, Canada, Australië en Nieuw-Zeeland hebben geen visum nodig en mogen 90 dagen in het land verblijven. Als u per vliegtuig naar Kroatië reist moet u in het bezit zijn van een retourticket.

Kijk voor meer informatie en een lijst van de landen waarvan de inwoners een visum moeten aanvragen, op de website van het Kroatische Ministerie van Buitenlandse en Europese Zaken (www.mvep.hr). Hebt u een visum nodig, neem dan contact op met de Kroatische ambassade in uw eigen land.

Als u met een huisdier reist (hond of kat) moet u een Internationaal Certificaat kunnen laten zien, plus de juiste inentingspapieren, vooral met betrekking tot hondsdolheid.

Reisadvies

Bezoekers kunnen actuele informatie over veiligheid krijgen bij de **Nederlandse Rijksoverheid** en de **Belgische Federale Overheidsdienst Buitenlandse Zaken**.

Douanebepalingen

Er worden geen beperkingen gesteld aan persoonlijke bezittingen die men meeneemt naar Kroatië en de douanebepalingen komen overeen met die in andere EU-landen. De volgende hoeveelheden mogen zonder aangifte worden ingevoerd of uitgevoerd: 200 sigaretten of 50 sigaren, 1 liter sterkedrank, 4 liter wijn en 50 ml (één fles) parfum of essence. Kijk voor meer informatie op www.douane.nl

Bij aankomst in het land moeten waardevolle goederen zoals radioapparatuur, computers, fotoapparatuur, videocamera's en -recorders, andere opnameapparatuur en draagbare televisies worden aangegeven.

Als u met een boot reist, moet u zich melden bij de havenmeester in de haven van aankomst en opgeven hoeveel mensen er aan boord zijn en over wat voor uitrusting u beschikt.

Buitenlandse valuta mogen onbeperkt worden in- en uitgevoerd, maar bedragen boven 10.000 euro moet u melden.

◀ Schitterende weg langs de Adriatische kust, Senj

Toeristeninformatie

Elke plaats van enige omvang heeft een toeristenbureau, een Turistički Ured, Turistička Zajednic of Turističko-Informationi Centar. U kunt er terecht voor informatie over excursies en vervoer, en men helpt u bij het boeken van een hotel of een kamer bij een particulier *(blz. 222–223)*. Houd er rekening mee dat in kleine steden de bureaus alleen 's zomers zijn geopend. Er zijn ook regionale toeristenbureaus, beheerd door het Ministerie van Toerisme. U kunt ook voordat u vertrekt meer over Kroatië te weten komen via het **Kroatisch Verkeersbureau** in eigen land. Het Kroatische Ministerie van Toerisme heeft in een groot aantal landen verkeersbureaus geopend die daar de attracties van Kroatië als vakantieland onder de aandacht moeten brengen. Zeer informatief is de website van de Kroatische Nationale Dienst voor Toerisme (www.croatia.hr).

Toegangsprijzen

Bij veel staatsmusea en historische bezienswaardigheden liggen de toegangsprijzen tussen 10 en 70 kuna. Kinderen krijgen over het algemeen een korting van 50 procent. Kerken zijn meestal vrij toegankelijk, maar als u een klokkentoren of schatkamer wilt bezoeken, moet u daar wellicht wel voor betalen.

Openingstijden

Overheidskantoren zijn op werkdagen geopend van 8.00 tot 16.00 of van 9.00 tot 17.00 uur, en ook veel andere kantoren hanteren deze tijden. Afwijkende tijden kunnen gelden voor bijvoorbeeld apotheken *(blz. 268–269)*, banken *(blz. 270–271)* en postkantoren *(blz. 272–273)*, waarvan de grotere kantoren ook op zaterdag geopend zijn. Winkels zijn vaak van 8.00–20.00 uur open *(blz. 250)*, en cafés gaan vaak heel vroeg open. Houd er rekening mee dat vrijwel alle musea en andere culturele bezienswaardigheden op maandag gesloten zijn. In de zomer blijven ze vaak langer open en in kustgebieden zijn ze soms 's middags dicht (wanneer de meeste toeristen naar het strand gaan), om 's avonds hun deuren weer te openen.

Taal

In de nationale taal, het *hrvatski* of Kroatisch, heet Kroatië Hrvatska. Het is een Slavische taal die het Latijnse alfabet hanteert. Het is niet bepaald een gemakkelijke taal om te leren, maar aangezien de meeste mensen in Kroatië op school ten minste wel één vreemde taal hebben geleerd, zouden bezoekers zich in het algemeen redelijk verstaanbaar moeten kunnen maken. Italiaans, Duits en Engels wordt door veel mensen gesproken, maar Frans is minder gangbaar. Jonge Kroaten spreken doorgaans goed Engels.

Roken

In Kroatië wordt op grote schaal gerookt, maar het is in alle openbare ruimten verboden, behalve in cafés die een goedgekeurde airconditioning hebben. In Zagreb houdt men zich aardig aan de wet, maar in het zuiden wordt er in de horeca gewoon gerookt. 's Zomers kunt u op terrassen in de buitenlucht de rook vermijden.

Fooien geven en afdingen

Het geven van een fooi, meestal zo'n 10 procent, is heel gebruikelijk in Kroatië, ook in restaurants, waar normaal gesproken bedieningsgeld bij de prijs is inbegrepen. Als u gaat betalen in een bar of in een taxi, wordt verwacht dat u op zijn minst het bedrag zal afronden. Het is ook gebruikelijk om een gids na een excursie of rondleiding in een museum een fooi te geven.
In warenhuizen, supermarkten en gewone winkels gelden vaste prijzen. Afdingen, met name wanneer dat op felle toon gebeurt, is niet gebruikelijk op Kroatische markten.

Gehandicapte reizigers

Men is zich in Kroatië ten zeerste bewust van de problemen waarmee gehandicapten kampen, omdat als gevolg van de onafhankelijkheidsoorlog, die duurde van 1991 tot 1995, het aantal mensen met een lichamelijke beperking enorm is toegenomen. Spoorwegstations, luchthavens, grote hotels, de betere restaurants en de belangrijkste overheidskantoren zijn toegankelijk voor mensen in een rolstoel. In de havens zijn de faciliteiten echter niet zo goed.
Voor meer informatie kunt u contact opnemen met de **Hrvatski savez udruga tjelesnih invalida**, de Kroatische organisatie voor gehandicapten, die in Zagreb zetelt. **Stichting TTFA** in Nederland kan u wellicht ook verder helpen.

Voetgangers op een stenen brug in Ploce Gate, Dubrovnik

Reizen met kinderen

Grote hotels en vakantiecomplexen zijn meestal berekend op kinderen en hebben speciale faciliteiten, zoals een speeltuin, een pierenbadje en een oppasdienst. In kleinere plaatsen en in gebieden waar niet zo veel toeristen komen, zijn de faciliteiten, vooral voor jonge kinderen, dunner gezaaid.

Op binnenlandse vluchten van Croatia Airlines reizen kinderen tot 2 jaar gratis en kinderen van 2–12 jaar krijgen 50 procent korting. In veel staatsmusea krijgen kinderen ook 50 procent korting op een toegangskaartje.

Homoseksuele en lesbische reizigers

Op homoseksualiteit rust nog steeds een taboe in Kroatië. Stellen van hetzelfde geslacht kunnen beter niet in het openbaar zoenen, want dat wordt niet op prijs gesteld. Kijk voor meer informatie op www.friendlycroatia.com

Voordelig reizen

Goedkope accommodatie is op de meeste bestemmingen te vinden in de vorm van hostels en particuliere kamers. Goede hostels zijn te vinden in Zagreb, Split, Dubrovnik, Rijeka, Pula, Zadar en Šibenik, op het eiland Hvar en Lošinj. Sommige, maar niet alle hostels vallen onder de Kroatische Hostelvereniging (www.hfhs.hr), andere zijn aangesloten bij Hostelling International (www.hihostels.com). Bent u van plan om in een van deze hostels te verblijven, sluit u dan aan en word lid voordat u een kamer boekt.

In de kerk dient u geschikte kleding te dragen

Een strand aan de Dalmatische kust

Met een International Student Identity Card (www.isic.org) kunnen studenten goedkoper reizen. Zo krijgen ze 25 procent korting op treinkaartjes.

Kleding

In de zomer draagt u het best katoenen kleding, met een jasje of trui voor in de avond. En vergeet uw zwemkleding niet.

In de winter hebt u wollen truien en een warme jas nodig. Neem ook stevige wandelschoenen mee, want in de middeleeuwse steden zijn veel straatjes voorzien van kinderkopjes.

Hoewel bijna nergens kledingvoorschriften gelden, wordt nette kleding op prijs gesteld. Sportschoenen zijn bijvoorbeeld niet gepast als u in een restaurant gaat dineren.

Kroatië is een religieus land, dus zorg ervoor, wanneer u een kerk bezoekt, dat u uw schouders en dijen bedekt houdt (dit geldt zowel voor vrouwen als voor mannen).

Vormen van begroeting

Kroaten stellen zich nogal gereserveerd op tegenover vreemden. Een paar woorden Kroatisch uwerzijds zullen worden gewaardeerd. De vorm varieert al naar gelang de persoon die u aanspreekt: die kan een *gospodin* (een man), een *gospođa* (een getrouwde vrouw) of een *gospođica* (een jonge ongetrouwde vrouw) zijn.

Vormen van begroeting zijn *dobro jutro* (goedemorgen), *dobar dan* (goedemiddag, maar ook goedendag), *dobra večer* (goedenavond) en *laku noć* (goedenacht). *Bok* (hallo) en *ciao* kunt u zeggen tegen mensen met wie u vertrouwelijk bent geworden. Met *doviđenja* neemt men meestal afscheid van iemand die men niet goed kent.

Wilt u iets beleefd vragen, gebruik dan *molim* (alstublieft) en *hvala* (dank u). Meer woorden vindt u onder 'Algemene uitdrukkingen' *(blz. 295–296)*.

Naturisme

Kroatië is een populair land bij naturisten. Men kan er vrijelijk naakt recreëren op speciaal daarvoor bestemde locaties, die aan de hoogste kwaliteitseisen voldoen. Naturisme heeft een lange traditie in Kroatië. Al in 1934 werd het eerste vakantieoord voor naturisten geopend in Rajska plaža (Paradise Beach), op het eiland Rab.

Tegenwoordig zijn er veel naturistenstranden met het opschrift 'FKK' (voor het Duitse woord Freikörperkultur), Er zijn ongeveer twintig naturistenoorden aan de Kroatische kust (voornamelijk in de vorm van campings). De meeste liggen in Istrië, waarvan verscheidene een Blauwe Vlagstatus (schoon strand) hebben. Ze zijn goed afgeschermd, zodat de gasten er volkomen ontspannen kunnen genieten van de vrijheid en vrede die de omringende natuur te bieden heeft. Voor meer informatie gaat u naar de website van de Naturisten Federatie Nederland (www.nfn.nl) of de Federatie van Belgische Naturisten (www.naturisme.be).

Tijd

Kroatië hanteert dezelfde tijd als Nederland en België en kent ook zomertijd.

Elektriciteit

Kroatië heeft een netspanning van 220 volt en stopcontacten voor stekkers met twee pennen.

Duurzaam toerisme

Toeristen kunnen de lokale gemeenschappen helpen door seizoensproducten te kopen op de markt, zoals op de dagelijkse overdekte markten in Zagreb, Rijeka en Pula, de enorme openluchtmarkt in Split of een van de vele kleine markten in steden en dorpen. Lokale specialiteiten kunnen direct bij de producent worden gekocht, zoals de *paški sir* (schapenkaas) op het eiland Pag, lavendelproducten op het eiland Hvar, *pršut* (prosciutto), gedroogde vijgen in Dalmatië *tartufi* (truffels) in Istrië, en wijn in alle regio's (u kunt eerst proeven).

Toeristen kunnen zich amuseren met duurzame activiteiten als wandelen, mountainbiken, zeilen en raften – in plaats van gebruik te maken van benzineslurpende motorboten. Duurzame Kroatische duurzame reisagenten zijn **Blokovo Active Holidays**, dat is gevestigd in Makarska, en buitenactiviteiten organiseert als wandelen en mountainbiken op de Biokovoberg en raften op de Cetinarivier bij Omiš, en het in Dubrovnik gevestigde **Adria Adventure**, dat is gespecialiseerd in zeekajakken en wandelvakanties. In Nederland kunt u kijken op de website van **SNP** (www.snp.nl). Zij organiseren diverse reizen naar Kroatië.

Trogirmarkt, Dalmatië

ADRESSEN

Toeristen-informatie

Kroatische nationale dienst voor toerisme
Iblerov trg 10/IV, Zagreb.
Tel. 01-4699333.
W croatia.hr

Kroatisch verkeersbureau

In Nederland
A.J. Ernststraat 199
1083 GV Amsterdam.
Tel. 020-6616422..
kroatie-info@planet.nl
W http://nl.croatia.hr

In België
Oud Korenhuis 38,
1000 Brussel.
Tel. 02-5501888.
info-croatia@scarlet.be
W http://be.croatia.hr

Ambassades en consulaten

Belgische ambassade, Zagreb
Pantovcak 125 d,
10000 Zagreb.
Tel. 01-4578901.
zagreb@diplobel.fed.be

Nederlandse ambassade, Zagreb
Medvešćak 56, 10000 Zagreb. **Tel.** 01-4642200.
zag@minbuza.nl

Nederlands consulaat, Dubrovnik
Atlanska Plovidba -D.D.
Dr. Ante Starčevića 24,
20000 Dubrovnik. **Tel.** 020-356141.

Nederlands consulaat, Split
Kroz Smredečac 45,
21000 Split.
Tel. 021-394104.

Reisadvies

Nederland
Rijksoverheid.
W rijksoverheid/reisadvies

België
Belgische Federale Overheidsdienst Buitenlandse Zaken.
W diplomatie.belgium.be

Reizigers met een handicap

Hrvatski savez udruga tjelesnih invalida
Šoštarićeva 8 Zagreb.
Tel. 01-4812004.
W hsuti.hr

Stichting TTFA
Postbus 456, 400 AN Tiel.
Tel. 0900-0401410.
W toegankelijk.com

Duurzaam toerisme

Adria Adventure
Tel. 020-311545
W kayakingcroatia.com

Blokovo Active Holidays
Tel. 021-679655.
W blokovo.net

SWP
Tel. 024-3277000
W swp.nl

Algemene informatie

Ministerie van Toerisme
W mint.hr.hr

Zagreb Information
W infozagreb.hr

Gezondheid en veiligheid

De Kroatische gezondheidszorg is vergelijkbaar met die in andere Europese landen, en in het algemeen brengt een bezoek aan Kroatië geen gezondheidsrisico's met zich mee. Er zijn geen inheemse ziekten, maar toeristen moeten wel oppassen voor insectenbeten en zonnebrand. Het leidingwater is in het hele land drinkbaar. Houd er rekening mee dat langs de voormalige gevechtslinies in het binnenland nog niet alle mijnen zijn opgeruimd. Waag u in deze zones niet buiten de veilige routes. De misdaadcijfers liggen vrij laag en er is weinig straatcriminaliteit, maar neem op drukke plaatsen toch maar liever de gebruikelijke voorzorgsmaatregelen om diefstal te voorkomen.

Kroatische politieagent voor een politieauto

Politie

De reguliere Kroatische politieagenten *(policija)* dragen donkerblauwe uniformen en treden zelden op de voorgrond. Het interventieteam van de politie – dat u niet vaak zult zien – draagt blauwe militaire uniformen en de speciale politie (SWAT) draagt khakikleurige militaire uniformen. Bent u slachtoffer van een misdrijf, meld u dan bij de lokale politie en neem het proces-verbaal mee.

Veiligheid

Wegen en de openbare ruimte zijn veilig en de politie is verantwoordelijk voor de bescherming en veiligheid van zowel de bewoners als de bezoekers van het land. De misdaadcijfers in Kroatië zijn vrij laag en geweldsdelicten komen niet zo veel voor. Ook diefstal komt weinig voor, al is het risico op drukke bus- en spoorwegstations groter dan elders. De politie zal het toeristen in Kroatië niet gauw lastig maken, tenzij ze natuurlijk de wet overtreden. Toch is het verstandig altijd een identiteitsbewijs bij u te hebben, want de politie heeft het recht u hierom te vragen.

Een internationaal verdrag bepaalt dat als een toerist door de politie wordt vastgehouden voor ondervraging of om een andere reden, hij of zij het recht heeft contact op te nemen met de diplomatieke vertegenwoordiging van zijn of haar land *(blz. 267)* en rechtsbijstand te ontvangen van een lokale, bij voorkeur Engelssprekende, advocaat. Eventuele kosten, waaronder die van de advocaat, komen voor rekening van de beschuldigde.

Noodgevallen

Bel in geval van nood een van de nummers uit de lijst op blz. 269. Bij ongelukken of andere medische noodgevallen gaat u naar de spoedeisende hulp *(hitna pomoć)*. Er zijn ziekenhuizen in alle grote steden, en op het platteland en de eilanden zijn lokale artsen. In geval van nood worden mensen per ambulance of helikopter naar het dichtstbijzijnde ziekenhuis vervoerd.

Diefstal en verlies

In Kroatië zijn geen andere voorzorgsmaatregelen nodig om diefstal of verlies van persoonlijke eigendommen te voorkomen dan elders, dus gebruik gewoon uw gezond verstand. Laat geen geld of waardevolle voorwerpen onbewaakt achter en houd op drukke plaatsen een oogje op uw bagage. Draag geen opzichtige, dure sieraden, die de aandacht van de verkeerde mensen zouden kunnen trekken. Het is altijd aan te bevelen om voor vertrek fotokopieën van belangrijke documenten, zoals uw paspoort, te maken. In geval van diefstal of verlies van documenten of eigendommen dient u de toedracht hiervan onmiddellijk aan de politie te melden.

Ziekenhuizen en apotheken

In alle grote steden van Kroatië is een ziekenhuis te vinden en het niveau van de gezondheidszorg is gelijk aan dat van andere EU-landen. Voor kleine aandoeningen kunt u terecht bij een apotheek *(ljekarna)*, die u herkent aan het groene kruis boven de deur. Kroatische apothekers zijn uitstekend opgeleid en kunnen geneesmiddelen voorschrijven die u thuis niet zonder recept kunt kopen. Hoewel gangbare medicijnen zonder al te veel moeite bij een apotheek

Een ambulance rijdt langs een ziekenhuis

Mensen die zonnebaden op een Dalmatisch strand

te krijgen zijn, kunt u beter zorgen dat u van medicijnen op recept een toereikende hoeveelheid bij u hebt.
Sommige geneesmiddelen zijn in Kroatië niet bekend onder de commerciële naam die ze in het land van oorsprong hebben gekregen, maar worden aangeduid aan de hand van de actieve bestanddelen die ze bevatten. Dat kan het kopen van een medicijn bij een apotheek bemoeilijken. Hoe dan ook is het handig om een leesbaar recept van uw dokter bij u te hebben als bewijs dat u een bepaald medicijn moet gebruiken. Apotheken zijn meestal de hele dag geopend (van 8.00 tot 20.00 uur) of, afhankelijk van de dag, alleen 's ochtends of 's middags.

Aandoeningen en ziekte

De meeste gezondheidsklachten van toeristen in Kroatië zijn eigen aan de toeristensector. Gebruik zonnebrandcrème met een hoge beschermingsfactor. Om een zonnesteek te voorkomen moet u veel drinken en al te grote inspanningen op de heetste uren van de dag vermijden. Gebruik een zonnebrandcrème met een hoge beschermingsfactor.
Verandering van voedsel kan maagklachten opleveren, die weliswaar vervelend zijn, maar vaak snel kunnen worden verholpen. U hoeft niet bang te zijn voor dysenterie of een soortgelijke ziekte.

Het meest voorkomende probleem op de stranden en in de buurt van de kust zijn insectenbeten, vooral van muggen, en het is een goed idee om antihistaminecrème en een insectenwerend middel mee te nemen.
Aan het einde van het voorjaar en in de zomer moet u in het binnenland uitkijken voor teken. U kunt dan het beste shirts met lange mouwen dragen en insectenwerende middelen gebruiken. Als u toch gebeten bent, ga dan naar een dokter Wandelaars en klimmers lopen in het binnenland een kleine kans slangen tegen te komen. U kunt voor alle zekerheid een passend serum meenemen.
In het algemeen kunnen de meeste lichte aandoeningen echter met een klein beetje voorzichtigheid en gezond verstand worden voorkomen.
Veerboten nemen een deel van de verbindingen tussen de kustplaatsen – en vrijwel alle verbindingen met de eilanden – voor hun rekening. Jammer genoeg hebben veel mensen last van zeeziekte, ook wanneer de zee kalm is. Mensen die gevoelig zijn voor de deining van het water kunnen een pil tegen reisziekte innemen voor ze aan boord gaan. Ze kunnen zich het best in het middelste deel van de boot ophouden, waar de deining het minst voelbaar is. Bovendien kunnen ze beter aan dek blijven, waar frisse lucht en een zichtbare horizon verlichting kunnen bieden.

Reis- en ziektekostenverzekeringen

Bezoekers die afkomstig zijn uit een EU-land kunnen in principe met de ziektekostenverzekering uit eigen land in Kroatië terecht, op vertoon van hun EHIC-kaart. Desondanks is het aan te bevelen om een reisverzekering af te sluiten die ook voorziet in dekking van medische kosten. Neem bij voorkeur een verzekering die in geval van nood ook repatriëring per vliegtuig dekt.
Als u na afloop van uw verblijf in Kroatië eventuele kosten van medische zorg vergoed wilt krijgen, zult u ter zake doende documenten en rekeningen aan uw verzekeringsmaatschappij moeten kunnen overleggen.
Alle bezoekers hebben recht op medische noodhulp, maar voor bepaalde medische diensten moet worden betaald (de tarieven zijn redelijk).
Bepaalde activiteiten, zoals duiken of bergbeklimmen en in sommige gevallen ook wandelen of motorrijden, worden vaak niet gedekt door een gewone reisverzekering, omdat ze als gevaarlijke activiteiten worden beschouwd. Informeer wanneer u een verzekering afsluit goed naar de polisvoorwaarden en betaal eventueel extra dekking.

ADRESSEN

Alarmnummers

Politie
Tel. 192.

Brandweer
Tel. 193.

Ambulance
Tel. 194.

Reddingsdienst
Tel. 112.

Wegenwacht (Automobilistenbond)
Tel. 1987. **W hak.hr**.

Kustwacht
Tel. 195.

Inlichtingen
Tel. 18981.

Geldzaken

De Kroatische munteenheid is de kuna, die in mei 1994 in de plaats kwam van de dinar. Hij mag dan pas kort in gebruik zijn, in feite is de kuna zeer oud: munten met een afbeelding van de *kuna* (marter) werden al in 1256 in Slavonië gebruikt. Het is geen probleem om buitenlands geld bij de banken en wisselkantoren in kuna om te wisselen. Toeristen moeten in kuna betalen, maar in hotels worden de kamerprijzen vaak in euro's aangegeven. Hoewel Kroatië in 2013 lid is geworden van de Europese Unie, zal het nog zeker jaren duren voordat de euro als betaalmiddel wordt ingevoerd.

Banken en wisselkantoren

Geld kan worden gewisseld bij banken en wisselkantoren. Banken zijn doorgaans geopend van maandag tot en met vrijdag van 8.00 tot 19.00 uur en op zaterdag van 8.00 tot 13.00 uur, maar die tijden kunnen variëren, dus informeer indien mogelijk van tevoren. In de kleinere plaatsen gaan sommige banken 's middags een paar uur dicht, van 12.00 tot 15.00 uur, en sluiten ze op zaterdag vroeger dan de filialen in de grote steden.
Wisselkantoren hebben flexibeler openingstijden en blijven in de toeristische gebieden vaak tot 's avonds laat open. Zij rekenen voor het wisselen een commissie die varieert van 1 tot 1,5 procent. Bij banken is die commissie veel kleiner of bestaat hij zelfs helemaal niet.
U kunt ook buitenlands geld wisselen op postkantoren en bij toeristenbureaus.
Realiseer u dat in hotels of op campings de koersen een stuk onvoordeliger kunnen zijn. Laat u ook niet verleiden tot geld wisselen bij personen op stations en in havens, of gewoon

Geldautomaten zijn in alle grotere plaatsen te vinden

op straat, die niet bevoegd zijn. Bewaar de bon van het wisselen. Die moet u kunnen laten zien als u aan het eind van uw verblijf kunabiljetten die u over hebt weer wilt terugwisselen in de oorspronkelijke valuta. Die wisselservice wordt overigens alleen door banken geboden.

Geldautomaten

In Kroatië kunt u nu overal in het land, zelfs in de kleinste dorpen en op de eilanden, geld opnemen bij een geldautomaat. Niet alle geldautomaten accepteren alle passen, dus controleer voordat u geld opneemt of het logo van uw pas ook op de geldautomaat *(bankomat)* staat. Scherm uw pincode altijd af als u bij een geldautomaat geld haalt.
Vraag voordat u op reis gaat bij uw bank na welke kosten er verbonden zijn aan het opnemen van geld in het buitenland.

Creditcards

De gangbaarste creditcards zijn Visa, MasterCard en American Express. U kunt in bijna iedere winkel, ieder hotel en ieder restaurant, en niet alleen in de grote vakantieparken, betalen met uw creditcard. Natuurlijk zijn er altijd uitzonderingen, dus kijk op de deur of er een sticker van de creditcard die u gebruikt op staat. Staat uw kaart niet aangegeven, vraag dan vóór uw aankoop of u kunt betalen met uw kaart.
In geval van verlies of diefstal van uw creditcard moet u deze meteen laten blokkeren. Bel

De Hrvatska narodna banka in Zagreb

TELEFOONNUMMERS

Banken en geldautomaten

Zagrebanmka banka
W zaba.hr

Hrvatska narodna banka
W hnb.hr

Verlies of diefstal van creditcards

American Express
Tel. +44-1273696933.
W americanexpress.com

Eurocard–MasterCard
Tel. 001-3142756690.

Visa
Tel. 0800-220111 (wacht tot de tweede kiestoon en voer dan in: 866-6540125).

hiervoor het alarmnummer van de betreffende creditcardmaatschappij (doorgaans 24 uur per dag, zeven dagen per week bereikbaar). Laat uw bank van tevoren weten dat u op reis gaat, zodat uw kaart niet wordt geblokkeerd als er wordt vermoed dat er ongewone transacties plaatsvinden.

Munteenheid

De kuna is onderverdeeld in 100 lipa (het woord 'lipa' betekent 'lindeboom'). De Centrale Bank geeft bankbiljetten van 1000, 500, 200, 100, 50, 20 en 10 kuna uit, met daarop afbeeldingen van Kroatische helden. Munten zijn er in waarden van 5, 2 en 1 kuna en van 50, 20, 10, 5, 2 en 1 lipa. De lokale afkorting van kuna is kn, maar de internationale afkorting luidt HRK.
De Kroatische munt was in het verleden gekoppeld aan de Duitse mark en tot 31 december 2001 werden de prijzen van accommodatie, vooral die van kamers bij particulieren, aangegeven in Duitse marken. Sinds in januari 2002 in de Europese Unie de euro werd ingevoerd, probeert de Kroatische overheid de wisselkoersen zo stabiel mogelijk te houden, om het land aantrekkelijk te maken voor toeristen en buitenlandse investeerders.
De euro wordt tegenwoordig bij alle banken en wisselkantoren geaccepteerd.

Bankbiljetten
De Centrale Bank geeft bankbiljetten van 1000, 500, 200, 100, 50, 20 en 10 kuna uit, met afbeeldingen van beroemde Kroaten zoals Stjepan Radić en Josip Jelačić.

20 kuna

50 kuna

100 kuna

200 kuna

Munten
De kuna is onderverdeeld in 100 lipa. Er zijn munten van 5, 2 en 1 kuna en van 50, 20, 10, 5, 2 en 1 lipa. De munten van 20 en 50 kuna zijn zilverkleurig, die van 5 en 10 lipa zijn koperkleurig.

1 kuna

2 kuna

5 kuna

1 lipa

2 lipa

5 lipa

10 lipa

20 lipa

50 lipa

Communicatie

De communicatiesystemen van het land zijn van goede kwaliteit en openbare voorzieningen als posterijen en telecommunicatie functioneren goed. Het nieuws- en informatienetwerk is prima georganiseerd, al zullen de meeste bezoekers daar vanwege de taalbarrière niet echt van profiteren. Via de satelliet kunnen echter buitenlandse televisieprogramma's worden ontvangen en bij de kiosken zijn buitenlandse kranten en tijdschriften verkrijgbaar, zij het enige tijd later dan in het land van herkomst. Ook internet is vrijwel in het hele land beschikbaar.

Openbare telefooncel in een achterafstraatje in Dubrovnik

Internationale en lokale gesprekken

Als u vanuit het buitenland naar Kroatië wilt bellen, kiest u eerst de internationale toegangscode (00), daarna de internationale landcode (385), gevolgd door het netnummer zonder de eerste nul (Kroatië is onderverdeeld in bestuurlijke gewesten die ieder hun eigen netnummer hebben) en ten slotte het abonneenummer. Om vanuit Kroatië naar het buitenland te bellen kiest u ook eerst de internationale toegangscode (eveneens 00), gevolgd door de internationale landcode (voor Nederland is dat 31, voor België 32), daarna het netnummer (zonder de eerste nul) en ten slotte het abonneenummer. Belt u vanaf een vaste telefoon in Kroatië naar een lokaal nummer, dan moet u eerst het netnummer kiezen, tenzij u vanuit de betreffende regio belt. Op blz. 273 ziet u een lijst met netnummers.
Telefoonnummers die beginnen met 060, zijn nummers van informatiediensten. Voor deze diensten geldt in heel Kroatië dezelfde begincode.

Mobiele telefoons

Er zijn in Kroatië verscheidene bedrijven die mobiele telefonie aanbieden: Tele2, met als code 095, T-Mobile, met als codes 097, 098 en 099, en Vipnet, met als codes 091 en 092. Het gsm-netwerk van HT zorgt voor ontvangst in ongeveer 98 procent van het land. Informeer voor vertrek bij uw eigen aanbieder of die een roamingovereenkomst heeft met een van de Kroatische netwerken.
Als u van plan bent om langer dan een week in Kroatie te verblijven, kan het de moeite lonen een Kroatische simkaart aan te schaffen. U moet dan wel een simlockvrije mobiele telefoon hebben. Het is verboden mobiel te bellen tijdens het autorijden (tenzij u handsfree belt).

Openbare telefoons

Openbare telefoons zijn tegenwoordig niet meer overal in Kroatië te vinden. De telefoons werken op telefoonkaarten *(telefonska kartica)* van 15, 30, 50 en 100 eenheden (een eenheid is 1 kuna), die te koop zijn bij tabakswinkels en kiosken. Het is goedkoper om te bellen met een openbare telefoon dan vanuit een hotel, omdat hotels over het algemeen een toeslag rekenen voor gesprekken die vanaf hun kamers worden gevoerd.

Internet en e-mail

Het gebruik van internet en e-mail is vrijwel overal in Kroatië mogelijk. Er zijn inmiddels in de meeste plaatsen internetcafés te vinden, ook op de eilanden, en de meeste wat grotere hotels hebben een eigen website en/of e-mailadres.
Mocht u op vakantie uw eigen laptop willen gebruiken dan bieden de meeste hotels en hostels gratis wifi aan gasten. In sommige steden (bijvoorbeeld in Rijeka en Osijek) zijn hotspots met wifi in openbare ruimten. Vraag bij het lokale toeristenbureau waar deze zones zich precies bevinden.

Postdiensten

De Kroatische Nationale postdienst HP beheert een netwerk van postkantoren, met filialen in alle plaatsen, waar postzegels en telefoonkaarten worden verkocht en uiteenlopende postdiensten worden geleverd, zoals het versturen van faxen. Postzegels *(marke)*

Surfen op het net, in een internetcafé in Dubrovnik

Typische krantenkiosk in Valpovo

zijn ook verkrijgbaar bij kiosken *(kiosk)*. Als u niet expliciet om luchtpost vraagt, worden kaarten en brieven over land vervoerd.
Brieven en kaarten kunt u posten op het postkantoor of in de gele brievenbussen die u hier en daar op straat aantreft. De posttarieven variëren al naar gelang het type correspondentie en de bestemming. Postkantoren zijn van maandag tot en met vrijdag geopend van 7.00 tot 19.00 uur en op zaterdag van 7.00 tot 13.00 uur. In de zomerperiode zijn de postkantoren in de toeristenplaatsen geopend tot 22.00 uur.
U kunt tijdens uw vakantie ook post ontvangen als deze poste restante wordt verstuurd. Alle correspondentie die naar de onderstaande adressen wordt gestuurd, wordt vastgehouden tot ze door de geadresseerde is afgehaald. In Zagreb is het adres Poste Restante, 10000 Zagreb, Kroatië, en in Split Poste Restante, Main Post Office, 21000 Split, Kroatië.

Ingang van het postkantoor (HP) in Dubrovnik

Kranten en tijdschriften

De belangrijkste landelijke kranten van Kroatië zijn *24 Sata, Jutarnji List, Večernji List* en *Slobodna Dalmacija*, alle in het Kroatisch.
Nederlandse en Belgische kranten en tijdschriften zijn vrij algemeen verkrijgbaar, met name bij de kiosken in de grotere toeristencentra en steden. Kijk ook uit naar het Engelstalige, tweemaandelijkse *In your Pocket*, boordevol informatie en verkrijgbaar in Split, Dubrovnik, Rijeka, Zadar en Zagreb.

Televisie en radio

Het belangrijkste Kroatische radio- en televisiestation is *Hrvatska radiotelevizija* (HRT).
Er zijn vier nationale tv-kanalen, HRT1, HRT2, HRT3, en HRT4, die zowel binnen- als buitenlandse programma's uitzenden. Andere omroepen zijn RTL, RTL2, Doma en Nova TV en zo'n 20 particuliere regionale zenders. Vrijwel alle programma's, inclusief films en andere buitenlandse producties, worden uitgezonden in de oorspronkelijke taal, met ondertiteling in het Kroatisch. Op de radio zijn dagelijks nieuwsuitzendingen in het Engels en Duits te horen. Veel hotels hebben satelliettelevisie, zodat de gasten toegang hebben tot een groot aantal Europese zenders. De kleinere radiostations zenden alleen in het Kroatisch uit, afgezien van bepaalde verkeersinformatie. Op het Tweede Kanaal (op RDS-HRT2) zijn algemene nieuwsberichten te horen in het Engels, Duits en Italiaans.

TELEFOONNUMMERS

Netnummers

Bjelovarsko-Bilogorska: 043.
Brodsko-Posavska: 035.
Dubrovačko-Neretvanska: 020.
Istarska: 052.
Krapinsko-Zagorska: 049.
Ličko-Senjska: 053.
Karlovačka: 047.
Koprivničko-Križevačka: 048.
Međimurska: 040.
Osječko-Baranjska: 031.
Požeško-Slavonska: 034.
Primorsko-Goranska: 051.
Šibensko-Kninska: 022.
Sisačko-Moslavačka: 044.
Splitsko-Dalmatinska: 021.
Varaždinska: 042.
Virovitičko-Podravska: 033.
Vukovarsko-Srijemska: 032.
Zadarska: 023.
Zagreb: 01.
Zagrebačka: 01.

Handige nummers

Inlichtingen internationale gesprekken
Tel. 11802.

Telefoniste internationale gesprekken
Tel. 901.

Inlichtingen nationaal
Tel. 11888.

Tijdmelding
Tel. 18095.

Weerbericht en verkeersinformatie
Tel. 072-777777.

Postkantoren

Dubrovnik
Vukovarska 16.
Tel. 020-362068.

Split
Kralja Tomislava 9.
Tel. 021-406705.

Zagreb
Jurišićeva 13.
Tel. 072-303304.

REISINFORMATIE

De meeste bezoekers uit Nederland en België gaan met het vliegtuig naar Kroatië en landen op de luchthaven van Zagreb, Split of Dubrovnik. Tijdens de zomermaanden zijn er echter ook talloze chartervluchten naar de kleinere vliegvelden. Een aanzienlijk deel van de toeristen is afkomstig uit Duitsland, Italië en Oostenrijk, landen die betrekkelijk dichtbij liggen en goede verbindingen over land en over zee bieden. Deze bezoekers komen vaak met eigen vervoer, hetzij over de weg, hetzij met gebruikmaking van een van de veerdiensten. Er is veel gedaan om de infrastructuur van het land te verbeteren en Kroatië heeft tegenwoordig goede verbindingen met de rest van Europa en de wereld. Het is ook mogelijk om per trein naar Kroatië te reizen. Dat gaat wel langzamer, maar er wordt aan het netwerk gewerkt.

Reizen per vliegtuig

De nationale luchtvaartmaatschappij, **Croatia Airlines**, verbindt de belangrijkste luchthavens van Kroatië met de rest van Europa. De voornaamste Europese bestemmingen zijn Amsterdam, Berlijn, Brussel, Düsseldorf, Frankfurt, Istanbul, Londen, München, Parijs, Praag, Rome, Sarajevo, Skopje, Wenen en Zürich.
Nederlandse en Belgische luchtvaartmaatschappijen die op Kroatië vliegen, zijn **Transavia, KLM, Ryanair, EasyJet** en **Brussels Airlines**. De vliegtijd van Amsterdam naar Zagreb bedraagt één uur en vijftig minuten, van Brussel naar Split twee uur. EasyJet vliegt van Amsterdam naar Dubrovnik en Split en een andere goedkope prijsvechter, de Pools-Hongaarse maatschappij Wizz Air, vliegt vanaf Charleroi op Ljubljana in Slovenië. Ryanair vliegt vanaf Eindhoven op Venetië, dat goede veerbootverbindingen met de Dalmatische kust heeft.
De KLM vliegt van Amsterdam naar Dubrovnik, Split, en Zagreb. Brussels Airlines vliegt naar Zagreb en met een tussenstop naar Dubrovnik, Split, Pula en Zadar.
Het is ook mogelijk om via Italië te vliegen. Vanaf Rome Fiumicino zijn er regelmatige vluchten naar Zagreb, Split en Dubrovnik.

Tarieven

De tarieven van lijnvluchten naar Kroatië variëren al naar gelang de luchtvaartmaatschappij en de tijd van het jaar. In de zomer zijn de tarieven doorgaans hoger dan in de rest van het jaar.
In de periode november–maart zijn de tickets het goedkoopst. De vluchten zijn op doordeweekse dagen vaak goedkoper dan in het weekeinde. Bovendien is het dan minder druk op de luchthavens.
In de zomermaanden zijn er talloze chartervluchten naar diverse kleinere plaatsen. Deze zijn relatief goedkoop, maar verwacht niet te veel op het gebied van service en comfort. Als u ruim van tevoren boekt, bent u in de regel goedkoper uit.

Vliegtuig van Croatia Airlines op de luchthaven van Split

Vervoer van en naar de luchthavens

Kroatië heeft drie grote luchthavens. De luchthaven van Zagreb ligt 15 km van het centrum van de stad en is door een busdienst verbonden met het centrale busstation in Držićeva. De rit duurt ongeveer 25 minuten en de bussen rijden van 4.30 of 5.00 tot 20.00 uur van de stad naar de luchthaven en van 7.00 tot 20.00 uur in de tegenovergestelde richting (of voor en na aankomst en vertrek van vluchten van Croatia Airlines). De luchthaven van Split ligt 24 km van het stadscentrum en is ook door een regelmatige busdienst met de stad verbonden. De luchthaven van Dubrovnik ligt 22 km van het centrum en daarvandaan rijdt eveneens regelmatig een busdienst naar de stad. Deze rit duurt ongeveer 20 minuten.

Arrangementen

Er zijn diverse grote touroperators die arrangementen (vliegreis plus accommodatie) aanbieden. Vaak bent u met een dergelijke pakketreis goedkoper uit dan wanneer u uw reis en accommodatie apart boekt. Veel accommodaties bieden u de keuze tussen een verblijf op basis van logies en ontbijt, halfpension, volpension of een all-inclusiveverblijf.

Reizen per trein

Het spoorwegnet waarop de huidige Kroatische spoorwegen opereren is ontworpen in de 19de eeuw, toen het land nog deel uitmaakte van Oostenrijk-Hongarije. Tegenwoordig zijn de beste treindiensten nog steeds de verbindingen met andere steden in Midden-Europa. Als u vanuit Nederland of België met de trein naar Zagreb wilt reizen, kunt u via Brussel en het Sloveense Ljubljana gaan. Een alternatieve route voert via Parijs, Milaan en Venetië, een reis van ongeveer 30 uur. Meer informatie vindt u op de officiële websites van de **Nederlandse spoorwegen** en de **Belgische spoorwegen**, onder respectievelijk 'Internationaal' en 'Reizen in Europa'.
Enkele treindiensten vanuit andere Europese steden zijn de Intercity München–Zagreb (9 uur), de Eurocity 'Mimara', van München via Salzburg en Ljubljana naar Zagreb, en de Intercity 'Croatia', van Wenen via Maribor naar Zagreb (6 uur en 30 minuten). De trein van Wenen naar Rijeka doet er 8 uur over.
Er gaat dagelijks een trein rechtstreeks van Venetië naar Zagreb, een slaaptrein. Er gaan ook regelmatig treinen naar Zagreb van Belgrado (vier per dag) en van Boedapest (drie per dag). Het hoofdkantoor van de **Kroatische spoorwegen (Hrvatske Željeznice)** is in Zagreb gevestigd.

Reizen per bus

Kroatië heeft ook goede busverbindingen met andere landen. Internationale bussen verbinden Kroatië met de buurlanden, maar ook met Frankrijk, Zwitserland, Duitsland, Oostenrijk, Slowakije, Bosnië-Herzegovina en Montenegro.
Vanuit Duitsland rijden er dagelijks bussen uit Berlijn, Keulen, Dortmund, Frankfurt,

Langeafstandsbus, Euroline

Mannheim, München en Stuttgart naar Zagreb en de kuststeden tussen Rijeka en Split. Veel Italiaanse steden zoals Bologna, Florence, Milaan, Rome en Triëst zijn via een busverbinding met Zagreb verbonden.
Van Dubrovnik gaat er dagelijks driemaal een bus naar Mostar en tweemaal een bus

Dit bord geeft onder meer de afstand aan naar de grens met Sovenië

naar Sarajevo. Van Split gaan er dagelijks vijf bussen naar Međurgorje, acht naar Mostar en vijf naar Sarajevo. Van Zagreb gaan er dagelijks twee bussen naar Mostar en zes naar Sarajevo.
In Nederland en België verzorgt **Eurolines** wekelijks busreizen via Duitsland naar Zagreb (via Varaždin), Split (via Zadar, Šibenik en Trogir), Osijek, Vukovar en Slavonski Brod.
U kunt een bus reserveren vanuit diverse grote steden, zoals Amsterdam, Rotterdam, Den Haag, Utrecht, Brussel, Antwerpen of Gent. De bussen vertrekken vaak vanaf of nabij het treinstation.
Het belangrijkste busstation van het land is **Autobusni Kolodvor Zagreb** in de hoofdstad. De Autoservizio Friuli Venezia Giulia SAF Trieste verzorgt 's zomers vier busdiensten per dag naar Pula en 's winters twee. In Triëst kunt u ook de bus nemen naar Rijeka en van daar de bus die naar Split gaat (vijfmaal per dag).

Reizen per auto of motorfiets

Met name toeristen uit de naburige landen reizen veelal met de auto (of motorfiets) naar Kroatië. Er zijn zes grote grensovergangen tussen Kroatië en Hongarije, 23 grensovergangen tussen Kroatië en Bosnië-Herzegovina, acht grensovergangen tussen Kroatië en de Unie van Servië en Montenegro en twee grensovergangen tussen Kroatië en Montenegro.
Verkeer dat over land vanuit Italië komt, steekt via Slovenië de grens over, bij als 'internationaal' te boek staande grensovergangen die het hele jaar door 24 uur per dag geopend zijn. Rabuiese-Muggia, richting Savudrija, is de grensovergang voor Istrië, Basovizza-Pesek die voor Rijeka en Dalmatië, Fernetti-Villa Opicina die voor Zagreb.
Als u met de auto naar Kroatië reist, moet u een geldig rijbewijs en een groene kaart bij u hebben. Ook moet u bij aankomst in het land reeds bestaande niet-gerepareerde schade aan de auto melden – dit voor verzekeringsdoeleinden.

Reizen per boot

De belangrijkste internationale veerbootverbindingen zijn die met Italië, met name met steden als Triëst, Ancona, Pescara en Bari. De belangrijkste Kroatische veerbootmaatschappij is Jadrolinija *(blz. 279)*. Deze maatschappij onderhoudt veerdiensten tussen Ancona en Split (drie keer per week). De overtocht duurt negen uur. Er vaart ook een boot tussen Ancona en Zadar (drie keer per week, overtocht acht uur) en tussen Bari en Dubrovnik ('s winters drie keer per week en 's zomers zes keer per week; de overtocht duurt 's nachts tien uur en overdag zevenenenhalf uur). In de zomer (half juli–half aug.) legt de veerboot tussen Ancona en Split ook aan bij Stari Grad op het eiland Hvar. **Blue Line** is een internationale maatschappij die een regelmatige dienst onderhoudt tussen Ancona en Split (een tocht van tien uur), en die in het seizoen vaart tussen Ancona en Hvar, en Ancona en Vis. De veerboten zijn uitstekend uitgerust, met restaurants, bars en belastingvrije winkels. **Venezia Lines** vaart op het noordelijke deel van de Adriatische Zee tussen Italië en Kroatië. De maatschappij onderhoudt met catamarans vaste lijnen tussen Venetië en Poreč, Rovinj, Pula en Rabac in Istrië en vaart ook tussen Venetië en Mali Lošinj op het eiland Lošinj. **Trieste Lines** heeft een snelle catamaran in het Noordelijke Adriatische kustgebied en verbindt Triëst, Rovinj en Pula, van eind juni tot half september. Het Italiaanse **SNAV** vaart van half juni tot eind september dagelijks met een snelle Croatia Jet-catamaran tussen Ancona en Split. Deze overtocht duurt vijf uur.

Een van de schepen van de maatschappij Jadrolinija

JADROLINIJA

Symbool van de veerbootmaatschappij Jadrolinija

ADRESSEN

Kroatische dienst voor Toerisme

Iblerov trg 10/IV, Zagreb
Tel. 01-4699333.

Luchtvaartmaatschappijen

Croatia Airlines
Tel. 020-3154280 (Ned.), 02-7535132 (België), 01-4819633 (Kroatië).
w **croatiaairlines.com**

Easyjet
w **easyjet.com**

KLM
Tel. 01-4878600 (Kroatië).
w **klm.com**

Ryanair
w **ryaniar.com**

Transavia
Tel. 0900-0737.
w **transavia.nl**

Brussels Airlines
Tel. 01-6164580 (Zagreb), 021-203305 (Split).
w **brusselsairlines.com**

Busreizen

Busstation Dubrovnik
Tel. 060-305070 (Kroatisch).
w **http://libertasdubrovnik.hr**

Busstation Split
Tel. 060-327777 (Kroatisch).
w **ak-split.hr**

Busstation Zagreb
Tel. 060-313333 en 01-6112789 (Kroatisch).
w **akz.hr**

Eurolines
Julianaplein 5, Amstel Busstation, Amsterdam.
Tel. 020-5608788.
Stationsplein 57, Utrecht.
Tel. 30-2969090.
Conradstraat 16, naast Centraal Station, Rotterdam.
Tel. 010-4124444.
Korte Poten 44, Den Haag.
Tel. 070-3159315.
CCN Noordstation, Busstation, Vooruitgangsstraat 80, Brussel.
Tel. 02-2741350.
Van Stralenstraat 8, Antwerpen.
Tel. 03-2338662.
Koningin Elizabethlaan 73, Gent.
Tel. 01096-2209024.
w **eurolines.com**

Spoorwegen

Kroatische spoorwegen
Tel. 060-333444 (Kroatië).
w **hzpp.hr**

NS
Tel. 0900-9296.
w **ns.nl**

NMBS
Tel. 02-5282828.
w **b-rail.be**

Veerdiensten

Blue Line
Tel. 356-21223299.
w **blueline-ferries.com**

SNAV
Ancona, Italië.
Tel. 0039-71-2075116.
w **snav.it**

Trieste Lines
Viale Miramarer 9, Triëst, Italië.
Tel. 0039-0923873813.

Venezia Lines
Trg Matije Gupca 11, Poreč.
Tel. 052-422896.
w **venezialines.com**

Vervoer in Kroatië

Het vervoersnetwerk in Kroatië is redelijk efficiënt, vooral het wegennet en de veerdiensten. De verbindingen tussen het vasteland en de eilanden zijn voortreffelijk, en zelfs de kleinere plaatsen zijn gemakkelijk met de bus te bereiken. Er zijn binnenlandse vluchten tussen de grote steden, maar het vliegtuig is niet bepaald een gangbaar vervoermiddel voor binnenlands verkeer. Reizen per trein is alleen te doen als u genoeg tijd hebt, want het spoorwegnet moet nodig worden gemoderniseerd. Dat betekent dat een treinreis momenteel veel langer duurt dan wanneer u hetzelfde traject over de weg zou afleggen.

Mountainbiken op bergachtig terrein in Kroatië

Duurzaam reizen

In Kroatië is de afgelopen jaren veel gebeurd op het gebied van duurzaam reizen. Zo rijdt sinds 2007 in Zagreb de ZET (Zagrebs gemeentelijk vervoerssysteem) op biogas. Zagreb heeft een taxibedrijf, Eko Taxi, dat zichzelf aanprijst met 'lage CO2-uitstoot' en er zijn fietspaden aangelegd, waardoor de stad een fietsvriendelijke bestemming is geworden.

Fietsen op het platteland wordt steeds populairder en er worden nu ook fietsvakanties georganiseerd in Istrië en delen van Dalmatië (hier met name mountainbiken). Ook wandelen is geliefd, zowel bij Kroatiërs als buitenlandse toeristen. De beste seizoenen voor wandeltochten zijn de lente en de herfst. Er bestaan ook georganiseerde wandelvakanties. Tot slot is zeilen een van de milieuvriendelijkste manieren om de Kroatische kust te verkennen – op windkracht in plaats van motorkracht.

Binnenlandse vluchten

Er zijn goede vliegverbindingen tussen de drie grote luchthavens van het land, Zagreb, Split en Dubrovnik. Er zijn ook verbindingen tussen deze grote luchthavens en kleinere vliegvelden, zoals dat van Osijek, Zadar, Rijeka (op het eiland Krk), Pula en Brač, dat alleen in de zomermaanden in gebruik is.

Autorijden in Kroatië

Het verkeer rijdt aan de rechterkant van de weg en in de auto moet men een autogordel om hebben, zowel voorin als achterin. Kinderen tot 12 jaar moeten achterin zitten.

De maximumsnelheid is 50 km/u binnen de bebouwde kom, 80 km/u buiten de bebouwde kom en 130 km/u op de snelweg. Voor auto's met een caravan geldt een maximumsnelheid van 80 km/u.

De verkeersborden zijn vrijwel identiek aan die elders in Europa. Het is verboden te rijden met meer dan 0,5 promille alcohol.

Tankstations zijn dagelijks geopend van 7.00–19.00 of 20.00 uur, maar in de zomer blijven ze open tot 22.00 uur. Op de hoofdwegen en in grotere steden zijn tankstations dag en nacht geopend. Alle brandstoffen zijn beschikbaar: Eurosuper 95, Eurosuper 98 en Eurodiesel.

(Tol)wegen

Als onderdeel van een groots infrastructuurprogramma wordt het netwerk van nationale snelwegen *(autocesta)* uitgebreid en moesten er diverse indruwekkende viaducten en tunnels worden gebouwd. De snelwegen van Kroatië behoren daardoor tot de modernste en veiligste van Europa. De A1 tussen Zagreb en Ploče is de langste snelweg in Kroatië met een lengte van 480 km. Er zijn plannen om de weg te verlengen tot aan de kust bij Dubrovnik.

Op sommige delen van de snelweg moeten automobilisten tol betalen (ofwel contant ofwel via creditcard): Zagreb–Karlovac, Zaprešić, Krapina, Varaždin–Goričan, Zagreb–Oprisavci, Rijeka–Delnoce, Zagreb–Split.

Er wordt ook tol geheven bij de brug naar het eiland Krk en bij de Učka Tunnel.

Parkeren

Net als elders in Europa is parkeren in de grote steden een groeiend probleem. Sommige hotels bieden hun gasten parkeergelegenheid. Als u per auto reist, kunt u dit vooraf navragen. In veel kleine kuststeden zijn de boulevards in de zomer gesloten voor verkeer, waardoor het aantal parkeerplaatsen aanzienlijk vermindert.

In voorkomende gevallen dient u uw parkeerkaartje goed zichtbaar achter uw voorruit op uw dashboard te plaatsen. Bij foutparkeren kan uw auto worden weggesleept en ziet u een fikse boete tegemoet.

Stadsverkeer in de gezellige stad Osijek

Wegenwacht en verkeersinformatie

De Kroatische **Automobilistenbond (HAK)** heeft een wegenwachtservice die het hele jaar door 24 uur per dag bereikbaar is onder telefoonnummer 1987 (voorafgegaan door 003851 als u van buiten Kroatië belt). Het gaat om reparaties ter plaatse of in een garage, het wegslepen van zwaar beschadigde auto's en transport tot een afstand van 100 km.
HAK verschaft ook verkeersinformatie (voor zowel weg- als zeeverkeer) en inlichtingen over tolheffingen, tijdelijke omleidingen, benzineprijzen, de dienstregeling van veerboten, mogelijke alternatieve routes en andere onderwerpen die automobilisten raken. De website www.hak.hr biedt allerlei nuttige informatie en links.

Toestand van de wegen/ risico's

De wegen in Kroatië zijn goed vergeleken met de wegen in de meeste EU-landen en de onlangs aangelegde wegen zijn nog beter. Maar, de pittoreske Magistrala (kustweg), die langs de Adriatische Zee loopt van Rijeka tot aan Dubrovnik, kent veel haarspeldbochten en is spiegelglad wanneer het regent. Op de eilanden en op het platteland kunnen de wegen smal zijn en slecht geasfalteerd.

Autoverhuur

Er zijn kantoren van autoverhuurmaatschappijen in alle grotere plaatsen, in de toeristenplaatsen en op de luchthavens. De bestuurder heeft een geldig rijbewijs nodig en moet ten minste 21 jaar oud zijn. Behalve de bekende internationale bedrijven, zoals **Avis**, **Budget** en **Hertz**, zijn er ook tal van lokale onafhankelijke bedrijven.
Een van de voordelen van het huren van een auto bij de grote maatschappijen is dat u de mogelijkheid hebt de auto achter te laten in een andere plaats dan waar u hem hebt opgehaald. Hier moet u wel extra voor betalen.

Ingang van het grote station van Zagreb, Glavni kolodvor

Treinen

Behalve in de regio rond Zagreb wordt de trein niet zo veel gebruikt in Kroatië: het spoorwegnet wordt stukje bij beetje gemoderniseerd. Toch zijn alle grotere Kroatische steden op het net aangesloten, met uitzondering van Dubrovnik, dat geen station heeft. Hét knooppunt van het Kroatische spoorwegnet is het station in de hoofdstad (Glavni kolodvor Zagreb).
Vandaar gaan er treinen naar Rijeka, waar u kunt overstappen voor Istrië; naar Split, met een aftakking naar Zadar en Šibenik en andere plaatsen aan de Dalmatische kust; naar Varaždin in het noorden en naar Osijek in het oosten. Houd rekening met de volgende minimumreistijden: vier uur voor Zagreb–Rijeka, zeveneneenhalf uur voor Zagreb–Split, twee uur voor Zagreb–Varaždin en vier uur voor Zagreb–Osijek. Op sommige trajecten rijden sneltreinen. Het hoofdkantoor van de Kroatische spoorwegen – **Hrvatske Željeznice** – staat in Zagreb *(blz. 276)*.

Met de langeafstandsbus naar de stad Dubrovnik

Bussen

Bussen zijn een prima vervoermiddel. Er is een uitgebreid netwerk van busroutes, met talloze verbindingen en bestemmingen, maar een buskaartje is wel duurder dan een treinkaartje. Koffers en grote rugzakken worden in het bagagecompartiment onder in de bus vervoerd en daarvoor moet u extra betalen.
Er zijn 'intercitybusdiensten' (rechtstreekse verbindingen tussen de grote steden) en regionale diensten (verbindingen tussen de kleinere plaatsen en de grote steden). Er zijn dagelijkse verbindingen tussen de steden en dorpen van Kroatië en op de langere trajecten rijden nachtbussen. Ga voor meer informatie naar het plaatselijke busstation *(autobusni kolodvor)* en raadpleeg daar de dienstregeling. *Vozi svaki dan* verwijst naar de dagelijkse diensten, terwijl *ne vozi nedjeljom ni praznikom* aangeeft welke diensten niet gelden op zon- en feestdagen. Het belangrijkste busstation in Zagreb is **Autobusni kolodvor Zagreb** en in Split **Autobusni kolodvor Split**.

Busreizen

Reisbureau **Atlas** biedt diverse busreizen, zoals de 8-daagse 'Hoogtepunten van Kroatië'-reis onder leiding van een gids, waarbij u Dubrovnik, Split, Trogir, Zadar, Zagreb en Plitvice aandoet, en de 10-daagse 'Unesco-werelderfgoedplaatsen en nationale parken van

Kroatië'-reis. Atlas organiseert ook dagtrips vanuit Dubrovnik naar Ston en Korčula, Mostar (in Bosnië Herzegovina) en de Tararivier (in Montenegro).

Eilandveerboten

De meeste veerboten en catamarans die het vasteland met de eilanden verbinden worden gedreven door het staatsbedrijf **Jadrolinija**. Deze boten vervoeren zowel passagiers als voertuigen.
Het Kroatische veerbotennet is in vijf districten verdeeld en de schepen vervoeren zowel passagiers als voertuigen.
In het Rijekadistrict zijn de eilanden Cres en Lošinj met het vasteland verbonden door de routes Valbiska–Merag en Brestova–Porozina. Er gaat ook een veerboot van Rijeka naar Mali Lošinj die onderweg Cres, Unike en Susak aandoet. Het eiland Rab is met de kust verbonden door de route Stinica–Mišnjak en met het eiland Krk door de route Lopar–Valbiska. Het eiland Pag ten slotte is met de kust verbonden door de route Frizna–Žigljen en Novalja op Pag is verbonden met Rijeka, met een stop in Rabstad. In het district van Zadar zijn er verbindingen met Preko, op het eiland Ugljan, Bribinj en Zaglav, op het eiland Dugi Otok, en tussen Biograd en Tkon, op het eiland Pašman.
In het Šibenikdistrict is deze stad verbonden met de eilanden Zlarin en Prvić.
In het Splitdistrict zijn er verbindingen tussen Split en het eiland Brač (Supetar), het eiland Korčula (Vela Luka), het eiland Hvar (Starigrad), het eiland Šolta (Rogač), het eiland Vis (de haven) en het eiland Lastovo (Ubli). Er zijn ook veerbootverbindingen tussen Makarska en Sumartin (op Brač), tussen Ploče en Trpanj (op het schiereiland Pelješac), tussen Orebić en Dominče (op Korčula), tussen Drvenik en Korčula en tussen Drvenik en Sućuraj (op het eiland Hvar).
In het district van Dubrovnik ten slotte is de belangrijkste veerbootverbinding die tussen Dubrovnik en het eiland Mljet (Sobra) en varen kleine boten tussen de Elafieteneilanden Koločep, Lopud en Šipan.

Dienstregeling eilandveerboten

Veerboten varen regelmatig in het hoogseizoen, maar veel minder vaak buiten de zomermaanden. Op sommige korte, drukke routes, zoals Stinica–Mišnjak en Drvenik–Sućuraj, varen de veerboten wel continu.
Mensen die zonder auto of motorfiets reizen kunnen ook gebruikmaken van de catamarans die Split met de omliggende eilanden Brač, Hvar, Vis, Korčula en Lastovo verbinden. De duur van de overtocht varieert van 45 minuten naar Hvar tot tweeënhalf uur naar Lastovo. Behalve Jadrolinija varen er ook diverse particuliere bedrijven.
G & V Line heeft catamarans tussen Dubrovnik en Mljet, van Zadar naar diverse eilanden in de omgeving. **Linijska nacionalna plovidba** vaart met catamarans van Split naar Brač en Solta, en van Pula naar Zadar (alleen 's zomers) en met veerboten tussen Valbiska (op Krk) en Lopar (op Rab) en van Drvenik (vasteland) naar Dominča (op Korčula). **Miatours** heeft een draagvleugelboot van Zadar naar de eilanden, en **Rapska plovidba** verzorgt veerdiensten tussen Stinica (vasteland) naar Mišnjak (op Pag) en van Rabstad naar Lun (op Pag).

ADRESSEN

Luchthavens

Brač
Tel. 021-559711.
W airport-brac.hr

Dubrovnik
Tel. 020-773100.
W airport-dubrovnik.hr

Osijek
Tel. 060-339339.
W osijek-airport.hr

Pula
Tel. 060-308308.
W airport-pula.hr

Rijeka
Tel. 051-841222.
W rijeka-airport

Split
Tel. 021-203506.
W split-airport.hr

Zadar
Tel. 023-205800.
W zadar-airport.hr

Zagreb
Tel. 060-320320.
W zagreb-airport.hr

Autorijden

Automobilistenbond, HAK
Tel. 1987. **Tel.** 072-777777 (verkeersinformatie).

Autoverhuur

Avis
Tel. 01-4673638.
W avis.com.hr

Budget
Tel. 062-300331.
W budget.hr

Hertz
Tel. 072-727277.
W hertz.hr

Bussen

Autobusni kolodvor Zagreb
Inlichtingen
Tel. 060-313333.
W http://akz.hr

Autobusni kolodvor Split
Inlichtingen
Tel. 060-327777.
W ak-split.hr

Busreizen

Atlas
Izidora Kršnjavog 1, Zagreb.
Tel. 01-2415611.
W atlas-croatia.com

Veerdiensten

Jadrolinija
Riva 16, Rijeka.
Tel. 051-666111.
W jadrolinija.hr

G & V Line
Tel. 020-313119.
W gv-line.hr

Linijska nacionalna plovidba
Tel. 021352527.
W lnp.hr

Miatours
Tel. 023-254300.
W miatours.hr

Rapska plovidba
Tel. 051-724122.
W rapska-plovidba.hr

Vervoer in Zagreb

De stad Zagreb heeft een goede, efficiënte infrastructuur, die door middel van trams, bussen en een kabelspoor tussen de Beneden- en Bovenstad voorziet in goede verbindingen tussen de centrale wijken en de buitenwijken. De trams rijden heel regelmatig en er zijn ook enkele nachtlijnen. Grote delen van Gradec, de oude stad, zijn tegenwoordig voetgangersgebied – aangename wandelstraten zonder uitlaatgassen. Er is geen metrosysteem in Zagreb.

Witte gevel van de Catharinakerk in de Bovenstad van Zagreb

Wandelen

Zagreb is een grote stad en de meeste bezoekers zullen gebruik moeten maken van een of andere vorm van openbaar vervoer om zich er te verplaatsen. Het centrum, dat wil zeggen Kaptol en Gradec (samen bekend als Gornji Grad of Bovenstad), kan men echter het beste te voet verkennen. Vooral in het oude centrum met zijn eerbiedwaardige kerken en fraaie gebouwen is wandelen een genot. Het is een goed idee om een stadsplattegrond aan te schaffen voor u vertrekt. Bij alle toeristenbureaus zijn ze te krijgen. U kunt er natuurlijk ook op vertrouwen dat men u de weg wijst, want de meeste bewoners zijn behulpzaam jegens toeristen. Alleen de taal wil nog wel eens voor communicatieproblemen zorgen en dan kan een kaart uitkomst bieden.

Trams

Het bedrijf dat zorg draagt voor het openbaar vervoer in de hoofdstad is de Zagrebački Električni Tramvaj, de **ZET**. Het tramnetwerk is efficiënt. De elektrische trams rijden regelmatig en hun routes bestrijken een groot deel van de stad.
Er rijden overdag trams op zo'n vijftien tramlijnen (van 4.00 uur 's ochtends tot middernacht) en er zijn ook nog vier nachtlijnen (actief tussen middernacht en 4.00 uur). Overdag kunt u gebruikmaken van de volgende lijnen:
1 Zapadni kolodvor–Borongaj;
2 Črnomerec–Savišće;
3 Ljubljanica–Žitnjak;
4 Savski most–Dubec;
5 Jarun– Kvaternikov trg;
6 Črnomerec–Sopot;
7 Savski most–Dubrava;
8 Mihaljevac– Zapruđe;
9 Ljubljanica– Borongaj;
11 Črnomerec– Dubec;
12 Ljubljanica– Dubrava;
13 Žitnjak–Kvaternikov trg;
14 Mihaljevac–Zapruđe;
15 Mihaljevac–Dolje;
17 Prečko–Borongaj.
Op alle lijnen rijden de trams overdag regelmatig, met tussenpozen van zes minuten (op werkdagen) tot tien minuten (zon- en feestdagen). De tramlijnen 3 en 8 rijden niet op zon- en feestdagen.
De nachttrams rijden elke 20 tot 40 minuten op de volgende vier routes:
31 Črnomerec–Savski most;
32 Prečko–Borongaj;
33 Dolje–Savišće;
34 Ljubljanica–Dubec.
Het belangrijkste knooppunt van tramlijnen is Trg bana Jelačića, waar zeven lijnen elkaar kruisen.

Een van de vele trams, die overal in de stad rijden

Bussen

Er is een tamelijk uitgebreid netwerk van busverbindingen, met een groot aantal routes naar de verschillende eindbestemmingen: Britanski trg, Jandrićeva, Jankomir, Savski most, Ljubljanica, trg Mazuranica, Črnomerec, Mandaličina, Zaprešić, Kaptol, Petrova, Svetice, Dubrava, Kvaternikov trg, Glavni kolodvor, Žitnjak, Sesvete, Borongaj, Mihaljevac en Velika Gorica.

Kaartjes

In alle bussen en trams zijn kaartjes bij de chauffeur te koop, maar u kunt ze ook van tevoren bij een kiosk aanschaffen. Een gewoon kaartje is voor een enkele reis. Het moet worden afgestempeld in de automaat zodra u instapt en is vanaf dat moment 90 minuten geldig. Een kaartje kost 10 kuna. Dagkaarten kosten 40 kuna en zijn erg handig als u van plan bent op één dag verschillende ritten te maken (ze zijn geldig tot de volgende ochtend 4.00 uur). Daarnaast zijn er ook maandkaarten. Een nuttige website is www.zagreb-touristinfo.hr. Reizen zonder kaartje wordt bestraft met een boete van 210 kuna.

Kabelspoor

Een interessant middel van vervoer is de *uspinjača*, een heel steil kabelspoor dat al sinds 1890 in gebruik is. Dit ritje is met 66 m een van de kortste openbaarvervoerritjes ter wereld. De klim van de Benedenstad naar de Bovenstad duurt minder dan een minuut. Het punt van aankomst ligt vlak bij de Lotrščaktoren. Het vertrekpunt is in de Tomićevastraat, midden in het centrum (elke tien minuten van 6.30 tot 22.00, 's zomers tot 24.00 uur). De prijs van een kaartje is 4 kuna.

De kabelbaan die de Benedenstad met de Bovenstad verbindt

Kabelbaan

De **Žičara** is een kabelbaan die Zagreb verbindt met Sljeme, de hoogste top van de Medvednicaketen. Deze tocht duurt 20 minuten. De kabelbaan werd in 1963 geopend, maar is op dit moment niet in gebruik omdat er gewerkt wordt aan een nieuwe kabelbaan. Tot die klaar is rijden er bussen tussen Zagreb en Sljeme.

Taxi's vindt u overal in de grote steden van Kroatië

Taxi's

Net als in elke grote stad rijden er in Zagreb overal taxi's. Er zijn diverse kleine particuliere taxibedrijven, zoals **Eko Taxi** (met hybride voertuigen), het gerenommeerde en ervaren **Radio Taxi Zagreb** en **Taxi Cammeo** met chauffeurs in een fraai uniform. Alle taxi's hebben een vergunning en zijn uitgerust met een meter. De tarieven variëren per onderneming, maar ga ervan uit dat u een basistarief van 10 kuna moet betalen en dat dit bedrag toeneemt met 7 kuna per kilometer.

Autoverhuur

Als u een auto wilt huren kunt u terecht bij grote autoverhuurbedrijven zoals **Budget**, **Hertz** en **Avis**. Bij pech onderweg wordt wegenwachtservice verleend door de Kroatische automobilistenbond, die ook kan adviseren over routes *(blz. 278–279)*.

Fietsverhuur en excursies

Zagreb is een vlakke stad en daardoor zeer fietsvriendelijk. Er is een netwerk met duidelijk aangegeven fietspaden tussen alle bezienswaardigheden, behalve in de middeleeuwse wijk Gornji Grad. In het centrum zijn verschillende fietsverhuurbedrijven, zoals **Zagreb by Bike**, dat ook excursies verzorgt.
Ook is er in Zagreb een deelfietsensysteem waar iedereen gebruik van kan maken. Kijk op www.nextbike.hr voor meer informatie over dit handige systeem.

ADRESSEN

Trams

ZET
Tel. 01-3651555/060-100001.

Taxi's

Eko Taxi
Tel. 1414 en 060-7777.
W **ekotaxi.hr**

Radio Taxi Zagreb
Tel. 1717.
W **radiotaxizagreb.com**

Taxi Cammeo Zagreb
Tel. 1212.
W **taxi-cammeo.hr**

Autoverhuur

Avis
Oreskoviceva 21, Zagreb.
Tel. 01-4673638.
W **avis.com.hr**

Budget
Radnička 45, Zagreb.
Tel. 062-300331.
W **budget.hr**

Hertz
Vukotinovićeva 4, Zagreb.
Tel. 072-727277.
W **hertz.hr**

Fietstochten

Zagreb by Bike
Vertrekpunt: Trg bana Josipa Jelačića 15 (in de achtertuin), Zagreb.
Tel. 098-1883344.
W **zagrebbybike.com**

Register

N

Dankbetuiging

Fabio Ratti Editoria bedankt de volgende medewerkers van Dorling Kindersley:

Kaartcoördinator
Dave Pugh.

DTP-manager
Jason Little.

Hoofdredacteur
Anna Streiffert.

Art director
Marisa Renzullo.

Uitgever
Douglas Amrine.

Dorling Kindersley bedankt iedereen wiens bijdragen en medewerking het samenstellen van dit boek mogelijk hebben gemaakt.

Auteur
Leandro Zoppè is geboren in Venetië en afgestudeerd in de politicologie aan de universiteit van Padua. Hij woont momenteel in Milaan, waar hij als historicus werkzaam is als freelance journalist en schrijver van reisgidsen en boeken over geschiedenis, kunst en natuur.

Bijdragen
Božidarka Boza Gligorijević, pr-manager van het Kroatisch Nationaal Verkeersbureau in Milaan; Graeme Harwood, auteur en culinair deskundige.

Tekstrevisie
Sanja Rojić (hoogleraar), Iva Grgic (hoogleraar).

Controle van de praktische informatie
Lucia Čutura, Viktor Jovanović Marušić, Jane Foster.

Redacteur Britse editie
Jacky Jackson.

Proeflezer
Alessandra Lombardi, Stewart J Wild.

Register
Helen Peters.

Feitencontrole
Katarina Bulic.

Bewerking
Louise Abbott, Claire Baranowski, Marta Bescos, Sonal Bhatt, Nadia Bono-mally, Jonathan Bousfield, Louise Cleghorn, Karen DSouza, Anna Fischel, Anna Freiberger, Prerna Gupta, Kaberi Hazarika, Cincy Jose, Juliet Kenny, Sumita Khatwani, Kathryn Lane, Colette Levitt, Carly Madden, Alison McGill, Sam Merrell, George Nimmo, Nataša Novakovic, Susie Peachey, Lucy Richards, Ellen Root, Ankita Sharma, Julie Thompson, Priyansha Tuli, Vinita Venugopal, Ajay Verma, Dora Whitaker.

Speciale dank
Kroatisch Nationaal Bureau voor Toerisme, Zagreb, met name de directeur Niko Bulić; Kroatisch Nationaal Verkeersbureau, Milaan met name de directeur Klaudio Stojnic en de pr-manager Božidarka Boza Gligorijević; de regionale en lokale toeristenbureaus van Kroatië; Vinko Bakija (directeur van het toeristenbureau van Supetar, eiland Brač); Zdravko Banović (toeristenbureau, Split); Daniela Barac (gids in Crikvenica); Nikša Bender (marketingmanager van het toeristenbureau van Dubrovnik); Maja Boban (gids voor de omgeving van Zagreb); Ankica Boksic Franchini (toeristenbureau, Split); Tanja Bunjevac (toeristenbureau, Varaždin) Rujana Bušić (gids in Vinkovci); Vanja Dadić (gids in Šibenik); Mirjana Darrer (pr-manager van het toeristenbureau in Dubrovnik); Marchese Doimo Frangipane di Aiello del Friuli; Danijela Duić (gids in Karlovac); Jurica Duževič (directeur van het toeristenbureau in Stari Grad, eiland Hvar); Daniela Fanikutić (toeristenbureau, Poreč); Ennio Forlani (directeur van het toeristenbureau van Vodnjan); Vesna Gamulin (gids in Dubrovnik); Miljenko Gašparac (opziener van het Nationaal Park Risnjak); Boris Gržina (Hotel Esplanade in Zagreb); Vesna Habazin en Snježana Hrupelj (gidsen in het gebied van de kuuroorden); Mladenka Jarac-Rončević (Kroatische consul in Italië); Zoran Jelaska (gids in Split); Vesna Jovičić (gids in Pula); Darko Kovačić (gids in natuurpark Lonjsko Polje); Darko Kovačić (directeur van het toeristenbureau van Omiš); Stanka Kraljević (directeur van het toeristenbureau van Korčula); Vlasta Krklec (Museum van Krapina); Tonći Lalić (gids in Makarska); Damir Macanić (directeur van het toeristenbureau in Osijek); Damir Mihalić (toeristenbureau, Varaždinske Toplice); Josip Mikolčić (toeristenbureau, Virovitica); Danijela Miletić (toeristenbureau, Zagreb); Smiljan Mitrović (gids in Zadar); Franjo Mrzljak (directeur van het Nationaal Museum van Naïeve Kunst, Zagreb); Andro Krstulović Opara (voormalige Kroatische consul in Italië); Ottone Novosel (gids in Križevci); Ankica Pandzic (directeur van het Museum voor Kroatische Geschiedenis in Zagreb); Danika Plazibat (Meštrovićmuseum, Zagreb); Gordana Perić (toeristenbureau, Zadar); Ante Rendić-Miočević (directeur van het Archeologisch Museum, Zagreb); Mladen Radić (directeur van het Museum van Slavonië, Osijek); Ljubica Ramušćak (stadsmuseum van Medimurje, Cakovec); Ljiljana Sever (gids in Varaždin); Josipa Šipek (directeur van Hotel Coning in Trakošćan); Doris Staničić (gids in Osijek); Alka Starac (Archeologisch Museum van Istrië, Pula); Branka Tropp (directeur van het toeristenbureau in Varaždin); Duro Vandura (directeur van het Museum van Oude Meesters, Zagreb); Klara Vedriš (Museum van Moderne Kunst, Zagreb); Vjenceslav Vlahov (gids in Zagreb); Igor Zidić (directeur van het Museum voor Moderne Kunst, Zagreb); Marko Zoričić (directeur van het toeristenbureau in Opatija).

DK bedankt lady Beresford-Peirse van de International Trust for Kroatisch Monuments voor haar tijd en waardevolle suggesties.

Toestemming voor fotografie
De uitgever bedankt alle musea, lokale instellingen, hotels, restaurants, winkels en andere instanties van belang voor hun medewerking en hun toestemming voor het maken van foto's van en in hun etablissement.

Aanvullende fotografie
Adriano Bacchella, Nataša Novakovic, Aldo Pavan, Lucio Rossi, Rough Guides/Tim Draper, Tony Souter, Leandro Zoppé.

Fotoverantwoording
b=boven, l=links, m=midden, o=onder, r=rechts.

De uitgever bedankt de volgende personen, instanties en foto-agentschappen voor de verleende toestemming hun foto's te mogen reproduceren:

123RF.com: tupungato 68bl; **360 Degrees, Dubrovnik:** 233bl, 241or
Adriatic Luxury Hotels: Excelsior Hotel 229or; **Alamy Images:** Tibor Bognar 220–221; Europe/Peter Forsberg 281br; F1 online digitale Bildagentur GmbH 234mr; JadroFoto 133br; Kuttig - Travel - 2 132mlb; Laraclarence 130mlb; Lightworks Media 272mlb; LOOK Die Bildagentur der Fotografen GmbH 237ml; Ivor M 261om; Nino Marcutti 2–3; Ian Middleton 86–87; Pacific Press 45om; Paul Prescott 129bm, 129ol; Phant [illegible]31bl; QEDimages 94or; toto 235m; Jason Wallengren Photography 235bl; Marcus Wilson-Smith 256bl; **Aldo Pavan, Aura Agency, Milaan:** 28ml, 48om, 70or, 114mlb, 138ml, 138mr, 142ml, 142mro, 143mlo, 237ml, 250ml, 254mlb, 255bl; **Archeologisch Museum,** Zagreb: 33or, [illegible]69m, 192m; **The Art Archive:** 37or; **Hotel Aurora:** 226om; **AWL Images:** Walter Bibikow 15bl; Alan Copson 18.
Bevanda: 232mlb, 239br; **Bora Bar:** 238om.
Corbis: Reuters/Matko Bijlak 234mlb; Seth Joel 272or;
Croatia Airlines: 274ol; **Doimo Frangipane:** 181mb, 181mr; **Dreamstime.com:** Airborne77 12bm; Josef Bosak 182–183; Natalia Bratslavsky 253bm; Alena Brozova 2–3bm; Chasseur 90; Sinisa Ciglenecki 170ol; Daniel M. Cisilino 94ml; Dabidy 12ol; Deymos 166bl, 212–213; Dziewul 13ol, 126mro; Ed Francissen 67or, 179ol, 260ol; Petr Goskov 15or; Inavanhateren 99mro, 101bl; Ionytch 107bl; Ivansmuk 48br; Jasmina 93bl, ; Joyfull 157mr; Matej Kastelic 14om; Pavel Kavalenkau 275br; Nikolai Korzhov 59or; Oleg Kozlov 10mlb; Martin Kubát 127br; Menno67 198or; Iv Merkas 173om; Nightman1965 21ol; Adrienn Orbánhegyi 128br; Phant 140bl; Photoinsel 270ol; Tomislav Pinter 46–47; Rahela 132om; Sanja1977 11br; Nikolai Sorokin 10or; Sergey Uryadnikov 60om; Alexey Stroganov 88ml; Dariusz Szwangruber 127om; Tihis 89or; Richard Van Der Woude 58or; Whitewizzard 126br; Xbrchx 14bl, 19om, 93mro, 167or; Zatletic 202; Zlatkozalec 109bl; Zorandim 141o.
Esculap Restaurants: Fish Restaurant Proto 233or, 242om; Restaurant Nautika 243br.
Falkensteiner Hotels & Residences: Hotel Iadera 230bl;
Fish restaurant Proto: 242om; **Fosa:** 244br; **Fresh Sheets, Dubrovnik:** 222ol.
Gemeentelijk vervoersbedrijf Zagreb (ZET): Goran Kekic 280ol.
Getty Images: Danita Delimont 172; David C Tomlinson 50; Matthew Williams-Ellis 15br; **Giaxa:** D. Fabijanic 232or, 243ol.
Image Bank, Milaan: 93bl, 151or.
Kantoor van de president van de Republiek Kroatië: 45bm.
Karmen Hotel: 223or; **Kod Ruze:** 248br.
Kroatisch Museum voor Naïeve Kunst: 25ol. *Koeien in het bos* van Ivan Generalic, www.generalic.com 160ol, *In de heuvels - regenwoud* van Ivan Rabuzin 165bl; **Kroatisch Nationaal Verkeersbureau, Milaan:** 23mlo, 24om, 25br, 27ml, 28or, 29mlb, 30–31 (alle), 33, 36b, 37mo, 40bl, 100mro, 108mlb, 109mr, 114or, 115bl, 1[illegible]7ml, 136b, 137br, 137or, 139 (alle), 140mr, 140ol, 141bl, 141m, 142br, 142ol, 143bl, 143mrb, 143or, 146m, 149mb, 152m, 152or, 153bl/m, 164bl, 179ol, 190bl, 204ml, 205or, 206ml, 216mb, 217br, 252bl, 253bm, 255or, 257br, 259ml, 259or, Dubrovnik-jezuïetenklooster/Sergio Gobbo 266ol, 271 (alle), 276m, Luka Tambaca 277ml, 278om, 281ml;
Kroatische Spoorwegen: Dragutin Staničić 278br.
Lesic Dimitri Palace Hotel: 222mlb; **Marco Lissoni:** 24or, 72mr, 116ml, 253or, 254or.
Maistra Hotels, Resorts & Campings: Hotel Lone 223bl; Monte 241br; Hotel Monte Mulini 228br; **Mali Bar:** 247br;
Hotel Marina, Krk: 227br; **Meštrović Gallery,** Zagreb: 24br, 163mr, 163ol, 163or; **mondadori archives:** 22om, 25mr, 34bl, 35br, 35om, 39 (alle), 40mr, 40om, 41 (alle), 42bl, 42ol, 42or, 43om, 44bl, 123bl, 163ml, 181mlb, 198br, 199mrb, 199mro, 199ol, 210or, 237blm, 259bm; **Hotel Mozart:** 225bm; **Museum van Kroatische Geschiedenis,** Zagreb: 42mo, 43br, 43mlo, 44mro, 160ml.
Museum van Moderne Kunst, Zagreb: 8–9, 168o;
Museum van Oude Meesters, Zagreb: 170–171 (alle);
Nationaal Park Paklenica: 22ml, 103m, 103o, 103br, 260 (alle); **Nishta:** 246or; **Natasa Novakovic:**161mr, 194mlb, 196ml, 197mro.
Pet Bunara: 245or; **Andrea Pistolesi:** 113br.
Robert Harding Picture Library: Stuart Black 78–79; Gunter Lenz/Image Broker 262–263.
Stadsmuseum Zagreb: 162ol;
Superstock: Funkystock/age fotostock 158ol; Bjanka Kadic/age fotostock 13br; Hemis.fr/Hemis.fr 144–145; Henryk T. Kaiser/age fotostock 94br.
The Regent Esplanade Zagreb: 224bl.
The Strossmayer Gallery: 170mo;
Toeristenbureau Nin: Angelo Pijaca 102mro; **Toeristenbureau van Konavle/visit.cavtat-konavle.com:** 153or;
Toeristenbureau van Krapina-Zagorje: 216mro, 216ol;
Toeristenbureau van Opatija: 69bm, 69or. **Turistička zajednica Grada Bakra:** 81or.
Hotel Vestibul Palace: 225ol, 231ol; **Vinodol:** 246b ; Vuglec Breg: 249ol. **Wine Vault:** 240br.

Schutblad voor:
Dreamstime.com: Chasseur Lom; Jasmina Lml; Zatletic Rmr; **Getty Images:** Danita Delimont Rbrl; David C. Tomlinson Lol.
Omslag Voor en rug – **Getty Images:** Sylvain Sonnet

Voor meer informatie: www.dkimages.com

Algemene uitdrukkingen

Uitspraak

c – ts
č – tsj
ć – dsj
đ – dj
g – als in goal
š – sj
Ž – als in Jacques

In noodgevallen

Help!	**Pomoć!**	**po**modsj
Stop!	**Stani!**	**sta**nie
Bel een dokter!	**Zovite doktora!**	**zo**vietee **dok**tora
Bel een ambulance!	**Zovite hitnu pomoć!**	**zo**vietee **hie**tnoo pomodsj
Bel de politie!	**Zovite policiju!**	**zo**vietee polietsi**ie**joe
Bel de brandweer!	**Zovite vatrogasce!**	**zo**vietee vatro**gas**tsee
Waar is de dichtstbijzijnde telefoon?	**Gdje je najbliži telefon?**	gdjee jee naj-**blie**zjie **te**lefon
Waar is het dichtstbijzijnde ziekenhuis?	**Gdje je najbliža bolnica?**	gdjee jee naj-**blie**zjaa **bol**nietsaa

Basiswoorden

Ja	**da**	daa
Nee	**ne**	nee
Alstublieft	**molim vas**	**mo**liem vas
Dank u	**hvala**	**hva**laa
Pardon	**oprostite**	op**ros**tietee
Hallo	**dobar dan**	do**bar** dan
Tot ziens	**doviđenja**	dovie**djen**jaa
Goedenacht	**laku noc**	**lak**oe nots
Morgen	**jutro**	**joe**troo
Middag	**popodne**	po**pod**nee
Avond	**večer**	**ve**tsjer
Gisteren	**jučer**	**joe**tsjer
Vandaag	**danas**	**da**nas
Morgen	**sutra**	**soe**traa
Hier	**tu**	toe
Daar	**tamo**	**ta**moo
Wat?	**što?**	sjtoo
Wanneer?	**kada?**	**ka**daa
Waarom?	**zašto?**	**zasj**too
Waar?	**gdje?**	gdjee

Nuttige zinnen

Hoe gaat het?	**Kako ste?**	**ka**koo stee
Heel goed, dank u	**Dobro, hvala**	**do**broo, **hva**laa
Aangenaam	**Drago mi je!**	**dra**goo mie jee
Tot gauw	**Vidimo se**	**vie**diemoo see
Oké	**U redu**	oe **ree**doe
Waar is/zijn...?	**Gdje je/su...?**	gdjee jee/ soe...
Hoe ver is het naar ...?	**Koliko je daleko do...?**	**ko**liekoo jee daleekoo doo...
Hoe kom ik in...?	**Kako mogu doći do...?**	kakoo mogoe dodsjie doo...
Spreekt u Engels?	**Govorite li engleski?**	go**vo**rietee lie **eng**leskie
Ik versta het niet	**Ne razumijem**	nee raz**oem**iejem
Kunt u langzamer spreken?	**Molim vas, možete li govoriti sporije?**	**mo**liem vas, **mozj**eetee lie go**vo**rietie **spo**riejee
Het spijt me	**Žao mi je**	**zja**oo mie jee

Nuttige woorden

groot	**veliko**	**ve**liekoo
klein	**malo**	**ma**loo
warm	**vruć**	vroedsj
koud	**hladan**	**hla**dan
goed (bijv. nw.)	**dobar**	**do**bar
slecht	**loš**	losj
genoeg	**dosta**	**do**staa
goed (bijw.)	**dobro**	**do**broo
open	**otvoreno**	ot**vor**eenoo
dicht	**zatvoreno**	zat**vor**eenoo
links	**lijevo**	**lie**jeevoo
rechts	**desno**	**des**noo
rechtdoor	**ravno**	**rav**noo
dichtbij	**blizu**	**blie**zoe
ver	**daleko**	da**le**koo
omhoog	**gore**	**go**ree
omlaag	**dolje**	**dol**jee
vroeg	**rano**	**ra**noo
laat	**kasno**	**ka**snoo
ingang	**ulaz**	**oe**laz
uitgang	**izlaz**	**ie**zlaz
toilet	**WC**	Vee tsee
meer	**više**	**vie**sjee
minder	**manje**	**man**jee

Winkelen

Hoeveel kost dit?	**Koliko ovo košta?**	**ko**liekoo ovoo **ko**sjtaa
Ik wil graag...	**Volio bih...**	**vo**lioo bie...
Hebt u...?	**Imate li...?**	**ie**matee lie...
Ik kijk alleen maar	**Samo gledam**	Samoo gledam
Accepteert u creditcards?	**Primate li kreditne kartice?**	**prie**matee lie kre**diet**nee kar**tiet**see
Hoe laat gaat u open?	**Kad otvarate?**	kad ot**va**ratee
Hoe laat gaat u dicht?	**Kad zatvarate?**	kad zat**var**atee
deze	**Ovaj**	**o**vaj
die	**Onaj**	**o**naj
duur	**skupo**	**skoe**poo
goedkoop	**jeftino**	**jef**tienoo
maat (kleding)	**veličina**	ve**lie**tsjienaa
maat (schoenen)	**broj**	broj
wit	**bijelo**	bie**jeel**oo
zwart	**crno**	**tsr**noo
rood	**crveno**	**tsr**venoo
geel	**žuto**	**zjoe**too
groen	**zeleno**	**ze**lenoo
blauw	**plavo**	**pla**voo
bakkerij	**pekara**	**pe**karaa
bank	**banka**	**ban**kaa
banketbakker	**slastičarna**	**slas**tietsjarnaa
boekwinkel	**knjižara**	**knjie**zjaraa
drogist	**apoteka**	apo**teek**aa
kapper	**frizer**	**frie**zer
kiosk/ tabakszaak	**trafika**	**tra**fiekaa
markt	**tržnica**	trzj**nie**tsaa
postkantoor	**pošta**	**posj**taa
reisbureau	**putnička agencija**	**poe**tnietsjkaa agent**sie**jaa
schoenwinkel	**prodavaonica cipela**	prodava**o**nietsaa tsiepeelaa
slagerij	**mesnica**	**mes**nietsaa
supermarkt	**supermarket**	**soe**permarket
viswinkel	**ribarnica**	**rie**barnietsaa

Uitstapjes

galerie	**galerija umjetnina**	gale**rie**jaa oemjetnienaa
kathedraal	**katedrala**	kate**dra**laa
kerk	**crkva**	**tsrk**vaa
tuin	**vrt**	vrt
bibliotheek	**knjižnica**	**knjie**zjnietsaa
museum	**muzej**	**moe**zee
toeristen-informatie	**turistički ured**	toe**riest**ietsjkie **oe**red
stadhuis	**gradska vijećnica**	**grad**skaa viejedsj**niet**saa
wegens vakantie gesloten	**zatvoreno zbog praznika**	zat**vor**eenoo zbog **praz**niekaa
busstation	**autobusni kolodvor**	aoeto**boes**nie **kol**odvor
spoorwegstation	**željeznički kolodvor**	**zjel**jeznietsjkie **kol**odvor

Verblijf in een hotel

Hebt u nog kamers vrij?	**Imate li sobu?**	**ie**matee lie **so**boe
tweepersoonskamer	**dvokrevetna soba**	**dvo**kree**vet**naa **so**baa
eenpersoonskamer	**jednokrevetna soba**	**jed**nokree**vet**naa **so**baa
kamer met bad	**soba sa kupatilom**	**so**baa saa koe**pa**tielom
douche	**tuš**	toesj
portier	**portir**	**por**tier

sleutel	**ključ**	kljoetsj
Ik heb gereserveerd	**Imam rezervaciju**	**ie**mam reezervatsiejoe

Uit eten

Hebt u een tafel voor...?	**Imate li stol za...?**	**ie**matee lie stol zaa
Ik wil graag een tafel reserveren	**Želim rezervirati stol**	**zjel**iem reezerv**ie**ratie stol
De rekening, graag	**Molim vas, račun**	**mol**iem vas, **ra**tsjoen
Ik ben vegetariër	**Ja sam vegeterijanac**	jaa sam vegeteriej**an**ats
ober/serveerster	**konobar/ konobarica**	**ko**nobar/ kono**bar**ietsaa
menu	**jelovnik**	**jel**ovniek
wijnkaart	**vinska karta**	**vien**skaa kartaa
glas	**čaša**	**tsja**sjaa
fles	**boca**	**bot**saa
mes	**nož**	nozj
vork	**viljuška**	**vie**ljoesjkaa
lepel	**žlica**	zj**liet**saa
ontbijt	**doručak**	**do**roetsjak
lunch	**ručak**	**roe**tsjak
diner	**večera**	**veetsj**eraa
hoofdgerecht	**glavno jelo**	**glav**noo jeeloo
voorgerecht	**predjela**	**pred**jeelaa

Het menu

bijela riba	bie**jeel**aa **rieb**aa	'witte' vis
blitva	**bliet**vaa	bieten
brudet	broe**det**	visstoofschotel
ćevapčići	tsjev**ap**tsjiedsjie	gehaktballetjes
crni rižot	tsrnie riezjot	zwarte risotto (bereid met inktvisinkt)
desert	des**ert**	dessert
glavno jelo	**glav**noo **jeel**oo	hoofdgerecht
grah	grah	bonen
gulaš	**goe**lasj	goulash
jastog	**jas**tog	kreeft
juha	**joe**haa	soep
kuhano	**koe**hanoo	gaar
maslinovo ulje	**mas**lienovoo **oel**jee	olijfolie
meso na žaru	**mes**oo naa **zjar**oe	gegrild vlees
miješano meso	mie**jesj**anoo **mes**oo	mixed grill
na žaru	naa **zjar**oe	gegrild
ocat	**ots**at	azijn
palačinke	pala**tsjien**kee	pannenkoeken
papar	**pap**ar	peper
paški sir	**pasj**kie sier	schapenkaas van Pag
pečeno	**petsj**enoo	gebakken
piletina	**pie**leetienaa	kip
plava riba	**plav**aa **rie**baa	'blauwe' vis
predjelo	**pred**jeloo	voorgerecht
prilog	**prie**log	bijgerecht
pršut	**prsj**oet	gerookte ham
pržene lignje	**przj**eene **lie**gnjee	gebakken inktvis
prženo	**przj**eenoo	gebakken
ramsteak	**ram**steek	lendenbiefstuk
ražnjići	razj**njietsj**ie	varkenskebab
riba na žaru	**rie**baa naa **zjar**oe	gegrilde vis
rižot frutti di mare	**rie**zjot **froe**tie die **mar**ee	risotto met zeevruchten
rižot sa škampima	**rie**zjot saa **sjkam**piemaa	risotto met scampi
salata	sal**at**aa	salade
salata od hobotnice	sal**at**aa od **hob**otnietsee	octopussalade
sarma	**sar**maa	koolbladeren
sir	sier	kaas
sladoled	**slad**oled	ijs
slana srdela	**slan**aa srd**eel**aa	gezouten sardines
škampi na buzaru	**sjkam**pie naa **boe**zaroe	scampi met tomaat en ui
školjke na buzaru	**sjkolj**kee naa **boe**zaroe	schelpdieren met tomaat en ui
špageti frutti di mare	sjpa**gee**tie **froe**tie die **mar**ee	spaghetti met zeevruchten
sol	sol	zout
tjestenina	**tjest**enienaa	pasta gevuld met vlees en rijst
ulje	**oel**jee	olie
varivo	**var**ievoo	gekookte groenten

Dranken

bijelo vino	bie**jeel**oo **vie**noo	witte wijn
čaj	tsjaj	thee
crno vino	**tsrn**oo **vie**noo	rode wijn
gazirana mineralna voda	gaz**ier**anaa mieneer**al**naa **vod**aa	mineraalwater met koolzuur
kava	**ka**vaa	koffie
negazirana mineralna voda	**nee**gazieranaa mieneer**al**naa **vod**aa	mineraalwater zonder koolzuur
pivo	**pie**voo	bier
rakija	**rak**iejaa	sterke drank
tamno pivo	**tam**noo **pie**voo	donker bier
travarica	trav**ar**ietsaa	kruidenbitter
voda	**vod**aa	water

Getallen

0	**nula**	**noe**laa
1	**jedan**	**jee**dan
2	**dva**	dvaa
3	**tri**	trie
4	**četiri**	**tsjeet**ierie
5	**pet**	pet
6	**šest**	sjest
7	**sedam**	**se**dam
8	**osam**	**o**sam
9	**devet**	**de**vet
10	**deset**	**de**set
11	**jedanaest**	**jeed**anest
12	**dvanaest**	**dva**nest
13	**trinaest**	**trie**nest
14	**četrnaest**	**tsje**trnest
15	**petnaest**	**pet**nest
16	**šestnaest**	**sjest**nest
17	**sedamnaest**	**se**damnest
18	**osamnaest**	**o**samnest
19	**devetnaest**	**de**vetnest
20	**dvadeset**	**dva**deset
21	**dvadeset i jedan**	**dva**deset ie **jee**dan
22	**dvadeset i dva**	**dva**deset ie **dvaa**
30	**trideset**	**trie**deset
31	**trideset i jedan**	**trie**deset ie **jee**dan
40	**četrdeset**	**tsjet**rdeset
50	**pedeset**	**pe**deset
60	**šezdeset**	**sjez**deset
70	**sedamdeset**	**se**damdeset
80	**osamdeset**	**o**samdeset
90	**devedeset**	**de**vedeset
100	**sto**	stoo
101	**sto i jedan**	stoo ie **jee**dan
102	**sto i dva**	stoo ie **dvaa**
200	**dvjesto**	**dvie**stoo
500	**petsto**	**pet**stoo
700	**sedamsto**	sed**am**stoo
900	**devetsto**	dev**et**stoo
1000	**tisuću**	**tie**soedsjoe
1001	**tisuću i jedan**	**tie**soedsjoe ie **jee**dan

Tijd

Een minuut	**jedan minuta**	**jeed**an mie**noe**taa
Een uur	**jedan sat**	**jeed**an saat
Een halfuur	**pola sata**	**pol**aa sataa
Maandag	**ponedjeljak**	po**ned**jeljak
Dinsdag	**utorak**	**oe**torak
Woensdag	**srijeda**	**srie**jeedaa
Donderdag	**četvrtak**	**tsjet**vrtak
Vrijdag	**petak**	**pet**ak
Zaterdag	**subota**	**soe**botaa
Zondag	**nedjelja**	**need**jeljaa

Wegenkaart van Kroatië